コミュニケーション理論史研究（上）

コミュニオンからコミュニケーションへ

田 中 義 久

keiso shobo

序

歴史は、いま、まさに二十一世紀の扉を、開けようとしているところである。そして、おそらく、来たるべき二十一世紀の「時代」は、もはや、《近代》とは呼ばれない歴史の入り口となるであろう。より正確に言えば、二十一世紀の私たちの社会は、その骨格構造において、《近代》の社会とはかなりに異質なものとなり、もはや、《近代》という言葉では括ることのできない多くの性格規定をもつことになると思われるのである。

歴史は、ひとつのHigh-storyとして、特有の空間・時間の交差し重畳するところに展開される私たち人間の社会的行為の内声から生れて来る「ものがたり」であるだろう。それは、多くの場合、《Anfang》において希望と憧憬のマトリックスとしてあらわれ、それぞれの「時代」の《Ende》において、怨嗟と失望の調べを帯びた白鳥の歌として唱われる。

私は、ニコラウス・クザーヌスからジョン・ロックへの思想像——より正しくは世界像——のスパイラルを辿ることによって、ヨーロッパ「中世」社会の内部からの《近代》の胎生の姿を、明らかにしようとした。その理論的焦点が《コミュニオン》から《コミュニケーション》へという世界像の基軸の転換であった。

私は、社会構成体の実質を、《経済的》社会関係、《政治的》社会関係、《文化的》社会関係および《社会的《ソシアル》》社会関係の重層する構造としてとらえている。そして、これら社会諸関係は、私たち人間の、《人間》—《自然》

の関係、《人間》—《人間》の関係、および《人間》—《記号》の関係、を、みずから、日々に、媒介し、再生産している生活過程の所産にほかならない。それは、また、特有の生活空間と生活時間のさなかでの、私たち自身の《行為》—《関係》過程の所産であると言ってもよいであろう。

私たち人間は、人類史の端初から——すくなくとも「社会」生活の実質を成すところの集合と集団の生活過程を組織するようになった日以来——、私たち自身の《人間》—《自然》の関係、《人間》—《人間》の関係、および《人間》—《記号》の関係、の重層し、積層するところを、《コミュニオン》—《コミュニティ》—《コミュニケーション》の三層構造としてイメージし、意識化して来た。そして、ギリシァ神話のように、《人間》—《自然》の関係のミメーシスのうちに生成した数多くの土俗・習俗の「ものがたり」がローマ・カトリックをはじめとする世界宗教の裡に包摂され、「高次化」されて行く時、そこにおいて、前述の三層構造は、《コミュニオン》という宗教的表象の磁場に強く吸引され、結紮されなければならなかった。ローマ・カトリックが「普遍公教会」というみずからの名称のなかの「普遍（性）」という意味の表象力を強めれば強めるほど、《コミュニオン》のイデオロギー性は増大し、《コミュニティ》と《コミュニケーション》の定位する社会諸関係の地平への結紮力が増強されるところとなった。ヨーロッパ「中世」において、相次いで公会議が開かれ、繰り返し、「正統」と「異端」の幕間劇が演出されたのも、このような事態を、逆説的に例証するものであろう。

私は、ニコラウス・クザーヌスからジョン・ロックへの、三世紀にわたる世界像の転換を、とくにデヴォーチオ・モデルナとヴィア・モデルナという二つの実践的かつ理論的な契機を転回軸として辿り、結果として、社会構成体の、前述のような「意味作用の三層構造」のなかからの《コミュニケーション》の解放の過程をうきぼりにすることとなった。デヴォーチオ・モデルナは、空疎な儀式の体系に堕した《コミュニオン》を拒斥して、あらためて《人間》—《神》の関係の「純粋化《ピューリファイ》」へと志向する意味のベクトルであり、ヴィア・モデルナは、端的に、《人間》―《自然》の関係の「純粋化」を求めるそれであった。だからこそ、クザーヌスからロックへと上向するスパイラルを昇りつめた時、私たち人間は、みずからの《人間的自然》(Human Nature)の内側の人間的・自然的諸力のみを権利根拠として――すなわち、自然権(Natural Right)の主体として――、眼前の社会構成体の現実態の裡にひとつの自然法的秩序――「市民社会」(Civil Society)――を生み出し、構築しなければならなくなったのである。これが、ヨーロッパ「中世」社会からの《近代》の生成の姿であり、私は、その転回の基軸を、《コミュニオン》から《コミュニケーション》への脱構築に求めたのである。

クザーヌスの生れた街、ベルンカステル―クースを流れるモーゼル河のゆたかな水流は、両岸のたわわな葡萄畑の緑を映して、ひときわ美しかった。そして、ロックが静かな眠りに就いているハイレイヴァーのオール・セインツ教会は、オークの森にかこまれて、今日も、静謐そのものの姿を保っているであろう。

来るべき二十一世紀は、《近代》の生成の端緒のひとつの基軸であった《コミュニケーション》を、一段と「高次化」して行くであろう。しかし、私は、《コミュニケーション》をより深く《人間》―《自然》の関係の豊かさのうちに定礎することこそ、二十一世紀の「時代」の歴史的課題である、と思う。「情報」は、この回路を確保する時にのみ、私たち自身の、私たちのための《象徴》に転生することができるのだから。

二〇〇〇年七月

八王子市南陽台にて

田中義久

コミュニケーション理論史研究（上）

——コミュニオンからコミュニケーションへ——

目次

目次

下巻目次

凡　例

㈠　本書は、全五章、すべて書き下ろし初稿によるものである。第四章・第五章は、部分的に、田中義久、一九七〇、「ロックのコミュニケーション論」東京大学新聞研究所『紀要』第一九号、と共通の資料に依拠しているが、下巻のそれを含めて、まったく別の構想にもとづいて執筆されている。

㈡　資料の原典として、たとえばニコラウス・クザーヌスに関しては、NICOLAI DE CUSA OPERA OMNIA, issue et auetoritate Academiae Litterarum Heidelbergensis ad codicum fidem edita, V; IDIOTA DE SAPIENTIA, edidit Renata Steiger, Hamburgi in Aedibus Felicis Meiner, MCMLXXXⅢ、を使用する場合、煩瑣を避けるために、OPERA OMNIA、第五巻、というかたちに簡略化している。ジョン・ミルトンおよびジョン・ロックについても、同様の処理をしている場合がある。

㈢　本書は、上巻・下巻の二巻から成るので、参考文献一覧は下巻の末尾にまとめられる予定である。ただし、事項索引・人名索引は上巻・下巻それぞれに付すこととした。

㈣　読者の便宜を考慮して、巻末に図表・写真・図版一覧を掲示した。

I

《近代》社会の生成とコミュニケーション理論の成立

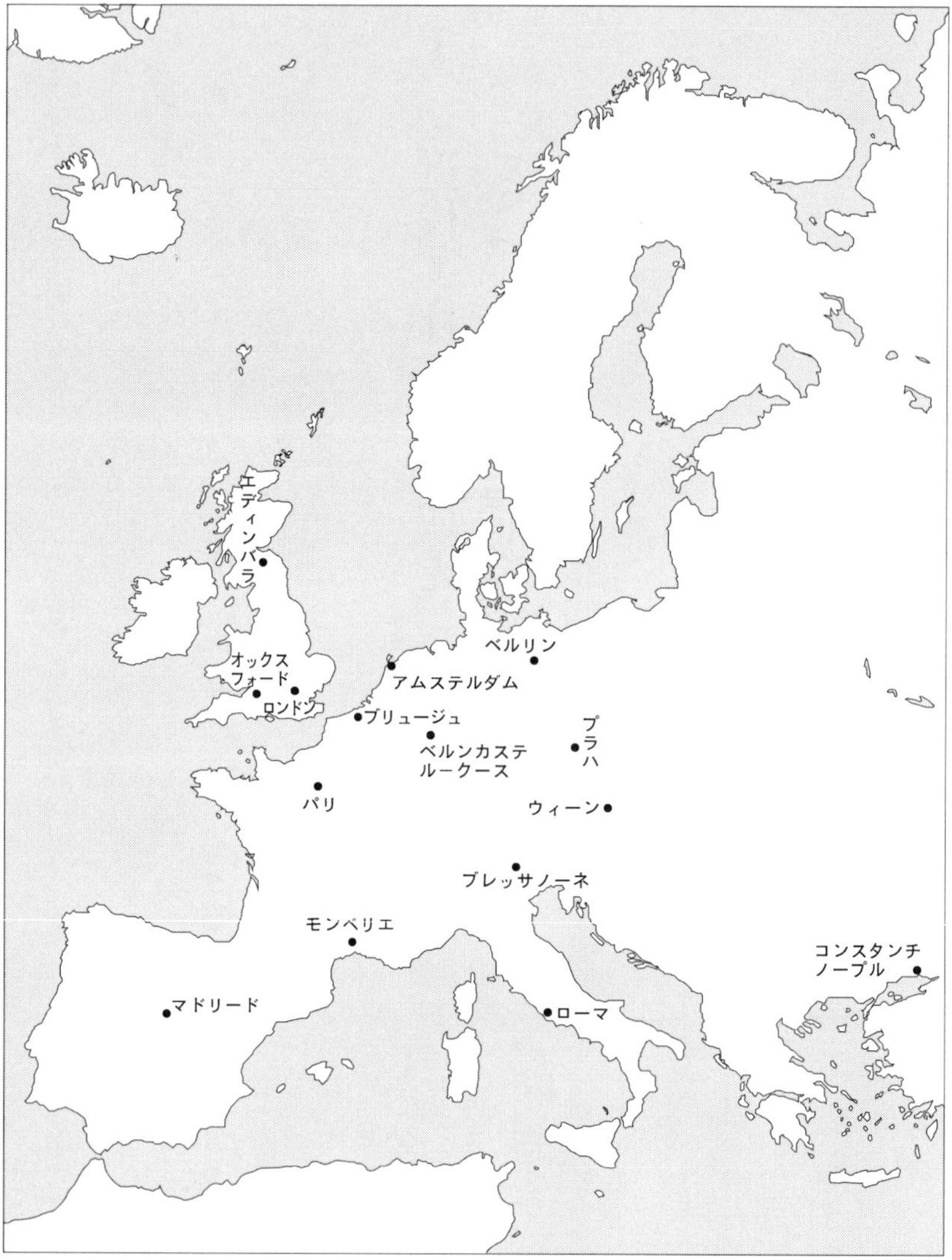
エディンバラ
オックスフォード
ロンドン
ベルリン
アムステルダム
ブリュージュ
ベルンカステルークース
プラハ
パリ
ウィーン
ブレッサノーネ
モンペリエ
コンスタンチノープル
マドリード
ローマ

第Ⅰ部関連地図

第一章　コミュニケーション理論の性格と課題

1　ヴィア・モデルナとデヴォーチオ・モデルナ

コミュニケーションは、《Via Moderna》と《Devotio Moderna》という二つの歴史的契機によって媒介されることを通じて、近代的なコミュニケーションの概念へと脱構築されてきた。「新しい道」（Via Moderna）とは、通常、ヨハンネス・ジェルソン（Johannes Gerson, Jean de Gerson）の名に結びつけられる中世末期の新しい神学運動のことである。ジェルソンは、一三〇九年以降フランスのアヴィニョンに移されていた教皇庁を廃止して、ローマ・カトリック教会の統一を回復しようと考え、一四〇九年ピサの教会会議において雄弁をふるい、アヴィニョンの対立教皇ベネディクトゥス十三世および（ローマ）教皇グレゴリウス十二世の退位と、新教皇アレキサンデル五世の即位とを、実現させた。彼は、教皇の権力に対して教会会議の力の方が優越すると主張する「公会議派」の代表であり、さらに、一四一四年コンスタンツの公会議において公教会の刷新と再建の方向を明らかにし、一四一七年、ローマとアヴィニョンに教皇が併立するという「大分裂」（Schisma）に終止符を打つことに成功した。彼が、師のピエール・アイイとともに、オッカムの唯名論の視点に立っていたことは、後の議論との関連において、記憶されてよいことがらである。

さて、Devotio Modernaとは、「新しい敬虔」とよばれるキリスト教刷新運動であり、十四世紀後半から十五世紀にかけて、オランダ、フランドル地方で展開された。この運動の創始者ゲルハルト・フローテ（Gerhard Groote、一三四〇〜一三八四年）は、オランダ中部のデフェンターDeventerに生れた神学者であるが、スコラ哲学の教説に反対し、聖書そのものに従って生活することを主張して、巡回説教者として、民衆に大きな影響を及ぼして行った。この運動のなかで各地に生成してきたアソシェーションが「共同生活兄弟団」（Brüder des gemeinsamen Lebens）という俗人信徒たちの集団である。フローテは、フランドル出身のベルギーの神学者ヤン・ロイスブルーク（Jan van Ruysbroeck、一二九三〜一三八一年）と協力しあって、この運動を進めており、ロイスブルークを通じて、マイスター・エックハルトの影響を受けていた。

私は、中世末期のこのような社会変動の展開のさなかに、コミュニケーションの概念の「近代的な」（modern）含意が生成し、結晶化した、と考えたい。そこには、ローマ・カトリックの「恩寵の王国」（Regnum Gratiae）のなかにがんじがらめに包摂されていた民衆の生活世界の揺動が見られるのであり、さらに、十五世紀から十七世紀にかけて、彼らの生活世界（Lebenswelt）は、かえって、「自然の王国」（Regnum Naturae）によって定礎され、自然権と自然法則によって根拠づけられた人間的自然（Human Nature）の表現と実現の方途へと推転して行くのである。

私は、まず、Via ModernaとDevotio Modernaの結節するところをニコラウス・クザーヌスの所論にもとめ、そこからジョン・ロックの近代的コミュニケーション理論の成立にいたる経緯を、追って行くことにしたい。

ニコラウス・クザーヌス（Nicolaus Cusanus, Nikolaus von Cusa）は、本名ニコラウス・クレプス

（Nikolaus Krebs）、一四〇一年、ドイツ、モーゼル河畔のクースに、船頭の長男として生れた。家庭は貧しいということはなかったが、父親とそりが合わず、家業をつがなかった。代々カトリックの宗派に属しており、母親は敬虔な女性で、母方の家系には秀れた知識人も含まれている。[1] 一人の弟と二人の姉妹（マルガリータ、クララ）があり、とくに末の妹クララと、終生、深い信頼関係にあった。

クース（Cues, Kues）は、現在はベルンカステル－クース（Bernkastel-kues）という小さな双子都市――ハンガリーの首都ブダペストと同じように、モーゼル河の右岸のベルンカステル、左岸のクースが橋で結ばれ、人口八、五〇〇人のひとつの都市となっている――の一部である。モーゼル・ワインの集散地のひとつであり、背後にぶどう畑がひろがる美しいカントリー・サイドである。ベルンカステルとクースを結ぶ橋のクース側のたもとに、クザーヌスが晩年に建てた「クザーヌス施療院」（Cusanusstift）――一四五八年設立、三三人の病める老人たちが、今日も、収容されている。三三というのは、言うまでもなく、イエスが十字架にかけられた時の年齢である――があり、近くにクザーヌスの生家も保存されている。

ニコラウス・クザーヌス

ここで注目されるのは、モーゼル河を通じて、上流のトリーアまで四〇キロメートル弱、下流のライン河との合流点コブレンツまで六〇キロメートル強という、クースの地理的特徴であろう。トリーアは、周知のように、ドイツ最古の都市のひとつであり、三世紀から四世紀、ディオクレティヌス帝からコンスタンティヌス帝の時代に、ガリア地方の首都として栄えた軍事・

クースの街並（橋の向う側がクース）

交通・通商の要衝である。

すでに、十三世紀——正しくは一二四一年——ハンブルクとリューベックを中心として成立していたハンザ同盟は、その後、一二五四年〜五六年、ウォルムス、マインツなど七〇の都市が結集して形成されたライン同盟の動きなどと呼応しあい、一二九八年には、バルト海沿岸から北ドイツの河川流域諸都市へと勢力をひろげ、一三五八年には、約二〇〇の都市を糾合して、その組織化をほぼ完了し、一三六三年に第一回ハンザ会議を開催している。穀物、毛皮、魚——鰊《にしん》の塩漬け法が発明され、ヨーロッパ諸都市に普及して行ったのは一二九九年であった——、木材を輸入し、毛織物、塩、ぶどう酒を輸出するという「北方貿易」の波のなかに、モーゼル河畔の街クースものみこまれ、クザーヌスの父も、その交易の一端を担っていたのであろう。クザーヌスの時代、一四五〇年には、フランドルの貿易が隆盛期を迎え、ブリュージュ、ガンなどの河口都市に、ヨーロッパ各国の商館・倉庫が設置されている。そして、その後まもなく、一四七七年、統一ネーデルランドは解体し、スペインの支配からのオランダの独立闘争が活発化して行くのである。

クザーヌスは、一〇歳になった頃、トリーアの大司教・領主マンデルシャイド伯爵の庇護のもとに、オランダ、デフェンター Deventer の「共同生活兄弟団」の学校に入り、前出のフローテやトマス・ア・ケンピス（Thomas a Kempis, Thomas von Kempen、一三八〇頃～一四七一年）の影響を受けつつ、キリスト教的敬虔、理論的思考法を学び、古典的教養と科学的精神の基礎を身につけた。

クザーヌスは、その後、ハイデルベルク大学に進み、一四一六年、十五歳の若さで「得業士」（baccalaureus in artibus, bachelor of arts）の学士号を得て、卒業している。ハイデルベルク大学は、一三八五年に創設されたばかり——さらに、一三八八年にケルン大学が発足している——で、前出の「新しい道」（Via Moderna）の思想の強いところであった。ちなみに、神聖ローマ帝国のなかで、最初につくられた大学は、一三四八年に創設されたプラハ大学である。この大学が宗教改革の先駆者ヨハン・フスと深く関連するところであったことは、よく知られた事実である。

クザーヌスが学んだハイデルベルク大学には、ウィリアム・オッカムの唯名論を支持するマルシリウス・フォン・インゲン（Marsilius von Ingen、一三三〇頃～一三九六年）が初代学長として赴任しており、反アリストテレス哲学的傾向の強い自然科学——たとえばビュリダンの物理学——を講じていた。クザーヌスは、このような「新しい」自然科学を、ハイデルベルクで学んだのである。なお、ハイデルベルク大学と、のちにマルティン・ルターが入学する（一五〇一年）エルフルト大学、これら二つの大学こそが、ドイツにおける唯名論哲学の流れの中心地であった。

クザーヌスは、さらに、一四一七年一〇月、当時の先進国イタリアのパドヴァ大学に入学し、法律学を専攻する。教会法を中心とする彼の勉学は、一四二三年、法学博士の学位を得るところまで続けられるが、同時に、彼は、ギリシァ語を修得し、それをもとに、数学、自然科学、哲学の研究を深めて行った。彼が、このパドヴァ時代に、エネア・シルヴィオ・ピッコローミニ、パオロ・トスカネリなどの友人たちと親交をもったことは、きわめて重要である。ピッコローミニ（Enea Silvio de Piccolomini、一四〇五〜一四六四年八月一四日）は、後の教皇ピウス二世であり、在学中は教会法のほかに考古学、地理に関心を寄せていた。トリエステ司教（一四四七年）、シエナ司教（同五〇年）を経て、一四五五年に枢機卿となり、教皇としては、在位五八年から六四年である。晩年、ヨーロッパ諸国のナショナリズムの勃興——それは、同時に、それらの国々の資本制的近代社会の形成を意味していた——のなかで、ローマ・カトリックの衰退を防ごうと力を尽していたピッコローミニは、終生の親友クザーヌスの死（一四六四年八月十一日）のわずか三日後に、急逝している。

トスカネリ（Paolo dal Pozzo Toscanelli、一三九七〜一四八二年）は、フィレンツェ出身の地理学者、医師、天文学者であり、一四七三年に発表した『世界地図』——これは、明瞭に、地球球体説に立っている——で知られている自然科学の学究であった。クザーヌスがローマの北一〇〇キロメートル、ペルージアの南四〇キロメートルほどのウンブリア州トーディ（Todi）で客死した時、彼の死を看取ったのが、医師としてのトスカネリであった。

トスカネリは、また、一四七四年六月二五日付けのポルトガル王マヌエル一世宛ての書簡で、西方への航海によってインドに到達可能であることを説き、この手紙がコロンブスの航海計画に影響を与えたとされている。

クザーヌスはトスカネリから刺激された発想を、ドイツのゲオルク・ポイルバッハやレギュモンタンに伝えている。レギュモンタン（Regiomontanus, 本名 Johann Müller、一四三六〜七六年）は、バイエルン、ケーニヒスベルク出身の天文学者、数学者で、一四七一年、ニュールンベルクにヨーロッパで最初の天文台を建て、天体の規則的観測を始めている。彼の『位置推算書、一四七五〜一五〇六』（Ephemerides ab anno 1475〜1506）

（一四七三年刊）は、コロンブスおよびバスコ・ダ・ガマが「新大陸」発見の航海に用いたものである。

クザーヌスの「新しい道」（Via Moderna）の基底に、このような数学、天文学などの自然科学的視点――それがどの程度まで機械論的・力学的自然観として徹底されていたか、という問題は残るとしても――が存在していたという事実は、注目されてよい。それは、直接的にはジョルダノ・ブルーノに影響し、間接的にはコペルニクスの地動説へと連接し、さらに、遠くスピノザ、ライプニッツへとひきつがれて行く「近代的」自然の視座である。

一四二四年、クザーヌスは、ドイツに戻り、一旦、マインツで法律家として世に出る。しかし、最初に手がけた訴訟事件の審理に敗れ、神学への途に転じる。一二五年、ケルン大学でハイメリクス・デ・カンポ（Heymericus de Campo）に神学を学び、一四二七年、コブレンツの聖フローリン修道院の首席司祭（Dekan）となる。いよいよ、ここから、宗教家としてのクザーヌスの生涯がはじまるのである。

私が「新しい道」（Via Moderna）と「新しい敬虔」（Devotio Moderna）の社会変動のうちに見出すのは、《Communion》の意味内容の解体から《Communicate, Communication》の近代的な意味内容の生成へ、という推移である。

コミュニオンとは、一三八四年、イギリスの宗教改革者、ジョン・ウィクリフ（オックスフォード大学教授）の聖書解説のなかでは、「共にすること、共有」とされており、一般に、十四世紀にあって、'spiritual fellowship' と解釈されていた教会共同体の内容である。この同じ言葉が、一四四〇年には、キリスト教全体のなかでは「聖餐（式）」（通例、Communion という大文字）を意味し、カトリック教会のなかでは「聖体拝領」をあらわすようになる。'sacrament of the Lord's Supper' を意味し、'participation in this' をあらわしていたのである。(2)

そして、唯名論（Nominalismus）と実念論（Realismus）の対立は、まさしくこの「聖餐」、「聖体拝領」の意味内容のとらえ方に深くかかわっていた。唯名論の源泉は、一般的には、ロスケリヌス（Roscellinus、フランス名ロスラン、一〇五〇年頃～一一二四年頃）にまで溯り、その「三位一体」（Trinity、すなわち、唯一の神が「聖父」、「聖子」および「聖霊」という三つの位格＝ペルソナにおいてあらわれ、そのそれぞれが〈神〉であるというキリスト教の基本的な信仰の内容）の理解に対するアベラール（Abaelardus, Pierre Abélard、一〇七九～一一四二年、エロイーズとの往復書簡集で知られる）の徹底的な批判に言及されることが多い。しかし、唯名論者ロスランに対して、批判者アベラールも、また、「princeps nominalium」（唯名論の代表者）とされるだけに、議論の焦点が判りにくい。

問題の本質は、「普遍的なるもの」（universale）あるいは事物の《類》――その表現としてプラトンによってイデアとよばれたもの――のとらえ方にある。こういう「普遍性」の観念を前提するところでのみ、「存在」、「人間」、「動物」などの類概念が成立する。したがって、プラトンのイデア説に立てば、これら「普遍的なるもの」の実在性を承認することになる。

それでは、このような「普遍的なるもの」は、それについて思考をめぐらす主体（主観）の外部に、それ自体として、実在するものなのか、それとも、「普遍的なるもの」は、ただ単に思考された表象の内部に、したがって名のみのものとして、思考の所産でしかないのか、という岐路が生成することになる。前者が実念論（レアリスムス）の視点であり、後者が唯名論（ノミナリスムス）のそれである。ここで注意しなければならないのは、ヘーゲルも指摘しているように、この場合の実念論の視点は、今日私たちが「実在論」（Realism、リアリズム）の視座として理解するものとは異なっており、むしろ、まったく正反対のものだ、という点である。実在論としてのリアリズムは、事物が直接あるとおりに現実的存在を有すると考える視点であり、それに対立するのは、イデアリスムス（Idealismus、観念論）の視点である。こうして見ると、実念論の考え方はイデアリスムスの視点に近い。トマス・ブラッドウォーディン（Thomas Bradwardine、一二九〇年頃〜一三四九年、カンタベリー大司教）のような実念論者たちは、「普遍的なるもの」が、独立に存在するもの、自然的に存在するもの、と考える。なぜなら、観念は、自然物のように滅び去ることなく、不変であり、そのようなものとして「真実の存在者」なのだから。

これに対して、唯名論（ノミナリズム）の視点の方が、かえって、経験的実在を重視する考え方に近づくことになる。人びとが《類》や普遍性を形象し、表象する時、それらは「名」にすぎないのであり、主観的普遍化としての思考の所産でしかない。現実に存在するものは、個体的なものだけだ、と主張されるのである。

私は、中世キリスト教会内部の主要な論争のひとつである実念論と唯名論の対立を、前述のロスランの視座に対するアベラールの批判のような、スコラ哲学のなかの学史的展開として狭く理解するべきではないと思う。なぜなら、マイケル・デーヴィッド・ノウルズの述べているように、唯名論の視座こそは「新しい道」（Via Moderna）の立脚するところであり、その胎盤だったから、である。そして、このような、よりひろい文脈のなかでの唯名論の流れの代表者はウィリアム・オッカムであり、私は、同時に、オッカムの視点を、ドゥンス・スコトゥスからトマス・バッキンガムへのイギリス経験論の源流へと結びつけて理解しておきたいと思う。

ウィリアム・オッカム（William of Ockham、一三〇九年頃〜一三四九年頃）は、イングランド、サレー州、ギルドフォード近くの小さな村オッカムに生れた。オッカム村は、ロンドンの中心部から南西に三〇キロメートルほどのところに位置し、今日的に言えば、ヒースロー空港のほぼ真南一八キロ、穏やかな郊外住宅地である。私の個人的関心からすれば、ロンドンの北東、ハーロゥのとなりの小さな村ハイレイヴァー（High Laver）——ロンドンの中心部から約三六キロメートル——とオッカム村が、ロンドンを東北から南西にはさみ込むようにして、対角線上に位置していることが、興味深い。ハイレイヴァーは、後出するように、ジョン・ロックが永遠の眠りについているところである。

オッカムは、フランシスコ会に入り、オックスフォード大学で教育を受け、のちに、同大学教授となった。一〇八八年、イタリアのボローニァ大学創立、一一七〇年、フランス、パリ大学創立に続いて、オックスフォード大学は、一一八五年に創設されていた。一二〇九年には、ケンブリッジ大学の前身が生れ、三一年に、大学として公認されている。十三世紀の後半には、オックスフォード大学は、独創的な思想の舞台として、パリ大学に肩を並べるに至り、オッカムの時代には、両者は対等であったとされている。かつて、スティーヴン・ラングトン（一一五〇年頃〜一二二八年、枢機卿、カンタベリー大司教）から、ロバート・キルウォードビー（一二〇〇年頃〜一二七九年、ドミニコ会士、カンタベリー大司教）を経て、ジョン・ペッカム（一二四〇年頃〜一二九二年頃、フランシスコ会士、カンタベリー大司教）に至るまで、イングランドやスコットランドの秀れた学者たちは、基本的に、パリ大学で教育を受け、学問で世に出るのもパリが主であった。

ところが、ドゥンス・スコトゥス以後、オッカム、前出のブラッドウォーディン、ロバート・ホルコット（?〜一三四九年、ドミニコ会士、ケンブリッジ大学、オックスフォード大学の神学教授）などの俊鋭たちは、いずれもオックスフォードで教育を受け、教職についてからも、ほとんどがイギリスにとどまっていた。ロバート・グロースデスト（Robert Grosseteste, Robertus Lincolniensis、一一七五年頃〜一二五三年、オックスフォード大学教授、リンカーン司教）の光学、気象学、農学の研究が示しているように、オックスフォードでは、すでに、論理学や数学の研究が経験的な自然科学のそれとの結びつきを強めはじめていたのである。

オッカムは、周知のように、「オッカムの剃刀」（the mythical razor of Ockham）とよばれる論理学上の「節約の原理」――事物の説明のなかで、必要最小限の原理や仮説しか定立せず、不必要な論証などを切り捨てること――を主張しているが、このこと自体は、すでにスコトゥスによって途を開かれていた。

ドゥンス・スコトゥス（Johannes Duns Scotus, John Duns Scotus、一二六六年～一三〇八年）は、スコットランドの「国境地方」（Borders、イングランドとの国境地域）の小都市ドゥンス（Duns、北海に面したバーウィックから内陸へ二〇キロメートルほど、エディンバラからは東南東に約六〇キロメートルに位置する）に生れ、フランシスコ会士として、ドミニコ会のトマス・アクィナスの神学に批判的な立場をとった。彼は、「オッカムの剃刀」に先行するかたちで、「クォドリベタ」（Quodlibeta）の方法を提起している。それは、'distinctiones'（区別）、'quaestiones'（設問）、'problemata'（課題）、'solutiones'（解答）、'argumenta pro et contra'（賛否両論）の分析を加えることを主張するもので、とくに、日常的・経験的対象への論理的分析の展開を可能にする方法であった。十三世紀の初頭にボローニア大学には一万人の学生が学んでいたという記録があるけれども、スコトゥスの講義を聴講する人びとの数は、十四世紀のはじめ、三万人にのぼったとされている。

一二八六年にイングランドの人口は約一二〇万人に達し、一三一三年には国王の権原を部分的に制約する「ロード・オーディナー会議制」が導入され、一三一五年には賦役の金納化が浸透しはじめていた。クザーヌスの故郷、モーゼル河のクースがハンザ同盟その他の「北方貿易」の大波にのみこまれつつあったのと同様にして、島国イングランドにも、すでに、一三二七年、「王立取引所」が設置されており、商品交換と貨幣流通の展開がめざましく進行しつつあった。

オッカムは、ペトルス・ロンバルドゥスの『神学命題集』（Liber Sententiarum）の秀れた研究者として出発したが、その注解作業は、文字通り、「スコラ」的なものであった。しかし、その注解のなかの唯名論的傾向が問題視され、一三二四年、アヴィニョンの教皇庁に召喚された。四年後、教皇ヨハネス二二世によって破門され、アヴィニョンを追放された後、彼の唯名論の視座はカトリック教会組織の批判へと向けられることになった。

オッカムは、まず、Opus nonaginta dicrum（『九〇日間の作品』）という書物のなかで、ヨハネス二二世の「至福直観」（beatific vision, visio beatifica）説を批判する。至福直観とは、「天国にあって、栄福を授けられている人びとが、顔と顔をあわせて、神を見ること＝認識すること」（「コリント書」一三・一二）という意味で、聖書では、これが人間の希望の最高の段階に位置づけられている。ヨハネス二二世は、この至福直観が、「最後の審判」の瞬間に至らなければ得られない、とする説教をくりかえしていた。オッカムは、この点を批判したのである。ここには、「コミュニオン」ならびに「コミュニケイト」の概念の《地殻変動》とも言うべき意味の変容がこめられていた。すなわち、ヨハネス二二世の説教の視点に立てば、「コミュニオン」――聖餐（式）、この場合はカトリック教会に限定されるから、聖体拝領――をつかさどる教会組織の存在を前提として、日々の生活のなかで、この教会組織に信服して「最後の審判」を迎えれば、そのことによって「至福直観」への途が確保されるのである。そこでは、'communicate' とは、'receive, administer Holy Communion' という意味であり、「コミュニオン」を執行し、授与する（administer）教会組織の存在がきわめて大きく、いわば価値合理化されている。

これに対して、オッカムは、〈神〉との直接的コミュニケーションこそ、信仰の基本的な内容である、と主張する。ここで、'communicate' は、'hold intercourse with (the God)' へと、転成する。

彼は、さらに、『対話篇』のなかで、教皇の側の見解を全面的に批判して行く。オッカムによれば、教皇権が〈神〉によって定められたという主張、教会の不可謬性の主張は、もはや、疑わしいものである。教会は、本来、「信徒の共同体」であって、聖職者のものではない。したがって、かりに、教会組織が「異端」によって一時的に荒廃に導かれる事態が生じたとしても、キリスト教の信仰は、少数の個人のうちに、害なわれることなく生き続けるであろう、と主張されるのである。

こうして、「コミュニオン」の実質を成す 'sacrament of the Lord's Supper' の実念論的解釈から唯名論のそれへと視座の移行が生ずる時、「コミュニケーション」は、〈神〉との垂直的コミュニケーション――これを教会組織のヒエラルヒーが日々につかさどり、administer していた――から、人びとのあいだの水平的コミュニケーションへと、脱構築されて行くのである。もともと、commūnicāre というラテン語は、'to share with others' という意味であった。オッカムによれば、人びとが共有し、分ちあうのは、まさしく彼ら自身の〈神〉との直接的コミュニケーションという信仰（の確かさ）であり、教会組織への帰属を共有し、分ちあうのはその結果であり、そのかぎり、二義的なものである。

ヨハネス二二世は、一三三四年、その臨終の床で、前述の「至福直観」についての自説を撤回しなければならなかった。(3) そして、すでに、一三一四年から、エックハルトは、ケルンとストラスブールを中心として、ドイツ語による説教活動を開始していた。この頃、ストラスブールやマインツには職人ギルドが成立しており、一三三八年、フィレンツェの毛織物業組合は、二〇〇の工房に、三万人以上の職工を雇っていたのである。

一三三九年、フランドルの「コミューン」の反乱が生じ、一三七八年には、前出のフィレンツェの職工たちが暴動を起し（「チオンピ（織布工）の暴動」）、一三八一年に、イギリスで、ワット・タイラーの乱が発生している。こうした状況のなかで、'Society' という言葉が、一三八一年、ワット・タイラーの乱が発生し、その指導者ジョン・ボールが処刑されたその年に、フランス語の société からの翻訳語として、英語として定着する。同様にして、'Community' という英語が、フランス語の communeauté からの転用語として定着するのが、一三八二年前後のことであった。(4) こうして、中世のローマ・カトリック教会を支えていた封建的土地所有がゆらぎ、都市の勃興とその実質を成す商・工業の前期的展開、ならびに貨幣流通の拡大を背景として、オッカムによって代表される唯名論の流れが、一方において Via Moderna の道そのものを用意しつつ、他方において、エックハルトやヨハンネス・タウラーの活動に見られるように、Devotio Modernaという〈神〉との直接的コミュニケーションを求める平信徒たちの活動――教会組織ではなくて、聖書そのもの、したがって「福音」によってメディエイトされた信仰――と合流して行くことを可能にしたのである。

2　《コミュニオン》の危機とニコラウス・クザーヌス

ニコラウス・クザーヌスは、前述のように、一四二七年、コブレンツの聖フローリン修道院の首席司祭(Dekan)に就任して、彼の宗教生活を開始していた。首席司祭とは、司教区と小教区(parish)の中間にあるいくつかの教会の連合体を主宰する司祭職である。

彼は、翌年、パリに赴き、ライムンドゥス・ルルス(Raimundus Lullus, Raimond Lulle、一二三五年～一三一六年)の業績を摘出し、抄録している。ルルスは、スペイン、マジョルカ島の出身で、フランシスコ会士、パリ大学およびモンペリエ大学で、論理学、神学を教えている。クザーヌスは、おそらく、次の三つの点で、ルルスから学ぶところがあったであろう。

第一に、「ルルスの術」(Ars magna)とよばれる論理学の内容である。ルルスは、対象を「神」(Divinum)、「天使」(Angelicum)、「天」(Coeleste)、「人間」(Humanum)、「想像的存在」(Imaginativum)、「感覚的存在」(Sensitivum)、「植物的存在」(Vegetativum)、「要素的存在」(Elementativum)、「道具的存在」(Instrumentativum)という九つの実体(esse)のレベルにおいてとらえ、これに対応する概念規定の位相をきわめて体系的に整序している。クザーヌスは、まず、このような存在論の領域について、示唆を得ていたであろう。

第二に、ルルスは、これらの対象世界の分析を三角形や円を用いて数学的な処理に依拠して進めている部分が多い。このような数学的処理の手法は、後述するように、クザーヌスの著作のなかにもその主要な特徴のひとつとして見出されるところであり、たしかにルルスの発想からの影響はあったと思われる。

第三に、ルルスは、アラビア語を学び、北アフリカ、中近東のイスラム諸国へのキリスト教の布教活動に身を挺している。彼は、この布教活動のなかで、一方では錬金術をはじめイスラムの自然科学の到達していた水準をヨーロッパに紹介し、他方、アルジェリアのブージー（Bougie、現在のベジァイア Bejaia）で現地住民から石を投げつけられるなどの迫害を受け、殉教者として列聖されている。ベジァイアは、ルルスの出身地マジョルカ島からはわずかに三〇〇キロ弱の、地中海の対岸の都市である。その意味で、ルルスは、キリスト教とイスラム教の接点とも言うべきところから、中世末期、危機に瀕して行くローマ・カトリック教会を見ていたのであって、後年、クザーヌスが、オスマン・トルコのコンスタンティノープル攻略――ビザンツ帝国滅亡――という事態に際して、東西ローマ・カトリック教会の合同・統一のために力を尽したこととの類縁の深さを感じないわけにはいかない。

クザーヌスは、一四三〇年、トリーア大司教ウルリッヒ・フォン・マンデルシャイドによって、彼の「尚書」（“Kanzler”）に任命される。たとえば、“Reichskanzler”がドイツ帝国宰相を意味し、中世史のなかでは、“Kanzler”一般は最高法院長、もしくは法務長官を意味していたから、クザーヌスは、大司教・領主としてのマンデルシャイド伯爵家の官房に入り、いわばウルリッヒの「知恵袋」として迎えられたのであろう。

時代は「公会議」時代のただなかであった。一三七八年の「大分裂」（Schisma）以後、ローマにはウルバヌス六世（七八年～八九年）、ボニファティウス九世（八九年～一四〇四年）、イノケンティウス七世（一四〇四年～〇六年）、グレゴリウス十二世（一四〇六年～一五年）の諸教皇が存在し、同時に、アヴィニョンには、クレメンス七世（七八年〜九四年）、ベネディクトゥス十三世（九四年〜一四二三年）が冊立されるという異常事態が続いていた。あまつさえ、一四〇九年のピサの教会会議以降、この両者に加えて、ピサ選立教皇として、アレクサンデル五世（〇九年〜一〇年）およびヨハネス二三世（一〇年〜一五年）が即位するという、いわゆる「三教皇鼎立」という事態までもが、出現したのであった。ウィリアム・オッカムの教皇批判を待つまでもなく、このような状況は、ローマ・カトリック教会という教会組織の象徴としての、またその教会組織そのものの頂点に立つ教皇の正統性を、著しく害うものであった。

当時、ローマ・カトリックの教会法学者、公法学者たちは、基本的に、こうした異常な状況を打開するための方針として次の二つの方策を提起していた。すなわち、第一に「譲位による方法」（via cessionis）、第二に「会議による方法」（via concilii）、である。

しかし、第一の方法は、ベネディクトゥス十三世の事例――このスペイン人、ペドロ・デ・ルーナは、一四一七年、マルティヌス五世が新教皇として全キリスト教世界に認められた後になっても、対立教皇の地位にしがみついていた――が示しているように、ほとんど実効性をもつ見込みがなかった。

こうして、第二の方法が具体化されるところから生み出されてきたのが、前出のジェルソンやアイイたちの「公会議」至上主義であり、「公会議派」の流れである。

「公会議」至上主義の視点をはじめて明確にうち出したのは、コンラート（Konrad von Gelnhausen、一三二〇年頃〜一三九〇年）である。彼は、その著書『調和の書簡』（Epistola concordiae、一三八〇年）のなかで、次のように主張した。彼は、まず、「全体会議」の招集を要求する。この場合、「全体会議」とは、全教会を代表するものとしての普遍公会議（ecumenical council）であり、教皇権の上位に位置づけられるこの会議は、場合によって、教皇なしでも開催できるとされている。なお、「公会議派」（conciliarists）という名称は、この

「全体会議」としての普遍公会議の'council'に由来している。

また、一般的には、公会議（ecumenical council, ökumenisches Konzil）とは、全教会を代表する司教たちが、キリスト教信仰の真理、道徳その他、教会の重要な諸事項を審議するために一堂に会する集会で、全教会によって「公会議」と認められた教会会議のことを指している。

コンラートによれば、この「全体会議」は、「すべての者に関係あることは、すべての者により、すべての者のために、処理されねばならない」から必要とされるのであり、その意味で、全教会は教皇や枢機卿の上位に立つという前提から必然化するのである。

それでは、この会議を召集するのは誰れか？　ここで、コンラートは、'necessitas non habet legem'（「必要は法律を持たず」necessity knows no law）と主張する。前述の「大分裂」のような事態は、教会法を策定した人びとの予想を超える異常な事態であり、したがって、教皇ではなくて――「三教皇鼎立」のような状況のなかで、どの教皇が「公会議」の召集権を持ち得ると言えようか！――オッカムの唯名論的な意味での、ひとりひとりの信徒たちの討議、話し合いにもとづいて、それらの総意を承けた司教・司祭たちが、この「全体会議」を開くべきなのである。

私は、このようなゲルンハウゼンのコンラートの視座のうちに、次の二つの重要な推移を見出す。

第一に、コンラートは自然法という言葉を明示的に用いてはいないけれども、「必要は法律を持たず」という主張の背後にあるものは、実定法の秩序が崩壊した際の、実定法を超える自然権――自然法的なるもの――の存在への留目である。実念論が教会組織の既成秩序の擁護の論理を生みだしやすい傾向があるのと対照的に、唯名論は、信仰の現実的主体である個人に依拠することから、このように、ローマ・カトリックの教会法秩序の改革への視点と結びつきやすかったのである。

第二に、コンラートの主張のなかで、「聖体拝領」としてのコミュニオンは、あきらかに、「討論、会話」という意味でのコミュニケーションの概念によってのりこえられはじめている。英語語源学者たちの研究によると、コミュニケーションという言葉が「討論、会話」という意味をもつようになるのは一四一九年から一六〇五年にかけての時期であったとされているが、コンラートの見解には、このような意味内容の推転がさきどりされているのである。

さて、コンラートにつづいて、一三八一年、ランゲンシュタインのハインリッヒ（Heinrich von Langenstein、一三二五年頃～一三九七年）は、『平和公会議に関する書簡』（Epistola consilii pacis）を発表し、全教会は、誤まって選ばれた、有害な教皇をとりのぞく権利がある、と主張した。これは、もう、「公会議派」の主張そのものである。

コンラートの出身地ゲルンハウゼンは、フランクフルト（アム・マイン）のすぐ東どなりであり、彼は、パリ大学に学び、同大学の教会法の教授を経て、のちにハイデルベルク大学の学長となっている。また、ハインリッヒは、ヘッセン州の出身――彼のラテン名はHenricus de Hassiaである――で、やはり、パリ大学に学び、同大学教授、副学長として神学・哲学・政治学を講じたが、右のような「公会議」至上主義のゆえに、八三年同大学を追放され、ウィーンに赴き、のちにウィーン大学学長に就任している。

こうして、クザーヌスの故郷に近く、しかもヨーロッパでも有数の知識人たちが、「公会議派」の流れを形成していたのであり、前出のヨハンネス・ジェルソンやピエール・アイイの活躍は、このような流れをひきついだものであった。

一四三二年、クザーヌスは、ウルリッヒ・フォン・マンデルシャイドの代理として、バーゼル公会議に出席する。

周知のように、公会議一般の歴史は、紀元三二五年に開かれたニケーアの会議に、はじまる。そして、ニケーア公会議に先き立つローマ（二五一年）、カルタゴ（二五六年）、アンティオキア（二六九年）ならびにアルル（三一四年）の教会会議は、いずれも異端・異教を排除し、原始キリスト教の正統性を確立して行くための会議であった。

私が、いま、クザーヌスとの関連において、注目したいのは、ピサの教会会議（一四〇七年）をひきつぐ第十六回コンスタンツ公会議（一四一四年）、第十七回バーゼル公会議（一四三一年〜一四四九年）である。そして、通常、この時期を「公会議時代」と呼ぶのである。

かつて、オッカムは、一三二四年、教皇ヨハネス二二世によって破門され、アヴィニョンを追放されると、ミュンヘンに逃れ、バイエルン王ルードヴィッヒ四世の庇護を受けた。ルードヴィッヒ自身も、同二四年、教皇によって破門されているが、逆に、イタリアを攻略し、二七年イタリア王を兼ね、選挙侯たちの「レンゼ（Rhense）会議」によって神聖ローマ皇帝がローマ教皇からの干渉を受ける必要のないことを世に示し、教皇に公然と対立しつづけた。オッカムの教皇批判ならびに教会組織批判は、このような背景のもとで、現実的な影響力を強めて行ったのであった。

そして、「公会議時代」にあって、ルードヴィッヒ四世と同一の役割を演じたのが、ジギスムント（Sigismund、一三六八年〜一四三七年）であった。彼は、神聖ローマ皇帝カール四世の息子たちの一人である。カール四世は、その金印勅書（Goldne Bulle）によって、一三五六年、皇帝が七人の選帝侯の多数決によって選出されることを定め、しかも、それぞれの選帝侯の領土内での最高主権を認めた。こうした文脈のなかで、クザーヌスの主君ウルリッヒ・フォン・マンデルシャイドは、トリーア大司教として、選帝侯のひとりであった。そして、ジギスムントは、やはり、選帝侯の一員であるブランデンブルク辺境伯となり（八七年）、ハンガリー女王マリアと結婚してハンガリー王となり、一四一一年には、みずから神聖ローマ皇帝に就任し、さらに、一九年、ベーメン（ボヘミア）王を兼ねている。

ピサの教会会議は、ローマとアヴィニョンにふたりの教皇が対立するという異常な事態を打開しようとして、三人目の教皇アレクサンデル五世を選立したが、彼が在位一年にして病没してしまったため、挫折していた。そして、コンスタンツ公会議の開催に向けて、主導的な力を発揮したのが、ジギスムントである。ピサの教会会議とは異なって、この公会議には、司教以外に多くの神学者、教会法学者たちが参加しており、討議や投票の際に「ナツィオ」(natio) という新しい方法を採用している点が注目される。すなわち、コンスタンツ公会議では、投票は、個人別ではなくて、次の四つのグループによって実施されたのである。(1) イングランド (natio anglica)、(2) ドイツ (natio germanica) ――ここには、スカンディナヴィア、ポーランドも含まれていた――(3) フランス (natio gallica)、(4) イタリア (natio italica)。これに、一四一七年以降、(5) スペイン (natio hispanica) および(6)枢機卿団 (cardinales)、がつけ加えられた。

この背景には、前述のように、ドイツ国内では七つの選帝侯のそれぞれの域内主権が強まる方向にあり、しかも、国外を見ると、ローマ教皇を支持するイングランド、アイルランド、スカンディナヴィア諸国、ポーランド、ハンガリー、アヴィニョン教皇を支持するフランス、カスティーリャ、アラゴン、スコットランド、ナポリ、それにアヴィニョン側からローマ側に移ったポルトガル、といった具合いに、通商・交易の増大に対応する各国の事情があり、それぞれに対応した複雑なナショナリズムの勃興の姿があった。

コンスタンツ公会議は、一四一五年四月六日、画期的な教令「サクロサンクタ」(Sacrosancta) を発布する。それによれば、公会議の権威は、直接的にイエス・キリストに由来するのであり、信仰上の問題および教会改革のすべての問題について、全信徒の服従を要求することができる——そして、教皇もこの例外ではない、とされたのである。この教令に即して、教皇ヨハネス二三世は、有罪とされ、廃位された。「サクロサンクタ」は、論理的には、オッカムの唯名論の視座の勝利を意味している。ある教会史の書物は、このような公会議の努力を、'Attempts of the Church at Self-Reformation' と呼んでいる。

この「公会議」に象徴的に表現されているローマ・カトリック教会の「自己改革」(Self-Reformation) は、独特の両面性をもっていた。それは、一方では、「サクロサンクタ」に続いて、一四一七年一〇月に決議された「フレクェンス」(Frequens) の教令に示されているように、教会組織の民主化を進め、教皇の不合理な専横を許さない方策をかためようと努力した。「フレクェンス」の教令は、コンスタンツに続いて、五年後に再び公会議を開催すること、さらに七年後にも開き、その後は、一〇年毎に定期的に「公会議」を開かなければならないことを定めたのである。

他方、コンスタンツ公会議は、一四一五年七月六日、フス (Jan Hus, Johannes Huss) を火刑に処し、翌一六年五月三〇日、ヒエロニムス (Hieronymus, Jerome of Prague) をおなじく火刑台にのぼらせた。この経過については、神聖ローマ皇帝ジギスムントの「裏切り」——彼は、当時、ベーメン (ボヘミア) の王位継承権者であり、『反贖宥状 (免罪符) 論』(Adversus indulgentias)、『教会について』(De ecclesia) の著者であるフスに、公会議に出席して、所説を展開するよう提案した。しかし、実際の公会議では、実質的な討論はほとんどなされないまま、火刑の判決が下されてしまったのである。のちに、一九年、ベーメン王となったジギスムントは、長期にわたる「フス戦争」という名の民衆蜂起に、悩まされることになる——について語られることが多い。しかし、私は、前述の「ナツィオ」に例示されているように、「公会議」の背後にあるそれぞれの国々・領邦におけるナショナリズムの勃興——それは、「北方貿易」、「東方貿易」から大航海時代へと拡大する交易・

商品流通に支えられた中央集権国家の形成への胎動であった——を、重視すべきだと思う。ジギスムントの現実政治家としての挙措は、まぎれもなく、すぐ後に登場してくるニコロ・マキアヴェリ（一四六九年〜一五二七年）の『君主論』（一五一三年）の内容そのものであるが、しかし、こうした各国それぞれの「近代」（Modern）国家形成の過程の権謀術策の一齣としてとらえられるべきであろう。

コンスタンツ公会議は、一四一五年六月の第十五セッションにおいて、「教会改革委員会」（Committee of Reform, Collège Reformatoire）を設置している。この委員会は、前出の四つの「ナツィオ」からそれぞれ四人ずつ、計十六人の代表団と、三人の枢機卿が加わり、合計十九人の委員によって構成されていた。ジョージ・ウォディントンによれば、ドイツの「ナツィオ」とイングランドのそれは、神聖ローマ皇帝との結びつきを強くしていた（they——the Germans and the English——were supported with the utmost sincerity and firmness by the Emperor）。イタリアの「ナツィオ」は、枢機卿たちと結びついていた。そして、フランスの「ナツィオ」は、この公会議の場にあっても、なお、ブルゴーニュ派——王族ブルゴーニュ公ジャン・サン・プールを領袖とするグループ——とアルマニヤック派——おなじく王族オルレアン侯とアルマニヤック伯を代表とするグループ——とに、完全に分裂していた。

言うまでもなく、ブルゴーニュ派とアルマニヤック派の対立の背後には、イングランドとフランスのあいだの「百年戦争」（一三三九年〜一四五三年）という現実があり、イベリア半島では「レコンキスタ」が進行中であり——やがて、一四七九年、カスティーリャとアラゴンの合併によって、スペイン王国が成立する——、ドイツでは、ジギスムント（彼はルクセンブルク家の出身であった）の死後、一四三八年からハプスブルク朝の帝位の世襲化が始まる。

したがって、ザバレッラ（Francesco Zabarella、一三六〇年頃〜一四一七年、フィレンツェ大学、パドヴァ大学で教会法を教授、一〇年司教、一一年枢機卿）のような穏健で、賢明な「公会議」至上主義者が議長団のひとりとして居り、すでに枢機卿となっていたピエール・アイイ、あるいはニームのディートリッヒや前出のジェルソンが、その雄弁と討論をかさねて教会改革を進めようとしても、その歩みは、さまざまな現実的利害に途をふさがれ、一歩後退、二歩前進の歩みを続けるにとどまった。

とくに、ローマ教皇のおひざもとのイタリアの「ナツィオ」は、公会議においても、歴然たる守旧派の牙城であった。ウォディントンは、それを、他の「ナツィオ」との比較によって、次のようにうきぼりにしている(5)。

イタリアの教会関係者たちは、まず、第一に、その富において、ドイツやイングランドの教会関係者たちより、はるかに豊かである（In riches, the bishops and abbots of Italy could bear no comparison with the lordly hierarchy of German or England）。それは、とくに、長年の教会財産の蓄積において、大きな差異を含むものであった。第二に、彼らの多くは、アルプスの北の諸国、諸地域と違って、「新しい道」（Via Moderna）や「新しい敬虔」（Devotio Moderna）の澎湃たる大波におかされない旧来の力をもっていた（In power, and popular influence, they were precluded from any extravagant progress by the wider diffusion of intelligence, and the free and daring spirit of the prevalent republicanism）。

そして、第三に、道徳面でも、彼らの主観的な心情においては、アルプスの北の地域の場合のように、拡大しつつある通商・交易に迎合した生活信条に適してはいないのであり、むしろこうした「近代的な」＝「新しい」頽廃と闘うべきだとする考え方が、支配的であった。しかし、この点では、ウォディントンの次の指摘が重要であろう。すなわち、「イタリアの高位聖職者たちは、ローマの悪徳そのもののうちに、彼らの利益を見出していたのである。その上、彼らは、ローマ教皇座の権威をひとつの国家的財産としてとらえることに、すっかり馴れ親しんでしまっていたのである」（the prelates of Italy found their profit in the very vices of Rome. Besides, they had been so long habituated to consider the authority of that See as national property)。

ともかく、コンスタンツ公会議は、一四一七年十一月十一日、聖マルティヌスの祝日に、ローマの名門貴族オットーネ・コロンナを、新しい教皇マルティヌス五世として選出し、「大分裂」(Schisma) に終止符を打ったのである。

マルティヌス五世は、一方で、教皇領の統制を回復し、みずからの財源と歳入を再組織することに努め、他方、「フレクェンス」の教令に従って、一四二三年、パヴィアに公会議を召集した。しかし、この公会議には、少数の出席者しか集まらず、シエナに場所を移した後も先細りとなり、一四二四年三月、教皇によって解散させられた。教皇は、南のナポリ王国――それは、アンジュー家の支配を通じて、つねに、イギリス、フランスの影響を蒙る地域であった――と、北のフィレンツェ、ミラノ、ヴェネツィアという「都市国家」の勢力に、日々、挟撃され、同時に、日増しに高まる「フス派」(Hussites) との闘いに逐われていた。こういう現実外交の複雑な展開のなかで、パヴィア＝シエナの公会議から七年後――そのかぎり、「フレクェンス」の教令は遵守されていた――、第十七回公会議としてのバーゼル公会議が召集され、ここに、クザーヌスが登場するのであった。

十八年の長きにわたるバーゼル公会議は、まさしく、「公会議時代」を象徴する教会会議であった。サン・タンジェロの枢機卿ジュリアーノ・チェザリーニ (Juliano Cesarini、一三九八年～一四四四年) を議長として開始されたこの公会議は、次の三つの目的を、課せられていた。すなわち、㈠西方教会 (the Latin church) と東方教会 (the Greek church) の統合、㈡教会組織の「自己改革」の継続、㈢「フス派」の鎮圧、の三つである。

ニコラウス・クザーヌスは、主として㈠の課題に努力を集中し、部分的に㈢の課題にも直面させられることに

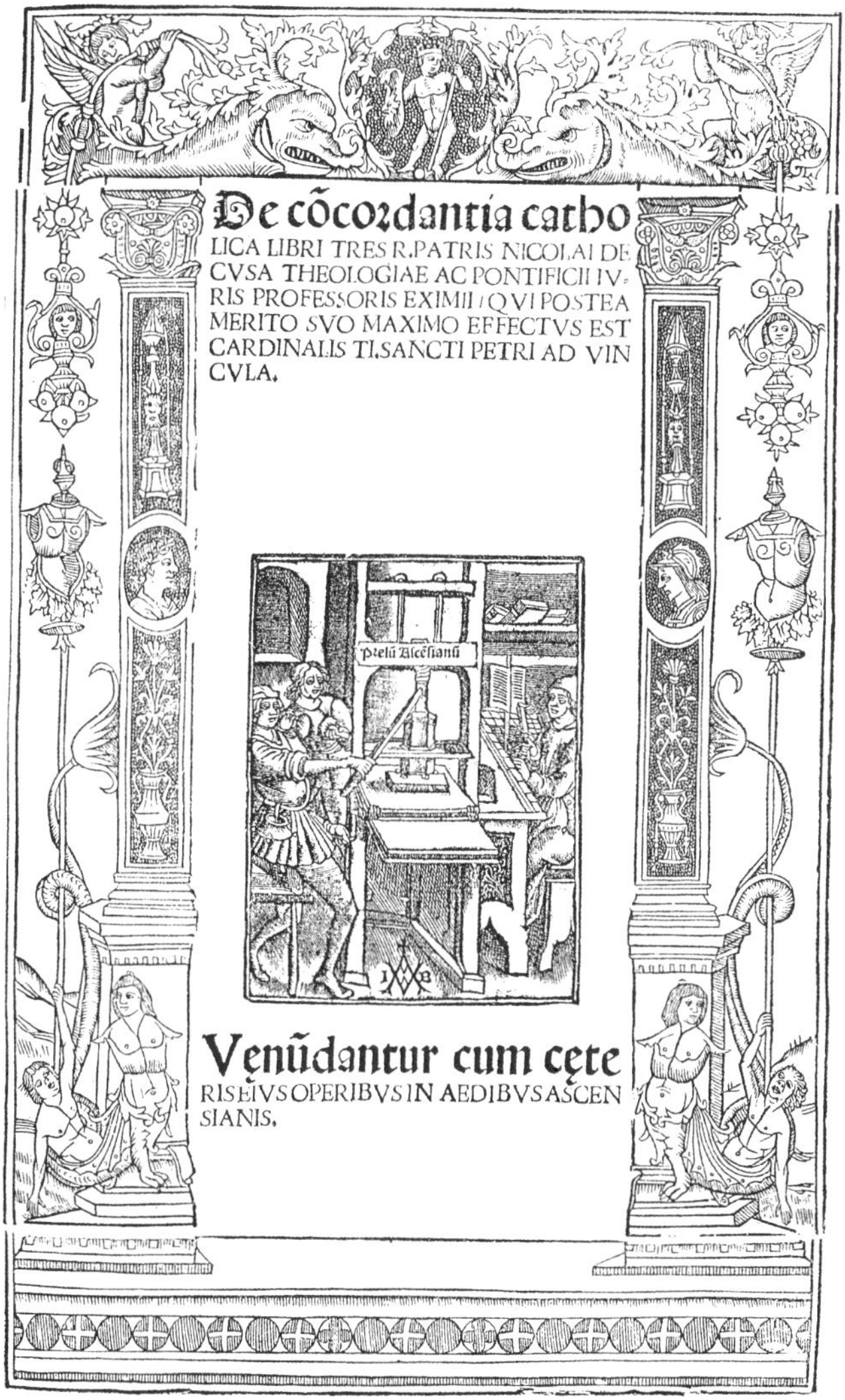

クザーヌス『普遍的和合について』の扉

（H.Gestrich, Nikolaus von Kues 1401-1464, より）

（中央の図版は木版印刷の様子である）

なる。㈡の課題は、前出の親しい友人、ピッコローミニ――彼は、すでに教皇庁の秀れた'Kanzler'として頭角をあらわしており、のちに、みずからローマ教皇（五八年〜六四年）となる――の主たる課題であった。

クザーヌスは、この時期、まず、一四三四年、最初の著作『普遍的和合について』(De concordantia catholica) を、発表している。ここで、'concordantia' が、この時代に、たびたび結ばれた教皇と世俗権力とのあいだの協約――政教条約――を踏まえていることは、言うまでもない。実際、マルティヌス五世も、一四一八年五月二日に公刊された 'The Concordats' によって、彼自身の教会政治の方策がコンスタンツ公会議の精神に則ったものであることを、弁明している。

しかし、クザーヌスは、ここで、これらの協約の本質を論じているのであり、「普遍的な和合」(concordantia catholica) は、何よりもまず、「和合と合意」(concordantia et consensus) へと結びつけられる。(6)

私は、クザーヌスが「社会的人間」(homo socialis) の概念から出発し、目前の封建制社会におけるローマ教皇と神聖ローマ帝国皇帝・諸侯の両立という政治形態を前提としながらも、教皇と皇帝とが、ともに、恣意的にその権力を行使することは許されず、彼ら支配者自身が《自然法》によって拘束されていると主張する点に、注目したい。クザーヌスによれば、'lex naturae quae est justia'「正義であるところの自然の法」こそが、教会権力と世俗権力とに優越するのである。後述するように、クザーヌスの思想のなかで、この《自然法》が、一方において、社会構成体のなかでの「公共善」(bonum publicum) を導く自然法として、個々の「国家」の実定法秩序の体系に優越すると同時に、他方で、カッシーラーが強調するように、自然科学の対象としての宇宙＝客体的自然の展開法則をも意味して行くことが、重要なのである。

また、本書の段階で、すでに、信仰と理性、個人と社会、正義と愛など、反対しあい対立するものの一致を思念しつづけており、後年、クザーヌス思想のひとつの基軸となる 'coincidentia oppositorum'（対立物の一致）

の発想が生成しつつある点も、看過されるべきではない。

一四三五年、クザーヌスは「助祭」(Diakon) に昇進し、ミュンスターマイフェルト修道院の首席司祭となる。ミュンスターマイフェルトは、コブレンツとベルンカステル＝クースのあいだのモーゼル河左側の丘陵沿いに位置し、生まれ故郷クースから北北東に三二キロメートル、コブレンツからは南西一五キロメートルの小さな街である。バーゼル公会議は、一四三一年七月から三七年五月まで、ライン河中流域の最上端、ドイツ・フランス・スイス三国の国境の街バーゼルで二五回のセッションを開いていたから、クザーヌスは、このミュンスターマイフェルトからバーゼルまで、およそ三〇〇キロメートル強の道のりを、いく度となく往復したのであろう。

彼は、また、この年に、『暦の改良について』(Der Traktat de reparatione Kalendarii) という書物を、公刊している。ここには、もちろん、前述のトスカネリなどの自然科学者との親交が影響しているであろうが、その暦法改革の考え方は、一二三二年のグローステストの『暦算』と同様、あきらかに太陽暦——太陰暦ではなくて——の視点に立っており、のちのグレゴリオ暦(一五八二年)の先駆となっている。すでに、一三三四年、スイスのルツェルンからアルトドルフを経てイタリアのロカルノへと抜けるアルプス越えの要衝サン・ゴタルド峠の教会には、二四点鐘の鐘が設置されており、古典的な円環的時間の流れは、「新しい」＝「近代的な」(modern) 直線的時間のそれへと脱構築——「合理化」——されはじめていた。サン・ゴタルド峠経由のアルプス越えは、アウグスブルクのフッガー家とヴェネツィアの「東方貿易」とを結びつける当代の流通・通商の「ハイ・ウェイ」だったのである。そして、一三七七年頃から、フッガー家の綿織物業は急速に発展しつつあり、のちの銀行業・鉱山業の富の蓄積を通じて、ハプスブルグ家の物質的・財政的基盤のひとつとなっていたことは、よく知られた事実である。

一四三六年、ニコラウス・クザーヌスは司祭(Priester) に叙任され、翌三七年、教皇エウゲニウス四世——

マルティヌス五世の死（三一年）を承けて、四七年まで在位――の要請にもとづき、ビザンツ帝国の首都コンスタンチノープルに赴く。この「東方教会」への旅は、クザーヌスにとって、きわめて大きな意味をもつ転機であった。

オスマン・トルコ帝国は、その第二代君主オルハン・ベイが即位すると（一三二六年）、ビザンツ帝国領の小アジア側の領土を侵犯するようになり、五六年には、ガリポリに上陸して、ヨーロッパ側の領域にも侵略するに至った。ビザンツ帝国はよく知られているように、ユスティニアヌス帝時代――六世紀――に旧「ローマ帝国領」をほぼ回復するまでに版図を拡大し、九世紀以降のマケドニア朝のもとでのビザンツ文化の隆盛を背景として、一〇五四年、「西方教会」（ラテン）と決定的に分裂するところとなり、「東方教会」としてのギリシァ正教を発足させていた。

しかし、プロノイア制の導入を契機として、帝国内の封建制が強まり、次第に、皇帝の支配力が衰退しつつあった。さらに、地中海を舞台とする「東方貿易」の進展につれて、ヴェネツィアをはじめとする商業資本の浸透が深まっていた。ヴェネツィア共和国は、地中海貿易をめぐるジェノヴァとの闘い――一三七八年〜八一年、この覇権争いにヴェネツィアが勝利すると、ジェノヴァは、ポルトガル、スペインと結んで、新大陸への「西方貿易」の開拓へと向った。コロンブスがジェノヴァの出身であることは象徴的である――を経て、その勢力をアドリア海沿岸から旧ビザンツ帝国領へと拡大し、一三七五年、マケドニア西方のケファロニアの取得につづいて、一四二三年には、テッサロニカをビザンツ帝国そのものから買い取っていた。テッサロニカは、ギリシァ名テッサロニキ、あるいはサロニカともよばれる港湾都市で、エーゲ海の最北部に位置し、ちょうど東側のコンスタンチノープルと同緯度で西側に立地した、重要な貿易拠点である。

こうして、ビザンツ帝国は、オスマン・トルコの脅威の他にも、一方では、「西側」の商業資本の進出にさらされ、他方、ハンガリー王国、ポーランド王国、リトアニア大公国およびモスクワ大公国のナショナリズムの勃興によっても、その足もとを脅やかされていたのであった。

すでに、一三八四年に、ビザンツ帝国の使節、クリソロラスがフィレンツェにギリシァの諸科学を紹介していたが、一四二四年頃には、多くのギリシァ語写本が、コンスタンチノープルからイタリア諸都市に流入していた。パドヴァ大学在学中にギリシァ語を修得していたクザーヌスは、こうして移入されてきたギリシァ語写本に、少なからず接していたであろう。今日、クースに残されているクザーヌス図書館の蔵書のなかには、プラトンの『国家』、『パイドン』、『弁明』、『クリトン』、『メノン』、『パイドロス』が含まれているが、後述するアリストテレス関連の文献等への接触も、このような背景のもとで、理解されるべきものであろう。

さて、エウゲニウス四世とバーゼル公会議は、ひとつには、「西方教会」自身が大分裂（Schisma）を克服し、みずからの統合を回復したこの機会に、さらに十一世紀以来の「東方教会」との分裂をのりこえ、キリスト教世界の真の統一（Reunion）を実現したいという考えから、また、ふたつには、イスラム教にもとづくオスマン・トルコの軍事的脅威から「東方教会」を救うという目前の必要から、急拠、「西方教会」の使節団を、コンスタンチノープルに派遣することを決定したのであった。クザーヌスもこの使節団の一員に選ばれたのであるが、カッシーラーは、彼がその代表者であり、団長であったと述べている。(7) 私にとっては、クザーヌスがこの使節団の団長であったか否かということ自体は副次的なことであるが、後述するように、彼がコンスタンチノープルからの帰途の船の中で着想を得たという「反対するもの・対立するものの一致」（coincidentia oppositorum）という視点をはじめて精細に記した書物、『学識ある無知』（De docta ignorantia、一四四〇年）が、バーゼル公会議の議長、ジュリアーノ・チェザリーニに献呈されている――「神に嘉され給う、いとも尊敬すべき神父にしてわが畏るべき師、聖なる使徒座にいとふさわしき枢機卿」という頭書きをつけて献辞を呈上されている「ユリアヌス猊下」とは、チェザリーニのことである――という事実を勘案すると、クザーヌスがこの使節団の主要メンバーの一人であったことはまちがいないであろう。

エウゲニウス四世の「東方教会」との再統一の決定は、一四三九年七月六日の合同の宣言によってひとまず結実することになるが、これに向けて、クザーヌスたちの使節団は、三八年、ビザンツ帝国皇帝ヨハネス八世（パラエオログス）、コンスタンチノープル総大主教、および二八人の首都大主教（Metropoliten）を含む「東方教会」の代表団とともに、イタリアに戻った。この間、公会議は、三七年九月から十二月にかけてフェラーラへ移転し、三九年一月十六日、フィレンツェに場所を変え、さらに、一四四三年二月に、ローマへ移動している。したがって、東西両教会の交渉と議論は、基本的に、フェラーラとフィレンツェの公会議のなかで展開されたものである。その内容は、たとえば「フィリオクエ」（Filioque）――「聖霊は聖父と聖子とより出で」の、「聖子と」の部分のラテン語。この一句を認める、認めないで、八世紀以来、両教会の見解は分裂していた――のそれのように、私には興味のない部分が多い。そして、結果として、エフェソスの首都大主教マルコス・エウゲニコスを除いて、ギリシァ代表団のすべてが、「合同令」に署名した。

オスマン・トルコのさし迫った軍事的脅威におびえていたビザンツ帝国側は、ともかく「西方教会」とその勢力下の諸皇帝・諸侯からの軍事的・経済的援助を得る必要を最優先させて、両教会の合同を実現させたのであった。それだけに、東西両教会に象徴されるキリスト教徒全体の「再統一」（Reunion）の実質から見れば、この合同は、アレキサンドリア、アンティオキア、エルサレムの総大主教たちによって、即座に拒否されており、実際、フィレンツェで「合同令」に署名したはずの代表たちが、何人も、故国に帰るやいなや署名を撤回しているという事実に示されているように、きわめて不十分なものであった。そして、一四五三年、メフメット二世に率いられたオスマン・トルコの軍隊によって、コンスタンチノープルは陥落し、ビザンツ帝国そのものが消滅してしまうのである。

私が、ここで、注目したいのはニコラウス・クザーヌスとギリシァ側代表者たちとの交流である。とりわけ注目されるのは、プレトン（Georgios Gemistos Plethon、一三五五年頃～一四五二年）、ベッサリオン（Johannes Bessarion、一四〇三年～七二年）との親交であろう。

プレトンは、コンスタンチノープルに生れ、ギリシァのミストラで、プラトンの「アカデメイア」を範とした学校を指導していたプラトニストである。彼は、フェラーラ、フィレンツェの公会議に出席した後、帰国せずに、コージモ・デ・メディチにアカデメイア再興の必要を説いて、有名な「プラトン・アカデミー」を設立するきっかけをもたらした。彼は、新プラトン主義の視点から、アリストテレス哲学をきびしく批判しており、この点からも、クザーヌスに強い影響を与えたと思われる。

ベッサリオンは、クザーヌスとほとんど同年輩の、トルコ出身の神学者・哲学者であり、公会議に出席した時には、ニケーアの大主教であった。彼は、プレトンの弟子であり、のちに「西方教会」に改宗している。一四三九年には枢機卿に就いており、プレトン同様、プラトン主義の再興に努力した。彼がラテン語に翻訳したアリストテレス『形而上学』やディオゲネス・ラエルティオスの『ギリシァ哲学者列伝』は、ギリシァ思想をひろくイタリアならびにヨーロッパ全域に紹介する上で、大きく寄与した。この時代のヴェネツィア派の画家カルパッツィオの『聖アウグスティヌス』は、実際には、ベッサリオンをモデルとしたものである。

ニコラウス・クザーヌスというキリスト者には、前述のライムンドス・ルルスからの影響のなかで示されていたように、みずからの帰依し、帰属する「西方教会」にひたすら没入するのではなくて、むしろ、その「外部」から、あるいは——イスラム教のような——他宗教との接点から、自己客観化的に、「西方教会」——したがって、また、当代のキリスト教会共同体——そのものをとらえかえすという眼差しが強い。それは、別の言い方をすれば、彼の視座のなかに融合されている「新しい道」（Via Moderna）と「新しい敬虔」（Devotio Moderna）のヴェクトルが、中世末期のキリスト教そのものの存立の根拠を問う問題意識を、たえず、よびさましていたということであろう。プレトンやベッサリオンとの親交は、単にプロチノスをはじめとする新プラトン主義の視点をクザーヌスに紹介したにとどまらず、このような、キリスト教の共同性のあり方をとらえかえし、その努力のなかから教会共同体の「再建」の方途を模索しようとするクザーヌスの思想的営為に、大きく作用したと思われる。

私は、一四三七年、この公会議の第三〇セッションで採択されている次のような教令（decree）に、注目したい。(8)

The concession of the council respecting the double communion amounted, at last, only to this, that whether the sacrament was administered in one kind or in both, it was still useful to communicants—'for there could be no doubt that Christ was entire in either element; and that the custom of communicating the laity in one kind, introduced with reason by the Church and holy fathers, long observed and approved by theologians and canonists, should pass for a law, neither to be censured nor altered without the authority of the Church.'

これは、いわゆる「フス派」とよばれるボヘミアのキリスト教徒たち、とりわけその地の「平信徒・俗人信徒」（the laity）たちも、やはり、「ライエンケルセ」（聖杯を用いて葡萄酒の聖体拝領をすること）の権利を有することを認めつつ、しかも、何とかしてローマ教皇の既得権原を維持しようとする努力がにじみ出ている教令である。私は、この時代に、'double communion', 'communicants', 'communicating' という「キーワード」が、教会組織の旧態依然たる官僚的対応――それは、いつも、the authority of the Church をふりかざすものである――とは異なる次元で、その意味内容を大きくふくらませつつあった、と考えたい。コミュニオンは、もはやローマ教皇庁の伝統的な様式に限定されず、多様化して行くプレグナンツを示しはじめている。「平信徒」たちは、教会組織のヒエラルヒーにメディエイトされることなく、むしろ、直接的に、彼らの《神》とのコミュニケーションを求めているのである。一四三三年の「プラハ協定」以降、このような独自のコミュニオンの回路を獲得し、構築して行ったボヘミアの俗人信徒たちは、一四六七年には、「ボヘミア兄弟会連合」(the 'United Brethren of Bohemia') を発足させている。マタイを通じてイエス・キリストとコミュニケートしようとする彼らにとって、この「兄弟会連合」('United Brethren') こそは、「親しい交わり」としての新しいコミュニオンであった。

『教会史』の著者、ウォディントンは、このような動きを紹介しながら、次のように付言している。

「彼ら――バーゼル公会議に参加していた教会関係者たち――のなかには、たしかに、ローマ・カトリック教会の内部に深まって行く腐蝕 (the *inward* depravity of their system) を見ぬき、その拠って立つところの基盤がぐらついていることに気がついている人たち (some individuals) も、居たにちがいない。しかし、彼らの大多数は、事態は従来通りに進むであろうと、かたく信じていた。彼らのほとんどは、ゆっくりとではあるが抗し難く進展して行く探究と知識 (the slow but irresistible progress of inquiry and knowledge) とに、盲目であった」[9] (イタリックは原著者による)。

クザーヌスは、このような内容の公会議に参加していたのであり、まぎれもなく、ここに言及されている意味での'some individuals'のひとりであった。

そして、ウォディントンは、さらに、辛らつに、こう述べている。

In the meantime, while the fathers of Basle, who saw some part of their danger, were ineffectually contending with an infatuated pontiff, who was blind to the whole, the art of printing was discovered; and the star of universal knowledge, the future arbiter of Churches and of Empires, arose unheeded from the restless bosom of Germany.(10)

コミュニオンの多様化は、こうして、コミュニケーションの大量化・大衆化――'the art of printing'の発達――によって支えられて行く。そして、ルターは、クザーヌスの苦闘した努力の踏石を辿るようにして、文字通り、新しいコミュニオンの道を確立するのである。

クザーヌスは、東西両教会の合同が実現したその年(一四三八年)、ニュールンベルクで開催されたドイツ帝国会議に、教皇側の代表のひとりとして、参加している。ここでの主題は、ドイツにおける教会の統合とローマ教皇権との関係であり、これにかかわる議論は四七年一杯まで続けられた(一四四八年のウィーンのコンコルダートというかたちで、一応の結着を見る)。

この間、クザーヌスは、三九年、マインツ帝国会議にも出席し、さらにライン河流域の選帝侯たちとの折衝にも臨席している。また、四一年、マインツでの帝国会議でも、教皇側の代言人(orator)として、雄弁をふるっている。さらに、四六年、フランクフルトとアシャッフェンブルクで相次いで開かれた帝国会議には、教皇側の特使（Gesandter）として参加している。

しかし、これら一連のなまなましい現実政治の過程では、主役は、むしろ、彼の年来の友人、ピッコローミニの方であった。

私たちは、この事態の議論の性格を知るために、隣国フランスの「ブールジュ国本勅諚」を想起しなければならないであろう。ブールジュ国本勅諚（Pragmatique Sanction de Bourges）とは、ニュールンベルクのドイツ帝国会議と同年の一四三八年、フランス王シャルル七世治下の三部会が、ロワール河畔のブールジュで発布したものである。ここで、Pragmatic Sanction とは、国家の最重要事項についての君主の制定法を意味する。ブールジュ国本勅諚には、次のような内容が含まれていた。

(1) コンスタンツ公会議の教令「フレクェンス」（公会議の一〇年毎の開催を定めたもの）が再確認され、ローマ教皇に対する公会議の優位が主張されている。また、フランス国内の政治にかかわる諸問題について、フランス王より優位に立つ者は存在しないことが確認されている。

(2) 聖職者の選出や叙任は、自由でなければならず、従前と同じ団体または人びとによって行われるべきである。「教令集」やボニファチウス八世の教令のなかの「リベル・セクストゥス」（Liber sextus）に示されている教皇の留保権は認められたが、それ以降——すなわち一二九八年以後——新しく宣言されたものは認められない。

(3) 聖職就任税をはじめ、一般に、教皇の課徴する税金は、すべて、廃止される。ただし、エウゲニウス四世の必要額についてのみ、特別のただし書きが加えられた。

(4) 教皇庁への上訴は、ボニファチウス八世当時の制度に戻すべきこと。教皇庁から四日以上の旅程の地での裁判は、その地で処理されるべきこと。ただし、教会法で例外事項と定めている重大な問題と、司教職や、直接教皇の監督の下にある修道院にかかわる問題は、除外する。
(5) さまざまな改革のための決定により、聖職者の独身制が再確認され、また、聖職者の所定の地への定住の義務、修道参事会員等の共同の聖務日課の励行、が再確認された。

これは、言ってみれば、フランスのキリスト教徒たちの「マグナ・カルタ」である。そこには、前述した近代国民国家の形成へと志向するフランスのナショナリズムとローマ教皇の既得権による支配との矛盾があり、逆説的なかたちで、教皇とその膝下の教会組織の腐敗――それは、文字通り、コミュニオンの空洞化であり、《神》とキリスト者とのコミュニケーションをメディエイトする媒体としての資格の喪失を意味していた――を明るみに出すものであった。

当然のことながら、ローマ教皇は、これに、猛烈な攻撃を加えた。そのために、この「国本勅諚」は、一四六一年、ルイ十一世の手で、一度、撤廃された。けれども、一五一六年、フランソワ一世と時の教皇レオ十世とのあいだで交わされたコンコルダートによって再び確認され、その現実的効果を発揮して行ったのである。フランソワ一世がフランスにおける近代主権国家の設立者であり、のちの絶対主義の基盤を形成して行った人であるということは、すでに、周知のところである。

しかし、神聖ローマ帝国としてのドイツでは、事態の推移は、フランスほど明晰ではなく、いくつもの紆余曲折の途をたどらなければならなかった。そして、ドイツにおける、Pragmatic Sanction の形成は、まさしくプラグマティックな現実政治家、エネア・シルヴィオ・ピッコローミニがみずからの力量を発揮するのにふさわしい舞台であった。

ピッコローミニは、クザーヌスより四歳年少で、シエナの近郊のコルシニに、一四〇五年に生れた。パドヴァ大学でクザーヌス、トスカネリと同学であったことは前述の通りであるが、この時期、彼は、ローマ教皇庁の'Kanzler'を勤めながら、一四四二年、フリードリッヒ三世（一四一五年〜一四九三年）の秘書（secretary）になっている。コンスタンツ公会議のうしろ楯となっていた神聖ローマ帝国皇帝ジギスムントが一四三七年死去した後、ハプスブルク家のアルプレヒト二世がドイツ王に就いたが、在位わずか一年で死亡した。アルプレヒト二世の従兄弟にあたるフリードリッヒ三世は、こうして、一四四〇年、ドイツ王となっていたのである。

したがって、ピッコローミニは、前述のように、クザーヌスが教皇庁の側の代表として、マインツやフランクフルトの帝国会議に出席していた時、その帝国会議を主宰する側のドイツ国王の後見役となっていたわけである。彼は、四七年にトリエステ司教、五〇年シエナ司教、とローマ教皇庁のヒエラルヒーのなかを上って行くが、五五年、枢機卿に就任するまで、フリードリッヒ三世の秘書を続けていた。

しかも、この間、一四五二年、フリードリッヒ三世は、時の教皇ニコラウス五世によって、神聖ローマ皇帝に戴冠されているのである。これは、神聖ローマ皇帝がローマで戴冠した最後の事例であった。このような推移を見ても、神聖ローマ帝国としてのドイツとローマ教皇庁との関係の調整について、ピッコローミニの尽力が効を奏していることがうかがえるであろう。

今日、シエナの中心部には、壮麗なピッコローミニ宮殿（Palazzo Piccolomini）、一四六〇年代に、フィレンツェの建築家・彫刻家ベルナルド・ロッセリーニョによって建てられたもの）が建っている。そして、ひとは、有名なシエナのドゥオモの内側、北の回廊の奥に、'Piccolomini Library'があることに、留意すべきである。そこには、当代の画家、ウンブリア派の代表者のひとりであるピントリッキオ（Pintoriccio, Bernardino di Biagio、一四五四年〜一五一三年）のフレスコ画が架けられているが、フリードリッヒ三世とポルトガルの王女エレオノーラの婚約を司るピッコローミニが画かれているのである（一五〇九年の作）。

ピッコローミニは、枢機卿に就任してからわずか三年後、一四五八年、ローマ教皇に選出され、ピウス二世（在位五八年〜六四年）となった。フリードリッヒ三世とピッコローミニのこのような連携の下で、四八年、ウィーンのコンコルダートで確認された内容は、「ブールジュ国本勅諚」のそれに比べて、はるかに教皇庁にとって有利なものであった。ドイツでは、Pragmatic Sanction が国民国家の形成へと本質的な一歩を踏み出すためには、フリードリッヒ三世の息子、マキシミリアン一世の「帝国改革案」（一四九五年）まで、待たなければならなかった。これまでの帝国会議が、フランスの三部会と同じような、立法権をもった「帝国議会」（Reichstag）として成立するのは、この年のヴォルムスの国会が最初である。

3　国民国家の胎動とクザーヌス

ニコラウス・クザーヌスは、一四四〇年、彼の主著のひとつ、『学識ある無知』（De docta ignorantia）を発表した。彼は、さらに、四二年の 'De coniecturis' に続いて、四五年には、有名な『隠れたる神』（De Deo absconditio）を含む三部作――他に、'De quaerendo Deum' および、'De filiatione Dei' の二作――を公刊し、加えて 'De dato Patris luminum' を書き、数学論の最初の著作 'De geometricis transmutationibus' も発表している。

このように、クザーヌスは、一四三八年から四七年にかけてのドイツにおける Pragmatic Sanction の時代――それはドイツの国民国家形成とローマ教皇庁の支配との調整の過程を意味していた――、たびたび、帝国会議に出席し、ローマ教皇庁の立場から発言していたけれども、実質的には、むしろ、著作の方に力点を置いていたのである。彼は、後年、ブリークセンの司教・領主として、アルプス越えの要衝ブレンナー峠をはさんで北に接するチロルの世俗諸侯との政治的軋轢に苦しめられ、最終的には、教皇ピウス二世によって救出されるという事態を経験するが、現実政治の過程には、どちらかと言えば、不向きな人間であった。

ブルクハルトは、バーゼルに生まれ、バーゼル大学でも教えていたことがある人で、その意味で「バーゼル公会議」にも無縁ではない人であるが、彼の名著『イタリア・ルネサンスの文化』（一八六〇年）は、私たちの想像以上に、ピウス二世——この本のなかでは、親近感をこめてアエネアス・シルヴィウスとして登場することが多い——の当代の記録に負うところが大きい。もちろん、有名な備忘録（'Pii II Comment'）に準拠することが多いわけであるが、ピッコローミニは、この名著のなかで、「聖職者兼世界地誌学者としてのこの教皇」と呼ばれ、とくに、第四部「世界と人間の発見」において、彼の「地理的、統計的、歴史的関心の結合」は絶讃されている。ブルクハルトは、別のところで、ピッコローミニのことを、私の「好きな人」（Liebling）と呼んでいる。ピッコローミニの考古学・地理学への関心は、前述したように、パドヴァの学生時代からのものであるが、その後の教会政治家としての「現実」への対応は、まさしくブルクハルトのCiceroneの眼差しの地平とかさなるところがある、と言ってよいであろう。

これと対照的に、クザーヌスは、ブルクハルトにあっては、ほとんど完全に黙殺されている。しかし、カッシーラーは、次のように述べているのである。[11]

「ルネサンスの哲学を一つの体系的統一として把握することへと向かうすべての考察は、その出発点をニコラウス・クザーヌスの教説にとらねばならない。と言うのも、一四〇〇年代《クアトロチェント》の哲学の諸方向と諸努力のすべてのなかで、ヘーゲルの要求を充たして、ありとあらゆる種類の光の放射を集約するような一つの『単純なる焦点』を具現しているのは、この教説を措いて他にないからである。クザーヌスこそは、その時代の根本問題の全体を一つの方法論的原理から把捉し、かつこの原理に基づいてこれを統御している唯一の思想家である」（傍点はカッシーラーによる)。

一四四〇年に刊行された'De docta ignorantia'は、たしかに、カッシーラーの言っているような意味での、クザーヌスの「新しい道」(Via Moderna)の方法論的原理を、はじめて体系的に展開した著作である。(12)全体は、三部構成をとっており、第一部が二十六章から成り、第二部が十三章、第三部が十二章、総計五十一章、という大著である。

さて、本書がクザーヌスのパドヴァ大学時代の恩師のひとり、チェザリーニ——サン・タンジェロ大司教、ユリアヌス枢機卿——に献呈されていることは、前記した通りである。そして、本書の末尾には、同じくチェザリーニへの「ユリアヌス枢機卿宛　著者書簡」が、付けられている。クザーヌスは、一四四〇年二月十二日、クーサ(Cusa——Cues のラテン語表記——)にて擱筆と記されたこの手紙のなかで、二つの重要なことがらを述べている。

まず、第一に、「実はこれなるもの、多彩曲折に富んだ教えの道におきまして私が永年求めんとして、しかもよく求めえなかったものでありましたが、図らずも海路ギリシァよりの帰途、いと善き全てのものを与え給う光明の父にてましますす神が、いと高き賜物としてお示しなされたと信ずるところのものでございます」と書かれている部分、である。これは、直接的には、前述のように、「西方教会」と「東方教会」との再統一・合同のために、一四三七年から三八年にかけて、クザーヌスがコンスタンティノープルに赴いた体験のことを、指している。かつて、プラトンがシチリアのシラクサを訪れるために辿り、ピュタゴラス、アルキメデスが通った地中海の船旅のなかで、クザーヌスは、「対立物の一致」('Coincidentia Oppositorum')の論理的解決の突破口を求めて、思いを巡らせていたのであった。彼が、「私の知りえましたことは、不朽の真理について人の知りうる限界を超えることによって、学識ある無知において、捉えざるものを比量的に捉えられぬ仕方で捉えるということであります。私はこれを真理にましますあの方の庇護の下に、この書のうちで解き明かした次第であります」と述べているのは、その「突破口」を開くことができたという手応えを示しているのであろう。

第二に、彼みずから、本書の三部構成の内容について、説明している部分である。彼は、次のように述べている。「われわれ人間の精神のすべての努力は、思うに、そこにおいて矛盾が一致する、あの単純性に到達するためでなければなりませぬ。第一部の考察はそれに費やせられております。第二部では、それより進んで、宇宙について大方の哲学者たちとは違った仕方で、多くの人々には奇異に感ぜられる若干の事柄を導いております。しかして、常に同じ根拠に立ちながら論を進め、最後にいとも誉むべきイエスについて第三部で述べた次第であります」。

私見によれば、本書は、第一部＝認識論、第二部＝存在論、および第三部＝信仰論、という三部構成の内容をもっている。クザーヌスの思想の基軸は、前述の、一四三四年に公刊された'De concordantia catholica'から、本書を経て、晩年の一四六〇年に発表された'Trialogus de Possest'へと深められているが、本書では、まず、'concordantia'への眼差しが、抽象的な「自然法」による基礎づけから、はるかに自然科学的な「存在論」的発想による基礎づけへと、進展させられていることが注目されよう。おそらく、ここには、プレトンやベッサリオンなどのギリシァ人思想家との親交にもとづくプラトン主義の視座からの影響にとどまらず、彼らの知見を経由してのイスラム世界における自然科学の進歩の影響もあると思われる。すでに、十一世紀、カルタゴ生れとされるコンスタンティヌス・アフリカヌスが、モンテ・カッシーノ修道院でアラビアの医学書・哲学書のラテン語訳を刊行していたが、一〇八〇年のサレルノ医学校（ヨーロッパではじめての薬局を併設）の設立から一二〇八年のモンペリエの医学校の設立に至るまで、イタリア、フランスの地中海沿岸もしくは、それに近い南部の諸地域には、イスラム世界の先進的な自然諸科学の知見の流入が見られた。十三世紀の終り、一二八一年、アルベルトゥス・マグヌスは、みずから「錬金術」に挑戦し、実際に「砒素」を析出しており、八五年には『宇宙の原因と発生』という書物を刊行した。十四世紀に入って、モンディーノは、一三一六年、人体解剖学のテキストを著わしている（『解剖学』）が、これは、その後二〇〇年にわたって、ヨーロッパ全域に、標準的なテキストとして普及して行った。そして、十五世紀半ばには、複合型クランクの改良による動力機械が、やはり、イタリア、フランスに広がりはじめ、一四四四年頃には、ヨーロッパ各地に、製鉄用の高炉が出現しているのである。

よく知られているように、ビザンツ帝国の滅亡の際には、ベッサリオンと同じように、多くのギリシァ、イスラム系の学者たちがイタリアに脱出して来ており、フィレンツェのコージモ・メディチ（Cosimo de Medici，一三八九年～一四六四年）をはじめとして、イタリア各地の諸侯・支配者たちは、競って、彼らを迎えいれた。

クザーヌスの『学識ある無知』の第二部第四章には、アヴィセンナ（Avicennā, Ibn Sīnā，九八〇年～一〇三七年、アラビアの哲学者、医学者）の自然哲学が登場する。しかし、‘intelligentia’——‘anima nobilis’——‘natura’というアヴィセンナの自然像は、ここでは、もっと動的な見方にもとづいて、批判されている。クザーヌスによれば、自然、もしくは「宇宙」のヒエラルヒーは、運動による「反対物の一致」の過程である。すなわち、そこにおいて、個物と全体は、単に対立し、反対しているのではなくて、《包含》（complicatio）と《展開》（explicatio）という二つのヴェクトルの一致として具体化されるのである。全体と個物とのあいだのこの《包含》と《展開》の運動過程は、また、クザーヌスによって、《縮限》（contractio）——全体が、個物へと、凝縮・限定されてくること——の過程とされている。《縮限》というキー・タームは、ベルタランフィやルーマンによって受容されているように、現代の社会学理論の視座にまで、その影響を及ぼしている。

さらに、私が注目したいのは、本書第二部第十一章「運動に関する系論」である。ここには、「世界という機械」（machina mundana）が語られ、「決して中心になりえない地球（大地）は、まったくもって不動であるはずがない」と、あからさまに、地動説の視点がうち出されているのである。こうして、クザーヌスの『学識ある無知』を支える存在論の視座は、大きく、自然科学の合理性に依拠したものとなっている。かつて、アウグスティヌスは、次のように述べていた。

'Lex aeterna est ratio, vel voluntas Dei ordinem naturalem conserrari.' すなわち、「永遠法は、自然の秩序を保つことを命じ、乱すことを禁ずる神の理性、あるいは意志である」。

クザーヌスの前著『普遍的和合について』では、人びとのあいだに 'concordantia'（調和・共感）をもたらす自然法（lex naturalis）は、基本的に、アウグスティヌスの「永遠法」の域を出るものではなくて、神的理性からの光を反映していた。これに対して、本書における自然法は、「マクロコスモス」としての宇宙（全体）と「ミクロコスモス」としての個体（個人・個物）とを運動の過程において媒介する、いわば「対象的自然の運動法則」の側へと推転させられ、それだけ理神論化されているのである。したがって、後に、このような内容をもつ彼の存在論、ならびに認識論が、本書第三部の信仰論に代表されるクザーヌスのキリスト教神学とどのような関係に立つか、この点の解明へと進まなければならないであろう。

さて、一四四八年、クザーヌスは、枢機卿に推挙された。枢機卿（Kardinal, cardinalis）とは、「大教皇」と呼ばれたグレゴリウス一世（在位五九〇年〜六〇四年）の頃に制度化された高位聖職者の職階で、語源（cardinālis には、「主要な」という意味と同時に、「ちょうつがい」という意味がある。また、cardinālius は primarius と同義である）に示されているように、教皇に次ぐ高位の教会組織にある者として、教皇を補佐する。十二世紀になると、枢機卿たちは、教皇を補佐する「顧問会議」（consistorium）を形成するようになり、のち

クザーヌスの墓（左側の跪く像）

に、これが発展して、「枢機卿会」（collegium）となった。現在のヴァチカンには、世界各地の司教、司祭たちから選ばれた七〇人の枢機卿が存在するが、たとえばアヴィニョンとローマにふたりの教皇が対立していた「バビロン捕囚」の時期、ローマにいた枢機卿は十六人である。その内訳は、フランス人十一人、イタリア人四人、イスパニア人一人であり、彼らのほとんどが富裕で、世俗的な高位聖職者たちであり、出身においても性向においても貴族たちによって占められていた。ピッコローミニが教皇に選出された時――その時、クザーヌスも枢機卿のひとりであった――、枢機卿会は十九人によって構成されていた。おそらく、ドイツ出身で、しかも平民の生れの枢機卿の選出は、かなりに異例のものであったと思われる。翌四九年、クザーヌスは、枢機卿としてのみずからの名義聖堂として、ローマの‘San Pietro in Vincoli’（「鎖につながれた聖ペテロ教会」）を与えられている。フォロ・ロマーノにほど近い、カブール通り沿いのこの教会には、ミケランジェロの制作になる「モーゼ像」の彫刻があり、観光客の人波が絶えない。しかし、彼らの多くは、会堂内右手の「モーゼ像」と、正面の、ペテロがつながれたと伝承される二本の鎖を眼にすると、そのまま次の観光スポットに移動してしまい、会堂内左手のクザーヌスの墓には気がつかないようだ。

クザーヌスは、さらに、一四五〇年、教皇ニコラウス五世（在位四七年〜五五年）によって、北イタリアの通商・交易・軍事上の要衝ブリークセン（Brixen, Bressanone）の司教・領主に任命された。ブリークセン――

イタリア名ブレッサノーネ――は、現在、人口一万七〇〇〇人、ミラノ、パヴィアからボローニア、フェラーラ、ヴェネツィアへと、ポー河沿いに広がるロンバルディア平原の北、ボルツァーノを経て、アルプスの山ふところに深く入った小都市である。今はスキー・リゾートとして観光地になっているが、クザーヌスの時代、ここは、ブレンナー峠（Brenner Pass）を越えて、チロルの中心都市インスブルックへと連なる交通の要衝であり、難所であった。ブリークセンの西四〇キロメートルほどのところにメラーノの街があるが、その郊外にあるチロロ城（Castel Tirolo）は、十二世紀以来、チロル大公の本拠地であった。したがって、現在のオーストリアとイタリアの国境線とは次元を異にして、クザーヌスが赴任することになったブリークセン一帯は、歴史的に見れば、広い意味でのチロルの一部であり、むしろ、グラーツ（Graz）、インスブルックの勢力圏に含まれていたのである。こうした背景の下で、司教・領主としてのクザーヌスは、ふたたび、厳しい現実政治の波にのみこまれることになる。

彼は、また、一四五〇年末から一年半にわたって、ドイツ、フランドル、オランダをめぐる巡察旅行（Legationreise）に出ている。クザーヌスとディオニシウス・カルトゥシアヌス（Dionysius Cartusianus、一四〇二年〜七一年）は、教皇特使として派遣され、おりからの「一四五〇年聖年記念贖宥」を宣布しつつ、各地の教会・修道院の改革を遂行しようとしたのである。カルトゥジオ会（シャルトルーズ会）士ディオニシウスは、ベルギーに生まれ、一四二四年、オランダ、ルールモンド（Roermond）のカルトゥジオ会修道院に入り、「中世における最も注目すべき神秘思想家の一人」（マイケル・ディヴィッド・ノウルズ）として神学の著書を多く刊行し、また'doctor ecstaticus'と呼ばれている。このような二人が、「一四五〇年聖年記念贖宥」という事業にどれだけ貢献したかは疑わしいけれども、彼らが、この旅行のなかで、デフェンテルおよびツウォレを訪れ、「共同生活兄弟会（団）」の信仰のあり方を高く評価したとされる点は、重要であろう。ルールモンドは、オランダと言っても、最南部に位置し、ドイツ、ベルギーの国境真近かの街で、アントワープの西およそ一一〇キロメートルである。そして、デフェンテルは、このルールモンドの真北約一〇〇キロメートルに位置し、前記したように、アムステルダムの西九〇キロメートルであった。私たちは、このようなフランドルからオランダ低地地方にかけての地域が、一方において、交易と通商そして勃興しつつある産業——とくに毛織物・綿織物工業——によって特色づけられ、同時に、他方、「共同生活兄弟団」という 'Devotio Moderna' の中心地であったという事実を、看過すべきではない。ここでも、《コミュニオン》を独占的・排他的にメディエイトしてきた教会組織が、みずからの腐敗と堕落によって、その資格を喪失し、むしろ、「産業的中産者層」をはじめとする平信徒たちの、《神》との直接的コミュニケーションを求める動きによって、とって代られつつあったのである。ディオニシウス・カルトゥシアヌスのいわゆる 'ecstaticus' は、ベルニーニの作になる 'Ecstasy of Beata Ludovica Albertoni' ——ローマ、San Francesco a Ripa 教会所蔵——が如実に示しているように、まさしく《神》との直接的コミュニケーションによって生みだされた真の《コミュニオン》の具現化にほかならない。

ブリークセンの司教・領主としてのクザーヌスは、ハプスブルク家の流れをくむチロル大公ジギスムント (Sigismund) との確執に悩まされることになるが、モイテンが詳細にたどっているこの現実政治の推移の背後にあるものは、やはり、勃興しつつある通商・交易の力と「産業的中産者層」との対応のなかでの「国民国家」形成のヴェクトルであり、それとの関わりのなかでのローマ教皇領という世俗的権力を具有した教会組織の側からのヴェクトルである。

このチロル大公ジギスムントは、もちろん、あのコンスタンツ公会議の立役者であったジギスムント——神聖ローマ皇帝であった彼は、一四三七年に死去している——とは別人である。ピッコローミニとの関連で前述したフリードリッヒ三世がハプスブルクの本流にあり、その子息マキシミリアン一世以降、スペイン、ロレーヌを含めて強大化して行くが、そのフリードリッヒ三世の叔父にあたるフリードリッヒ四世の息子——父親が'Friedrich IV, the Pennieless' と呼ばれたのに反して、彼は、'Sigismund, the Rich' と呼ばれる——が、今、クザーヌスの前に立ちはだかっているジギスムントである。もともと、ジギスムントという名前は、ジークムントと同じで、その語源（'Sieg' 勝利、'munt=Schutz' 防衛）から見ても、男の子に好都合と思われていたありふれた名前である。この時代には、もうひとり、シギスモンド・マラテスタ（一四一七年~六八年）というとんでもない人物——悪名高い傭兵隊長。ピッコローミニは、その『回想録』のなかで、「彼が呪詛されたほどには、いかなる聖者も讃美されたことはない」と記している——も登場していた。

チロル大公ジギスムントとブリークセン司教クザーヌス——彼は、しかし、同時に、ヴィンコリの聖ピエトロ教会の枢機卿であり、教皇の派遣特使（Legat）であった——との確執は、私見によれば、二つの側面をもっていた。第一は、「一四五二年十二月七日、彼——クザーヌス——は司教区内のすべての製塩所および採鉱場の所有権を皇帝から得た」とモイテンが記している経済的権益の側面である。あれだけ詳細なクロノロジーを辿っているモイテンは、なぜか、このような経済的権益——それは勃興しつつあった「国民国家」の経済的基盤としての通商・交易の発展であり、「近代的」産業の萌芽的生成そのものであった——の内容について、まったく無関心である。しかし、製塩所は、アテジーネ・アルプスの山々の彼方のザルツブルクに見られるように、この地域の伝統産業のひとつであり、採鉱所のなかには、ブリークセン近郊の銀鉱山が含まれていた。しかも、ブレンナー峠を越えて、ブリークセンを経由し、遠くヴェネツィアに至る道は、アウグスブルクのフッガー家とヴェネツィアの「東方貿易」とを結びつける重要な交易ルートであった。そして、フッガー家は、ハプスブルク家の金庫番としての地歩をかためて行く途次にあった。

こういう地域の司教・領主として赴任したクザーヌスが、いかにもクザーヌスらしく生真面目に、司教区の改革を進めれば進めるほど、ジギスムント配下の世俗権力――しかも、それは、彼らにとって、既得権益保持の装置以外の何ものでもなかった――との軋轢を強めることになるのは、だれの眼にも明らかであった。

第二に、このような世俗権力の側の「近代的」内容を、たとえば、前述のフランドル、オランダのそれに対比して見ると、ジギスムントのチロル、フリードリッヒ三世のオーストリアは、「産業的中産者層」の力が弱く、むしろ、「前期的独占」の様相をもった封建的色彩を強く残していた。象徴的な事実を挙げるならば、一四五〇年三月二三日、教皇ニコラウス五世がクザーヌスをブリークセン司教に任命した際、それより早く、三月一四日に、ブリークセンでは、レオンハルト・ヴィスマイヤーが司教に選出されていたのである。そして、このヴィスマイヤーという人物は、かつてのマンデルシャイドに対するクザーヌスのように、ジギスムントの'Kanzler'であり、チロルの主任司祭だった。すなわち、ピッコローミニとフリードリッヒ三世との関わりのところで触れたように、神聖ローマ帝国の皇帝とローマ教皇とのコンコルダートがどのようなものであろうとも、ブリークセンのような、一地方都市の現実社会にあっては、コンコルダートに優先して、伝統的、封建的支配の慣行――旧来のパターン――が、そのまま踏襲されていたのである。これは、当代のヨーロッパ各地に続発していた叙任権をめぐる争いに、最初から、クザーヌスも巻き込まれたことを意味する。

たび重なる法律的・政治的折衝を経て、クザーヌスが、名実ともにブリークセン司教としての力を得て、司教管轄区域の教会改革をはかろうとすると、ふたたび、チロルの非「近代的」社会の壁が立ちはだかることになる。一四五三年、クザーヌスは、司教管区内のエンネベルクの住民たちの救済をめぐって、ゾンネンブルク尼僧院と対立する。尼僧院長ヴェレーナ・フォン・シュトゥーベンをはじめとして、チロルの貴族を出自とする尼僧たちは、イン川流域――その中心地がインスブルックである――、アイザック川流域――おなじく、ボルツァーノ、ブリークセンを中心とする――、およびドゥラウ川流域――リエンツを中心とする――を支配する貴族勢力を背景として、クザーヌスの 'Devotio Moderna' に連なる教会改革に、敵対したのであった。

こうした関係のつみかさねが、一四六〇年、ジギスムント大公の軍隊によるクザーヌスのブルネック城幽閉という事態を生みだしたのである。(13) ブルネック（Bruneck, Brunico）は、ブリークセンからさらに三〇キロメートルほどアルプスの山ふところに入ったところで、街を見下す高台に堅固な城砦が建てられている。身の危険を察して、クザーヌスがこの城に入ったところをジギスムントの軍隊によって包囲され、城を砲撃されたというのが、ことの真相である。事態は、この頃ドイツを中心として各地に頻発していた「フェーデ」（Fehde）を思わせるが、この幽閉の状態のなかで、ジギスムントは、彼を頂点とするチロルの世俗権力の意志を押しつける文書を呈示し、クザーヌスの署名を求めた。この文書の詳細に触れることは本書の目的には含まれないが、その基本的性格が、世俗諸侯とローマ教皇領とのいわば「二重権力」の状況の解消にあり、これまで述べて来たような意味での、ヨーロッパ各地におけるナショナリズムの勃興――その結果としての「国民国家」形成――とローマ・カトリックの教会組織との関連にあったことは、明らかである。

クザーヌスは、すでに、前年、教皇ピウス二世――あのピッコローミニ――によって、ローマ・カトリック教会の教会組織のなかで、教皇に次ぐ位置である「司教総代理」（Legatus Urbis）に任命されていた。ピッコローミニは、かねがね、クザーヌスに、「雪と暗黒の」谷間で自分の力を無駄使いせずに、ローマへ出て来るよう慫慂していたのであるが、このポストを提供することによって、ローマ教皇領全体の管理・運営を委ね、また一層の教会改革を進めさせようとしたのである。

ニコラウス・クザーヌスは、こうして、現実政治のどろどろとした権力闘争のなかで、形の上では、一敗地にまみれたわけであるが、しかし、不思議なことに、この時にも、やはり、夥しい量の著作をものしている。私にとって、クザーヌスは、やはり、本質的に、文筆の人である。

彼は、まず、一四五〇年に 'Idiota' 全四巻を執筆している。これは、「知恵について」(De sapientia) 第一部、第二部、「精神について」(De mente)、および「秤による実験について」(De staticis experimentis)、から成る大著である。さらに、一四五三年、前年からの教皇派遣使節としてのドイツ、ネーデルランド、フランドルへの巡察旅行のなかで、'De pace fidei', 'De theologicis complementis', 'De visione Dei' を刊行している。――ただし、モイテンによれば 'De theologicis complementis' は、'De mathematicis complementis' の誤まりである――。

この後も、ピウス二世を補佐する教会政治のなかで、五七年に 'Caesarea circuli quadratura' という数学書を著わし、五八年の 'De mathematica perfectione' 五九年の 'In mathematicis aurea propositio' へと数学の研究を深めている。

このような流れのなかで書かれた一四六〇年の『可能現実存在について』'De poseest' は、初期の『普遍的和合について』から、中期の『学識ある無知』を経て、集成された晩年のクザーヌスの思想の凝縮された表現として、きわめて重要である。

また、六一年には、'Cribratio Alchorani' が刊行されているが、イスラムの聖典『コーラン』そのものには、もっと早い時期から、眼を通していたものと考えられる。

六二年には 'De non aliud', 'De venatione sapientiae', 'De figura mund' が書かれたとされているが、このなかの最後のものは、現存していない。さらに、六三年には、有名な『球遊びについて』'De ludo globi' が書かれている。そして、一四六四年、彼は、'De apice theoriae' を絶筆として、六三歳の生涯を閉じることになる。

ピッコローミニ――すなわちピウス二世――とクザーヌスのわずか三日をへだてての相次ぐ死は、しかし、その意味するところにおいて、対照的である。ピッコローミニは、ビザンツ帝国を滅し、そのままコンスタンティノープルを占拠しつづけるにとどまらず、ハンガリー、ボヘミアから、さらにアドリア海沿岸に至るまで、ローマ教皇の影響力の下にある「西方教会」世界をおびやかしつづけるオスマン・トルコに対して、当代の「十字軍」(a general crusade) を組織し、反撃の体制を整えようとしていた。よく知られているように、セルジュク・トルコの脅威に対抗するためにウルバヌス二世によって提起された第一回十字軍（一〇九六年～一〇九九年）から、十三世紀後半の第七回十字軍の派遣に至る「西方教会」の活動は、すでに、第四回（一二〇二年～四年）の派遣とそれにもとづくラテン帝国の設立の頃から、その実質的な性格を変えて来ていた。この時期、十字軍の活動には、本来のキリスト教世界とイスラム世界との軍事的軋轢の側面とは別に、通商・交易の契機が強まって来ており、実際、砂糖・米・レモン・綿花などは、ちょうどこの第四回の十字軍の頃に、「西方教会」の世界へと伝来したのであった。そして、十三世紀後半には、ニケーア帝国と結んだジェノヴァと、前記のラテン帝国を拠点としたヴェネツィアとが、地中海貿易・「東方貿易」の覇権をめぐって、熾烈な闘いをくりかえしていたのである。

ピウス二世が、時期はずれの対イスラム「十字軍」の組織を目的として、一四五九年六月一日、マントヴァ(Mantova) の教会会議を召集した時、クザーヌスはこの長年の盟友の企図に懐疑的であった。一四六〇年一月まで続けられたこの会議には、イタリアの君侯をはじめ、ロードス島、キプロス島その他、さらにはペルシァ王、アルメニアからの代表・代理、滅亡したビザンツ帝国自身の亡命皇帝（トマス・パラエオログス）も出席していた。ブルゴーニュ大公や、クザーヌスの現実政治上の仇敵チロル大公ジギスムントも参加していたが、フランス、カスティーリャ、ポルトガルからの支援は得られなかった。

しかし、一四六四年夏、アドリア海に面したイタリアの港街アンコーナに集結した「十字軍」は、ピッコローミニが期待した五万人〜六万人という規模にはほど遠く、'a multitude imperfectly armed, without resources, without discipline, and, for the most part, without enthusiasm.' と形容される烏合の衆であった。しかも、この奇妙な軍勢の司令官は、あの悪名高い傭兵隊長シギスモンド・マラテスタだったのである。シギスモンドは、一四一七年、リミニの世俗領主の家に生れたが、フィレンツェ、ミラノ、ヴェネツィア、ジェノヴァの抬頭の下で、現実政治の一翼を担う傭兵隊長として頭角をあらわした。しかし、その文字通りのマキァベリズムとあまりの悪業の故に、一四六二年、ローマ教皇庁法廷によって破門の上、火刑を宣告され、実際、「パンドルフォの息、反逆者の主、神と人間に憎まれ、大司教団の投票によって火刑を宣告されたシギスモンド」と記した札を口から垂らした「わら人形」がサン・ピエトロ大聖堂の階段で焼かれているのである。そして、わずか二年足らずの後、教皇ピウス二世が、この反逆者を、彼のいわゆる「十字軍」の司令官に任命している。クザーヌスは、こうした事態の推移には、がまんがならなかったであろう。晩年、クザーヌスが、病いの進行する身体を気づかいながら、オルヴィエートで著作にいそしんだ背景には、このように無原則きわまる現実政治の進行があった。

シギスモンドの「十字軍」は、ヴェネツィアが不承不承用意したわずかなガレー船で「東方」に向い、一四六四年から六五年にかけて、オスマン・トルコのオマール・ベイからギリシァのスパルタを奪回するなど、多少の成果をあげた。しかし、ヴェネツィア共和国自身が、この「東方」の背教者たち――'the Infidel'――とのあいだに、'their commercial and other intercourse' を結んでいたのであり、この面から見ても、ピッコローミニの対イスラム「十字軍」は、完全に、時代の現実から浮いたものであった。

しかもなお、『教会史』の著者ウォディントンによれば、ピウス二世は 'the most accomplished, the most liberal, perhaps, the most enlightend, individual of his time' であった(14)。たしかに、彼――ピッコローミニ

——は、「ルネッサンス教皇」の代表とされるように、当代の他の教皇たちに比べて、人文主義的教養にもすぐれていた。彼は、ローマ的中世の末期にあって、勃興しつつある諸国民国家の現実的勢力を、なお、ローマ教皇の教権によって統禦し、支配することができると考えていた。彼は、フリードリッヒ三世などの神聖ローマ皇帝の「力」を最大限利用して、「西方教会」の宗教的権力を各国民国家の世俗的権力の上に定位しつづけようとしたのである。それは、ハンザ同盟の「北方貿易」、ヴェネツィアやジェノヴァの「東方貿易」、さらにはポルトガルの「西方貿易」の進展に例示されるような《経済的》社会関係の変動とそれに対応する諸国民国家の編制という《政治的》社会関係の変化に対して、ローマ教皇の現実政治によって対処しようとした努力である。それは、クザーヌスの文化的戦略の地平に比べれば、どこまでも政治的な戦略によって導かれた努力であった、と言ってよいであろう。これに対して、クザーヌスは、こうした《経済的》社会関係と《政治的》社会関係の変動に対して、《文化的》社会関係の再構築を通じて、ローマ・カトリックの内部からの、そのかぎりでの「普遍的な」、統合を実現し、獲得しようと考えていたのである。

4 グーテンベルクとクザーヌス

ところで、私がここで注目しておきたいのは、晩年のクザーヌスがグーテンベルクによる印刷術の発明に遭遇していたという歴史的事実である。周知のように、グーテンベルク（Johanul Henne Gutenberg, 本名はJohannes Gensfleisch zum Gutenberg、一三九四年〜一四六八年）は、一四五〇年頃、ヨハン・フストとともに印刷所を設け、一四五二年から五五年にかけて、ゴシック活字を用いた三六行のラテン語聖書——いわゆる「グーテンベルク聖書」——を印刷し、さらに、一四五七年から五八年頃にかけて、この活字をさらに小さく洗

ヨハネス・ゲンスフライシ・グーテンベルク

Heliogravure N. E. Kupferstich V. Hans Kohl.
Courtesy of the Gutenberg-Museum, Mainz, Germany.
(マリー・ゲクラー『印刷の父——ヨハン・グーテンベルク』(印刷学会出版部)より)

練されたものに改良して、有名な四二行聖書を印刷した。彼は、また、一方で、五四年から五五年にかけて、悪名高い贖宥状——いわゆる「免罪符」——も印刷している。

ここに、グーテンベルクの活版印刷が生み出した「コミュニケーション革命」とクザーヌスとの関わりについての二つの記述がある。

「(クザーヌスの晩年)おびただしい数の学識者がこの著名なドイツ人に近づこうとした。とりわけ人文主義者《フマニスト》ジョヴァンニ・アンドレア・ブッシ(Giovanni Andrea Bussi)——この人はイタリアへ書籍印刷術が導入されるきっかけをつくった人である——は活発に接近を求めた。自分の先生は書籍印刷というこの技術をきわめて重視し、それがイタリアでも普及するのを見たいと願っていた——と、そのように彼は伝えている」(15)。

「アレリアの司教ジャンナンドレア・デ・ブッシによれば、『神の業』という言葉をはじめて用いたのは一人の枢機卿(ニコラウス・クザーヌス)だということになっている。一四八〇年代から一五一五年にわたって大司教や教皇から出された検閲布告でさえ、この発明を神の霊感によるものとして歓迎し、その利点を詳しく述べていた。印刷機の悪用を制限する必要に注意を向けるのはこの後のことである」(16)。

前者は精細なクザーヌス伝を書いたエーリッヒ・モイテンの記述であり、後者のそれは、エリザベス・アイゼンスタインのThe Printing Revolution in Early Modern Europe(邦訳題名『印刷革命』)のなかの一節である。そして、前者の人文主義者ジョヴァンニ・アンドレア・ブッシと後者の司教ジャンナンドレア・デ・ブッシは、まず同一人物と考えてよいであろう。クザーヌスは、みずからの生れ故郷に近いマインツでのグーテンベルクの発明のことを、いち早く知っていた。彼は、前述のようなピウス二世のオスマン・トルコ討伐の十字軍の企図へのコミットメントのなかで、印刷術の発明を文化的ヘゲモニー確立の重要な手段としてとらえたのである。

アイゼンスタインは、この点について、次のように述べている。「……ルター以前にもすでに、西欧キリスト教世界は対トルコ十字軍派遣に関して印刷者の助けを求めたことがあった。教会当局は、この新しい技術を神からの賜わり物——無知な異教徒の勢力に対してヨーロッパの優秀性を証明する神意による発明——として、歓迎していた。このように、対トルコ十字軍が印刷を利用した『最初の宗教的な運動』だったが、そのマス・メディアとしての可能性を初めて十分に利用したのは、なんといってもプロテスタンティズムである」[17]。

実際、ルターは、みずから、印刷術のことを「神の至高にして究極の恩寵であり、これによって福音書のもくろみが遂行される」と、称揚している。しかし、ニコラウス・クザーヌスがグーテンベルクの印刷術の発明を「神の業」と位置づけたのは、私見によれば、対オスマン・トルコの十字軍の遠征の利器などという表面的なレベルにおいてではなくて、まさしく、《コミュニオン》から《コミュニケーション》への転生の深部において、人びとのコミュニケーション行為の「近代的な」展開可能性を支える基盤の生成としてとらえていたことを意味する。この文脈において私たちが想起しなければならないのは、マーシャル・マクルーハンの『グーテンベルクの銀河系——活字人間の形成——』の視点である。

マクルーハンは、この本の最初の部分で、「活字を用いた印刷は思いもおよばぬ新環境を創り出した。それは『読書界（パブリック）』を創造したのである」と述べている[18]。邦訳者はこの『パブリック』を「読書界」としているが、それでは、狭義に過ぎるであろう。それは、《コミュニオン》に対応する「会衆」——教会の聖餐式・聖体拝領に参集した会衆——と明確に区別された意味での、《コミュニケーション》に対応する「公衆」の出現

・成立を指していた。

マクルーハンは、「活版印刷の発明は、応用知識の特色である新しい視覚強調を保証し、拡大した。その結果生れたのが、最初の、均質にして反復可能な〈商品〉であり、最初の組み立てライン、最初の大量生産方式であった」という長いタイトルをもった章節のなかで、グーテンベルクの印刷術が生み出した「銀河系」の特徴を、次の三つにまとめている。

第一の特徴について、マクルーハンは、このように言う。「印刷本の読者はその著者に対して、写本の読者の場合とはまったく違った関係をもつ。活字面は次第に音読を無意味なものにし、読者は自分が著者の『掌中にある』という感じを抱くまで読みの速度を増してゆく。印刷本は史上初の大量生産物であったが、それと同時にやはり最初の均質にして、反復可能な〈商品〉でもあった。活字というばらばらなものを組みあげるこの組み立て工程こそが均質で、かつ科学実験が〈他者の手によっても〉再現可能なように再現可能な〈活字を崩しても再びそっくりそのままに組むことができる〉製品を可能にしたのである。こうした性格は写本とは無縁のものであったといえよう」。エリザベス・アイゼンスタインによれば、一四五三年、オスマン・トルコによってコンスタンティノープルが陥落させられた年に生まれた人が五〇歳になった時、その人生をふりかえってみると、この五〇年の間に、約八〇〇万冊の書籍が印刷されていたことに気づかせられる。この数は、おそらく、紀元三三〇年にコンスタンティヌス帝がコンスタンティノープルを建設して以来、ヨーロッパのすべての筆耕が筆写した写本の数を、優に凌駕するであろう。実際、ルターの著作は、一五一七年から二〇年までの間に三〇刷を重ね、三〇万部を超す売れ行きを示した。ローマ的中世の教会組織という媒介《メディア》を斥けて、《神》との直接的コミュニケーションへと志向して行った民衆のコミュニケーション行為を支えた記号の体系は、このように、〈商品〉として大量生産される、均質にして反復可能な「記号の体系」であった。

第二の特徴として、マクルーハンは、印刷文化における視覚の突出による経験の均質化が、聴覚をはじめとする五感が織り成す感覚複合を背後へ押しやった点を、挙げている。こうして、「現象のなかに論理の道筋を求める際、データを単一チャンネルから手に入るもののみに限定すればするほど、われわれの推論は正しくなるはずである」（ウィリアム・アイヴィンズ）という分析的な視座が出現する。マクルーハンによれば、すべての経験を単一の感覚尺度に還元してしまう、もしくは歪めてしまうこのやり方は、活版印刷が人間の感覚のみならず科学、芸術に対しても規定的に影響して行く道筋となった。こうして、印刷物の読者にとっては全く自然なものである固定点、もしくは視点をすえる習慣のために、十五世紀には「前衛的」であった透視画法が、その後は、きわめて一般的な方法としてひろく受容されて行ったのである。

第三の特徴については、マクルーハンの記述をそのまま踏襲してみよう。彼は、こう言うのである。「第三番目の事件は、一四四〇年のニコラウス・クサヌス《ママ》による宣言であった。それは知識の相対性の教義であり、さらに両極の間にはいくつかの中間概念を媒介として連続性が保たれているという考えを、最初に徹底させた教義であった。これは古代ギリシァの時代以来、思考を紛糾させてきたさまざまな定義や観念への根底からの挑戦であった[19]」。

クザーヌスの一四四〇年の「宣言」とは、前出の『学識ある無知』（De docta ignorantia）のことである。この本は、前述のように、第一部＝認識論、第二部＝存在論、第三部＝信仰論、という三部構成の大著であり、クザーヌスにおける「新しい道」（Via Moderna）と「新しい敬虔」（Devotio Moderna）との、ひとつの綜合の途を示したものである。したがって、マクルーハンが「グーテンベルクの印刷術の発明がもたらした銀河系」――それは、ほとんど、「近代的」（modern）世界像と等値である――の主要な特徴のひとつとして、クザーヌスの方法的視座を位置づけているのは、彼の炯眼を示すものと言ってよいであろう。

ただし、彼の「一四四〇年のニコラウス・クサヌスによる宣言」の分析は、内容的に見れば、第一部＝認識論と第三部＝信仰論とを直結させており、第二部＝存在論におけるクザーヌスの画期的な視点は、ほとんど全面的に看過されている。

よく知られているように、マーシャル・マクルーハンは、一九一一年カナダ、エドモントンに生れ、マニトバ大学で機械工学と文学を学んだ後、イギリス、ケンブリッジ大学（トリニティ・コレッジ）に留学する過程で、カトリックの信仰へと傾斜して行き、一九三六年にアメリカへ戻ったその翌年、二六歳の時に、カトリックに改宗している。ローマ・カトリックの中枢――枢機卿にして司教総代理という教皇ピウス二世に次ぐバティカン第二の地位――に居たニコラウス・クザーヌスは、カトリックの側からのキリスト教神学の理神論化に努め、この『学識ある無知』の第二部＝存在論のなかで――とくに、第十一章「運動に関する系論」および第十二章「地球の状態について」において――地動説的な世界像を提起しており、まさしく《コミュニケーション》の存在論的基礎をもたらしていたのである。しかし、みずからカトリックに改宗した現代人、マクルーハンには、この中世ローマ・カトリックの自己相対化の努力の中から「近代」を用意したクザーヌスの最も肝要な地平が、見えて来ない。私のような唯物論と無神論の視座に立脚する者にとって、クザーヌス『学識ある無知』の第二部＝存在論の地平は、近代的なコミュニケーション主体の《コミュニケーション行為》の存立の基礎として、最も重要な地平のひとつなのである。

もっとも、グーテンベルクの印刷術の発明に先き立って、一四二三年、オランダでJ・コステルが活字印刷を始めていたという異説もあり、「グーテンベルクの印刷術」という言葉は、当代の澎湃たる社会変動の動向のひとつの浮標、もしくは徴標として、理解されるべきであろう。厳密に言えば、印刷術の発明は、グーテンベルク、フスト、それにピーター・シェッファー（Peter Schöffer、一四二五年頃～一五〇三年）という三人の共同作業であり、マインツで実質的に印刷業を成功させたのは、むしろ、シェッファーの方なのである。[20]

周知のように、八世紀、中国において、木版印刷の技術は確立しており、八世紀後半には、イスラム文化圏に製紙工場――バルマク家によるバグダードの工場――が出現していた。ヨーロッパで最初の製紙工場は、一一八九年、イベリア半島のトレドのそれである。もちろん、その背後には、北アフリカのイスラム文化――ムラービト朝、ムワッヒド朝――との接触があったであろう。それまでの写本文化を支えていた羊皮紙は、当然のことながら供給に限度があり、大量生産には不向きな「贅沢本」を生みだすにとどまっていた。また、有名なパピルスは、実際には、固く、脆い素材で、印刷には適していなかった。こうして、中国の木版印刷で用いられていた「リンネル紙」が、直接、陸路を通じて、あるいは間接的に、イスラム文化圏を経由して、ヨーロッパに伝来しつつあったのである。一三五〇年にはスイスに製紙工場が建設されており、おなじく一三五八年、イタリア、フィレンツェの製紙工場では、水車が動力源とされている。一三八九年、ドイツ、ニュールンベルクに、同種の製紙用水車が出現している。さらに、一四〇五年、ベルギーに製紙工場が建設されており、海を越えて、イギリスに最初の製紙工場があらわれるのが、一四九四年である。

この時代は、通常、「インキュナブラ」（Incunabula）の時代と呼ばれ、活字印刷の発明からその本格化に至る一四五〇年～一五〇〇年のいわゆる近代印刷の「揺籃期」を指している。日本語の語感からすれば、「インキュナブラ」と「インキ」（油性インキ）――Ink、もともとはオランダ語の Inkt――とのあいだの類縁を考えたくなるけれども、両者のあいだに、そのような内面的連関は存在しないようだ。

このような背景のもとで、一二八九年、イタリア、ラヴェンナで、ヨーロッパで最初の木版印刷が行なわれた。時代は、まさに、マルコ・ポーロの時代である。彼は、一二七五年にフビライ・ハンの宮廷のあった大都（現在

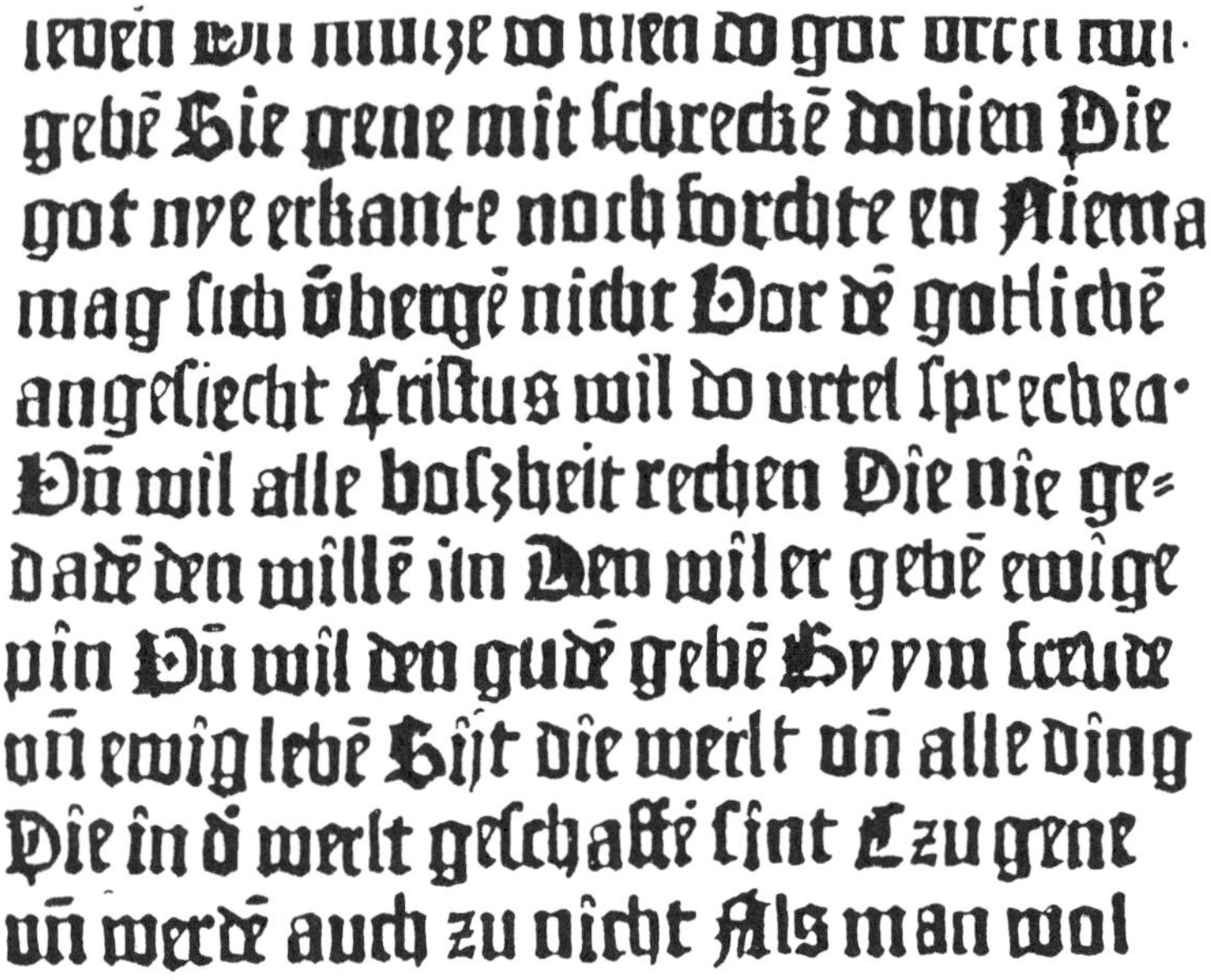

グーテンベルクの活字（1440〜1445年）

（マリー・ゲクラー、前掲書より）

の北京）に到着し、九五年、ヴェネツィアに帰還している。さらに、一三八一年には、南フランス、リモージュで、可動活字による印刷が開始された。そして、一四一六年には、ベルギーのアントワープで、同種の印刷が始まっている。こうした動向を集約するようなかたちで、一四四五年、中国から、銅の活字を用いた活版印刷がヨーロッパに伝来するのであり、金細工師であったグーテンベルクがこれを一五〇種のゴシック活字の組み合わせによる活字印刷へと再編したのは、言ってみれば、新しい技術のイノヴェーションを具体化する競争にうち勝ったことを意味していたのである。この技術革新は、一四五九年のストラスブール、一四六五年のケルンという具合いに、たちまちのうちに、ドイツ国内に普及した。イタリアでも、一四六三年、シュバンハイムとパンナルツが、はじめてローマン体活字を使用して、活版印刷を始めている。また、グーテンベルクの下で修業していたニコラス・イェンセンがイタリアに戻り、一四七〇年、ヴェネツィアで活字印刷を開始した。前述のクザーヌスとブッシの関わりは、おそらく、直接的には、このシュバンハイムとパンナルツの企図に連接するものであったろう。

同じ一四七〇年に、パリ大学がドイツ人の印刷職人を招いて、フランスで最初の活字印刷を始めており、一四七六年には、有名なウィリアム・カクストンが、ロンドン近郊のウェストミンスターで、イギリス最初の印刷所を開いている。カクストン（William Caxton、一四二二年頃〜一四九一年）は、前述したように、もともとフランドルのブリュージュを本拠地とする「北方貿易」の交易商人であり、一四七一年から七二年にかけて、ケルンで印刷術を学び、この新技術をイギリスに移植したのであった。カクストンにおいて、《コミュニオン》から《コミュニケーション》へという推移は、もっとも露骨に、交易と〈商品〉の論理によって底礎されていたと言って、過言ではないであろう。

このように、ひと言で印刷術と言っても、そこには、可動活字、油性インク、木製の手動印刷機などの発明と発見が集成されているのであり、いわば、これらの技術革新の総体化されたシステムの出現にほかならなかった。もうすこし具体的に言えば、そこには、前述のようなリンネル紙、油を基剤としてすゝ（煤）を混合して作られたインク、それまでの写本文化を支えていた写本装飾技術や金銀の飾り職人たちの技術を木版活字に転用した版木作製技術の集積、さらには可動活字をリンネル紙に押し刷り（プレス）するためのぶどう搾り器＝圧縮機（プレス）の転用などが、含まれていたのである。しかも、一四三九年、イタリアとフランスで、複合型クランクによる連結力学がほぼ完成し、一四四四年には、その具体化として、クランクのための連結機が発明され、ヨーロッパ全域へと普及して行った。それは、まさしく、さまざまな技術の革新を《経済的》社会関係の基盤としての生産力の高度化のうちに編み込んで行く動力機械の発達の端緒であった。そして、おなじ頃、ヨーロッパ各地に製鉄高炉が出現しはじめていたのである。そこでは、水車動力ふいご（鞴）によって、すでに、一〇〇〇度を超える炉内温度が生み出されていた。

このような背景のもとで、一四五五年、ヨーロッパで最初に印刷されたインキュナブラ（揺籃期本）のなかには、マルコ・ポーロ『東方見聞録』が含まれていた。そして、イタリアで最初に活版印刷された書物は『キリストの受難』であるが（一四六五年）、ヴェネツィアでの最初の印行本はプリニウスの『博物誌』（一四六九年）であり、タキトゥス『年代記』（一四七〇年）であった。イギリスで、カクストンが金属活字を用いて最初に印刷したのは『チェスのゲームと勝負』（一四七九年）であり、次いで『英国年代記』（一四八〇年）である。こうして、グーテンベルクによる活版印刷術の発明以後の、《コミュニオン》から《コミュニケーション》への地殻変動は、実際に刊行されたインキュナブラの表題と内容そのものの推移からも読みとることができるであろう。活版印刷の先進国――それは、同時に、クザーヌスの母国でもあった――ドイツでは、一四八四年の段階で、すでに、二四台の印刷機と一〇〇人の植字工・印刷工をかかえる工房を有する書籍印刷人（コーベルガー）があらわれていた。

マクルーハンの試算によると、紀元一五〇〇年に至るまでに、ヨーロッパ全域で、三万点から三万五〇〇〇点の書物が作られ、千五〇〇万部から二千万部が発行されていた。そして、これらのうち七七％までが、ラテン語の書物であった。しかし、一五〇〇年から一五一〇年までのあいだに、ちょうど、印刷本が写本を駆逐するのと平行して、各国の自国語本がラテン語本にとって代って行ったのである。ラテン語の写本文化を支えていた聖職者・貴族に代って、これまでラテン語に親しむことの少なかった中産階級や女性たちが、《コミュニケーション》の主体として、前面に登場して来た。それは、また、公会議時代以降のローマ教皇・神聖ローマ帝国に対する各国、各自由都市のナショナリズムと自立への動向にも対応する「コミュニケーション革命」（エリザベス・アイ

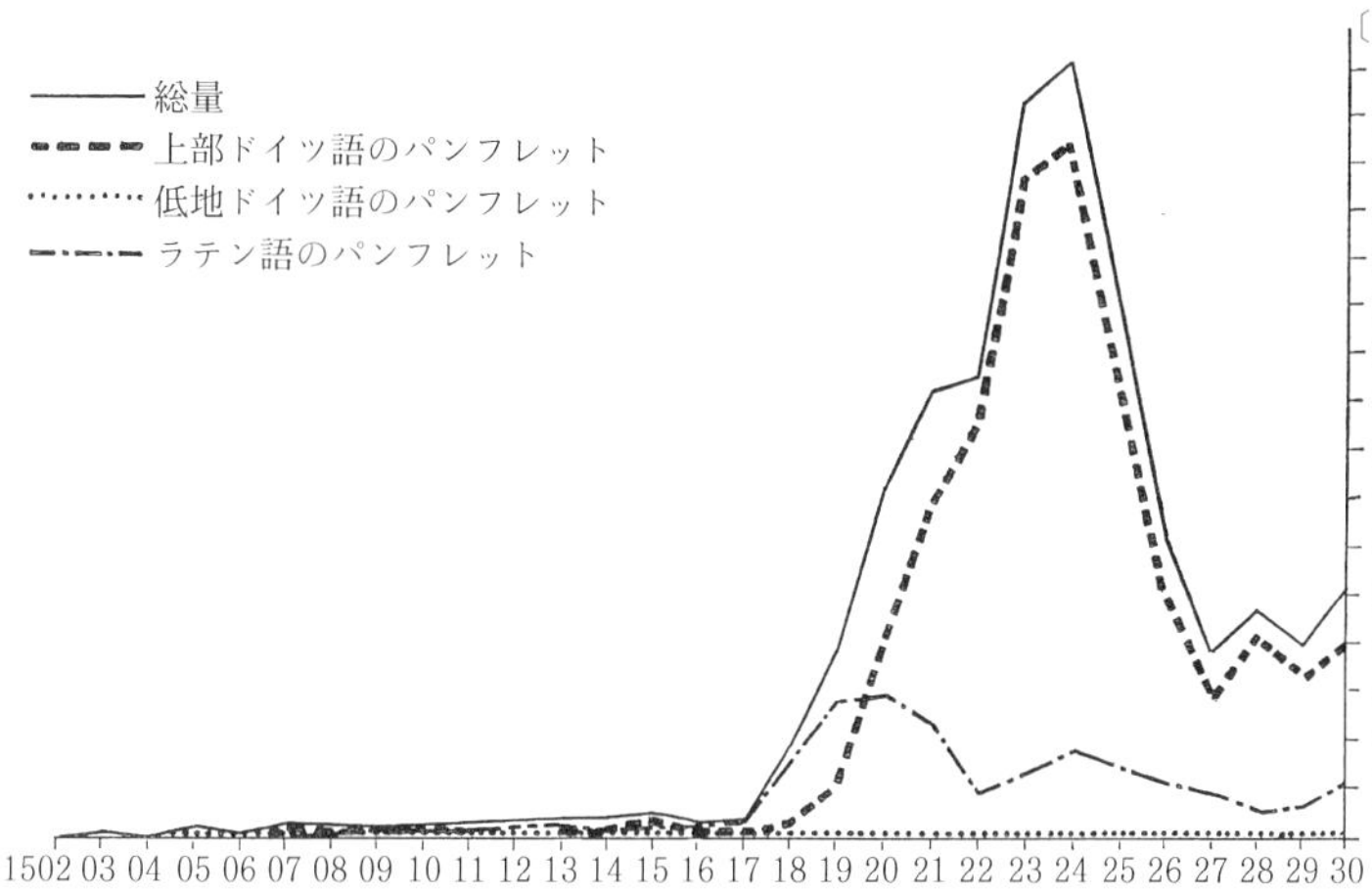

*H.-J. KÖHLER, Meinungsprofil, S. 266. の表を多少簡略化したものである。

パンフレット生産の年代順の概観*

ゼンスタイン）だったのである。

一五一七年のルターの「九五ケ条の提題」が、まさしく、この「コミュニケーション革命」と、すくなくとも結果として、相呼応していたことについては前述したところであるが、この点について、モーリス・グラヴィエは次のように述べている。

「この提題は（中略）二週間でドイツ中に、一ケ月でヨーロッパ全土に知れ渡ったと言われている。……印刷術は新しい力として認められ、宣伝はその本領を発揮することとなった。印刷機は、ウィクリフのために写字生が行なったことを、ルターのために行ない、コミュニケーションの分野に変革をもたらして、国際的な反乱をひきおこした。それは、まさしく革命だった」。この点をさらに詳細にうらづけるのが、図のようなピーター・ブリックレ『ドイツの宗教改革』の分析である。彼によれば、一五一七年から二七年までのあいだに、ほぼ一〇〇〇万部のパンフレットが出版されている。これは、当時のドイツの人口約一、二〇〇万人と対照させて見る時、文字通り、「コミュニケーション革命」の到来を意味していたであろう。

ジョン・ウィクリフ（John Wycliffe、一三二〇年頃〜一三八四年）は、イギリス、ヨークシャーに生れ、オックスフォード大学に学び、後に同大学教授となったが、よく知られているように、一三七八年、聖書をラテン語から英語に翻訳し、みずから通俗語で福音を説いた。彼の宗教活動は、後の英国国教会を生み出す「アングリカニズム」のひとつの源流であり、一四一五年、コンスタンツ公会議で、ヨハン・フスと同様に「異端」を宣告され、その遺骸が掘り出され、彼の著書とともに焚かれている。ウィクリフの宗教改革は「写本文化」の下で民衆の《コミュニケーション》の回路を拒斥されたが、マルティン・ルターは、彼自身はむしろ当惑するほどに、その「九五ケ条の提題」がニュールンベルク、ライプツィッヒ、バーゼルの印刷所で大量に印刷され、急速にヨーロッパ全域に流布して行くという「コミュニケーション革命」のただなかで、宗教改革の幕を切って落としたのである。

ウィクリフは、晩年、イングランド中部、レスターシャーのラッターワース（Lutterworth）で教区牧師（rector）として民衆に説教をしながら、ラテン語聖書からの英語訳の仕事を続けた。彼が写字生たちの協力を得ながらまとめた世界で初めての英語版聖書（一三八四年）のなかでは、《コミュニオン》とは、'sharing' であり、'participation' である。それは、人びとのあいだの 'spiritual fellowship' への参加であり、そのことによる「共同性」の獲得を意味していた。そして、言うまでもなく、これまで見て来た十四世紀末から十六世紀初頭にかけての社会変動——これこそローマ的「中世」の解体のなかからのヨーロッパ「近代」市民社会の生成にほかならない——を通じて、この 'spiritual fellowship' の 'spiritual'（「精神的」）の意味内容が変化して行くにつれて、《コミュニオン》は《コミュニケーション》へと転成して行ったのである。《コミュニオン》は、一四四〇年の段階では「聖餐（式）」という意味に用いられていたが、一五五三年になると、単に「親しい交わり」という世俗化された意味で用いられるようになっている。

さらに、注目されるのは、ウィクリフがこの英語版聖書のなかで、コミュニティという言葉を‘A body of people associated by common status, pursuits’としてとらえていることであろう。コミュニティが「共通する地位や追求目標によって associate された人びとの集合体」を意味する時、そこには、単に地縁的な共同体にとどまらず、むしろ、そこから離陸し、離床して行く人為的な association の形成可能性が見えて来る。そして、社会学が、本来、個別科学としてのみずからの学問的考察の対象を見出すのは、まさしくこの後者の側面であり、そこに含まれている社会《関係》の質であった。

もともと、Common とは、数学ならびに古典文法学で用いられていた言葉であり、‘belonging equally to two or more’という意味を有する。それは、初期の英語の‘gemaēne’へと遡り、さらに、ゴート語の‘gamains’という言葉に辿り着く。それは、インド－ヨーロッパ語の語原学的構造から見れば、‘Ko (m, or y)’＋‘moin, mein’という合成語であり、前者‘Ko (m, y)’は、‘together’という意味である。そして、後者‘moin, mein’については、次の二つの文脈が重要である。

まず、第一に、ラテン語そのものの内部で、‘moin’および‘mein’が‘mūtāre’（英語の mutate）、‘mūtus’（おなじく英語の mutual）の派生語であるという事実が、注目されよう。Common という言葉のなかには、こうして、人びとのあいだの「相互性」が含意されていたのである。

次に、第二の文脈として、‘moin’, ‘mein’に連なる言葉として、リトアニア語の‘mainýti’（英語の exchange）、および古代セルヴィア語の‘mena’（英語の change）が存在するという事実が、やはり、注目されるであろう。すなわち、こちらの文脈からは、Common という言葉のなかに、「交換」という意味が含まれていたことが、明らかになって来るのである。

私たちは、ウィクリフが照射した《コミュニオン》の「共同性」の根幹を、ゴート語の‘gamains’に遡ったところで、この言葉とドイツ語のGemeinde, Gemeinschaftとの内面的連関を見出して、満足するべきではない。Commonの意味する「共同性」は、ゴート語の'gamains'の先きに、人びとのあいだの「相互」の「交換」、あるいは「交換」に支えられた「相互性」という《関係》の地平を、開示するのである。

このような構造を内包しながら、ラテン語のcommūnicāre（英語のto share with others）は、十四世紀段階での「分かち合う」という意味から、早くも一五二九年には、「伝達する」、「知らせる」という意味でのCommunicateに転成していた。《コミュニオン》の磁場のなかで「聖体拝領」を意味していたコミュニカーレは、ルターの宗教改革の基盤となった「印刷革命」――アイゼンスタインのいわゆる「コミュニケーション革命」――の社会変動を通じて、十六世紀には、「通信する」、「交信する」という意味をもったコミュニケートに転じていた。一四九〇年、ウィリアム・カクストンは、明瞭に、「情報の交換・伝達」という意味において、Communicationという言葉を用いている。そして、一六九〇年、ジョン・ロックは、その『人間知性論』のなかで、「思想と情報の伝達」という意味での《コミュニケーション》の近代的な概念内容を、最終的に確立したのであった。

《コミュニオン》の共同性を支えていた、人びとの《神》への信仰の「外在化され、他律化された分有」が、人びとの《コミュニケーション》による共同性の主体的・自律的構成にとって代られて行く過程――Revolutionとは螺旋を描く多層的な基軸の変動を意味する――のなかで、《共同性》の根幹を成す「交換の相互性」は、ひとまず、「商品」の交換であり、「記号」の交換として、たちあらわれはじめていた。しかし、ニコラウス・クザーヌスの思想世界において、これらの「交換の相互性」は、さらに、自然と人間との関わりの構造そのものの地殻変動によって、支えられていたことを忘れてはならないであろう。

クザーヌスは、前述したように、パドヴァ大学の学生の時代から、パオロ・トスカネリと親交を結び、彼から数学、天文学、地理学などの自然科学の知見を教えられていた。医師としてのトスカネリが、一四六四年、ペルージァの近郊トーディで、クザーヌスの死を看取ったことも、前述した通りである。そして、クザーヌスは、このようなトスカネリからの自然科学の先駆的知識をゲオルク・ポイルバッハやレギュモンタン等のドイツ国内の数学者や天文学者たちに、伝えていたのであった。

私が、ここで、注目したいのは、レギュモンタンの活動である。彼は、これも前述しておいたように、ドイツ名ヨハン・ミュラー、ラテン名 Regiomontanus で、レギオモンタヌスとは、彼の生地フランケン（現在のバイエルン）、ケーニヒスベルクのラテン語訳である。彼は、一四六一年以降、ローマに滞在しており、天体の規則的観測にもとづく『位置推算書』の公刊によって、コロンブスやバスコ・ダ・ガマの大航海に寄与していた。彼は、一四六八年、ドイツに戻り、ニュールンベルクにドイツで初めての天文台を設置し、さらに、一四七一年、そこに印刷所を併設しているのである。

エリザベス・アイゼンスタインは、彼の活動について、次のように述べている。[21]「コペルニクスは、ふとしたことから、最初の天文学者兼印刷者レギオモンタヌス（本名ヨハン・ミュラー・フォン・ケーニヒスベルク）より、学術書の図書目録の提供を受ける。これは、レギオモンタヌスが一四七四年にニュールンベルクで印刷した出版リストで、印刷を予定している重要論文がリストアップされている。彼は、同年、早世するが、この目録は、他の印刷者に出版計画の指針を与えると同時に、十六世紀の天文学者たちに重要な書誌学的資料を提供した」。

たしかに、コペルニクスの地動説の見解をまとめた『天体軌道の回転について』（De revolutionibus orbium coelestium、全六巻、一五四三年）は、ニュールンベルクで印刷・刊行されている。しかし、コペルニクス（Copernicus, 本名 Mikolaj Kopernik、一四七三年〜一五四三年）の生涯を考え合わせると、彼が、直接、レギュモンタンと接触し、アイゼンスタインが記しているように、「学術書の図書目録の提供を受ける」という事実があった、とは考え難い。コペルニクスと接触があったのは、ニュールンベルクでレギュモンタンの印刷業を引き継いだコーベルガー、もしくはアルドゥス・マヌティヌスであったろう。

こういう細部の齟齬にもかかわらず、アイゼンスタインの次のような記述は、なお、興味深い。「一四八〇年代に〔ポーランド〕クラクフ大学の学生だった青年コペルニクスにとっては、おそらくプトレマイオスの『アルマゲスト』(Almagest) をひと目でも見ることは――たとえ誤記の多い中世ラテン語写本であれ――、むずかしかっただろう。しかし、彼は、亡くなるまでに、三種類の刊本を入手している。さらに、一五六〇年になると、コペンハーゲン大学の学生だったティコ・ブラーエは、十四歳にしてプトレマイオスの全著書を買うことができ、その中には、『アルマゲスト』のギリシァ語からの全訳の改訳も含まれていたのである(22)」。

よく知られているように、コペルニクスの地動説――私たちは、一方において、一六七〇年、ジョン・ロックの時代になって、なお、ガリレイの『対話』(Dialogo di Galileo Galilei) とコペルニクスの『天体の回転について』がヴァティカンの「禁書目録」(Index librorum prohibitorum) に載せられているという事実を、忘れるべきではない――は、ティコ・ブラーエからケプラーに引き継がれた経験的・実証的観測によって裏付けられ、最終的に、ニュートンの「万有引力の法則」(一六八五年)――その理論的根拠としての『自然哲学の数学的原理』Philosophiae naturalis principia mathematica、一六八七年、は、クザーヌスの思想との関連においても、本書の行論に対しても、きわめて重要である――によって確証された。

ヨハネス・ケプラー(一五七一年～一六三〇年)の『宇宙の神秘』(Mysterium cosmographicum、一五九六年)は、全二十三章の大著で、第一章「コペルニクス説の正しい理由とその説の解説」という標題からも明らかなように、地動説の理論的基礎づけを与えようとした著作である。その第二章「本論の概要」の冒頭のところで、ケプラーは次のように言う。

立体こそ、神が初めに創造し給うたものであった。実際、立体の定義〔つまり、本質〕がわかれば、なぜ神が他のものではなく立体を初めに創造したかが、かなり明らかになるだろうと思う。私見では、神は量を創造しようとしたのである。だが、量を得るには立体に本質としてそなわるすべてのものが必要だった。それは、立体の量〔すなわち、大きさ〕が、立体が立体としてあるかぎり、形として具体化して量の定義のもとになるためである。ところで、神がすべてのものに先立って量を創り出そうとしたのは、曲線と直線の対照を明らかにするためであった。実際、この点だけから推しても、私にはクザーヌスを初めとする人々が神々のように偉大に思われる。(23)

レギュモンタンの印刷術——そして天文学——を媒介として、私たちは、地動説のひとつの道筋が、ニコラウス・クザーヌスに端を発して、コペルニクス、ティコ・ブラーエ、ケプラー、およびニュートンへと展開して行くという事実に、想到させられるのである。そして、ケプラーの死の翌年、一六三一年、フランスのピエール・ガッサンディ（一五九二年〜一六五五年）は、ケプラーの遺した提案にしたがって、ヨーロッパ全域の天文学者たちに公開状を発し、水星の太陽面通過を観測するよう呼びかけ、その現象は、同年十一月七日に起こる予定である、と記した。こうして、《コミュニケーション》の主体の発見・生成・定立は、対象的《自然》の運動法則、すなわち自然法則（Natural Law）の発見・定立と、文字通り、パラレルに進行した。ガッサンディは、周知のように、ジョン・ロックに大きな影響を及ぼすことになる。

また、ガリレイは、次のように、述べる。「われわれの凝視の前に常に公開されている宇宙というこの壮大なる書物の中には、哲学が書かれている。しかし、この書物を理解するには、まず最初に、そこに書かれている言語を理解し、文字が読めるようにならなければならない。宇宙という書物は数学の言葉で書かれているのである」[24]。カッシーラーの言を俟つまでもなく、これは、ほとんどそのまま、クザーヌスの視点そのものである。そして、ミルトンは、晩年のガリレイに会っており、その『アレオパジティカ』(Areopagitica、一六四四年)のなかで、「年老いた彼(ガリレイ)は、ドミニコ会所属の検閲官と、天文学上、異なる考えを持ったために、異端審問所の囚人となっている」と記して、彼の救援を訴えている。

《コミュニオン》の銀河系から《コミュニケーション》のそれへの地殻変動――「コミュニケーション革命」――は、こうして、単に、〈商品〉の交換と記号の交換によって支えられ、生成させられたのではなくて、さらに、その根底における対象的《自然》と人間の内面的・主体的《自然》(Human Nature)との関係枠組みそのものの地殻変動――コペルニクスのいわゆる Revolutionibus Orbium の意味変容――によって、定礎されていたのである。

私は、さしあたり、コミュニケーションを、記号――Index, Sign, Symbol の総体としての「広義の記号」――によって媒介(mediate)された表現と伝達、と概念規定しておくことにしたい。それは、人びとの生活世界の内部において、さまざまなコミュニケーション行為と〈文化的〉社会関係――当代の宗教、教育、マス・コミュニケーション――という行為・関係過程を、具体的に生成する。

これまで述べて来たように、ローマ的「中世」の解体の中からの近代市民社会の生成を背景とする《コミュニオン》から《コミュニケーション》への転成の過程は、それ自体、コミュニケーション総過程そのものであるだろう。私は、これまで、一貫して、コミュニケーション理論の研究と実証分析とを、いわゆる《総過程論》の視点から進めて来たが、本書は、言わば、この《コミュニケーション総過程論》の視座を近代市民社会の生成と展開の裡に投射・投影し、この投射・投影によって、対象としての近代市民社会の客体的過程からうきぼりにされて来るコミュニケーション行為と〈文化的〉社会関係とのあいだの行為・関係過程のダイナミズムの摘出を通じて、逆に、《コミュニケーション総過程》の理論の方法論的視座の内実を明示し、提起して行こうと企図するものである。

第二章　クザーヌスにおける自然・記号・人間

1　ニコラウス・クザーヌスの思想像

ヴィットリッヒ（Wittlich）から乗ったくるまは、五分ばかり、信州の山間いを思わせる白樺林を走り、やがて、小さな峠を越えた。林が切れて、眼前が広がると、そこがモーゼル河の流れであった。ゆったりと流れるモーゼルの両岸は、小高い丘の連なりであり、その斜面はうすい赤茶色に染まり、まるでグランド・キャニオンのような渓谷の姿であった。後に知るところであるが、これは水はけの良い砂岩の斜面であり、実は、まさしくモーゼル・ワインの蔓棚の広がりであった。私が訪れたのは、春まだき三月の末であり、やがて、夏を過ぎる頃、この赤茶色の砂岩の斜面が、文字通り、緑したたるビロードの葡萄畑に一変するのである。

私の眼前に展開しているのは、モーゼル河中流の小都市ヴェーレン（Wehlen）である。くるまは、左岸の丘陵を下り、かわいらしい街並みのはずれを右折した。モーゼルの流れにそって溯行すること六分、くるまは、ゆっくりとクース（Kues）の街に入って行った。向う岸の右岸には、ベルンカステル（Bernkastel）の古い市

ベルンカステル－クース（橋のたもと右がクザーヌス施療院）

街が広がっている。今は、モーゼル河を跨ぐ二一六メートルの橋で繋《つな》がれて、ベルンカステル－クースと呼ばれているこの街（人口八五〇〇人）の左半分、私のくるまが入って来たこのクースの街が、ニコラウス・クザーヌス（Nicolaus Cusanus, Nicolai de Cusa）の生れ故郷なのである。

ヴェーレンからの道は、クースに入って、その名も、「クザーヌス通り」（Cusanus Straße）となる。この道は、クースの市街の中心で、「駅前通り」（Bahnhof straße）と交叉している。かつて、ワインの積み出しのために、ヴィットリッヒからクースまで、クースの街並みの少し上流でモーゼルに合流する支流のリーザー川沿いに、鉄道が走っていたのである。この「駅前通り」が、モーゼル河に架かる橋となり、対岸のベルンカステルの中心部マルクト広場へと直結している。そして、丁度、「クザーヌス通り」と「駅前通り」の交差する十字路から橋の左詰めのところ――モーゼル河の下流方向――に、クザーヌスが晩年、私財の全てを投入して建てたクザーヌス施療院（Cusanusstift. St. Nikolaus-

Hospital）が、十五世紀半ばの姿のままに、その静謐なたたずまいを示している。私の予想よりは、やや小さ目の、二階建ての施療院は、クザーヌスの精神をひきついで、良く保存されており、今日も、三三人の病める老人を収容し、介護を尽くしている。玄関を入って一番奥の左手、かわいらしい教会の中央奥、両側の聖歌隊席（クワイヤー・ストール）にはさまれたところに、銅で作られた等身大の追悼プレートが張られ、その下に、鉛の箱に入ったクザーヌスの心臓が安置されていた。これは、前章で述べたローマ、聖ピエトロ・イン・ヴィンコリ教会の彼の墓所から、一四八八年に、クザーヌスの秘書ペーター・ヴィマール・フォン・エアケレンツによって、移されて来たものである。

さて、私は、クースに赴くまで、クザーヌスの生家はクザーヌス施療院に隣接しているものと、思いこんでいた。しかし、施療院の四囲をぐるりと廻っても、どうもそれらしい建物が見当たらない。仕方なく、通りがかりの人に尋ねると、クザーヌスの生家は、ここから、モーゼル河に沿って、さらに上流へ五〇〇メートルほど歩いたところにある、ということであった。私の足で、実際には、七〇〇メートルほど、クザーヌス通りを遡上すると、通りは、何時の間にか、「ニコラウス河岸」（Nikolaus ufer）と名前を変え、モーゼルの流れが大きく蛇行するところに、さほど大きくない舟溜まり――案内図の上ではヨットハーバー（Yachthafen）とされているけれども、葉山や江ノ島のマリーナのような華美な雰囲気は全く感じられず、むしろ、昔ながらの舟入り、汐入りのそれであった――を前にして、

クザーヌスの心臓が安置された場所

クザーヌスの生家（玄関に立つのは筆者）

クザーヌスの生家があった。写真で見られるように、この二階建ての生家は、けっして豪壮な建物ではなく、むしろ、「ニコラウス河岸」の名から推察されるように、その基部をモーゼル河の増水と氾濫によって幾度となく洗われたと思われる、質朴な建物である。クザーヌスの父ヨハン・クリフツは、資料によって、あるいはSchiffer, Schiffs-eigner「船頭」・「船主」とされ、あるいはKaufmanns, Winzers「商人」・「ぶどう園経営者」とされており、その確定は、もう少し資料の探求を待たなければならないであろう。しかし、いずれにしても、一四〇一年、ニコラウス・クザーヌスがこの家に生れた時、父がモーゼル河の舟運による交易に従事し、家の前の舟溜まりに大小幾つもの舟が舫っていたことは確かであるだろう。

こうして、私たちは、これから、一四〇一年クースに生れ、一四六四年、イタリア中部、ウンブリアのトーディに客死し、一四八八年、その心臓を以って故郷クースに帰って来たニコラウス・クザーヌスの思想の内面的構造の解明へと赴くわけであるが、私は、自分がクザーヌスの生地に立ち、埋められた心臓の追悼プレートに手を触れた実感から、次の二つの事実を、まず、確認しておきたい。第一は、写真では少し判じ難いかも知れないが、クザーヌスの生家の前を流れ、クザーヌス施療院の傍をたゆとうて行くモーゼル河の水量の豊かさであり、その滔滔たる流れの変化と生命力の豊かさである。やや比喩的に言えば、モーゼル河がコブレンツで合流するライン河は、実質的な意味において、「海」である。

実際、そこには、十四ヶ国の国旗を翻らせた四、五〇〇〇トン級の大型船が往き交い、ローレライのあたりでこそ河巾一二〇メートルほどの急流になるけれども、中流のマインツ、下流のデュイスブルクのそれは、一〇〇〇メートルを超えている。ロッテルダムで北海に出る以前に、ライン河は、すでにして、「海」であり、「公海」なのである。

これに対して、モーゼル河は、河巾二〇〇〜三〇〇メートルの、文字通り、生きた河の流れであり、時として、ヘラクレイトスやターレスのはるかな哲学を想到させるヴィヴィッドな変転の姿を見せていた。もとより、モーゼル河も、今日では、ドイツ、フランス、ルクセンブルク三ヶ国の緊密な協力によって管理・維持されており、前章で述べたように、コブレンツで流れ込むライン河を通じて、交易のハイウェイとなってきたことは事実である。しかし、大きく蛇行し、時に激しく氾濫するモーゼルの流れを目にしながら育った幼少期のクザーヌスにとって、この河は、まずは、変転と静止、運動と固定、さらには冬の凍結と川霧、という豊かな様相を示すものであった。

第二に、氷河期以来の浸食の深まりによる河岸段丘としてのモーゼル両岸の葡萄畑と森の、四季の変容の纖細な豊かさを看過してはならないであろう。私が春まだき三月の末にグランド・キャニオンと見紛うばかりであったうすい赤茶色の斜面が、次第次第に色づき、やがて、溢れんばかりの緑の絨緞となり、秋たわわに実る葡萄の実を実らせるこの季節毎の「外的自然」の変容は、何ほどかクザーヌスの幼少期のパーソナリティの内なる自然

モーゼル河畔のクザーヌス施療院

としての感覚・感性に、影響し、交響していたであろう。現在、クザーヌス施療院を運営するクザーヌス財団は、クザーヌスの祖父・父の代以来葡萄園経営にその経済的基盤の一部をもとめているが、その「カーディナルス・ベルク」ワインの畑は、まさしくクザーヌスの生家の背後の丘陵地帯なのである。ちなみに、モーゼル・ワインを代表する銘柄のひとつ「ドクトル」ワインの葡萄畑は、対岸ベルンカステルの街のやや下流よりの丘の斜面である。

ヴェンツラッフ・エッゲベルトは、次のように言う。

「中世後期の神秘主義的著作の見渡し切れぬほどの文献の中に、影響力の大きさと思想の独立性とにおいて、総てを蔽う人物の姿が聳え立っている。それはニコラウス・クザーヌスである。われわれは彼を神秘主義的思索の発展の中で見ると同時に、ドイツの人文主義の発端として見なければならぬ。彼を神秘主義者としてのみ規定することは、彼の歴史的立場を変え、彼の著作の全体的な姿が与える強い印象を拭い去ってしまう。

エックハルトの死後百年、すなわち一四二〇〜三〇年頃には、神秘主義的文筆はすでにドイツの一哲学たる高所から、道徳的な教育、教化の低地へと逆もどりしてしまっていた。『キリストにならいて』や『ドイツ神学』のような書物がすでにそれを印象的に示している。この時、一人の偉大な人物が哲学者として振返って眺め、己れの源泉を知るならば、エックハルト的精神傾向がそこに改めて明瞭に現われずにはいなかった。しかしまた、あの神秘主義発展の浅薄さに対して、彼の世界像や神観には——もしそれが内的な力を備えているものであれば——何か前代と違った、自己の思想に応じた、時代を先取するものが展開されねばならなかった。ニコラウス・クザーヌスには、そのような世界像の変化が映し出されている[1]」。

マイスター・エックハルトは、前章で述べたように、すでに、十三世紀末葉から十四世紀前半にかけて、ドイツ語で、直接、民衆に説教をしていた。そこには、硬直し堕落した教会組織によって媒介されることなく、みずからのコミュニケーション行為によって、直接的に、《神》への信仰という関係を構築して行こうとする人びとの「デヴォーチオ・モデルナ」の胎動があった。そして、この《神》への信仰のなかでの、《神》もしくはイエス・キリストとの関係性の純化、さらにはその関係性のただなかでの融合と合一、を志向し、図化するところから、ドイツ神秘主義と呼ばれる思想潮流がひろく一般化したのであった。

たしかに、多くの論者が指摘しているように、クザーヌスの思想のなかには、エックハルトからのかなり強い影響が見出せる。しかし、既にこれまでの行論からも明らかであるように、私にとって、大事なのは、ニコラウス・クザーヌスの思想のなかでの中世的世界像から近代的世界像への転換なのである。それは、単に、「デヴォーチオ・モデルナ」の潮流からのみ生成して来たのではなくて、クザーヌスの思想のなかでの「デヴォーチオ・モデルナ」と「ヴィア・モデルナ」というもうひとつの潮流との結合の所産として、生成して来た。そして、このような世界像の転換、言い換えれば、近代的（モデルナ）世界像の生成と成立こそが、ローマ・カトリックの湿潤のうちに埋没していた《コミュニオン》の概念の脱構築の過程のなかからの近代市民社会的な《コミュニケーション》の概念の生成を可能にしたのであった。

エッゲベルトは、一方で、エックハルトからヘーゲルにいたるドイツ精神の生命の発展の流れのうちにドイツ神秘主義を位置づけ、他方、ハルデンブルク、フランツ・フォン・バーダー、フィヒテ、シェリング、ライプニッツ、ベーメ、クザーヌス、エックハルトを越えて新プラトン主義にまでいたる「ドイツ神秘主義のライン」を主張している。彼は、また、こうした大きな流れのなかで、エックハルトからクザーヌスを経てルターへと引き継がれているキリスト教革新の紅の糸を、強調している。

ディルタイが「どのようにして、人間と見えざるものとの関係についての、より高い確信を堅固にし、基礎づける新しい仕方が現われたのか」[2]（圏点はディルタイ）と問い、テオドール・リットが「失われた基礎づけの形式に代って、それと同じ確実性を道徳規範に保証し、主体を、主体の上に置かれている秩序へと、同様に力強く結びつけるような、そのような基礎づけの形式が現われるか否かということ、このことがまさに問題なのである」[3]という境位こそが、クザーヌスにおける世界像の転換の意味の問われるべきところである。

ディルタイは、その『近代的人間像の解釈と分析』のなかで、「決定的であったのは、宗教的関心の、宇宙劇から、苦悩に満ちた諸特徴を具えたキリストおよびより親しみやすい、またより近く感じられる父なる神との人格的関係への、移行であった」（圏点はディルタイ）と述べている。これは、トマス・アクィナスの『神学大全』の視座からニコラウス・クザーヌス『可能現実存在』のそれへの転換そのものである。

ヤスパースは、みずから『ニコラウス・クザーヌス』という一書をものするほど、クザーヌスに強い関心を寄せた人であるが、そのクザーヌス評価は揺れ動いている。

彼は、一方において、次のように言う。「その精神的創造力のうちにある人間の偉大さと限界とを中心に据えて、これほど圧倒的に描き出すことは、おそらくは、彼以前の誰れによってもなされなかったことであろう(4)」。しかし、他方、彼は次のように述べている。「われわれは、クザーヌスを次のように見ることができる。すなわち、哲学的概念性がもつ澄明な空気の中にありつつ、西洋の統一を構成するキリスト教的――教会的な、しかもなおカトリック的な信仰の最後の一頂点をなし、さらに『近代性』の決定的な侵入にもなお先立つ最後の記念碑である、と(5)」。ことがらの焦点は、ここでも、クザーヌス思想における中世的契機と近代的契機の混在と融合であり、そのどちらにウェイトを置いてクザーヌスの思想の内部構造を理解するか、ということにある。

ヤスパースは、一方において、私の行論にも大きく寄与するかたちで、クザーヌスの思想のなかでの《記号》――Signaであり、Chiffreであり、Phantasmaであり、Aenigmaであり、Numerusであり、Nomenであり、Imago, Ymagoであり、Figuraであり、Symbolumである――と《コミュニケーション》――Kommunikation――の重要な位置づけをうきぼりにする。彼は、次のように言う。「クザーヌスには、象徴的思惟が充ちあふれている。これこそは、彼の諸表象における精神的な力である。それは、クザーヌスにあっては、もろもろの概念性を用いて、一つの微妙な、自己了解的な明瞭さを獲得している。すなわち、写像存在、鏡存在、一切の事物の比喩存在において。存在するもの、思惟可能なもの、そしてなされるべきことがら、これらの一切を、彼は自らの形而上学的『意味解釈』のうちに見るのである。われわれは言おう。彼はChiffreを解読するのだ、と(6)」。たしかに、クザーヌスにおいて、人間は、みずからの内に歩み入る時、自分が、みずからの原像（Urbild）がそうであるのと同じような、そんな写像であることを知る――in se intrat et scit se talem esse imaginem, quale est suum exemplar――De venat. sap. 17。De coniectureやDe berylloにおいて展開されているように、人間は、「第二の神」として、《記号》を使いこなし、その写像性によって、概念的な企画の設計と芸術的な形象の創造――すなわち、認識と表現――のほとんど無限の可能性を、獲得する。なお、Chiffreには、①暗号、

②符号、③略号、④組み合せ文字、⑤数字、⑥図像、という意味がある。

ヤスパースは、さらに、この写像性の地平に《Kommunikation》の概念を導入する。彼によれば、「ただ、人間相互間のKommunikationだけが、さまざまな信仰内容や生活実践の様式がそこで互いに邂逅するところの場なのである。これらのものは、――もともと一致しがたいものであるから――なるほど、ひとりの人間の内部で同時に現実的であることはあり得ないが、しかし、相互的に関わり合うことはできる。万人に内在する可能性としての真理が前提されるところでは、これらは互いに出会う」(7)。ここには、前章で詳述して来た《コミュニオン》の形式の多様化と、それを教会組織が媒介し権威づけることの漸次的崩壊という歴史の具体的な展開とそのなかからの《コミュニケーション》の近代的編成への萌芽的形態の出現という事態が反映されている。トマス・アクィナスやアウグスティヌスにおいて《コミュニオン》のうちに包括されていたcommunicatio vitaeが、クザーヌスにおいて、図と地の関係を逆転し、人びとの「共同生活」としてのcommunicatio vitaeそれ自体が、まさしく人間自身の《記号》を操作し活用する能力――すなわち、当代のコミュニケーション能力――の焦点化と歩調をあわせながら、歴史の前面に登場してくるのである。

ヤスパースは、さらに、次のように述べている。「外面性に関わるこの悟性による了解に対して、もともと一致し得ないものの精神的に闘う交信Kommunikationが加わるという場合には、信仰問題と生存問題との間のこの区別が、すでに前提されているわけである。このKommunikationは、そのような意志のさまざまな現象の多様性のなかにありつつ、その意志の根底から、次のような場合にもなお、ひとつの触れ合いを求める。すなわち、たがいに最も疎遠なもの同士が、ひとつになるわけではないけれども、しかし誰れも持っていない一なるものへの関連のもとで、たがいに相出会い得る、といった場合にもである。現存在における共同活動の連帯性が、根源を異にするものをも含み得るこの可能的共同社会によって、包越されるのである。このような共同社会自身とは、生存闘争のうちにあってもなお、人間から人間へという包括的な結合を確乎と保つことができ、しかもそこで、このような闘争のうちにありながらも、『騎士的なもの』として立ち現われるものである[(8)]」。ここには、おそらく、バーゼル公会議の時代のクザーヌス初期の著作Concordantia catholicaへの留目が作用しているのであろう。ヤスパースは、続いて、「それ――『騎士的なもの』――は、自由からの、自由への信仰である。このものをもとにしてはじめて、現存在のうちで、人間相互のKommunikationに対する、また政治に対する自由の諸要求が生じるのである[(9)]」と述べて、クザーヌスの思想のうちに「無限なるKommunikation準備性」を見出している。

ヤスパースが《記号》と《Kommunikation》のコンテクストにおいて照射しているクザーヌスの思想のなかで、かつて、トマス・アクィナスの『神学大全』においてあれほどにまで君臨し、遍在していた《神》は、はるかにあとずさりし、現象の背後深く《隠れたる神》へと、その姿を変えている。クザーヌスの中期の名著『隠れたる神』De deo absconditoのなかでは、「神は、存在と非存在のあらゆる原理の源泉ないしは起源である――fons et origo omnium principiorum essendi et non-essendi――」とされつつ、世の知恵ある人びとの眼から、遠く、隠されている。これに、クザーヌス初期の代表作『学識ある無知』De docta ignorantiaのなかの「世界という機械」(machina mundana, machina mundi)を重ね合わせて見ると、そこには、中世ローマ・カトリックの《コミュニオン》の呪縛から解放されたけれども、その分だけ、はるか無限の彼方に退いた《神》とのあいだに大きな深淵をかかえた人間が、心細げに佇立している。この人間に残された途、それは、ヤスパースの言葉を用いて言えば、「姿は隠したままで、ただChiffreの経験の過程のうちでのみ鮮明化されるところの超越に直面しての、自己透明化における前進」である。それは、まさしく《記号》と《コミュニケーション》に依拠する近代的人間の「前進」であり、それらを支える認識論の地平の成立にほかならない。

ヤスパースは、しかし、無限の彼方に退いた「隠れたる神」と人間との間に横たわる「世界という機械」を解読しようとして生成して来る自然科学的世界像については、ほとんど言及しない。だからこそ、前述のような意味において、「隠れたる神」から遠く離れて、ある意味においては見放されて、ひとり佇立している人間は、ヤスパースにおいて、「実存」として現われざるを得なかったのである。この点は、同様にしてChiffreによる解読に依拠しながら、やがて、レオナルド・ダ・ヴィンチとガリレオ・ガリレイの世界像へと到達したエルンスト・カッシーラーのクザーヌス研究と、そのことの是非は別として、著しい対照を示している。

カッシーラーの『個と宇宙――ルネサンス精神史――』のなかの主要な部分を占めるクザーヌス研究は、わが国のクザーヌス研究の流れのなかでは、やや批判的に取り扱われているようである。しかし、エドワード・クランツやポーリーヌ・M・ワッツのクザーヌス研究が示しているように、カッシーラーの視点の意義は、今日なお、評価されてよいものである。私は、ここでは、クザーヌスのキー・コンセプトである《反対するものの一致・対立の一致》(coincidentia oppositorum)についての議論のなかで、カッシーラーが留目している「離在」(χωρισμος)と「関与」(μεθεξις)の概念を検討しておくことにしたい。これら両概念は、いずれもプラトンの用いていたもので、クザーヌスは、これらの意味内容を強調することを通じて、アリストテレスの自然概念――そして宇宙像――から離脱して行ったのである。ここでは、とくに、「離在」(コリスモス)の概念が重要である。これは、論理学の用語で言えば、「離接」(ポーリーヌ・ワッツはDisjunctionという語を用いている[10])であり、まさに、「隠れたる神」へと無限に退いて行ったはるかな《神》と、そこから大きな深淵によってへだてられ、今度は、自分自身の力――とりわけ《記号》を操作し、《コミュニケーション》に依拠し、それを展開・構築する能力――によって、「関与」(メテクシス)の主体として行為していかなければならない人間との、関係の様相を示すことばである。アリストテレスの自然学のヒエラルヒーに依拠していたトマス・アクィナスの『神学大全』にあっては、《神》は全面的に私たち諸個人に「連接」（Conjunction）していたのであり、まさしく、この「連接」を現実的かつ具体的に担保するものが、ローマ・カトリックの教会組織であった。しかし、この「連接」のちょうつがいであった《コミュニオン》が、前章に詳述したかたちで、《コミュニケーション》へと脱構築されて行った時、《神》と人間との関係は、「連接」のそれから、「離接」のそれへと、転換しなければならなかったのである。私は信仰を持たない者であるけれども、おそらく、この転換は、この時代を生きる人間たちの《信》の構造にも、巨大な転換を要請することになったであろう。

まず、第一に、「隠れたる神」として遠く退いた《神》と人間とのあいだの巨大な深淵こそが、コペルニクス、デカルト、ガリレイの自然科学の「知」が照射して行く《客体》（Object）の領域として、たちあらわれて来る。これは、ある意味では、すでに、イスラム世界から滲透しはじめていた経験的「知」の体系が、その後のヨーロッパ社会の変動――前章で示したように、それは、市場と交易の拡大であり、ナショナリズムの勃興であり、そして各国産業資本の胎動であった――のなかで、科学と技術の融合された発展として具体化されて行ったものである。

第二に、この「離在」・「離接」の関係にある「隠れたる神」と人間との関係の様相は、一方では、《信》の構造――行論の文脈において、狭義に言えば、キリスト教における信仰の構造――の全面的な再構築を必要とし、他方、クザーヌスのいわゆる「世界という機械」（machina mundi, machina mundana）を分析する経験的「知」の体系を根拠づけるところの存在論の生成を促すことになった。前者は、言うまでもなく、ルターとカルヴァンによる《信》の再構築である。それでは、後者は何か？　私たちは、この点の解明を進めるために、まず、フォン・ベルタランフィによるクザーヌスの位置づけを参照してみよう。ベルタランフィは、一九四九年の『生命――有機体論の考察――』において、次のように言う。(11)「統一体をこういうふうに――生物学的システムとして――考えることは、ヘラクレイトス、ニコラウス・クザ《（ママ）》ヌスまでさかのぼるあの深い形而上学的洞見の反映である。すなわち世界も世界の各個物も、それ自身対立物の統一（coincidentia oppositorum）であって、たがいに反抗し闘争しながら、しかもより大きな全体を構成し保ってゆくということである」。

　ベルタランフィは、同じ書物のもう少し後ろの部分で、さらに、こう述べている。「動的哲学の始祖はヘラクレイトスである。今日、物理学や生物学の認識がもつ透徹した平明さのもとで私たちが追求している世界像を、最初に意味深く神秘めかして表現したのが彼だ。それが彼の《万物は流れる》であり、《対立物の統一》だ。ヘラクレイトスにはじまったこの哲学はその後発展して十五世紀（Quatrocento）のドイツ・イタリアにおいては、大僧正《（ママ）》ニコラウス・クザヌスという謎にみちた人物の形をとるにいたった。クザヌスは一方でドイツの神秘家たちの一大系列の最後の人であり、他方近代科学の道をひらいた。彼は古代・中世の地球中心の世界体系を克服し、宇宙万有の無限を知り、また近代天文学とジョルダノ・ブルーノの熱狂的哲学の先駆者でもあった。彼は無限ということを考察し、またライプニッツを無限小による計算（微積分）の発見にみちびいた。彼の物理学・地理学・医学についての観察は、ガリレオから現代に至る偉大な進歩の行列である西欧自然科学の、先頭にたつものと評価できる。太古のヘラクレイトスの主題は対立物の統一という教義の中にふたたびとりこまれ、新時代へとうけわたされた。物の本質――クザヌスの言いようによれば、神――は対立的な形でしかいいあらわせないという判断は、近代的にこれを意味づければ、言語のシンボリズムに対するもっとも深い批判であって、これのもっとも洗練された表現は、結局近代物理学の相補的でもあり同時に必然的でもある考え方の中にみられる。この思想上の財産は、ヤコブ・ベーメのような晦渋な神秘家のみならず、ライプニッツの明晰な数学・自然哲学の中にも、ゲーテやヘルダーリンの戯曲の中にも生きている」[12]。

　ベルタランフィは、一九六八年の主著『一般システム理論――その基礎・発展・応用――』そのものを「ニコラウス・クザヌス枢機卿」に献げており、その枢要のところで、クザーヌスの《自然》像を高く称揚している。彼は、さらに、*Nikolas von Kues*, Munich, G. Hüller. 1928 というクザーヌス研究の一書をも著わしているとのことであるが、私は未見である。

フォン・ベルタランフィのクザーヌス解釈は、部分的に勘ちがいや飛躍もあるが、全体として、カッシーラーのクザーヌス論から、多くの示唆と影響を受けているようだ。そして、彼は、「離在」・「離接」の関係の様相において、クザーヌスがとらえた《神》と人間とのあいだの巨大な深淵――「客体」(Object) の海――の分析を根拠づける世界像を、みずからの「一般システム理論」のための存在論的基礎の要諦の石として位置づけているけれども、それは、私見によれば、デカルトとガリレイによって集成された力学的・機械論的世界像という名の新しい存在論だったのである。

第三に、これら両者とは全く対蹠的に、旧来のローマ・カトリシズムのフレーム・オブ・レファランスのなかで、むしろそれを強化し、再構築するかたちで、《信》の構造の見直しをしたのが、トリエント公会議（一五四五年〜六三年）であり、イエズス会の活動であった。本書の行論においては、この第三のヴェクトルは、前章来述べて来ている《コミュニオン》から《コミュニケーション》へという現実的・論理的変容に対する文字通りの「反動」(Reaction) として、後にジョン・ミルトンとの関連のなかで詳しく検討するように、生成して来る近代的《コミュニケーション》のさまざまな具体的形態に対する「検閲」と抑圧の機関を生み出して行くのである。

2　《コミュニオン》の動揺と人間

De docta ignorantia『学識ある無知』は、全五十一章から成るクザーヌス初期の主著であり、前述のように、

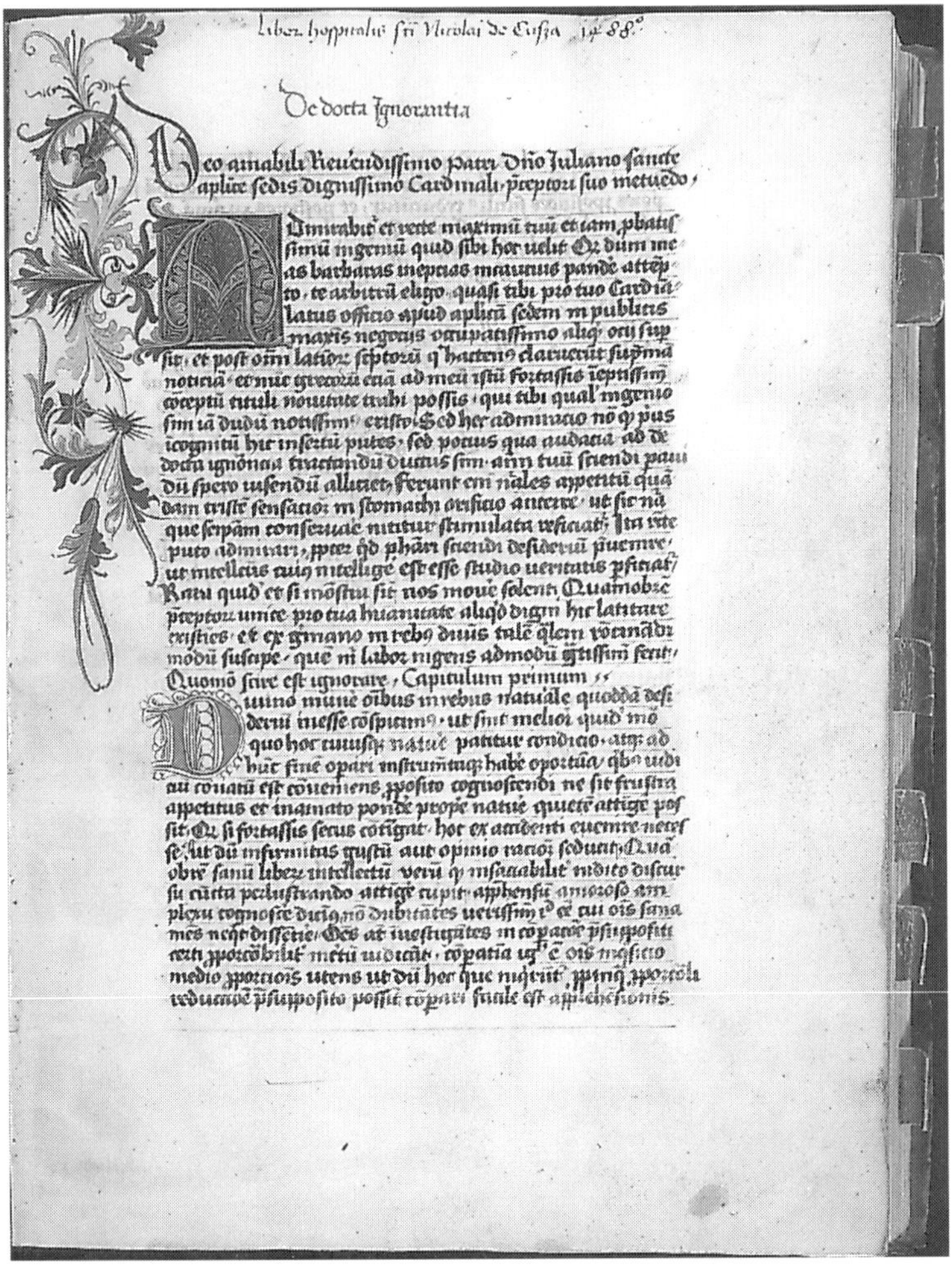

『学識ある無知』の巻頭

（Gestrich, ibid.より）

第一部――二十六章から成る――が認識論、第二部――全十三章――が存在論、そして第三部――おなじようにして十二章から成る――信仰論、という構成をとっている。まず、標題のDe docta ignorantiaとは、英語訳では、On learned ignoranceとなり、クザーヌスみずから述べているところによれば、直接的には、アウグスティヌスの「プロバ宛書簡」(Epistolae ad probam)に由来する。アウグスティヌスは、同様な考え方を、『ヨハネ福音書講解』のなかでも展開している。ディオニュシウス・アレオパギタ――クザーヌスはこの人の思想にも多くを負うている――にも同様な視点が見られ、クザーヌスに先行するボナヴェントゥーラにも、この考え方が強くうち出されている。「知ある無知」・「学識ある無知」とは、これまで述べて来た「離在」・「離接」のもとで、遠く隔たった「隠れたる神」としての《神》と私たち人間とのあいだの「客体」(Objects)の地平を図化しなければ理解されることができない、クザーヌスにとっての基本的な視点の成立を意味する。それは、この「客体」の地平のひとつの側面、ひとつの現象を分析して満足している学者・知識人――クザーヌスは、本書のまえがきとして付けられた恩師チェザリーニへの献辞のなかで、「胃の入口に感じられる空虚感」を「食欲」に結びつける自然学者を批判し、揶揄している――の「知」・「学識ある知」へのアンチ・テーゼであり、かえって、「離接」の関係のもとでの《神》と人間との関係枠組みそのものを論理化することによって、それら断片的・現象論的な「知」の集群を意味づけ、整序するものである。それは、クザーヌス自身にとっても、前述のような意味での《信》の構造の再構築の出発点であり、文字通り、認識論的・存在論的基礎としての世界像の脱構築――ローマ・カトリックの中世的世界像から交易と産業に従事する市民たちの近代的世界像へのそれ――の出発点であった。

第一部、認識論――第一章「いかにして知は無知であるか」に始まり、第二十六章「否定神学について」で終わっている――のキー・コンセプトは、《包含》(Complicatio)と《展開》(Explicatio)であり、《縮限》

（Contractio）である。クザーヌスは、キリスト教神学の伝統のなかで常に中心的主題であった「三一性」（trinitas）の議論を、アリストテレス―トマス・アクィナス的な視点からではなく、かえって、プラトン―ピュタゴラス的な視点から、はるかに動的に展開する。「三一性」（trinitas）の最も判りやすい議論は、父と子と聖霊の三位一体論である。しかし、クザーヌスは、これを、「一」（数字の一）と「他」・「多」――この第一部では「等」――相等性――および「無限」――おなじく、第一部では「結合」――のTrinityとして把握する。ここには、すでにして、ピュタゴラスの数論の影響が濃厚である。

クザーヌスは、次のように言う。「一（unitas）は最小者であることから、全ての数の始め（principium）――原理――であり、また最大者であるから全ての数の終わり（finis）――目的――である。したがって、何ものとも対立しない絶対的一は、絶対的最大者（absoluta maximitas）そのもの、すなわち誉め讃えるべき神にほかならない(13)」。私たちは、まず、ここで、クザーヌスの「三一性」の議論が、いわゆる父と子と聖霊の「三位一体性」のそれのような擬人化から解放されて、純粋化・論理化されており、次いで、この「一」の規定に見られるように、固定的かつ静的な視点からの把握ではなくて、きわめて伸縮自在な、運動と変転の姿においてとらえられていることに注目しなければならないであろう。そして、とくに留意されるべきは、クザーヌスが《絶対者》について言及する時、それは、つねに、最大限に――すなわち無限に――解放されたもの、解き放たれたもの（maxime absolutum）という意味だ、という事実である。absolutus――Absoluteness――は、日本語の語感にあるように、絶対的に――外在的な、高位にあるものとして――君臨するものではない。それは、かえって、ab――away from, off, apart――と solute, solvere――untie, loosen, dissolve――の複合語として、「解き放たれた、溶融し流れ出した」という水平的（horizontal）な意味内容をもつことばである。この事実は、《包含》（Complicatio）―《展開》（Explicatio）というクザーヌスの基礎概念を理解するために、きわめて重要な事実である。

なぜなら、このような考え方から、クザーヌスは次のように言うのだから。

……しかも一であることは存在するということ（entitas）——存在性——なのである。もしも、このような一が、どのような関係、どのような縮限（contractio）からも全て解き放たれているならば、一は解き放たれた（絶対的な）最大ということになって、何ものもそれに対立しないことは明白である。[14]

……絶対的最大性は万物を現にあるがままにあらしめているところの絶対的存在性であるが、それと同様に、存在の宇宙的一（universalis unitas）も絶対的な意味で最大者と呼ばれたものに由来する。それゆえ、この宇宙的一は縮限された仕方で宇宙として存在するのである。[15]

こうして、クザーヌスにおいて、無限の彼方に退いた《神》は、言わばすべての可能性の含蓄を包含した運動法則の総体として、宇宙——前述した「客体」（Objects）の体系——のさまざまな自然法則の展開へと《explicatio》し、無数の「位格」（persona）のレベルの「多」へと《縮限》し、凝固する。そして、『学識ある無知』の第一部が認識論である所以は、このような「客体」の世界における自然の法則性の展開——それは、クザーヌスによれば、「解き放たれた諸必然性」necessitas absoluta の運動である——に対して、私たち人間は、それを、「影像としての記号」（aenigma）を通じて、比例的還元（proportionalis reductio）においてとらえることができる、と主張されているところにある。このような「記号」（エニグマ）の最も判りやすい具体例は数である。

クザーヌスは次のように言う。「名実ともに第一級の哲学者であったピュタゴラスは真理探究の全てを数に置いたのではなかったか。プラトン学派の人たちも、アウグスティヌスやその後継者たるボエティウスのような、わが第一人者たちでさえ、彼ピュタゴラスにしたがったのであり、彼らはみな数こそ造物主の御心のうちでは疑いもなく、創造されるべき事物の第一の原型であると主張するに至った(16)」。

さらに、数によってとらえられる比量的関係の世界は、能力・対象・行為の三つから成る活動の世界であり、「能動者・受動者・両者の協同による結果という相関関係」の世界である（第二十章）。そして、注目されるのは、このような「現実存在」(actualis existentia) の運動が「可能態から現実態へ往き、ふたたび現実態から可能態へと還るところの円環運動」として把握されていること（第二十一章）である。こうして、私たちは、「測定可能なものはすべて最大者と最小者の中間にある」（第十六章）という述言に出会い、《無限》(infinitio) という概念の導入によって、たとえば三角形、円、球は、最終的に無限な「線」のうちに吸収され、《包含》されるという証明に出会うのである。私たちは、ここで《記号》によって「客体」(Objects) の海をとらえ、分析して行く認識主体としての人間を、まず、発見することになる。

前述したように、『学識ある無知』には、チェザリーニへの「献辞」と「書簡」が付されている。この「書簡」のなかで、クザーヌスは、「はからずも海路ギリシァよりの帰途、いと善き全てのものを与え給う、光明の父にてまします神が、いと高き賜物としてお示しなされたと信ずるところのもの」として、《反対の一致》(coincidentia oppositorum) という視点に到達した、と述べている。この考え方は、まさしく第一部において、四章から二十三章にかけて、力強く展開されている。とくに、注目されるのは、第十七章のなかでのアリストテレス『形而上学』における「始元者」(primum) という万物の根拠と、プラトン『パイドン』における「イデア」のとらえ方——万物の原型としてのイデアは、それ自体としては一つであるが、多数の事物に関連する際に、原型も多数存在するように見える――との対比・対照である。海路ギリシァよりの帰途とは、東西キリスト教世界の統一をめざしてコンスタンティノープルに赴いた際の帰途であり、その海路は、かつて、ピュタゴラスがイタリアの南端クロトン（今日のCrotone）へと辿った路であり、プラトンがディオニュシウス二世の治世に助言を与えるべくシシリーのシラクサへと赴いた路であり、はたまたシラクサで生まれたアルキメデスがアレキサンドリアへと旅立った海路であった。クザーヌスは、しかも、この船中で、プレトンやベッサリオンと、さまざまな議論をしていたのであろう。クザーヌスは、アリストテレスによって集大成されたけれども、逆に、固定化され、静態的にとらえられている存在論的根拠についての議論を、エーゲ海からイオニア海を経てアドリア海へと辿る船旅のなかで、プラトン、ピュタゴラスの視座へと遡《さかのぼ》り、私には、ヘラクレイトス――彼はピュタゴラスのほぼ同時代を生きた――を思わせる「反対の一致」、「対立の一致」という運動と変転の根拠の考え方に到達したのである。

私たちは、《coincidentia oppositorum》が、「矛盾し、対立しあうものをも含めて万物のcomplicatioである」（二十二章）という可能性の総体としての《神》という存在論的根拠についての規定であり、さらに、absolutus－contractus, aeternalis－temporalis, infinitus－finitus, absconditus－revelatusという反対・対立の一致をもたらす動的根拠とされていることを認識しつつ、それらの結果として、今や、「離在」・「離接」の関係において遠く隔てられている《マクロコスモス》としての神と《ミクロコスモス》としての人間とが、遠く離在しつつ、similitudoの関係において、ともに可能性の「主体」とされていることを、看過すべきではない。この点は、クザーヌスの思想において、後期になればなるほど明晰化されて来る視点であるが、言ってみれば、《神》は可能性の最大者であり、無限の可能性と運動の根拠であり、同時に、人間も、最小の可能性の「主体」であり、《縮限》された可能性をみずからの自己展開としての行為と認識において確証しつつ、《神》へと無限に接近して行く「主体」なのである。だから、『学識ある無知』第一部で提起されたaenigmaという「影像としての記号」も、やがて、signumとして明晰化され、さらに、signa naturaliaという「自然的記号」とverbumという「言語記号」へと具体化されて行くのである。

『学識ある無知』の第二部——存在論——は、第一章「唯一無限の宇宙を導き出すための準備的な系論」から第十三章「世界と諸元素との創造に際してなされた称讃すべき神の業《わざ》について」に至るまでの展開である。それは、《神》と人間とのあいだに横たわる「客体」(Objects)の大海を分析するための視座の整序であり、直接的には、天文学、数学、音楽、医術、錬金術——クザーヌスは「変化術」ということばを用いる——などが対象とする具体者=縮限されたものの根拠づけ、である。クザーヌスは「無限なる一は万物をcomplicatioし、万物を合一する一のことである」とし、「このような一は、一そのもののexplicatioである量に関して言えば、点にほかならない」と述べる(三章)。三一性の議論を前提として、この「一」が、言うまでもなく、《神》である。そして、点という「多性」・「他性」の差異の地平に具体化され、縮限されてあらわれるものこそ、個々の存在者である。このような論述のなかで、第四章で、クザーヌスが次のように主張していることは、注目にあたいする。「……このことから具体的最大者にほかならぬと私が考えている世界(mundus)ないし宇宙(universum)について、多くのことが明らかになるだろう。なぜなら、この縮限されたもの(contractum)、すなわち具体的なるもの(concretum)は、そのあるがままの全てをあげて絶対者に由来しているがゆえに、できるかぎり、最大で最大限に解き放たれた者(maxime absolutum)をsimilitudoしているからである」[17]。絶対的なるもの(absolutus)とは、前述したように、単純に、上位に君臨する外在的なるものではない。それは、無限の可能性の根拠でありつつ、解き放たれ、流出し、現実化して行くはたらきである。そして、その縮限されたもの

(contractum)・具体化されたもの（concretum）として、クザーヌスが語る「具体的無限性」、「具体的単純性」、「具体的無差別性」のうちにある個々の存在者は、あたかも自然法則の展開のさなかに運動し、変転する物質と現象であるかのようである。こうして、クザーヌスによれば、「宇宙は、いわば一〇個の範疇（もっとも類的なもの）から成る普遍であり、その下に類、さらにその下に種がある。これらは、事物に先立って、自然の或る種の秩序に従って位階的に存在する一般者（universalia 普遍者）であって、このような一般者そのものを事物は現実に具体化しているのである」（第六章）。

ここには、あきらかに、ライムンドゥス・ルルスの「自然の位階性」の議論からの影響が見てとれる。そして、フォン・ベルタランフィは、この点を、みずからの「システムの一般理論」の源泉として位置づけたのであった。しかし、このような「客体」（Objects）の大海の実質を成す「包含」と「展開」のもとでの運動は、私見によれば、「自己組織性」のそれではなくて、より客観的、より自体的な、自然そのものの運動であり、やがて、ガリレオの「慣性」、デカルトの「延長」の概念を通じて、ホッブスの『リヴァイアサン』の基礎概念としての「力」とニュートンの万有引力の法則のそれとしての「重力」の視点を導く《自然的世界像》の運動の概念である。

だからこそ、クザーヌスは「自然とは、いわば運動によって生ずる全てのもののcomplicatioである」（第十章）と言うのである。そして、その前段階（第九章）において、彼が、プラトニストの視点を擁護しながら、アリストテレスをきびしく批判している事実を、見落としてはならない。こうして、今や、可能態、現実態、結合的運動――別の言い方をすれば、具体化され得るもの（contrahibile）、具体化するもの（contrahens）およびこれら両者の共同作用のうちに生成される結合（nexus）――の展開する場として、「世界という機械」(machina mundana, machina mundi) が語られるようになる（第十一章、十二章、十三章）。この文脈のなか

ANNO 1401 WURDE IN DIESEM HAUSE
NICOLAUS VON CUES
GEBOREN
THEOLOGE, PHILOSOPH, RECHTSGELEHRTER,
NATURWISSENSCHAFTLER
KURIENKARDINAL IN ROM
BISCHOF VON BRIXEN
1464 GESTORBEN
SEIN LEIB RUHT IN ROM, SEIN HERZ
IM ST. NICOLAUS-HOSPITAL ZU CUES

クザーヌスの生家のプレート

で、「天のすべての部分は運動しているに相違ない」とされ、「けっして中心になり得ない地球は、まったくもって不動であるはずがない」（第十一章）と主張されるのである。これがどの程度まで地動説を論理化した主張であるかという点については賛否両論が提起されているけれども、すくなくとも、「離在」・「離接」の関係に立つ《神》と人間とのあいだの巨大な「客体」（Objects）――すでにして、ギリシァ的《神話》から解放され、今、ローマ・カトリックの《宗教》からも解き放たれはじめているザッハリッヒな認識「対象」――の領域が、それ自体、自然の法則性の展開する運動の領域にほかならないというクザーヌスの視点は、確実に存在するのであり、ひとまずカッシーラーの述べているように、ガリレイ、デカルトの自然科学の方法論的基礎の確立への前段階として位置づけられるのである。しかも、カッシーラーは、この「客体」の領域への接近を、クザーヌスの数学――幾何学と微積分の発想――の視点に依拠して進めているけれども、クザーヌスの故郷、ベルンカステル-クースの原資料は、いずれも、クザーヌスを、単に数学者としてとらえるのではなくて、自然科学者（Naturwissenschaftler）、あるいは精密科学の先駆者（Wegbereiter der exakten Wissenschaften）と、しているのである。

私たちは、さらに、クザーヌスが、「認識が運動にほかならぬところの叡知体における可能性、現実性、および結合的運動という段階」と、「存在が運動にほかならぬところの物体における質料、形相、および結合という段階」とを、区別し、対照させている（十章）点に、注意しなければならない。これら両者は、クザーヌスが後に「認識様相」（modus cognoscendi）と「《もの》の真実在様相」（modus essendi）という一種の「主」―「客」（Subject—Object）図式へと精錬して行くシェーマの出発点であり、しかも、クザーヌスは、これら主観と客観の対照を、いわゆる「主」―「客」図式の対立として固定させるのではなくて、あらためて《関係》論的に、連関させ、運動のうちに相関させようとしているのである。

この第二部では、認識の「主体」としての人間は、aenigma から、phantasia へと歩を進める。この部分（第二部第二章）は、日本語訳（山田桂三訳）では、次のように述べられている。「さらに言えば、現象している被造物を介して、神がどのようにしてわれわれに顕されうるかを認識できないのである。なぜなら、ただ神とわれわれだけが知るところのわれわれの知性の神とは、類を異にするからである。われわれの知性は認識にあたって、或る種の構像（phantasia）から色、音などの形相を記憶のうちに受容するが、始めはかたちを持たず、後になって記号、音声、文字という別のかたちを採りながら他人の思想の中に入り込んでいくのである。ところで、神は、信心深い人たちが述べているように、自らの善を認めさせようとして、あるいは自らが絶対的で最大なる必然性であるということから、人々を強制し、畏れさせ、裁こうとして、自らに隷属するはずの世界を創造したとはいえ、全ての形相の形相であるために、他の形相を採らないこと、また積極的な徴《しるし》をもって顕れないことは明瞭である。すなわち、このような徴があれば、さらにそれを基礎づける他の徴が必要になるわけであり、かくて無際限に同じことが繰り返されるはずだからである[18]」。

同一の個所を、ジャーメイン・ヘロンは次のように英訳する。

We are also unable to understand how God can manifest Himself to us through visible creation. He is not like our intellect, which is only known to Him and us ; which, before coming to think, had no form, but proceeds, when thinking, to take the form of colour, sound, or something else from the images in the memory ; then, after taking on another form of signs, words or letters, it manifests itself to others. God does not manifest Himself in that way. Whether His purpose in creating the world was to manifest His goodness, as pious people believe, or whether, as the Infinite Necessity, He created it to do His Will and have creatures who would be obliged to obey Him, who would fear Him and who would be judged by Him, it is clear whatever His purpose may have been, that He does not assume another form, since He is the form of all forms ; and it is likewise clear that He does not manifest Himself in positive signs, for these signs, if they existed, would naturally in their turn demand others in which to exist, and so on to infinity.[19]

クザーヌスは、プラトンの形相論を前提にしながら、前述のように、遠く《神》との「離在」・「離接」の関係のうちに佇つに至った人間が、眼前にひろがる「客体」(Objects) の領域――それは、「解放され、融解された無数の必然性」absolute Necessity の総体である――に対して、《記号》(signs) の力に依拠しながら立ち向かって行く認識の主体としてあらわれて来るすがたを、ここで、描き出している。日本語訳で「構像」とされていた phantasia は、より正確に言えば、「表象力」であり、われわれの感覚器官のはたらきのもとで、無数の

phantasma（表象像）を生みだす認識能力のひとつの様相である。しかも、無数のphantasmaが、それ自体、前述のような意味での「無数の必然性」の展開としての「客体」の具体的な諸運動と私たち人間「主体」の感覚器官の諸運動との出会いの場――だからこそ色（color）が語られ、音（sound）が語られているのである――から起ちあがって来るという点を、看過してはならないであろう。

　私たちは、このような認識「主体」像の生成と定立に、さらに、次の二つの事実をかさね合わせて検討を進めるべきである。

　第一に、クザーヌス初期の大著De concordantia catholicaにおける自然法の視点である。この『普遍的和合について』（一四三二～三三年）は、前章で述べたように、バーゼル公会議の中で、「三教皇鼎立」に象徴されるようなカトリック教会組織の腐敗・堕落を批判する「公会議派」の視点から、書かれている。クザーヌスは、まず、次のように主張する。「すべての法律は、自然法に基づき、また、もしそれに矛盾するならば、法は有効ではありえない。したがって、自然法は、本性上は理性のなかに内在するので、すべての法は、人間にとって、その根底より生得的である」（第二巻第十四章、一二七）。

　Omnis constitutio radicatur in ihre naturali, et si ei contradicit, constitutio ralida esse nequit ...... Undecum ius naturale naturaliter rationi insit, tunc connata est omnis lex homini in radice sua.[20]

　この主張は、もちろん、クザーヌスの視座の「近代」（モデルナ）性を例証するものとして重要であるけれども、しかし、ここで述べられている自然法の概念それ自体は、トマス・アクィナスにおいても語られていたものであり、むしろ伝統的な主張を踏襲したものであった。そして、自然法が「本性上は、理性のなかに内在する」（naturaliter rationi insit）が、中期クザーヌスの視座から後期クザーヌスのそれへの展開のなかで、「本性上は」

ではなくて、文字通り、「自然的に」という意味内容へと推転して行く点が、重要なのである。《記号》とコミュニケーションに依拠する認識の「主体」は、それ自体、自然権の「主体」の具体化であった。

クザーヌスは、さらに、こう述べている。「すでに、前述のことから、すべての法律がもつ拘束力は、合意と、暗黙にかあるいは言明された同意、のうちに、存在することは明白である」（第二巻第十五章、一三二）。

Iam ex praehabitis constat omnium consitutionum ligandi vigorem consistere in concordia et consensu tacito vel expresso.(21)

《コミュニオン》から《コミュニケーション》への脱構築は、こうして、《記号》を操作し、これらの表象像——phantasma、『普遍的和合について』においては figurata——の展開を通じて自らの認識能力を具体化して行く「主体」の提起によって、担保されていたのである。

第二に、私たちは、『学識ある無知』と、その直後に刊行された De coniecturis との内容的関連に、留目しておかなければならない。後者は、通常、『臆測論』とされているが、「臆測」というより、《記号》によって分析を進めて行く「推論」・「推測」の過程を論じているものであり、前述のような意味での「客体」の領域を分析する数理科学の根拠を与え、直接的にはライプニッツの微積分学の視座を導き、間接的には、カッシーラーの「象徴形式の哲学」（philosophie der symbolischen Formen）のそれを導出した出発点として、注目されてよい。

私は、このような《記号》と表象像を駆使して、みずからの認識の「透明度」を高めて行く——それが確率論に支えられた分析哲学・数理哲学の地平にほかならない——クザーヌス的「主体」に、さきに述べた「離在」・「離接」の関係において、今や、遠く距たった《神》と人間とのあいだの、《マクロ・コスモス》と《ミクロ・コスモス》とのあいだの、なんらか存在論的に通底する根拠を、見出さないわけにはいかない。それが、『普遍的和合について』で提起されていた自然権的根拠の含意であり、認識と《コミュニケーション》の「主体」の根拠へと転成して行くことを通じて、コミュニケーション能力の存在論的根拠と言ってよいものへと、精錬されることになる。

クザーヌスによれば、私たち人間は、次のような意味において、《ミクロ・コスモス》である。

Homo enim deus est, sed non absolute, quoniam homo; humanus est igitur deus. Homo etiam mundus est, sed non contracte omnia, quoniam homo. Est igitur homo microcosmos aut humanus quidem mundus.

「人間は、したがって、人間であるが故に、絶対的ではないけれども、神である。すなわち、人間は、人間的な神、人間化された神（a human god）である。人間は、また、人間であるが故に、縮限された全てではないけれども、世界（the world）である。こうして、人間は、ひとつのミクロ・コスモスなのであり、あるいは、まぎれもなくa human world——ひとつの人間的世界、人間化された世界——にほかならない(22)」。

クザーヌスにおいて、人間は《神》から遠く「離在」し、「離接」しているけれども、《マクロ・コスモス》としての《神》に対して、人間は、このように《ミクロ・コスモス》として、《神》の「イマーゴ」（the image／likeness）なのである。そして、これこそが「近代的」（モデルナ）人間の「主体」的根拠そのものである。それを、デカルトのように《コギト》の主体性のそれとしてとらえるか、あるいはパスカルのように《信》における主体性の根拠としてとらえるか、という問題は、文字通り、「近代的」人間の側の問題であるだろう。丸山真男は、かつて、『日本政治思想史研究』のなかで、荻生徂徠の主体的「作為」の視点と本居宣長の没社会的「自然」のそれとを対比・対照させ、前者のうちに、日本社会における政治的「主体」の定立の萌芽を見出していた。この「作為」は、まさしく《神の業》(ars divina) との対照のもとでの《人間の作為》(ars humana) であり、前述のような意味での《ミクロ・コスモス》の主体的「作為」なのである。そして、日本の社会意識のように《マクロ・コスモス》の二重の意味での絶対性――それは、通常理解されるような意味で外在的に君臨するにとどまらず、より深い意味において、解き放たれ、溶融して、流出する可能的運動のポテンツェンである――が明晰化されないところでは、他方において、人間の側の《ミクロ・コスモス》の内なる主体的根拠としての「内的自然」もまた、作為としての行為へと構造化されることができないまま、「歌読みびとたち」の美的観照の底部を流れる、しどけない「自然」として流露するにとどまった。

私たちは、さらに、クザーヌスがこの《ミクロ・コスモス》としての人間の作り出す《記号》の操作とコミュニケーションの世界を、conjectual art として提起していることに、注目しなければならない。

Nec est aliud numerus quam ratio explicata. Adeo enim numerus principium eorum, quae ratione attinguntur, esse probatur, guod eo sublato nihil omnium remanisse ratione convincitur. Nec est aliud rationem numerum explicare et illo in constituendis coniecturis uti, quam rationem se ipsa uti ac in sui naturali suprema similitudine cuncta fingere, uti deus, mens infinita, in verbo coaeterno rebus ess communicat.[23]

数という記号は、人間の合理的思考の基本原理である——カッシーラーはクザーヌスのこの視座を最重要視したのであった——。しかし、《ミクロ・コスモス》としての人間が《記号》を操作して作り出す「conjectural world」は、まさしく《マクロ・コスモス》としての《神》が、その御言葉（verbum）——ギリシァ語の「ロゴス」——の具体化を通じて、事物のあいだの相互運動というかたちで「real world」を創造することへの類似性（the likeness）として、現実化する。クザーヌスは、三種類の興味深いシェーマにもとづいて、——そのなかのひとつは、クザーヌス自身が、P figuram、——Figure P——と名づけており、この“P”はパラダイムのことである——《ミクロ・コスモス》としての人間が、「感覚」（sensibilia）から、「理解」（intelligere）を通じて、「知性」（intellectus）へと上向して行く道すじを論じている。そして、この上向の「作為」によって形成される「conjectural world」は、単に、「推論と臆測の世界」ではなくて、《神》——絶対的必然性の総体——が創出する「real world」との対比において、まさしく「人為の世界」であり、《記号》とコミュニケーションの体系によって底礎された「近代社会」の原型なのである。

『学識ある無知』の第三部——信仰論——は、第一章「このもの、またはかのものに具体化された最大者は自らより大きいものを持たないが、絶対者によらずには存在し得ないこと」から第十二章「教会について」までの展開である。それは、言ってみれば、認識論を基底とした信仰論の提起である。

クザーヌスは、まず、ガレノスやマクロビウス等の所説の延長上で、人間を《ミクロ・コスモス》として位置づける（第三部第三章）。この《ミクロ・コスモス》は、さらに、(1) 感覚（sensus）、(2) 理性（ratio）、(3) 知性（intellectus）、の三つの段階を上向する認識「主体」である（第三部第六章）。ここでは、理性（ratio）は、前述の数の《記号》によって導かれる「中間的な」（medium）認識の段階としてとらえられており、その《記号》

が象徴へと志向させられて行くところに、知性の意味がある、とされている点が注目されよう。クザーヌスによれば、感覚は、縮限の果ての具体的「一」としての個々の事物、個々の運動、に対応する「点」的な把握である。それは、認識の第一段階として、「縮限された（具体的）認識」である。これに対して、知性的認識は、クザーヌスの言葉を用いて言えば、感覚的認識との関係において、「個物的な縮限から溶融され（absolutus）、解き放たれた（abstractus）」認識であり、その意味において、「普遍的」である（第三部第四章）。そして、これら両者の中間にあって、《記号》の力に依拠しながら、両者を媒介する（mediate）ものこそが、前述のような意味での「理性的」認識であった。

ここで、重要なのは、クザーヌスが、一方において、「自然的な気息」（spiritus）、「吹発」（inspiratio）——呼吸——に言及し（第三部第五章）、「力」（virtus）について述べながら（第三部第八章）、他方、「時間のうちにあっては、表象像（phantasmata）によらずには、何もとらえることができない」（第三部第七章）としている点であろう。クザーヌスは、認識論の内側では、《神》、「神の子としてのキリスト」および「聖霊」（spiritus）の「三位一体」論のなかの「聖霊」をできるかぎり自然化し、それと《記号》との結びつきによって、《マクロ・コスモス》としての《神》と、《ミクロ・コスモス》としての人間とを、「離在」・「離接」の関係にありながらも、the Image／likenessという「類似」と「親近」の関係にあるものと、理解している。彼は、しかし、同時に、信仰論の論理構造として、《義化》（justificatio, Justification）の概念を導入し（第三部第六章）、「神の子」であるキリストによる《マクロ・コスモス》としての《神》と《ミクロ・コスモス》としての人間との媒介（medium）の論理を、提起する。

クザーヌスの信仰論の核心部分は、次のような主張に見られる。

さて、われわれの霊が、万人に与えられた信仰によって自らの知性的能力の一切を挙げて至純にして永遠なる真理そのものを志向し、しかもこのような真理そのものをひとり愛すべきものとして選び、かつ愛するときに、われわれの回心（conversio）が行われる。なぜなら、最も堅固なる信仰によって真理すなわちキリストへ回心するということは、現世を放下し、かつこれに勝利しつつ乗り越えて行くことだからである。ところで、最も熱烈に彼を愛するということは、霊的な運動によって彼のうちへ入って行くことである。彼は愛せられるべき者であるのみでなく、愛（caritas）そのものだからである。すなわち、霊は身体的愛（amor）の諸段階を通じて愛そのものへ進むときにこそ、何らかの時間的な仕方によってではなく、時間を絶し現世の一切の運動の彼岸において、愛そのものの中へ深く浸透させせられるのである。(24)

amorからcaritasへの飛躍は、言うまでもなく、時間性の地平から永遠への飛躍である。それは、一方において、キリストによって媒介された《マクロ・コスモス》としての《神》と《ミクロ・コスモス》としての人間との「合一」――まさしくunio mystica――をもたらし、他方、《神》、そして媒介者としてのキリスト、による私たち人間の《義化》の可能と不可能という事態――それは「最後の審判」と救済（もしくは救済の預言）へと連接する――をもたらす、とされるのである。

クザーヌスは、第三部の末尾のところで、「この（キリストとの）合一は教会（ecclesia）、すなわち多くの肢体が集まって一つの身体を形成し、しかも各肢体がそれぞれ特異性を失わないような、多くの集合による一である」（第十二章）と述べているが、この述言は、クザーヌスの文章としては、著しく生気が欠けている。私は、前述のように、みずからが信仰を有さないために、クザーヌスの主張するunio mysticaの論理の妥当性をにわかには信じられない人間であるが、しかし、「離在」・「離接」の関係にあって、遠くへだたった《マクロ・コスモス》としての《神》と、《ミクロ・コスモス》としての人間とが、それら両者の the Image／likeness という類似と相同性の関係において、言わば、「神の似姿」(Imago dei) としての人間の側からの主体的なはたらきによって、そのはたらきとしての行為――《記号》を駆使し、コミュニケーションという社会関係を構築して行く「作為」――を通じて、「合一」を求めて行くというクザーヌスの主張とその熱感とは、理解することができる。そして、クザーヌスは、文字通り、「信仰の玄義について」と題した第三部第十一章の中で、次のように言うのである。

「肉体的な声は、すべて、思惟的な言葉の徴《しるし》(signum) である。すべての消滅的で、思惟的な言葉の原因は、不滅的な言葉であり、ロゴス (ratio) である」。私は、ここに、《ミクロ・コスモス》としての人間が、《記号》を操作し、みずからコミュニケーション行為を展開して行く「主体」としての根拠――可能性の主体的根拠――を、見出すのである。

3　『隠れたる神』と《コミュニケーション》の主体

中期のニコラウス・クザーヌスは、前章で述べたように、一四四八年の枢機卿への就任、一四五〇年、チロル、ブリークセンの司教への任命、および一四五〇年末から一四五二年四月にかけての教皇特使 (Legat) としての西北ヨーロッパ――ドイツ、オーストリア、オランダ、ベルギー――巡察旅行、によって特徴づけられる。彼は、一四四八年の「ウィーン・コンコルダート」(政教協定) に結実するまでの帝国会議への出席の際にも、すでに、天球儀、高角度測定儀 (アストロラーピウム)、天体観測儀 (トルクヴェークム) などを入手し、「外的自然」への経験的分析への歩を進めていた。そして、ブリークセンの司教として、チロル大公その他の世俗権力との確執と軋轢に悩まされた経過については、前章で詳しく見て来たところである。私は、ここでは、『学識ある無知』の視座がどのように具体化され、深められて行ったのか、という点に、議論を集中することにしたい。

私は、まず、Idiota de sapientia（一四五〇年）という著作に、注目したい。『知恵についての無学者の対話』と題されるこの書物は、同じ年の夏に一気に書かれたIdiota de mente『精神についての無学者の対話』、およびIdiota de staticis experimentis『秤の実験についての無学者の対話』とともに、三部作とされ、ハイデルベルク版全集の第五巻としてまとめられている。この三部作は、時に『素人考』三部作と言われることもあったけれども、Idiote は、後の考察で直ちに明らかになるように、『学識ある無知』docta ignorantia の「無知」ignorantia の含意を前提して、それを発展させた主題であるだけに、単に「素人」と直訳しただけでは、意味が通らないであろう。

そして、クザーヌスがこれらの著作を、前述の大巡察旅行の際に携行していたという事実も、忘れられてはならないことがらである。

『知恵についての無学者の対話』全二巻は、次のような文章から、始まる。[25]

Convenit pauper quidam idiota ditissimum oratorem in foro Romano……

「ひとりの貧しい無学者が、ローマの市場のなかで、きわめて裕福な弁論家と出会った……」

そして、このpauper idiotaが、実は、『学識ある無知』で具象化された認識「主体」の仮の姿なのである。クザーヌスは、この「貧しい無学者」と「裕福な弁論家」とを、あたかも後のヘーゲルの「奴」と「主」の弁証法を思わせるかのように、対立・対照のうちに描き出し、結果として、前者――「貧しい無学者」――の側の《知》

の充実と後者――「裕福な弁論家」――における空虚をうきぼりにする。
両者の対話は、次のようなかたちで、展開する。

無学者　私が言っているのは、明らかにあなたは権威によって導かれ、そして欺かれているということです。あなたが信じているあの言葉（verbum）は誰かが書いたものなのです。しかし、私はあなたにこう言いたい。知恵は、野外で、街で叫んでいる（》sapientia foris《clamat》in plateis《）。そして、その叫びがあるのは、知恵自身が、もっとも高いところに住んでいる habitat》in altissimis《からなのです。

弁論家　私の聞くところによると、あなたは無学者なのに、自分が知恵をそなえていると思っているそうですね。

無学者　このことが、おそらく、あなたと私の違いなのでしょう。あなたは、そうではないのに、自分が知識のある者だと思っている（Tu te scientem putas）。そこから、あなたは傲慢になっている。しかし、私は、自分が無学者であることを、承知している（Ego vero idiotam me esse cognosco）。その故に、私は、いっそう謙虚になる。この点で、おそらく、私の方があなたより学識がある（forte doctior）ということになるでしょう。

二人は、市場に眼をやり、さらに、次のような会話を交わす。

弁論家　あそこではお金が数えられており、別の一隅では賃金が量られており、反対側では、油やその他のものが量られているのが、見えます（Video ibi numerari pecunias in alio angulo ponderari merces, ex opposito mensurari oleum et alia)。

無学者　これらのことは、彼らの理性のはたらき（opera rationis）です。……さあ、弁論家よ、これらのことが、何によって、何において、何から行われるのかに注目して下さい。そして、私に言って下さい。

弁論家　区別によってです（Per discretionem）。(26)

クザーヌスは、ここから「一」と「多」の数論を展開し、『学識ある無知』の議論を「市場」という庶民の生活の場で、再構成している。彼は、ここで、言うまでもなく「知恵は、野外で、街で叫んでいる。そして、その叫びがあるのは、知恵自身がもっとも高いところに住んでいるからなのだ」（箴言・一：二〇）という『旧約聖書』の一節をふまえているのであり、全体として、エックハルトからの「デヴォーチオ・モデルナ」の視点に立ちながら、《知》の再構築という「ヴィア・モデルナ」の課題に、取りくんでいるのである。

クザーヌスは、このIdiota三部作を一気に書き上げる前の年、一四四九年に、Apologia docta ignorantiae『学識ある無知の弁明』という一書を仕上げている。これは、『学識ある無知』（一四四〇年）が「汎神論」的であるとして猛烈な攻撃を加えたハイデルベルク大学教授、ジョン・ウェンクのDe ignota litteratura（一四四二年）に対する反論の書である。よく知られているように、トマス・アクィナスでさえ、ひと度びは、異端とされた。マイスター・エックハルトは、ケルン大司教によって告発され、アヴィニョンで異端の審問を待ちながら、病死した。その同じ時期、同じアヴィニョンに、ウィリアム・オッカムも、やはり異端審問のために、召喚されていた。後に、ジョン・ミルトンとジョン・ロックのところでも出会うように、時の権力に迎合する小さな《知恵》（Sapientia）の持主たち——そこには、実際には、クザーヌスが「裕福な弁論家」にことよせて描いたように、空虚な《知》の見せかけと抜けがらしか存在しない——には、彼ら——トマス、エックハルト、オッカム――の《知恵》の大きさと深さとが、理解できなかったのである。そして、クザーヌスも、また、ウェンクの小さな《知》を黙殺していたのだが、みずからが一四四八年、枢機卿に就任するに際して、もはやそのまま放置することはできないと考えて、反論の書を公刊したのであろう。クザーヌスは、『学識ある無知』において、「デヴォーチオ・モデルナ」と「ヴィア・モデルナ」の結節を論理化するかたちで、《知恵》の存在論的・認識論的基礎の再構築を行なっていた。それは、無限の概念を導入することによって、遠く「離接」、「離在」することになった《神》と人間とのあいだに、巨大な「Object」の運動する場――それが地動説的宇宙であり、交易と産業の世俗社会であり、《記号》によって導かれる経験的《知》の対象となるthe conjectural artの領域であった――を見出し、しかも、《マクロ・コスモス》としての《神》と《ミクロ・コスモス》としての人間とのあいだに、遠く「離在」していながら、いや「離在」し「離接」するからこそ、必然的に要請される「神の似姿」(Imago dei) としての人間の側の「主体」的能力――それが「貧しい無学者」の《知恵》である――の所在を論証する近代的(モデルナ)世界像の提起であった。

　クザーヌスにとって、すでに、オスマン・トルコの劫掠によるコンスタンティノープル陥落という事態こそ、ローマ・カトリック教会の堕落に対する《神》の怒りと罰とを示すものであった。そして、今、一四五〇年という「聖年」にあたって、教皇ニコラウス五世の命をうけて、西北ヨーロッパ全域にわたる巡察旅行――教皇特派使節《レガート》は、大司教・司教の所轄以外のすべてのカトリック教会・組織を点検し、再生させる任務を委ねられていた――に出かけなければならないクザーヌスにとって、おそらく、ウェンクの「批判」は、がまんのならないものであったであろう。それは、「裕福な弁論家」のひとつの具体例だったのである。

　一四五〇年の大晦日、クザーヌスは、ローマのサンタ・マリア・マッジョーレ寺院にある教皇聖祭壇でミサを捧げてから――この大寺院は、カブール通りの北東端にあり、クザーヌス自身の名義聖堂であったサン・ピェトロ・イン・ヴィンコリ教会から五〇〇メートル強の近さに位置する――この大巡察旅行に出発した。彼の教皇特使としての直接の任務は、翌一四五一年一月二五日、イタリアからオーストリアに入ったアルプス南麓の街、シュピタール・アン・デア・ドラウ（Spital an der Drau）で、ザルツブルク修道会管区内のシトー会大修道院長たちを、協議のために、ウィーン近郊のウィーナーノイシュタット（Wiener Neustadt）に召集するという主旨の布令を出すことから、始まった。

彼は、シュピタールからザルツブルク、パッサウを経て、ウィーナーノイシュタットに出て、前述の協議を主宰すると、ウィーンを経て、メルクに到着している。この地のベネディクト会修道院はあまりにも有名であるが、私たちは、この修道院が、Stiftkirche を有し、Bibliothek を持っていることを、看過すべきではない。彼は、ランバッハを経て、もう一度ザルツブルクに戻ると、今度は、ドイツ、バイエルンに向かう。その行程は、ミュンヘン、フライジンク、ランヅフート、レーゲンスブルク、アイヒシュタット、ニュールンベルクであり、四月初めに当地に到着すると、ここに二週間滞在している。最近の研究――とりわけアルベルト・カプルの著作(27)――によれば、後述するように、グーテンベルクとクザーヌスの、フランクフルトでの邂逅が語られるようになってきているが、この頃のニュールンベルクは、第一に、まさしくクザーヌスが天体観測の機器を入手した場所であり――やがて、クザーヌスの弟子レギオモンタヌスが、ここに、ヨーロッパ最初の天文台を建てる――、第二に、グーテンベルクの印刷術が、マインツから、真っ先に流布した場所であった。私の手許の資料によれば(28)、一四四九年、ニュールンベルクの人口は二万一二五人であり、その内訳は、「市民とその家族」一万四、三〇九人、「奉公人・奉公女」三、一七四人、「非市民」一、九七六人、「聖職者とその下僕」四四六人、「ユダヤ人」一二〇人、となっている。そして、これらの「市民」たちは、Gilde, Zunft および Bruderschaft

（「兄弟団」）などのアソシエーションを構成し、これら社会諸関係の重層構造によって、《universitas civium》、《communitas civium》という名の都市社会をつくり出していたのである。一世紀たらず後、一五四三年、コペルニクスの『天体軌道の回転について』（De revolutionibus orbium coelestium）が公刊されたのも、この地であったという事実を、私たちは、意味深く想起すべきである。

クザーヌスは、ここから、北に途をとり、バンベルク、ヴュルツブルク、エルフルト、ハレ、マグデブルク、ハルベルシュタット、ヴォルフェンビュッテル（Wolfenbüttel）、ブラウンシュヴァイク、ヒルデスハイムを経て、七月末に、ハノーヴァーに到着した。彼は、エルフルトやヒルデスハイムなどの教会指導者たちと議論を交わしつつ、ほとんどすべての地で、みずから説教を行なっている。そして、この説教の拠りどころとなっていたものが、ほかならぬIdiota三部作であり、『学識ある無知』の視座であった。

クザーヌスは、ハノーヴァーから西行し、ミンデン、ノルトホルンを経て、今日のオランダとの国境を越えて、デフェンテル（Deventel）に入っている。デフェンテルについては、前章で詳述してきたところであるが、私は、ここでは、クザーヌスのこの巡察旅行に、ディオニシウス・カルトゥジアヌス Dionysius Cartusianus が同行していたという事実に、注目したい。クザーヌスより一歳年少の、このベルギー出身のカルトゥジオ会士は、ホイジンガの『中世の秋』（Herfsttij der Middeleeuwen、一九一九年）には、ドニ・ル・シャルトルー（Denis le chartreuse）という名で、中心人物のひとりとして登場している。この「恍惚博士」（Doctor ecstaticus）と呼ばれた「デヴォーチオ・モデルナ」の闘士が、クザーヌスの全行程をともにしていたのか、部分的に同行していたのか、今の段階では詳らかにし得ないけれども、彼が後出のレールモント（Roermond）のカルトゥジオ会修道院の出身であることを考えるならば、すくなくとも、これから触れられるオランダ、ベルギーの巡察旅行には同行していた、と考えられるであろう。

クザーヌスは、デフェンテルに到着すると、直ちに、ディーペンヴェーンにヴィンデスハイム修道尼僧院を訪れ、さらに、ヴィンデスハイムそのものを訪問している。この地域は、前章で述べたように、「デヴォーチオ・モデルナ」の基盤となった「共同生活兄弟団」(Brüder des gemeinsamen Lebens, Fratres vitae communis)の活動がもっとも盛んな地域である。幼少期のクザーヌス自身がデフェンテルの「共同生活兄弟団」で学んだか否かについては、研究者のあいだに賛否両論があり、実証的知見としては未だ確定していない。詳細なクザーヌス伝を書いたエーリッヒ・モイテンは、否定的な立場をとっているが、上田閑照は、明確に、「若き日にこの兄弟団の教育を受け、長じて枢機卿に挙げられたニコラウス・クザーヌス」と述べている。私が訪れたクザーヌス施療院のチャペルの入口横に展示してある資料のなかでは、上田説に近い印象を受けた。いずれにしても、デフェンテルの「共同生活兄弟団」は平信従たちのアソシエーションだったのであり、これを指導していたヴィンデスハイム修道院(Windesheimer Kongregationであるから、正しくは修族、修道院連合、である)におけるアウグスティノ会修道士たちの「デヴォーチオ・モデルナ」の実践の姿は、クザーヌスに深い感銘を与えたであろう。

クザーヌスは、さらに、ツヴォーレからカンペン(Kampen)まで北上した後、ユトレヒトに到着した。彼は、ここから、アムステルダムを経由して、北海沿岸をエグモント(Egmond aan Zee)まで北上し、当地のベネディクト会大修道院を訪れ、ハールレム、リーンスブルク、ライデンを経て、ユトレヒトに戻っている。一説によると、クザーヌスは、この巡察旅行のなかでイギリスにまで赴きたかったとされているが、あるいは、このドーヴァー海峡沿いの旅は、その可能性を求めて行なわれたのかもしれない。

クザーヌスは、この後、不思議な行程をたどることになる。彼は、ユトレヒトを出発して、すぐとなりのアルンヘムを経て、ニムヴェーゲン、レールモント——前述のように、ここはディオニシウス・カルトゥジウスの本拠地であり、彼の庵室があった――へと南下し、マーストリヒトに到着した。ここから、ドイツ側のアーヘンに戻ってから、クザーヌスは再び、ベルギー側に入り、ザンクト・トロント、ハッセルト、トーゲルンを経て、リェージュ（ドイツ読みではリュティッヒ Lüttich）――彼は、一四三八年、当地の司教座教会参事会員 Domkanoniker に選ばれていた――に達している。彼は、ここから、ドイツ側に入り、マルメディーを経由して、一四五一年一〇月末に、トリーアに到着し、ここに、十一月下旬まで、二週間滞在している。その後、十一月九日にみずからの生れ故郷クースに到り、同十三日マインツを経て、十二月二十四日、ケルンに到着した。彼は、そこから、再びアーヘンへと北上し、マーストリヒト、ハッセルト、レーヴェン（ルーヴァン――彼はこの大学の教授職に招聘されたことがある――）を経由して、ブリュッセルに入った。

周知のように、折しも、フィリップ善良公 Philippe le Bon（一三九六年～一四六七年、在位一四一九年～六七年）の治政の下、ブルゴーニュ侯国の最盛期であり、ブリュッセルには、ディジョン、ブリュージュとともに、宮廷が置かれていた。そして、ホイジンガは、次のように、言うのである。

そもそも、かれ（ドニ・ル・シャルトルー、すなわちディオニシウス・カルトゥジウス）は、よく知られているように、ニコラウス・クザーヌスがドイツ帝国をめぐる旅に出たとき、これに同行し、つねにそのかたわらにあってかれを助けていたのであるが、一四五一年、ブリュッセルにたちよったさい、ニコラウスもろとも、フィリップ候の「捕虜」になってしまったのであった。(29)

ホイジンガは、この「捕虜」という言葉が何を意味するのかを、明らかにしていないけれども、状況は、イギリス・フランスの百年戦争（一三三九年～一四五三年）の終結直前であり、何よりもまず、クザーヌスのイギリス渡航の阻止が目的とされたであろう。また、この地域の主要な教皇領――ユトレヒト司教領とリェージュ司教領――は、いずれも、ブルゴーニュ侯国領の版図にほぼ完全に囲繞されており、境界線・所有権・徴税権その他さまざまな世俗的懸案をかかえていたであろう。もとより、ホイジンガのいわゆる「捕虜」の内容については研究の進展を待つ必要があるけれども、私は、そのひとつの側面として、フィリップ善良公の下で花開きつつあった「北方ルネサンス」とクザーヌスの接触の重要性を考えたい。

「北方ルネサンス」の有力なにない手のひとり、ヤン・ファン・アイク――アイク兄弟の弟――の傑作に「宰相ロランの聖母」(一四三五年頃制作、油彩、ルーブル美術館蔵)という絵がある。ニコラ・ロランは、ホイジンガによれば、フィリップ善良公とその父ジャン無怖公の二代に仕えた官房長とされているから、前章で触れたKanzlerにあたるのであろう。「宰相ロランの聖母」は、聖母子にニコラ・ロランが合掌しているという構図こそ伝統的ではあるものの、室内の床の絵タイルは遠近法で描かれ、窓外に大きく開けた風景は――フランドルの河口都市を思わせる、この光景は、リェージュをモデルにしているようだ――きわめて写実的であり、ほぼ完全に「自然の光」(lumen naturalis)によって支配されている。右上隅の、ガブリエルを思わせる天使は、もはや、「恩寵の光」(lumen gratiae)の光源を失っている。

ニコラ・ロランは、一四四三年、ディジョンの南、ボーヌ――ここはシトー派の発祥の地シトーのすぐ隣である――に、施療院を建てている。ホイジンガ『中世の秋』の日本語訳(中央公論社版)の口絵写真に収められているこの施療院の話は、ブリュッセルにおいて、クザーヌスも耳にしたことであろう。

こうして、ホイジンガのいわゆるクザーヌス「捕虜」事件は、実質的には、クザーヌスに、まさしく交易と産業によって発展するフランドルとネーデルランドの社会をまざまざと見せつけることになった。そして、フィリップ善良公やロランたちは、クザーヌスとディオニシウスが、ともに、オスマン・トルコ討伐の「十字軍」の派遣を要請するのに耳を傾けたであろう。なぜなら、フィリップ公は、すでに、一四二九年、ポルトガルのイザベルとの結婚の際に、みずから「金羊毛修道会」(La Toison d'or) を創設するほどに「敬虔」だったのだから。私は、ホイジンガが「デヴォーチオ・モデルナ」について次のように述べている点を重視したい。「ネーデルランドの『新しい信仰』は、教会に従順であり、正統の信仰を持っているが、その徳行には実利主義の匂いが濃く、なにか醒めているという印象をうける場合すらある」(30)。おそらく、ここには、前述の Idiota 三部作のなかで、無学者が言及していた「理性のはたらき」(opera rationis) が作用しているのであろう。

クザーヌスは、ブリュッセルでの「捕虜」生活から解放されると、レーヴェン、マーストリヒトを経て、三月に、ケルンに帰着した。そして、コブレンツ、フランクフルト、アシャッフェンブルク――ここは、かつて帝国会議に参加するために通ったところである――を経由して、三月末から四月初めにかけて、ようやくブリークセンに到着し、一年五ヶ月にわたる大巡察旅行を終了したのであった。

一四五〇年という「聖年」にあたって、教皇ニコラウス五世によってヨーロッパ全域にわたって派遣された教皇特使《レガート》は、ニコラウス・クザーヌスとスペイン人の枢機卿、ファン・デル・カルバハルの二人であった。カルバハルは、おそらく、フランス、スペイン、ポルトガルなどの教会を巡察したのであろう。

クザーヌスは、この一年半に及ぶ教会改革の旅で、深い失意を味あわざるを得なかった。一部の修道会士たちを除けば、むしろ、既成のローマ・カトリックの教会組織のなかの僧職者たちよりも、在俗の平信徒たちの方に期待せざるを得ない状況であったのだから。私の視点から見れば、前章来述べているような、旧来の《コミュニオン》の概念を疑わず、したがって、当然のことながら、その脱構築の必然性に想到することもない、僧職者たち――その代表的存在がほとんどの大司教たちである――は、聖餐の儀式を媒介《メディエイト》することによって、《神》と平信徒たちを仲介することができるという旧態依然たる《信》の構造に全面的に依存しつつ、日常生活の現実においては、腐敗と退廃の度を深めていたのである。ペーター・ブリックレの伝えるところによれば、一五〇六年にストラスブールの司教に叙任されたヴィルヘルム・フォン・ホンシュタインは、二十八年間の在任中に、ただの一度も説教をしなかった。また、マインツの大司教ディーター・フォン・イーゼンブルクにいたっては、一生のうちで、ただの一度しか聖餐式を司っていない。その一度とは、大司教に叙任された際に、やむをえず行なったものであった。

さらに驚くべきことは、代理司祭や助任司祭たち、具体的な司牧の実践の場にいる僧職者たちのなかには、聖書を読むことができない人間が少なからず存在したという事実である。ストラスブールとクーアの両司教区では、中世全体を通じて、神学博士の称号を有する司祭は、一人しかいなかった。一五〇〇年頃、あるドミニコ会士は、「自分が若かった頃には、大学を外からだけでも眺めたことのある聖職者は、身近かにひとりもいなかった」と述べている。このような教会組織の内面的崩壊は、論理的には、前章のヨハネス二二世の部分でも触れたように、《コミュニオン》の儀式のなかで、赤ワインがキリストの血液に、パンがその身体に、変化するという全質変化の概念が、カトリック教会の組織によって、担保され、いわば委任されているのであって、個々の聖職者の人格・教養には関係のないことがらであるという考え方から、ほとんど必然的に生成してきたものである。「連接」し「臨在」する《神》と人間とのあいだでは、《コミュニオン》は、それら両者の媒介として、当然至極に存在するルーティン・ワークであって、あらためてそこにおける《信》の存立根拠を問う必要がなかった。

クザーヌスの巡察旅行は、しかし、《神》と人間との関係を「離接」と「離在」のそれとしてとらえる枢機卿の教会改革の旅という、きわめて特殊な性格を有するものであった。

そして、一四五一年五月、クザーヌスの呼びかけに応えて、ベネディクト会の修道院長たち七〇名が、マインツで教会改革のための会議を開き、各修道院の図書室に、質の良い聖書を備えつけるという決議文をまとめ、クザーヌスのもとに提出した。まさしくこの頃、グーテンベルクは、マインツの実業家ヨハン・フストからの出資をもとに、ペーター・シェッファーを助手として、「四二行聖書」の印刷を試みていた。高宮利行は、その時期を、「おそらく一四五〇年頃に始まり、数年を要しただろう」としている。

さて、アルベルト・カプルによれば、クザーヌスの親友ピッコローミニは、一四五五年三月十二日、前出のスペイン人枢機卿カルバハルに宛てて、次のような手紙を出している。

フランクフルトで出会ったこの特筆すべき人物についてわたしが得た情報は、まったくの真実です。できあがった聖書全体を見たわけではないのですが、一帖が五枚でできたその部分を見たところ、本文にまったく誤りがなく、素晴らしい優雅さと正確さで印刷されております。台下［枢機卿への尊称］におかれましても何らの支障もなく、また眼鏡を使用することなく読めましょう。多くの伝聞から、一五八部が完成した由、もっとも、ある人物によれば一八〇部だったとか。実際の数については詳らかではありませんが、それらの完璧さについては疑いの余地がありません。台下がお望みと分っていれば、代理として一部購入できましたものを。

聖書の一部分は、すでに、当地の皇帝——神聖ローマ帝国皇帝フリードリッヒ三世、ピッコローミニは、この五五年に枢機卿となるが、その直前まで、シエナ司教であり、同時に、フリードリッヒの秘書であった——に送られました。完成した聖書が当地で販売されるようなことにでもなれば、努めて購入するようにいたします。しかしながら、遠距離という問題からも、また完成前にすでにこれらを購入したい人がいるという噂からも、これは無理ではないかと考えます。

台下がこの件に関して信頼すべき情報を得たいと考えていらっしゃることは、ペガサスよりも速い急使を頼んでこれをお知らせ下さったことからも推測申し上げます（後略）[31]。

現在では、「四二行聖書」の完成は、一四五五年であった、とされている。したがって、ピッコローミニは、すくなくともその見本刷りに、触れていたのであろう。そして、彼の言及している「特筆すべき人物」がフストであったとすれば、彼は、完成もしくは完成直前の「四二行聖書」の販売活動に、精を出していたのであろう。ところが、カプルは、この人物がグーテンベルク自身であり、グーテンベルクはクザーヌスに会うためにフランクフルトに出かけたのであろう、と述べているのである。このあたりの詳細については研究の進展を待つほかないけれども、クザーヌスは、第一に、オスマン・トルコとの闘いに際して、「神の業」として印刷術を歓迎していたのであり、第二に、前章で述べたように、イタリアにおける活版印刷術の黎明に立ち会っていたのであり、第三に、教会改革の必須の要件として「良質の聖書」を求め、前出のベネディクト会修道院の決議のように、いわば、グーテンベルクの「四二行聖書」のための市場とニーズを形成するのに、大きく貢献していたことを考えあわせると、カプルの所説はきわめて興味深い。高宮利行は、「一八〇部印刷された『四二行聖書』のうち、現存部数が四八部だというのは、他の書物に比較して、たいした現存率だといえよう。多くがドイツの修道院に収蔵されていたからかもしれない」と、述べている。私は、クザーヌスが一縷の望みをかけていた前出のベネディクト会、そしてシトー会、アウグスティノ会、カルトゥジオ会などの修道士たち、「共同生活兄弟会」の世俗信徒たちの姿を、想起せずにはいられない。

私は、この中期クザーヌスの段階において、《記号》とコミュニケーションにみずからの「主体」的力能をかける近代的認識主体の論理的結構が、ほぼ、提起されていると考える。それは、別言すれば、『学識ある無知』

の主体——Idiota三部作の「貧しい無学者」——を、《記号》を操作し、コミュニケーションを通じて社会関係を構築して行く「主体」として、純化し、具体化する作業である。

この作業は、実は、Idiota三部作に先行するDe Deo abscondito, De quaerendo Deum, De filiatione Dei（一四四五年）という「もうひとつの三部作」のなかで展開されており、最終的に、後期クザーヌスのもっとも重要な著作De possest（一四六〇年）において、理論的な集大成を与えられているものである。

De Deo abscondito『隠れたる神についての対話』は、言うまでもなく、「イザヤ書」四五—一五、Vere tu es Deus absconditus, Deus Israel, salvator,「イスラエルの神、救主よ、まことに、あなたは、隠れたる神である」をふまえている。これは、形式上は「異教徒」と「キリスト教徒」との対話というかたちをとっているが、内容的には、これまでくりかえし言及して来た《マクロ・コスモス》としての《神》と《ミクロ・コスモス》としての人間とを、「離在」・「離接」の無限の隔たりにおいてとらえながら、なお、両者を相関と牽引《けんいん》のうちに関連づけ、この関連のなかでの「記号から真理へ」（ex signo ad veritatem）の方途を追究する著作である。

クザーヌスは、次のような対話から、出発する。(32)

異教徒　人間が、「自分が知らないもの」id quod ignorat へと動かされるのは、奇妙なことだと私は思います。

キリスト教徒　人間が、「自分が知っていると思っているもの」id, quod se scire putat へと動かされるのは、もっと奇妙なことです。

異教徒　これはまた、どうしてでしょう。

キリスト教徒　なぜなら、かれ（人間）は、「自分が知っていると思っているもの」hoc quod se scire putat

を「自分が無知であることを自分が知っている、というまさにこのこと」id quod se scit ignorare よりも、いっそう、すくなくしか知らないからなのです。

クザーヌスは、「一」性と「多」性・「他」性の数論を前提として、「多」と「他」の地平の現象と事物を知る「識別的な理性」(ratio discretiva) の領域を、「一」性 (unitas) に接近して行く知性の領域と区別する。そして、まず、前者の領域が「多」と「他」の、それぞれの差異性に対応する区別と名称 (Nomen) の領域であり、後者が visio へと導かれる領域である、とされる。

ここで、私たちが注目しなければならないのは、クザーヌスの次のような議論である。

……「神」Deus は、theoro ($\theta\varepsilon\omega\rho\tilde{\omega}$) すなわち、「わたくしは見る」という動詞から来ている、と言われています。なぜなら、神自体は、いわば色の領域における視覚 visus として、われわれの領域のうちに in nostra regione 存するからです。というのは、色は、視覚による以外の仕方では到達され得ませんし、また、視覚があらゆる色に自由に到達し得るために、視覚の中枢 centrum visus は色をもたないで存しているからです。(中略) しかし、視覚は、識別によって per discretionem、どんな色にも名称を与えます。したがって、色の領域においては、如何なる名称付与 nominatio も視覚に依存するけれども、すべての名称が依存するところのそれ——視覚——の名称は、「あるもの」aliquid であるよりも、むしろ、「無——非存在——」nihil であると、とらえられるのです。それゆえ、視覚が可視的なものたち visibilia に関わり合うような仕方で、神は万物に関わり合っているのです。(33)

クザーヌスは、ソクラテス、アウグスティヌスおよび偽ディオニシウス・アレオパギタから「学識ある無知」の視座を引きつぎながら、こうして、遠く「離在」する《神》と人間とを、《マクロ・コスモス》と《ミクロ・コスモス》とを存在論的に通底するもの——相等性であり、類似であるもの——によって結びつけ、人間のうちに、言わば、「隠れたる神」からの potenzen として、視覚の能力——それは、やがて、visio へと導かれる知性の力へと上向する——を措定する。

クザーヌスは、さらに、de quaerendo Deum『神の探求について』のなかで、「神の名称の根拠」nominis dei ratio を問い、それを、「内なる人」(interior homo) の知性的な上昇 intellectualis ascensus へと結びつける。彼は、前出の《神》の概念Deusとギリシァ語の「テオス」theos (θεος) との結びつきを、エピクロス派やストア派の哲学者たちのアテネ、アレオパゴスにおける議論にたどり、「言表すること effari は、内的な概念 conceptus intrinsecus を、音声的な、あるいは他の形態的な『記号』signa によって、外に向けて言うこと ad extra fari である」と述べる。

ここで、クザーヌスは、《記号》とコミュニケーションの「主体」としての近代的人間像の成立に、大きな一歩の前進を示すのである。周知のように、アリストテレスは、『命題論』のなかで、「言葉」voces とは「知性においてとらえられた観念の記号」signa intellectuum であるとし、この》signa intellectuum《が、さらに、「事物の似姿」rerum similitudines にほかならない、と述べていた。また、言葉が、このように、事物を表示 significare するものであり、言葉が事物に対して言及 (referri) されるべく媒介《メディエイト》される過程こそが「知性における観念の形成」conceptio intellectus のそれであることは、トマス・アクィナスが『神学大全』において、述べていたところである。

クザーヌスは、さらに一歩を進め、「内的人間」(interior homo)の感覚と知覚の能力をガレノスの「自然的人間」のそれにまで具体化し、《光》――それは、もともと、「恩寵の光」であり、ローマ・カトリックの《神》の気息の象徴であった――と視覚との関係を、ロバート・グローステストの影響の下に、光学的・自然科学的に説明しようと試みるのである。

クザーヌスは、まず、「こうして、それを介して神が、視覚visus、聴覚auditus、味覚gustus、触覚tactus、嗅覚odoratus、言語能力affatus、感覚――共通感覚――sensus、理性ratioおよび知性intellectusをすべて超えるものとして見出されるところのこの道の上を、あなたは走り得るであろう」としたうえで、「比較され得ない高さによって、知性的な本性(intelletualis natura)は、すでに言及されたすべての王国(前途の感覚諸領域)を超えたところに、その王国を選んでいる。(中略)というのは、かれのうちには、他のもろもろの王国のうちでは、不完全な仕方で、みずからの外にextra se、影umbraすなわち似像(imago)において見出されるばかりではなく、比較されることも比をもつこともない離隔distantia incomparabilis et improportionalisによって、縮限contrahereされて見出されるところのものが、すべて、充満complementumにおいて、みずからにおいて神的に、超善的にsuperoptime存するからである」[34]と主張する。

《マクロ・コスモス》としての《神》は、今や、遠く「離在」(disjunction)の関係に立ちながら、《ミクロ・コスモス》としての人間の認識能力の根拠のうちに、みずからへのvisioというかたちで、「第二の神」(secundus Deus)の力を与える。

クザーヌスは、次のように述べている。「われわれの『見ること』visioは、大脳の頂点――動物の気息spiritus animalisの座――から、視覚管opticae venaeを通って、眼という器官へと下降する或る明るく澄みわたった気息spiritus――視作用の気息spiritus visionis――と、みずからの似姿の形象species similitudinis

をそれ――眼という器官――へと多重化する multiplicare 色のある対象 obiectum coloratum とから、外部の光の協働のもとに生み出される」[35]。

大出　哲によれば、アリストテレスの場合には心臓が神経系統の中枢とされているのであり、この述言のように、それを脳にもとめるのは、クザーヌスの医学的知識の源泉のひとつであったガレノスの影響によるものである。

さらに、クザーヌスは、こう主張する。「色が光 lumen のなかに存するのは、いわば他なるもの aliud ――色とは別なもの――のうちにではなくて、いわばみずからの始源 principium のうちに存することなのである。なぜなら、色は、われわれが虹において経験するように、透明体 diaphanum における光の限界づけ (terminus lucis) にほかならないからである」[36]。A・C・クロムビーも指摘しているように、ここには、「ヴィア・モデルナ」の泰斗、ロバート・グローステストの光学理論の視点が反映されている。

このように、クザーヌスの所論において、《ミクロ・コスモス》としての人間の「内なる人間」(interior homo) は、認識能力の基底をもとめて、自然学的に深められ、いわば「内なる自然」(internal nature) として具体化されて来ている。ここから上向して《記号》とコミュニケーションによって社会関係を構築して行く人間の「知性的な本性」(intellectualis natura) は、一方において、「第二の神」として、「離在」・「離接」の涯ての《神》からの力でありながら、他方、文字通り、人間的自然 (human nature) の経験科学的地平からの「人間的・自然的諸力」によって生み出される「知性的な自然」(intellectualis natura) の力である。《ミクロ・コスモス》としての人間は、こうして、クザーヌスの視座における「デヴォーチオ・モデルナ」と「ヴィア・モデルナ」の融合によって、言ってみれば、最初期の De concordantia catholica の自然法の視点を、『学識ある無知』の「主体」の存立根拠の解明の途を通じて、その「主体」の自然権的根拠の一歩手前のところにまで、具体化して来たのである。

クザーヌスは、さらに、De filiatione Dei『神の子であることについて』のなかで、次のように言う。「この世界においては、人間の心や精神や知性がいかに高く、また卓越したものであっても、縮限された様式でなくては、何もその中に入ることはできません。ですから、喜び、歓喜、真理、本質、力、自己直観、また他の如何なるものの概念も、この制限的様式を免れることはできません。この制限的様式は、個々のものにおいて異なっており、この世界の状況に応じて、われわれの表現像へと引き入れられるのです。私たちがこの世界から自由になった時には、この知性を暗くする様式からも解放されます。すなわち、私たちの知性は、この妨げとなる様式から自由になり、自己の知性的光によって、自己の幸福である神の生命に到達し、その生命の中で、感覚的世界の縮限された記号（aenigma）なしにも、真理の直観に高められるのです[37]」。

私は、クザーヌスのこのような述言のうちに、ダンテの『神曲』と響き合うものを感じ、ピコ・デッラ・ミランドラやフィチーノたちの視座への重なりを見る。

かつて、「デヴォーチオ・モデルナ」の流れのなかのクザーヌスの先輩であるエックハルトは、次のように、述べていた。

Communicatur enim nobis esse divinuum, cum summus filii dei.

私たちは、私たちが神の子である時に、私たちと神的存在とのコミュニケーションをもつことができる。

クザーヌスは、「学識ある無知」の主体——あの「貧しい無学者」——が、まず、《記号》の重層構造を構成

クザーヌスの基本的シェーマ

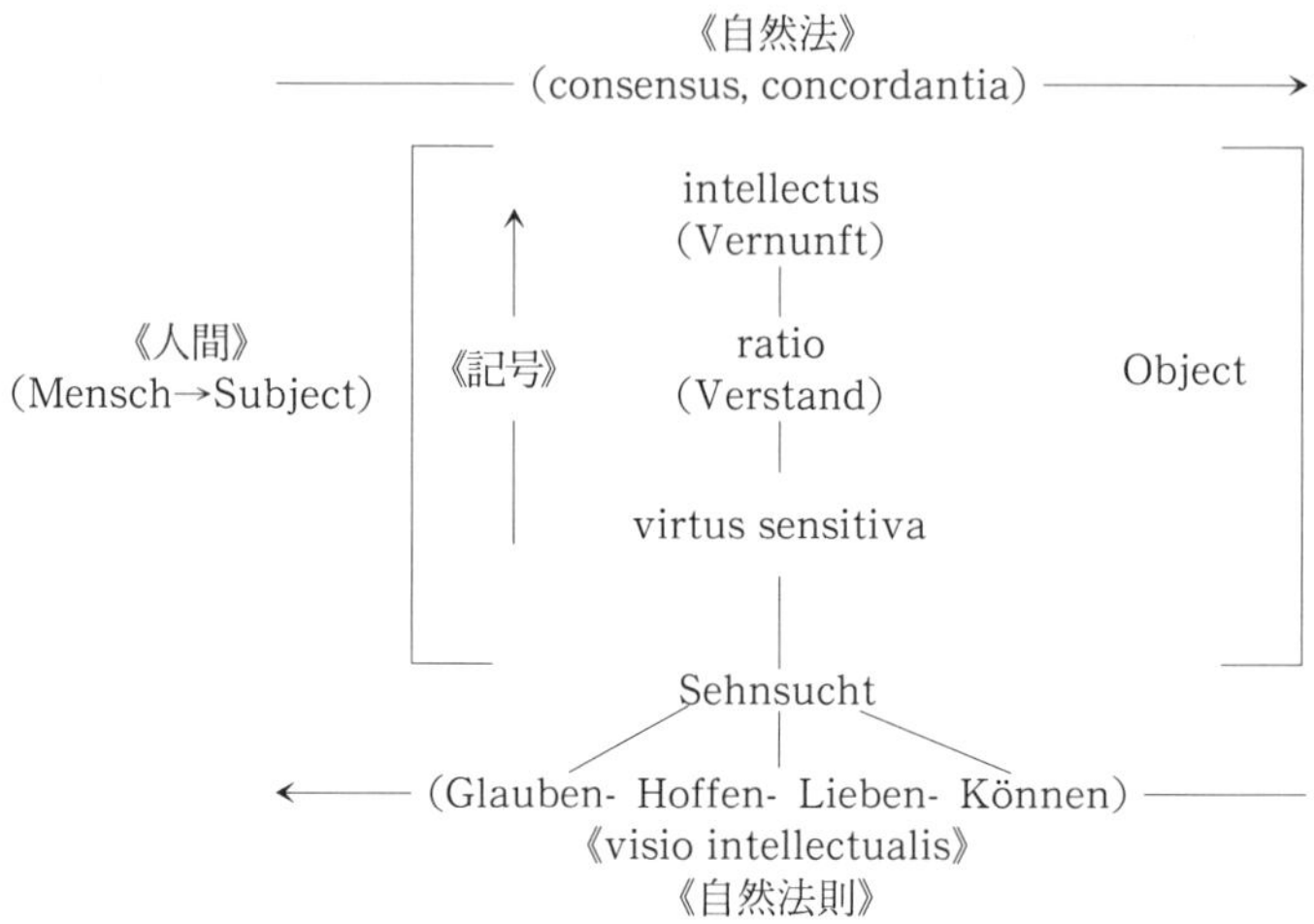

して行く「主体」――すなわち、conjectural art を構築する人間――としてあらわれ、次いで、そのようなコミュニケーション主体の知性的認識の存在論的根拠を、まさしくこの《マクロ・コスモス》としての《神》と《ミクロ・コスモス》としての人間とのコミュニケーション――それは、前述したような意味での visio によって根拠づけられた、《コミュニオン》の再獲得にほかならない――に求めることができると、主張しているのである。そして、このような《マクロ・コスモス》としての《神》と《ミクロ・コスモス》としての人間とのあいだのコミュニケーションを日々に確証しながら、今度は、《ミクロ・コスモス》としての人間相互のあいだに、人間と人間とのあいだに、《記号》によって媒介されたコミュニケーションの重層する社会関係が構築されて行く時、そこに、「近代社会」（モデルナ）が生成しはじめるのである。

私は、これまで検討して来たクザーヌスの視座は、上のようなシェーマにまとめることができる、と思う。最初期の De concordantia catholica において、「三教皇鼎立」のような異常事態を克服してカトリック教会組織の再統合を獲得するために、自然法的な視点から、人びとのあいだの《consensus》の形成の方途が追究されていた。しかし、その自然法は、スコラ哲学の伝統的なそれであり、言わばDivine Lawとしての自然法であった。初期クザーヌスから中期クザーヌスへの思想の展開のなかで、むしろ、《マクロ・コスモス》としての《神》と《ミクロ・コスモス》としての人間とは、そのように直結しているもの、直接的に包含されているものではなくて、はるかに遠く――無限の彼方に――「離在」し、「離接」させられることとなった。《神》は、それ自体としては、「隠れたる神」にほかならないのであり、私たち人間の眼前には、その縮限された、無限の運動の総体――すなわち、「世界という機械」(machina mundi, machina mundana)であり、自然法則の具体的に展開する無数の「Object」の体系――が横たわるばかりである。そして、私たちは、まさしく、「近代的な」(モデルナ)認識の「主体」(Subject)として、このような「客体」の体系、「対象」世界を、《記号》の力によってとらえ、コミュニケーションにもとづく「人為的世界」――The Conjectural Art の領域――を、そこから、文字通り「主体的に」構築して行くことになる。

さて、記号(signum)とは、アウグスティヌスによれば、res praeter speciem, quam ingerit sensibus, aliud aliquid ex se faciens in cogitationem venire「それがさまざまな感覚のうちにもちこむ像のほかに、何かそれとは他のものを、それ自身によって認識のなかへともたらすもの」である。

また、オッカムは、次のように、述べていた。

…pro omni illo quod apprehensum aliquid aliud fait in cognitionem venire, quamvis non faciat menten venire in primam cognitionem eius, […] sed in actualem post habitualem eiusdem.

(記号とは)第一に、それが認識へともたらされた時、それ以外の何ものかを認識にもたらすすべてのものである。ただし、精神を、そのものの第一次的認識へではなくて、すでに修得されて知られているものの現実的認識へともたらすもの、のことである。

私たちは、ここで、アウグスティヌスが「自然的記号」(signa naturalia) と「意志的記号」(signa data) を区別し、オッカムが「規約によって設定された項辞 (terminus)」と「自然的に表示作用をする項辞」とを区別していたことを、想起することができるであろう。

オッカムは、前述のように、「ヴィア・モデルナ」の基盤としての唯名論 (ノミナリズム) の代表者のひとりであったから、このような記号や名辞への着目は、ある意味で、当然の推移であった。

そこでは、すでに、次頁のようなシューマが前提されていた。

4　クザーヌスと《近代》的世界像

クザーヌスは、後期の著作 Compendium のなかで、《記号》を、「可感的記号」(signa sensibilia) と「言語記号」(verbum) とに、区分している。前者は、ほぼ、自然的記号の概念とかさなるであろう。クザーヌスによれば、客観的実在である「もの」(res) は、認識の対象 (Object) として、まず、諸感覚によって受容され、それら諸感覚の特性に対応した感覚像として、描き出される。《記号》(signum) とは、クザーヌスにおいて、このような感覚の受容能力によって描き、整えられた対象像 (res designate) なのである。彼は、このように言う。

オッカムの記号の分類（清水哲郎『オッカムの言語哲学』より）

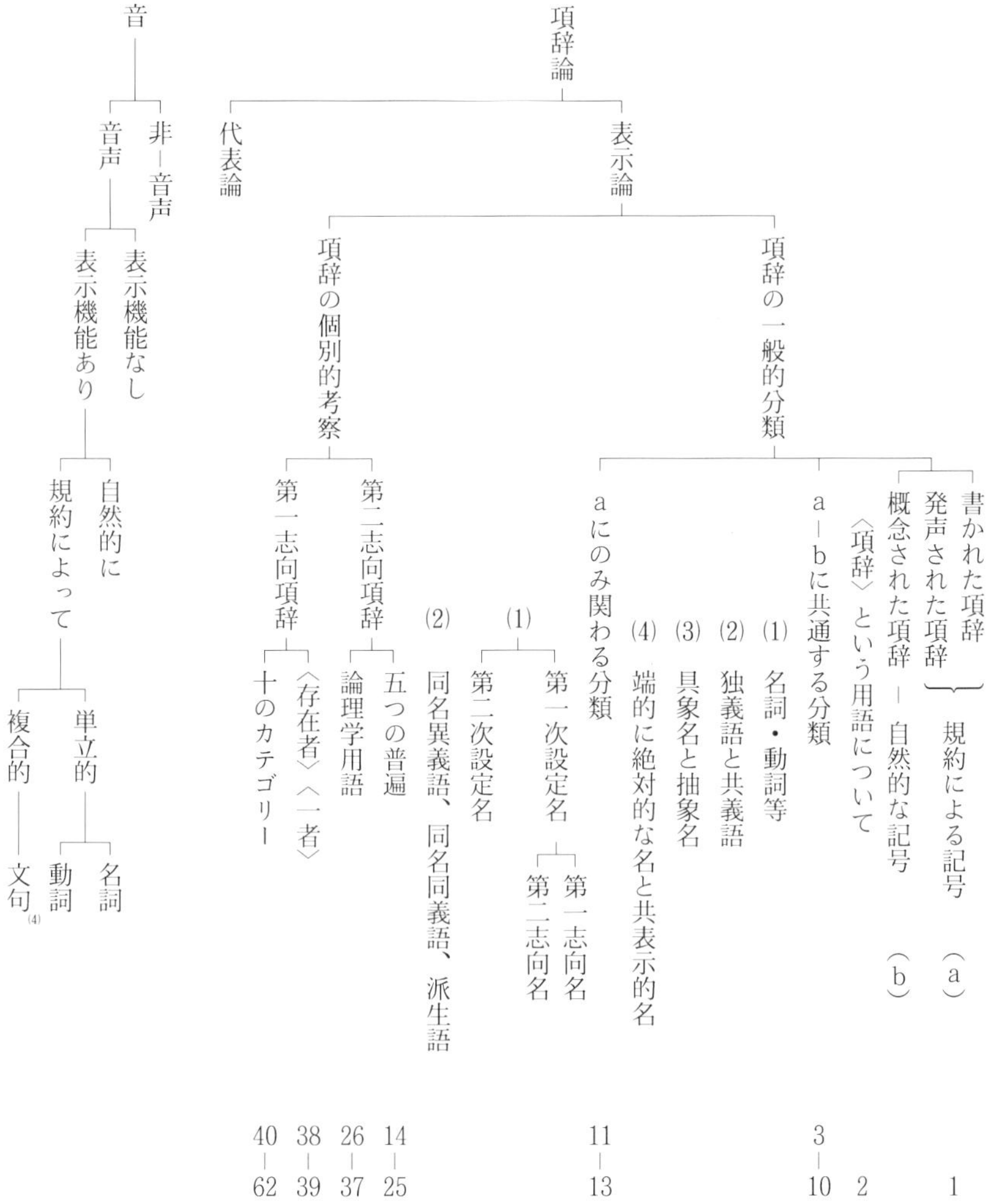
音
非‐音声
音声
表示機能なし
表示機能あり
自然的に
規約によって
単立的
複合的
名詞
動詞
文句(4)
項辞論
代表論
表示論
項辞の個別的考察
項辞の一般的分類
第二志向項辞
第一志向項辞
五つの普遍
論理学用語
〈存在者〉〈一者〉
十のカテゴリー
aにのみ関わる分類
(1)
第一次設定名
第一志向名
第二志向名
第二次設定名
(2)
同名異義語、同名同義語、派生語
a－bに共通する分類
(1) 名詞・動詞等
(2) 独義語と共義語
(3) 具象名と抽象名
(4) 端的に絶対的な名と共表示的名
〈項辞〉という用語について
書かれた項辞
発声された項辞
概念された項辞
規約による記号（a）
自然的な記号（b）
40－62
38－39
26－37
14－25
11－13
3－10
2
1

Signa igitur naturalia species sunt singularium signatorum.
自然的記号とは、したがって、signum化された個物の象なのである。

こうして、クザーヌスの「可感的記号」という名の自然的記号が、《formae informantes》として、対象(Object)の感覚像であるのに対して、「言語」(verbum)は、signa instituta「秩序立てられた記号」――それは、コード化された記号であり、クザーヌスにおいて、発話された言葉と同時に、書かれた言葉をも、意味している――として、《forma formantes》である。ここでは、プラトン以来の「形相」の概念が、認識「主体」としての人間の「形成する行為」(formatio)として、よりダイナミックにとらえられている。そして、クザーヌスは、「『言語』は、精神みずからの自己開示である」と、主張するのである。

今や、「世界という機械」の具体化された――縮限された――運動の領域である客体世界――modus essendi――は、「可感的記号」と「言語記号」とによって媒介《メディエート》されて、私たち人間の modus cognoscendi「認識の様相・様態」の内側へと運ばれ、そこにおいて、今度は、人間の側の「主体」的構成の領域として、The Conjectural Art――それは、単に「芸術」の世界を示すのみならず、人為の領域として、「市民社会」としての近代の社会諸関係の重層構造そのものを意味する――を生み出す。

「可感的記号」は、感覚知覚によって得られた外界の「客体」(Objectであり、res)の認知された像をratio(Verstand)――クザーヌスはmotu rationis impositumと言う――の地平へとはこび、そこにおいて、比較・分類・差異の識別を通じて、「もの」に「名称」を付与する。すなわち、entia rationisとしての「種」(species)と「類」(genera)の概念の成立である。分析的認識能力としてのratio(Verstand)の活動によって、「もの」の感覚知覚像は、そのformaへと、上向させられている。そこには、確かに、「もの」の背後にある

materia の運動を通して、《神》の展開と縮限としての自然法則の運動が、照りかえしている。そして、「言語記号」は、これら「種」と「類」の地平において、vocabulum, terminus の網の目のテクスチャーを通して、概念（idea）を生成させ、私たち人間の認識を、intellectus（Vernunft）へと導く。クザーヌスは、《マクロ・コスモス》としての《神》と《ミクロ・コスモス》としての人間との存在論的に通底するもの――前掲のシェーマにおけるSehnsucht に示されている visio intellectualis の、人間的自然 humana naturalis への内在化――を追究して、結果として、プラトンの「形相」を Divine Law としての自然法によって根拠づけるのではなくて、それを、文字通りの Natural Law としての自然権的認識能力によって根拠づける方途の可能性を、明らかにしているのである。

後期クザーヌスのもっとも重要な著作 De possest、正確には Trialogus de possest『可能現実存在について の三人の対話』（一四六〇年）は、不思議な書物である。ここには、初期の『学識ある無知』、中期の『隠れたる神』、そして強いて言えば De visione Dei（一四五三年）の、クザーヌスの思想がすべて凝縮され、一段と抽象化されたかたちで、静かな叫びのように語られているが、この書物が刊行された同じ一四六〇年、クザーヌスは、ザルツブルクの Kanzler ベルンハルト・フォン・クライブルク宛の手紙のなかで、次のように述べているのである。

私は、深い悲しみをいだきつつ、確信をもって以下のことを書くのです。すなわち、教皇領は、その内部が割れていて、私のさまざまな提案によって何かを変えられるような希望は皆無であり、したがって完全に解体せざるを得ない、と。なぜなら、私の提案を受け取るのが私に敵対する人びとであり、そして、私には、だれも自分の利益しか求めていないということが、判っているからなのです[38]。

前章で詳しく述べて来たように、この頃、クザーヌスは、チロル、ブリークセンの司教として、オーストリア大公ジギスムントをはじめとする世俗権力との軋轢に悩まされ、一敗地にまみれていた。パドヴァ大学以来のクザーヌスの親しい友人であった教皇ピウス二世――エネア・シルヴィウス・ピッコローミニ――は、クザーヌスを窮地から救い出すために、一四五九年一月、彼を「教皇特使兼臨時司教総代理」(Generalvikar in temporalibus) に任命し、ローマに呼び戻した。ピウス二世は、クザーヌスをローマ教皇領における筆頭司教総代理に位置づけるとともに、ローマ・カトリックの教会組織を改革する任務（「全面改革」Generalreform）を委ねたのである。

しかし、クザーヌスは、かつての西北ヨーロッパ全域の巡察旅行の頃から、一部の修道院およびそれに付随する平信徒たちの活動を除けば、教会組織一般の堕落と腐敗にはほとんど絶望していたのであり、今回、彼が提起した教会改革案の直接の当事者である枢機卿たちは、すでに、その実質において、それぞれの国民国家の利害に結びついた「国民枢機卿」(Nationalkardinal) に転化していたのであった。

したがって、この『可能現実存在』という書物は、一方において、『学識ある無知』第三部の「信仰論」を、その後の『隠れたる神』および De visione Dei の《マクロ・コスモス》としての《神》と《ミクロ・コスモス》としての人間の「離在」・「離接」しながらも、はるか遠く、無限の彼方に隔てられながら、かえってそれだからこそ、人間はみずからの visio において《神》からの存在論的に通底する絆を獲得することができるという理論的・実践的な可能性を論証する作業の到達点を示すのであり、端的に言えば、思想としての――教会組織としてのローマ・カトリックの現実態ではなくて――《キリスト教》を救済しようとする書物である。

他方、この書物は、『学識ある無知』第一部、第二部の認識論的・存在論的基底を、さらに深め、前述のように、著しく抽象度を高めた《ヴィア・モデルナ》の視座の凝縮された表現を与え、自然の法則性の展開する場としての「世界という機械」(machina mundus) の内容を《運動》(motus) によってとらえる視点を、強く鮮明にうち出している。

クザーヌスは、本書の冒頭から、「創造する力」virtus creativa について語り、世界の創造という行為を通じての a creatura mundi『隠れたる神』の展開と顕現を、主題とする。「世界は、《見えない神の現われ》invisibilis dei apparitio である」[39]。

私は、前掲のシェーマのなかで、クザーヌスの視座のなかでの伝統的自然法の考え方から《自然法則》の視点への移行を述べたが、ここでは、さらに、《神》の創造能力 (potentia creativa) の縮限と具体化としての「客体」(Object) と「主体」(Subject) の領域が、《神》そのものの無限の彼方への退行によって、言わば「客体」と「主体」のパラレリズムとしてズームアップ (図化) され、しかも、私たち「主体」としての人間の内部に、《神》からの存在論的紐帯として、「第二の神」としての「主体的」能力が措定されていることに、注目したい。

クザーヌスは、前者の「客体」の領域を、まさしく「可能現実存在」possest の具体化としての運動の領域としてとらえ、しかも、同時に、そのような運動を認識する後者の「主体」の内側にも、同様にして、さまざまな表象像 phantasma とそれらを操作し、駆使する表象力 —— phantasia, imaginatio —— を通じての「意味作用」(significatum) の運動を見出すのであり、これこそが、《記号》を通じての virtus sensitiva → ratio → intellectus という認識の「上向」過程の論理の出発点となるのである。

クザーヌスは、次のように言う。

「'est'『存在する』ということは、'actu est'『現実に存在する』ということですから、'posse esse'『可能が現に存在すること』は、'posse esse actu'『可能が現実に存在すること』と同じだけの意味を表示しています。すなわち、それは'possest'『可能現実存在』とよばれてよいでしょう[40]」。ここには、『出エジプト記』の「わたくしは、現に存在しているところの私である」(三・一四)、あるいは「彼――神――は、現に存在しているところのものである」(ipse est qui est)の検討が前提され、内包されているのであるが、私は、それらの経緯のうちには入らないで、クザーヌスの主張するところを追って行くことにしたい。

彼は、かつて'me absque hesitatione asserere omnes humanas artes imagines quasdem esse infinitae et divinae artis'「あらゆる人間の技能は、無限な神の技能の或る似姿である、とわたくしはためらうことなく主張する」と述べたが、本書でも、「人間の技能」(humana ars)を、「神の技能」(ars divina)との類同性において――《神》からの存在論的な絆の「主体」内化として――とらえる。《マクロ・コスモス》としての《神》はいうまでもなく、『創世記』における天地創造の「創造主」として、「反対・対立の一致」であり、今、「可能現実存在」として、あらゆる運動の根源である。そして、クザーヌスによれば、人間もまた、「被成可能」(posse fieri)の客体でありつつ、「作成可能」(posse facere)の「主体」なのである。

クザーヌスは、このように言う。「さて、わたくしは、運動に注目してみます。というのは、わたくしは、運動の本質の中に、(1)まず《可能》を見出し、次いで、(2)可能から現実態actusが生み出され、これら両者から、《可能そのものと現実態との結合である運動》movereが進み出るのを、見るからです[41]」。こうして、「客体」(Object)の領域は、運動のそれであり、そのようなものとして、「存在の必然性」essendi necessitasに貫かれている。『学識ある無知』第二部の存在論の視座は、今や、ガリレイとデカルトのそれに、踵を接しているかのようである。

さて、私は、次のようなクザーヌスの述言を、きわめて重要であると思う。

Ars creativa, quam felix anima assequenter, non est ars illa per essentiam, quae deus est, sed illius artis communicatio et participatio.

「恵みを受けた魂が獲得する創造的な技能は、本質的に神であるあの技能ではなくて、その技能にコミュニケートし、それに参入することによって、それを分有している技能である」[42]。前掲のシェーマに即して言えば、私たち人間は、《visio intellectualis》を通じて、《神》の divine ars とコミュニケートし、それへの参与・参入の結果としての、その divine ars の分有に支えられて、《記号》とコミュニケーションの「主体」となるのである。

クザーヌスによれば、第一に、「感覚」sensus は、質料のレベルでの「もの」（res）を、その「多」性・「他」性において把握する「魂の力」vis animae である。そして、第二に、「表象力」imaginatio は、質料の運動を、「形相」（formae）、「図像」（figurae）および「似像」（imago）の地平において把握する「魂の力」である。第三に、「理性」ratio ―― 実質的には「悟性」・「理解力」―― が、クザーヌスの言葉を用いて言えば、「自分を動かす特性」sui agilitas によって、みずからを運動させること ―― 比較・分類・区別 ―― によって、「種」的に、もしくは「類」的に、さまざまな質料とそれらの運動が分有する「形相」そのものを抽出し、抽象する。第四に、「知解力」intelligentia ―― それは、時に、「学的把握力」disciplina と呼ばれる ―― は、さまざまな「形相」それ自体の個々の性質とその固有性を、前述のような質料の運動の地平からの抽象において ―― すなわち「離在」において ―― 把握する。たとえば、「円」は、それが「中心から円周へと引かれるすべての線分が等しい」という形相において把握されている時、個々の具体的な「円」の質料や運動とは、地平を異にしている。

クザーヌスは、さらに、第五として、「単純知解力」intelligibilitas という「魂の力」を提起する。クザーヌスの言葉をそのまま用いて言えば、これは、さまざまな形相から、それらを相互に区分している境界すべてを排除し、取り去って、そこからすべての「他」性、「多」性を駆逐し、「存在性」entiaとしての単純な合一（simplex unio）を見出す「魂の力」である。ここにおいて、「存在性」とは可能現実存在そのものの性格であり、すべての運動の可能性を「包含的」にcomplicite有しており、それを無限の「多」性、「他」性へと展開するexplico運動の根源として、単純な「一」性である。

誤解のないように言い添えておくならば、「魂の力」vis animaeという言い方は、クザーヌスの思想のなかの、前述のような意味での信仰論、もしくは《神》、キリスト、聖霊の「三一性」論、との関連のなかでAnimaという名称が用いられているけれども、認識論の論理構造としては、それは、前述のように、五つの感覚知覚に対応するところの「五つの部分に分かれている大脳」（cerebrum quinquepartitum）から進み出る諸脈管から生成する「感覚」sensusから、文字通り、自然的に生成する運動の力である。クザーヌスは、「表象力」の活動も、「表象室」（phantastica cella）の気息spiritusの運動によって、説明している。また、「理性」のレベルでは、「理性の運動」そのものがAnimaの内容なのである。

こうして、《マクロ・コスモス》としての《神》が、「可能現実存在」の運動の根源・根拠として、みずからは「隠れたる神」でありつつ、「作用因」（causa efficiens）、「目的因」（causa finalis）ならびに「形相因」（causa formalis）としてあらわれる時、人間は、《ミクロ・コスモス》として、遠く《神》からのvisio intellectualisによって存在論的に支えられながら、みずから《記号》を操作・駆使し、コミュニケーションを通じて社会関係を構成して行く「主体」として、「運動」motusの担い手であり、「力」virtusの「主体」なのである。

クザーヌスは、De visione Deiのなかで、Absolute Sight encompassess all modes of seeing —— Visus absolutus complecitur omnes modos ——（第二章）とし、God is seen beyond the coincidence of contradictories, and His seeing is His being —— Quomodo videtur deus ultra coincidentiam contradictoriorum, et quomodo videre est esse ――（第十章）と述べ、Jesus is the union of God and man ―― Quod Ihesus unio dei et hominis ――（第十九章）、How Jesus is understood to be the uniting of the divine nature and the human nature ―― Quomodo intelligitur Ihesus copulatio divinae et humanae naturae ――（第二十章）と主張している。(43) したがって、《記号》とコミュニケーションの「主体」としての「ヴィア・モデルナ」の認識論的基礎は、visio ―― それは人間の側の visio intellectualis と《神》の側の visus absolutus とのcommunicatio であった ―― の地平を通じて、《マクロ・コスモス》としての《神》と《ミクロ・コスモス》としての人間とのあいだの存在論的に通底するもの ―― クザーヌスにおいて、それは、まさしく《unio dei et hominis》としてのイエス・キリストによって担保されるものであった ―― への《信》という「デヴォーチオ・モデルナ」の存在論的かつ信仰論的基礎によって裏付けられ、裏打ちされることを通して、確立されている。

そして、すくなくとも認識論の論理構造に関するかぎり、クザーヌスのそれは、二〇〇年後のジョン・ロック『人間知性論』のそれと、ほとんど同じ骨格をもつに至っている。アレクサンドル・コイレは、ロックとニュートンが、もはや、《神》、その子としてのイエス・キリストおよび聖霊という「三一性」――三位一体性――の教説を斥けていた、と述べている。この点については、私自身、ジョン・ロックのコミュニケーション理論の検討のなかで――とくにロックの『キリスト教の合理性』および『宗教寛容論』との関連において――明らかにして行きたい。

私は、前掲のシェーマのなかで、《神》が無限に退いて行き、クザーヌスみずから「肯定神学」的にはその存在を弁証することができず、もっぱら「否定神学」の観点から、その「力」・「はたらき」を主張していた点を、重要なことと考えたい。クザーヌスが《記号》とコミュニケーションの「主体」の認識論的能力の根底に置いていたものは、その実質において、ソシュールの「ランガージュ能力」、ハーバーマスの「コミュニケーション能力」と同一のものである。そして、ジョン・ロック以後、パース、ソシュールからロバート・マートン、ハーバーマスを経て、今日の私たち自身のそれに至るコミュニケーション理論の展開は、端的に、《神》を喪失し、《神》の不在のままに、コミュニケーション主体としての近代的人間の「主体的力能」を根拠づけようとする努力の歴史である。

人間は、《マクロ・コスモス》としての《神》とのあいだの visio intellectualis という存在論的紐帯を喪失してしまった後にも、みずから、《ミクロ・コスモス》として、コミュニケーション主体としての「主体的能力」を確保することができるのであろうか？　私は、前にも述べたように、神を信ずることができない人間である。したがって、前掲のシェーマに即して言えば、私たち人間の眼前には、自然の諸法則性の展開としてのさまざまな地平での運動の連鎖が存在するばかりであって、それら運動の根源に《神》が存在するか否かと問われれば、私自身は、「それは判らない」としか答えられない。しかもなお、五〇〇年を経て、メルロ－ポンティは、人間の存在論的根拠を Je peu —— I can —— という規定に求めていた。《神》なしに「可能現実存在」としての人間の認識論的・存在論的根拠づけは如何にして可能であるか、私たちは、逆に、クザーヌスからこのように重く問いかけられることとなるであろう。

ニコラウス・クザーヌスは、一四〇一年に生まれ、一四六四年八月十一日に死去した。時代は、文字通り、「十五世紀」(Quatrocento) であり、ブルクハルト『イタリア・ルネサンスの文化——一試論——』(Die Kultur der Renaissance in Italien, Ein Versuch、一八六〇年) およびホイジンガ『中世の秋』(Herfsttij der Middeleeuwen、一九一九年) の主要な対象とされている時代である。ブルクハルトは、前章でも言及したように、その書物のなかで、アエネアス・シルヴィウス・ピッコローミニ——すなわち教皇ピウス二世——に強い親近感を寄せ、二〇個所で、ピウス二世に言及している。これは、ダンテの二三回に次ぎ、ペトラルカの十七回を凌ぐ数字である。しかし、クザーヌスの名前は、まったく登場しないのであり、ブルクハルトによって、完全に黙殺されている。このことは、ひとつには、ブルクハルトのこの書物がピッコローミニの Pii II, Comment『備忘録』に大きく依拠していることに、由るであろう。しかし、より大きな事実として、ブルクハルトの'Cicerone'――その本来の意味では「名所・旧跡の案内」である――の方法によっては、クザーヌスの思想の内部での世界像の転換をとらえることができず、時代の移り行きの、表層の断片的な事実をいやというほど辿りながら、その背後での認識論的・存在論的基礎の《構造的転換》が把握されていないのである。

ホイジンガは、『中世の秋』のなかで、クザーヌスに六回言及し、ドニ・ル・シャルトルー（ディオニシウス・カルトゥジウス）に三九回触れている。十三章「信仰生活のさまざま」では、それなりに、「デヴォーチオ・モデルナ」の展開に言及されており、とくに、十五章における「象徴主義」（Symbolisme）の部分は、当代の想像力の展開と言語、記号とその結びつきを考える上で、示唆に富む部分を含んでいる。しかし、ホイジンガの場合にも、その分析の基盤は、フロワサールやシャトランの「年代記」（chronique）、ジャン・ド・ロワの「日記」（journal）、およびオリヴィエ・ド・ラ・マルシュの「覚書」（memoire）に求められており、基本的に、ブルクハルトの方法を踏襲したものとなっている。そこには、とくに「北方ルネッサンス」の展開との関連において、《コミュニオン》の呪縛から解放されはじめて行く《コミュニケーション》の胎動が部分的に見出されるけれども、やはり、《世界像》の構造的転換の把握は存在しない。

しかもなお、アレクサンドル・コイレの名著『閉じた世界から無限宇宙へ』（From the Closed World to the Infinite Universe、一九五七年）は、その論述の起点をニコラウス・クザーヌスとマルケリウス・パリンゲニウス（Marcelius Palingenius）に求め、コペルニクス、ブルーノ、ケプラーを経て、第四章「世界空間における新星の発見と空間の物質化」および第五章「無際限な延長か無限な空間か」において、ガリレイとデカルトの《近代的世界像》の確立を明らかにし、第七章から第十章にかけて、ニュートンの「絶対空間」と「絶対時間」の概念によるその完成を述べ、さらに、十一章「就業日の神と休息日の神」のなかで、ニュートンとライプニッツの論争を紹介しながら、《近代的世界像》の社会的な波及と浸透を明らかにしているのである。

コイレは、まず、次のように言う。「中世のコスモスの概念をはじめて斥けたのは、またしばしば宇宙の無限性を主張したという功績ないし罪業を帰せられるのは、中世末期の最後の大思想家クサのニコラウス――ニコラウス・クザーヌスは、英語圏では、基本的にNichoras of Cusaと表記されている――なのである[44]」。しかし、彼は、クザーヌスの《自然像》――存在論の世界――そのものの評価については、慎重である。彼によれば、「ひとつの新しい精神が、クサのニコラウスの著作のなかには、息づいている。クサのニコラウスの世界は、もはや、中世のコスモスではない。だが、それは、まだ、けっして近代人の、無限宇宙ではない[45]」。

このように慎重な評価にもかかわらず、コイレのこの名著のなかで、《近代的世界像》の形成に果たしたクザーヌスの影響は、ほとんど決定的と言っても過言ではないほどに大きい。その具体的な証左は、一六四〇年二月一〇日付けのガリレイの「リチェッティ宛て書簡」であり、一六四七年六月六日付け、デカルトの「シャニュ宛て書簡」である。前者のなかで、ガリレイは、聖書と神の啓示を称揚しながらも――この時、彼はすでに宗教裁判にかけられていた――、「特別な論証が一つだけありますが、それは、私を有限な宇宙によりも、無限かつ無窮な宇宙の方に傾斜させます」と記している。この点について、コイレは、次のように言う。「彼の世界が有限ではないとすれば、それは、おそらく、クサのニコラウスの世界のように無窮だったのだろう。彼がリチェッティに宛てた書簡のなかで、クサも用いた無窮（interminate）という言葉を用いているのは、おそらく単なる偶然の一致ではあるまい[46]」。

デカルトは、前掲の親友シャニュ宛ての書簡のなかで、直接、クザーヌスの名前を挙げている。「クサの枢機卿および他の幾人かの神学者たちは世界が無限であると仮定したが、彼らは、教会からは全く非難されなかった。かえってその逆に、神の御業をはなはだ偉大なものとすることは神を讃えることである、と信じられている。」(47)。デカルトは、この頃『宇宙論』を書き上げていたが、ガリレイの宗教裁判以後、デカルト自身もカトリック教会の批判と弾圧にさらされていたのであり、一六四九年には、スウェーデンへと脱出することになる。

アレクサンドル・コイレは、このような実証的根拠にもとづいて、「伝統的な宇宙論の形而上学的な基礎に対するクサのニコラウスの深刻な批判にくらべると、コペルニクス革命は、かなり生ぬるくて、それほどラディカルではないように見えるかも知れない」(48)と、主張する。問題の焦点は、「地動説」か「天動説」か――別言すれば、クザーヌスの宇宙論がどの程度まで「地動説」のそれであるか――にあるのではなくて、「コスモスの解体」と「空間の幾何学化」とにあったのである。

ここで、「コスモスの解体」とは、空間の構造が完全性と価値の階層秩序《ヒエラルヒー》を体現した「有限で、きちんと整序された有機的統一体」としての世界――アリストテレスとそのトマス・アクィナス的完成の世界――ではなくて、自然の上下関係（natural subordination）によってもはや統合されず、ただ、その究極的で基本的な構成要素と法則の同一性によってのみ統合されている「無際限な、あるいは無限な、宇宙」の概念によって、とって代られることを意味する。

これに対して、「空間の幾何学化」とは、アリストテレス的な空間概念――相互に区別される世界内的な場所の集合――が、世界の実在的空間と爾来同一視されることになるユークリッド幾何学の空間概念――本質的に無限で等質的な延長――によって置き換えられたことを、意味している。

クザーヌスの《無限》の思想――それは、さらに「運動」の概念と結びつき、「世界という機械」（machina

mundi）の「客体」の領域を析出していた——は、これらを、ふたつながら用意するものとして、《近代的世界像》の認識論的・存在論的基礎の構造転換を生み出すものであった。

コイレは、《近代的世界像》の完成者ニュートンの所説を検討しながら、このように言う。「重力に関する機械論的仮設は、事実上、世界における神の作用を否定して、神を世界の外に押し除ける」と。私の前掲のシェーマに即して言うならば、《神》は無限の彼方へと退行し、その代りに、前面に、そして全面に、「客体」（Object）としての事物の《ザッハリッヒ》な世界が、現前しているのである。そして、この索漠たる世界こそが、「主体」（Subject）——「客体」（Object）という認識論的地平が成立する世界なのであった。だからこそ、デカルトの同時代者、パスカルは、次のような述懐を洩らさないではいられなかった。

Le silence éternel de ces espaces infinis m'effraye.
「この無限の空間の永遠の沈黙は、わたくしを、恐怖させる。」

フランツ・ボルケナウの『封建的世界像から市民的世界像へ』（Der Übergang von Feudalen zum Bürgerlichen Weltbild、一九三四年）は、これまで見て来たような「コスモスの解体」および「空間の幾何学化」と重なり合うところの多い「数学的——機械論的世界像」の成立をもって、《近代的世界像》の出現としている。それは、直接的には、マニュファクチャー——工場制手工業——の成立を支えた世界像であるが、自然法則の幾何学的・力学的把握を通じて、近代市民社会そのものの成立を支えることとなった。

ボルケナウは、クザーヌスの思想について、次のように言う。「自然は、それに固有の、神によって与えられた法則をもつ。この法則は、もはや、道徳律と同じものではない。ニコラウス・クザヌスこそ、これら二つの概念を互いに分離した最初の人である。道徳上の規範と自然事象の規則と、これら双方に対して、術語はなお同じ一つのものであって、前者の概念から後者の概念が成立したことを示している。しかし、事柄は根本的に異なっており、前者は規範的な命令であり、後者は自然の経過の規則正しさに関する認識である。道徳的命令は、まさに、もはや自然のなかにはなく、自然の外にある。だが、この原則的な分離に、ただちに両者の逆説的な結合がつけ加えられる」(49)。

このようなボルケナウのクザーヌス理解は、時代の制約もあって、クザーヌス自身の文献についての内在が不十分であり、やや機械的である。私が詳細に検討して来たように、初期クザーヌスの自然法――ボルケナウのいわゆる「道徳的命令」――の視点は、基本的には、中期から後期クザーヌスの思想への展開のなかで、Divine nature から Human nature への転換として、経験的自然の見地へと深められている。後期クザーヌスの主著である『可能現実存在』において、人間は、認識と行為の両面において、「運動」の主体であり、ほとんど自然権的「主体」としてあらわれていた。ただし、最後まで、クザーヌスは、《マクロ・コスモス》としての、遠く、「離在」する《神》と、《ミクロ・コスモス》としての人間とのあいだに、visio によって媒介されるひとつの存在論的紐帯――それは、同時に、《信》の絆である――を確保し、残存させていた。したがって、ボルケナウが、《近代》の出発にクザーヌスを位置づけ、近代的意識における「弁証法の発展」を、クザーヌス――パスカル――ヘーゲル、マルクスという三つの段階の発展としてとらえていることは、それなりに注目されてよい。

私たちは、こうして、第一に、エッゲベルトが「エックハルト→クザーヌス→ルター」という発展線を示し、第二に、コイレが「クザーヌス→ガリレイ、デカルト→ニュートン」という発展線を提起し、ここに、第三のそれとして、ボルケナウの「クザーヌス→パスカル→ヘーゲル、マルクス」という主張を、眼にすることになる。私見によれば、クザーヌスは、《コミュニオン》から《コミュニケーション》へという脱構築の過程を論理化す

ニコラウス・クザーヌス

（Gestrich, ibid.より）

る作業のなかで、まず、ローマ・カトリックの教会組織の現実態からキリスト教の信仰を切り離し、文字通り、「デヴォーチオ・モデルナ」の延長線上において、《神》と人間とのあいだの visio intellectus という《信》の基底を再構築した。クザーヌスの「隠れたる神」は、啓示（Offenbarung）のうちに、人間の側に visio をもたらす。これに対して、ルターの「隠されたる神」は、怒りを含んだ審判の途を通じて、みずからの恩寵をさし示す。

そして、「隠れたる神」が無限の彼方へと退いて行く時、一方において、「世界という機械」の Object の体系が前面にたちあらわれ、他方、「主体」としての人間は、ひたすら、われとわが身の主体的力能に依拠して、近代市民社会の社会諸関係を構築して行かなければならなくなる。パスカルは、前者の「客体」（Object）の体系を分析する数学と自然科学の《知》を提起しながら、クザーヌスと同じように、いやクザーヌス以上に、遠く「離在」する《神》への visio の不安におののいていたのである。

近代市民社会は、ガリレイ、デカルト、ニュートンの「数学的—機械論的世界像」の射影の上をひたすら走り続けて来た。そして、「客体」としての Object の体系は巨大な自然破壊・環境破壊の体系へと転化し、「主体」（Subject）としての人間は、Liberté と Egalité の主体として、みずからの可能性を追求して来たが、今日に至るまで、その構築する社会関係の地平に Fraternité の実現可能性を見出してはいない。

クザーヌスの生れ故郷クースにおいて、一四五八年建立のクザーヌス施療院は、それから五四二年を経て、今日、福祉（Welfare）の原型であるかのようだ。クースの小さな街のまんなかには巨大な Cusanus Krankenhaus が建ち、街はずれの丘陵の上には五つの診療施設を有する広大なリハビリテーション・センターが出現し、クースの街全体がひとつの保養都市となっている。そこには、資本主義社会の Liberté と Egalité の現実態を超えた Fraternité への途が、ほの見えるかのようである。クザーヌスの思想に影のようについてまわる「共同生活兄弟団」の Brotherhood の残照が、そこにひきつがれているのであろうか?

クザーヌス施療院の横を流れるモーゼル河の滔々たる流れ、そしてクザーヌスの生家のうしろに広がる「カーディナルス・ベルク」ワインの葡萄畑のしたたるばかりの緑、これらは、いずれも直接的には太陽の光の所産であり、《自然》の恵みである。こうしたクースの風光にぴったりの書物『光の父の贈りもの』のなかで、クザーヌスは、人間を「人間になった神」(deus humanatus) と呼び、対象世界を「プラトンも欲したように『可感的な神』deus sensibilis と呼びたい」と述べている。

《自然》の運動は、私たちの身体の「内なる自然」の運動と、相関し、響き合っている。《記号》とことばは、もともと、このような交響と相関のなかから、生れてきたものであった。私たちは、ここから、《記号》とコミュニケーションの実践的惰性態としての近代市民社会の脱構築へと、みずからの歩を進めて行かなければならないのである。

第三章　ミルトンと『アレオパジティカ』

1　通商・交易のなかのウィリアム・カクストン

ニコラウス・クザーヌスがこの世を去った一四六四年、ブリュージュには、オーストリア、ビスケー湾諸国（ギュイエンヌ、ナバラ）、カスティーリヤ、フィレンツェ、フランス、ジェノヴァ、ドイツ、アイルランド、ルッカ、ポルトガル、スコットランド、スミルナ（トルコ、イズミールの旧名）、スペイン、トルコ、ヴェネツィアおよびイギリスという各国各都市の商館が建ちならんでいた。私たちは、教皇ピウス二世がトルコ討伐の「十字軍」を企図し、クザーヌスがその非現実性を批判しながら、不承不承、集結地アンコーナに向う道すがら病いに倒れ、そのまま死に至ったその同じ時に、フランドルの通商・交易の拠点ブリュージュでは、「十字軍」に賛同し、参加した諸国・諸都市とその仇敵オスマン・トルコとが商取引に精を出していたという事実を、看過すべきではない。ブリュージュには、これらの商館をつなぐ街路として、「リューベック通り」、「バイヨンヌ（ビスケー湾の港町）通り」、「イングランド通り」、「スコットランド通り」、「アイルランド通り」、「フィレンツェ通り」、「ガスコーニュ通り」、「ボルドー通り」、「デンマーク通り」、「ハンブルク通り」、「ノルウェイ通り」、「ポルトガル通り」、「ヴェネツィア通り」および「ビルバオ通り」が存在していたのである。私たちは、おそらく、徳川幕府の下での長崎・出島のはるか十数倍に及ぶ巨大な遠方交易の市場の繁栄を、想い描かなければならないのであろう。そこには、よく知られている毛織物の他に、いちじく、オレンジ、レモンなどの果物類、胡椒、毛皮、カーペット、いろいろな地方の絹、サテン、ワックス、水銀、蠟燭、宝石、装飾写本（illuminated manuscripts）などが集散し、さらに愛玩用の猿、鸚鵡、鷹（gerfalcons）が取り引きされ、一四六〇年代に入ると、ライン河を下って、印刷されたさまざまな書籍までもが、商品として流入するようになっていた。

イギリス最初の印刷・出版業者ウィリアム・カクストンは、一四四〇年代からブリュージュに滞在し、ロンドンの「織物商組合」（the Mercers' Company）の三六人の正規会員のひとりとして、またブリュージュのイングランド商館を舞台とする「冒険商人たち」（the Merchant Adventurers）のひとりとして、毛織物、亜麻布、サフラン、毛皮（とりわけ、貴族、裁判官たちが用いる「アーミン（白貂《てん》）毛皮」）の貿易に従事し、一四六二年夏には、ブリュージュ在住のイングランド商人たちの代表として、「総督」（Governer――'meester van der Ingelscher macien'――）に選出されていた。

ウィリアム・カクストンという人は、謎の多い人物である。大英図書館（the British Library）の司書を三六年間勤め、一九五四年から七四年まで"the National Collection of fifteenth-century Printed Books"の責任者であったジョージ・D・ペインターでさえ、カクストンの生年については、一四一五年〜二四年および一四二一年〜二四年とする二説があるとして、それらの傍証を検討しながら、「一四二二年、おそらく、これがカクストンの生れた年であろう」とまでしか言い得ていない(1)。

また、カクストンの没年について、ペインターは、次のように述べている。「彼の死去した月日は、依然とし

CHRONOLOGICAL LIST OF CAXTON'S EDITIONS

All known Caxton editions are here listed by title, as nearly as possible in chronological order, in accordance with the evidence and arguments brought forward in this book. Undated works are supplied with inferential dates enclosed in square brackets. Each entry includes basic bibliographical particulars comprising format, number of leaves, types used, and (where available) references to E. G. Duff, *Fifteenth Century English Books* (1917), S. de Ricci, *Census of Caxtons* (1909), F. R. Goff, *Incunabula in American Libraries. A third census* (1964), and *Short-title Catalogue of Books printed in England 1475-1640* (1926), or *STC*. *Duff* provides full bibliographical descriptions of each edition, while *De Ricci*, *Goff*, and *STC* give locations of surviving copies, with other useful information. Matters of authorship, textual history, and date of printing are discussed in the main text above. Modern editions, reprints, and facsimiles of Caxton texts are listed in N. F. Blake, *Caxton and his World* (1969), pp. 224-39, *Cambridge Bibliography of English Literature*, vol. 1 (1974), cols. 667-74, and W. L. Heilbronner, *Printing and the Book in Fifteenth-Century England* (1967).

BRUGES

Recuyell of the Histories of Troy. [1475.] Folio. 352 leaves. Type 1. *Duff* 242; *De Ricci* 3; *Goff* L-117; *STC* 15375.
Game of Chess I. [After 31 March 1475.] Folio. 74 leaves. Type 1. *Duff* 81; *De Ricci* 1; *Goff* C-413; *STC* 4920.
Recueil des histoires de Troie. [1475.] Folio. 286 leaves. Type 1. *Duff* 243; *De Ricci* 3b; *Goff* L-113.
Méditations sur les sept Psaumes pénitentiaux. [1475.] Folio. 34 leaves. Type 1. *Duff* 25; *De Ricci* 3d.
Histoire de Jason. [1476.] Folio. 134 leaves. Type 1. *Duff* 244; *De Ricci* 3c.
Cordiale. [1476.] Folio. 74 leaves. Type 2. *Duff* 108; *De Ricci* 2; *Goff* C-908.

WESTMINSTER

Indulgence; commissary: John Sant. [Not after 13 December 1476.] Single half leaf. Types 2, 3. See *Pollard, A. W. (Ind)*.
Cato I. [1476.] 4°. 34 leaves. Type 2. *Duff* 76; *De Ricci* 13; *STC* 4850.
Churl and Bird I. [1476.] 4°. 10 leaves. Type 2. *Duff* 256; *De Ricci* 66; *STC* 17008.
Horse, Sheep and Goose I. [1476.] 4°. 18 leaves. Type 2. *Duff* 261; *De Ricci* 69; *STC* 17018.
History of Jason. [1477.] Folio. 150 leaves. Type 2. *Duff* 245; *De Ricci* 64; *Goff* L-112; *STC* 15383.
Dicts of the Philosophers I. 18 November 1477. Folio. 78 leaves. Type 2. *Duff* 123; *De Ricci* 36, 37; *Goff* D-272; *STC* 6826.
Moral Proverbs. 20 February 1478. Folio. 4 leaves. Type 2. *Duff* 95; *De Ricci* 27; *Goff* C-473; *STC* 7273.
Cato II. [1477 or 1478.] 4°. 34 leaves. Type 2. *Duff* 77; *De Ricci* 14; *Goff* C-314; *STC* 4851.
Parliament of Fowls. [1477 or 1478.] 4°. 24 leaves. Type 2. *Duff* 93; *De Ricci* 25; *STC* 5091.

Anelida and Arcite. [1477 or 1478.] 4°. 10 leaves. Type 2. *Duff* 92; *De Ricci* 24; *STC* 5090.
Book of Courtesy. [1477 or 1478.] 4°. 14 leaves. Type 2. *Duff* 53; *De Ricci* 11; *STC* 3303.
Churl and Bird II. [1477 or 1478.] 4°. 10 leaves. Type 2. *Duff* 257; *De Ricci* 67; *Goff* L-406; *STC* 17009.
Horse, Sheep and Goose II. [1477 or 1478.] 4°. 18 leaves. Type 2. *Duff* 262; *De Ricci* 70; *Goff* L-407; *STC* 17019.
Stans puer ad mensam. [1477 or 1478.] 4°. 4 leaves. Type 2. *Duff* 269; *De Ricci* 74; *Goff* L-411; *STC* 17030.
Temple of Glass. [1477 or 1478.] 4°. 34 leaves. Type 2. *Duff* 270; *De Ricci* 75; *STC* 17032.
Horae ad usum Sarum I. [1477 or 1478.] 8°. (?) leaves. Type 2. *Duff* 174; *De Ricci* 50; *Goff* H-420; *STC* 15867.
Infantia Salvatoris. [1477 or 1478.] 4°. 18 leaves. Type 2. *Duff* 222; *De Ricci* 62; *Goff* I-73; *STC* 14551.
Propositio Johannis Russell. [1477 or 1478.] 4°. 4 leaves. Type 2. *Duff* 367; *De Ricci* 90; *STC* 21458.
Canterbury Tales I. [1478.] Folio. 374 leaves. Type 2. *Duff* 87; *De Ricci* 22; *Goff* C-431; *STC* 5082.
Boethius. [1478.] Folio. 94 leaves. Types 2, 3. *Duff* 47; *De Ricci* 8; *Goff* B-813; *STC* 3199.
Cordiale. 24 March 1479. Folio. 78 leaves. Types 2*, 3. *Duff* 109; *De Ricci* 33; *Goff* C-907; *STC* 5758.
Nova Rhetorica. [1479.] Folio. 124 leaves. Type 2*. *Duff* 368; *De Ricci* 91; *STC* 24189.
Ordinale ad usum Sarum. [1479.] 4°. (c. 130?) leaves. Type 3. *Duff* 336; *De Ricci* 82; *STC* 16228.
Advertisement. [1479.] Single half leaf. Type 3. *Duff* 80; *De Ricci* 17; *STC* 4890.
Horae ad usum Sarum II. [1479.] 4°. (?) leaves. Type 3. *Duff* 175; *De Ricci* 51; *STC* 15868.
Dicts of the Philosophers II. [1480.] Folio. 78 leaves. Type 2*. *Duff* 124; *De Ricci* 38; *Goff* D-273; *STC* 6828.
Epitome Margaritae eloquentiae. [1480.] Folio. 34 leaves. Type 2*. *STC* 24190.3. See *Mortimer*.
Indulgence; commissary: John Kendale. [Not after 31 March 1480.] Single half leaf. Type 2*. *Duff* 204; *De Ricci* 56; *STC* 22582.
Officium Visitationis B.V.M. [1480.] 4°. (24?) leaves. Type 4. *Duff* 148; *De Ricci* 43; *STC* 15848.
Doctrine to learn French and English. [1480.] Folio. 26 leaves. Type 4. *Duff* 405; *De Ricci* 97; *Goff* V-315; *STC* 24865.
Chronicles of England I. 10 June 1480. Folio. 182 leaves. Type 4. *Duff* 97; *De Ricci* 29; *Goff* C-477; *STC* 9991.
Description of Britain. 18 August 1480. Folio. 30 leaves. Type 4. *Duff* 113; *De Ricci* 35; *Goff* C-477(2); *STC* 13440a.
Indulgence; commissary John Kendale. [Not before 7 August 1480.] Single half leaf. Type 4. *Duff* 207; *De Ricci* 57; *STC* 22584.
Mirror of the World I. [After 8 March 1481.] Folio. 100 leaves. Type 2*. *Duff* 401; *De Ricci* 94; *Goff* M-883; *STC* 24762.
Reynard the Fox I. [After 6 June 1481.] Folio. 85 leaves. Type 2*. *Duff* 358; *De Ricci* 87; *Goff* R-137; *STC* 20919.
Of Old Age, Of Friendship; Of Nobility. 12 August 1481. Folio. 120 leaves. Types 2*, 3. *Duff* 103; *De Ricci* 31; *Goff* C-627; *STC* 5293.
Indulgence; commissary: Johannes de Gigliis. Single issue. [Not before 7 August 1481.] Single half leaf. Type 4. *Duff* 209; *De Ricci* 58; *Goff* S-565; *STC* 22586.
Indulgence; commissary: Johannes de Gigliis. Plural issue. [Not before 7 August 1481.] Single half leaf. Type 4. *Duff* 210; *De Ricci* 59; *STC* 22587.

Godfrey of Boloyne. 20 November 1481. Folio. 144 leaves. Type 4. *Duff* 164; *De Ricci* 46; *Goff* G-316; *STC* 13175.
Chronicles of England II. 8 October 1482. Folio. 182 leaves. Type 4. *Duff* 98; *De Ricci* 30; *Goff* C-478; *STC* 9992.
Polycronicon. [After 2 July 1482, before 20 November 1482.] Folio. 450 leaves. Type 4. *Duff* 172; *De Ricci* 49; *Goff* H-267; *STC* 13438.
Cato III. [1482.] Folio. 28 leaves. Types 2*, 3. *Duff* 78; *De Ricci* 15; *STC* 4852.
Game of Chess II. [1482.] Folio. 84 leaves. Type 2*. *Duff* 82; *De Ricci* 18; *Goff* C-414; *STC* 4921.
Psalterium. [1483.] 4º. 177 leaves. Type 3. *Duff* 354; *De Ricci* 84; *STC* 16253.
Curia sapientiae. [1483.] Folio. 40 leaves. Type 4. *Duff* 260; *De Ricci* 68; *STC* 17015.
Pilgrimage of the Soul. 6 June 1483. Folio. 114 leaves. Type 4. *Duff* 267; *De Ricci* 73; *Goff* G-640; *STC* 6473.
Festial. 30 June 1483. Folio. 116 leaves. Type 4*. *Duff* 298; *De Ricci* 79; *Goff* M-620; *STC* 17957 (1).
Quattuor sermones I. [July 1483.] Folio. 30 leaves. Type 4*. See *Webb*.
Confessio amantis. 2 September 1483. Folio. 222 leaves. Types 4, 4*. *Duff* 166; *De Ricci* 48; *Goff* G-329; *STC* 12142.
Curial. [1483.] Folio. 6 leaves. Type 4*. *Duff* 84; *De Ricci* 20; *Goff* C-429; *STC* 5057.
Canterbury Tales II. [1483.] Folio. 312 leaves. Types 2*, 4*. *Duff* 88; *De Ricci* 23; *Goff* C-432; *STC* 5083.
Book of Fame. [1483.] Folio. 30 leaves. Type 4*. *Duff* 86; *De Ricci* 21; *STC* 5087.
Troilus and Criseyde. [1483.] Folio. 120 leaves. Type 4*. *Duff* 94; *De Ricci* 26; *STC* 5094.
Life of Our Lady. [1483.] Folio. 96 leaves. Type 4*. *Duff* 266, 266a; *De Ricci* 71, 72; *Goff* L-409; *STC* 17023.
Sex epistolae. [1483.] 4º. 24 leaves. Types 3, 4*. *Duff* 371; *De Ricci* 92; *STC* 22588.
Knight of the Tower. 31 January 1484. Folio. 106 leaves. Types 4, 4*. *Duff* 241; *De Ricci* 63; *Goff* L-72; *STC* 15296.
Cato IV. [After 23 December 1483 (c. February 1484).] Folio. 80 leaves. Types 2*, 4*. *Duff* 79; *De Ricci* 16; *Goff* C-313; *STC* 4853.
Quattuor sermones II. [(c. February)1484.] Folio. 30 leaves. Type 4*. *Duff* 299; *De Ricci* 85; *Goff* Q-14; *STC* 17957(2).
Aesop. 26 March 1484. Folio. 144 leaves. Types 3, 4*. *Duff* 4; *De Ricci* 4; *STC* 175.
Order of Chivalry. [(c. April) 1484.] 4º. 52 leaves. Types 3, 4*. *Duff* 58; *De Ricci* 81; *Goff* O-93; *STC* 3326.
Golden Legend. [1484.] Folio. 449 leaves. Types 3, 4*. *Duff* 408; *De Ricci* 98; *Goff* J-148; *STC* 24873.
Morte d'Arthur. 31 July 1485. Folio. 432 leaves. Type 4*. *Duff* 283; *De Ricci* 76; *Goff* M-103; *STC* 801.
Charles the Great. 1 December 1485. Folio. 96 leaves. Type 4*. *Duff* 83; *De Ricci* 19; *STC* 5013.
Paris and Vienne. 19 December 1485. Folio. 36 leaves. Type 4*. *Duff* 337; *De Ricci* 83; *STC* 19206.
Directorium sacerdotum I. [1486.] Folio. 160 leaves. Type 5. *Duff* 290; *De Ricci* 77; *STC* 17720.
Image of Pity I. [1486.] Single folio leaf. Woodcut. *De Ricci* 54; *STC* 14072.
Horae ad usum Sarum III. [1486.] 8º. (?) leaves. Type 5. *Duff* 178; *De Ricci* 52; *STC* 15871.
Speculum vitae Christi I. [1486.] Folio. 148 leaves. Type 5. *Duff* 48; *De Ricci* 9; *STC* 3259.
Royal Book. [1487.] Folio. 162 leaves. Type 5. *Duff* 366; *De Ricci* 89; *Goff* L-91; *STC* 21429.

Golden Legend. [1487.] Folio. Types 4*, 5. *Duff* 409; *De Ricci* 99; *Goff* J-149; *STC* 24874. *N.B. Not entitled to the status of a second or separate edition, being a reprint of 256 of 448 leaves to make up deficiencies in the first edition.*
Deathbed Prayers. [1487? or 1485?] Single folio leaf. Types 3, 4*. *Duff* 112; *De Ricci* 34; *STC* 6442=14554.
Life of St. Winifred. [1487? or 1485?] Folio. 16 leaves. Type 4*. *Duff* 414; *De Ricci* 100; *Goff* W=62; *STC* 25853.
Donatus. [1487.] Folio. (?) leaves. Type 5. *Duff* 129; *De Ricci* 41; *STC* 7013.
Book of Good Manners. 11 May 1487. Folio. 66 leaves. Type 5. *Duff* 248; *De Ricci* 65; *STC* 15394.
Missale ad usum Sarum. 4 December 1487. Printed for Caxton by Guillaume Maynal, Paris. Folio. 266 leaves. *Duff* 322; *De Ricci* 102; *STC* 16164.
Legenda ad usum Sarum. 14 August 1488. Printed for Caxton by Guillaume Maynyal, Paris. Folio. 372 leaves. *Duff* 247; *De Ricci* 101; *STC* 16136. See *Morgan-Painter.*
Reynard the Fox II. [1488.] Folio. 72 leaves. Type 6. *Duff* 359; *De Ricci* 88; *STC* 20920.
Directorium sacerdotum II. [1488.] Folio. 194 leaves. Types 4*, 6. *Duff* 292; *De Ricci* 78; *STC* 17722.
Four Sons of Aymon. [1488.] Folio. ·278 leaves. Type 6. *Duff* 152; *De Ricci* 45; *STC* 1007.
Blanchardin and Eglantine. [1488.] Folio. 98 (+) leaves. Type 6. *Duff* 45; *De Ricci* 7; *STC* 3124.
Dicts of the Philosophers III. [1489.] Folio. 70 leaves. Type 6. *Duff* 125; *De Ricci* 39; *Goff* D-274; *STC* 6829.
Indulgence; commissaries: Johannes de Gigliis and Perseus de Malviciis. [Not after 24 April 1489.] Single half leaf. Type 7. *Duff* 211; *De Ricci* 60; STC 14100. *N.B. Not a 'singular issue' as Duff says, as blanks are left to be filled in by hand to suit one or more purchasers.*
—, —. *Duff* 212; *De Ricci* 61; *STC* 14101. *N.B. This is a true 'singular issue'.*
Faytes of Arms. 14 July 1489. Folio. 144 leaves. Type 6. *Duff* 96; *De Ricci* 28; *Goff* C-472; *STC* 7269.
Doctrinal of Sapience. [After 7 May 1489.] Folio. 92 leaves. Type 5. *Duff* 127; *De Ricci* 40; *Goff* D-302; *STC* 21431.
Mirror of the World II. [1489.] Folio. 88 leaves. Type 6. *Duff* 402; *De Ricci* 95; *Goff* M-884; *STC* 24763.
Statutes 1, 3, 4 Henry VII. [1490.] Folio. 42 leaves. Type 6. *Duff* 380; *De Ricci* 93; *STC* 9348.
Eneydos. [After 22 June 1490.] Folio. 86 leaves. Type 6. *Duff* 404; *De Ricci* 96; *Goff* V-199; *STC* 24796.
Speculum vitae Christi II. [1490.] Folio. 148 leaves. Type 5. *Duff* 49; *De Ricci* 10; *Goff* B-903; *STC* 3260.
Horae ad usum Sarum IV. [1490.] 8º. (?) leaves. Type 5. *Duff* 179; *De Ricci* 53; *STC* 15872.
Officium Transfigurationis Jesu Christi. [1490.] 4º. 10 leaves. Type 5. *Duff* 146; *De Ricci* 42; *STC* 15854.
Commemoratio Lamentationis B.V.M. [1490.] 4º. 32 leaves. Type 5. *Duff* 105; *De Ricci* 32; *STC* 17534.
Image of Pity II. [1490?] Single leaf quarto. Woodcut. *De Ricci* 55; *STC* 14072a
Art to know well to die. [After 15 June 1490.] Folio. 14 leaves. Type 6. *Duff* 35; *De Ricci* 6; *STC* 789.
Governal of Health. [1491.] 4º. 18 leaves. Type 6. *Duff* 165; *De Ricci* 47; *Goff* G-328; *STC* 12138.
Book of Diverse Ghostly Matters. [1491.] 4º. 148 leaves. Type 6. *Duff* 55; *De Ricci* 12; *Goff* G-301; *STC* 3305.
Ars moriendi. [1491.] 4º. 8 leaves. Types 6, 8. *Duff* 33; *De Ricci* 5; *STC* 786.
Festial II. [1491.] Folio. 136 leaves. Types 6, 8. *Duff* 301; *De Ricci* 80; *Goff* M-621; *STC* 17959 (1).

て、判らないままである。ただし、同時代の四つの証拠が一致するところによれば、彼は一四九一年の年末近くに死去したのであろう、とまでしか言えない(2)」。

カクストンがブリュージュで印刷・出版した刊本六冊、ならびにイングランドに戻ってから、ウェストミンスターで印刷・出版した刊本九八冊の内容は、資料（一五一頁〜一五四頁）の通りである。

ペインターは、歴史家らしい慎重さで、'The evidence does not positively identify the Printer's parents or birthplace.' と述べている。彼は、教区教会の出生記録その他の史料の中から四〇人の「カクストン」をしぼり出しているが、そのなかの少なくとも十六人が、「織物商組合」に所属しており、十二人がウィリアムというファースト・ネームの持ち主であった（そのうち五人が織物商）。ペインターによれば、このような検討にもとづいて、言い得ることは、カクストンが、ノーフォーク州（ロンドンから一五〇〜二〇〇キロメートル、ケンブリッジの北東に広がり、北海に面する地域、州都ノーリッチ）出身の 'Cawston' 家の出で、十三世紀の末から、二〇〇年にわたって、'cloth-traders, mercers, property-owners and professional men, with main and inter-communicating branches in London (later including Westminster) and Kent' というかたちで栄えて行った家柄の出身であろう、ということにとどまる。

ウィリアム・カクストン自身は、みずから手がけた刊本のなかで、'Kent Weald' の出身と述べている。Weald とは「なだらかな森林地帯」という意味で、地域的には、ロンドンの東南、六〇〜七〇キロのあたり、ドーヴァー海峡にもほど近く、毛織物製品の積出し港として有名であったヘイスティングスへとつらなる一帯を指す。その中心地テンターデン（Tenterden）は、機織《はた》り業の盛んなところで、すぐ北隣りには、'Woolpack' という名の小さな集落も存在する。近くには、'Cawston Wood' という森もあるので、このあたりがペインターの推定する 'intercommunicating branch in Kent' の所在していたところと重なるのであろう。

ヘイスティングスとカレー――ドーヴァー海峡の対岸のこの港は、周知のように、イングランドの「ステープル商人」たちの拠点であり、百年戦争の最後まで、イングランドはこの地を手放さなかった――は、目と鼻の先という近さである。そして、テンターデンの周辺には、政治的・宗教的な理由から、オランダ、ベルギーの低地地方を逐われた織物工たちが移り住んでいたところが多い。イングランドは、元来、ノーフォークからノーザンバーランドにかけて、羊毛の産地であり、毛織物業の原料の生産地として、フランドルやブラバントなどの毛織物業への供給地であった。しかし、歴史の推移が示すように、やがて、ヨークシャーやランカシャーを中心として、イングランド自身が毛織物業の最大の生産国へと変貌を遂げて行くのであり、この転換の過程で、「ハンザ商人」と「マーチャント・アドヴェンチャラーズ」の主導権争いが生じ、イギリスとオランダ、イギリスとスペインという重商主義の展開と海上貿易の覇権争いが熾烈になって行くのである。

カクストンの生涯に関わる確実な歴史史料として最初にあらわれるのは、一四三八年六月二四日付けの「織物商組合」の記録であり、この日、彼は、ロバート・ラージ（Robert Large）の徒弟として、その修業を始めるにあたり、二シリングの‘the enrolment fee’を払っている。「織物商組合」は、ロンドンの数多いギルド――同業者組合――のなかでも、もっとも古い伝統を有し、またもっとも豊かな財力を有する組合のひとつであり、十四世紀のはじめには、すでに、正会員の制服を定め、組合専属の司祭をもっていた。

カクストンの主人――親方――となったロバート・ラージは、織物商組合きっての大立者であって、一四二七年に、組合の四人の代表幹事（the four annual Wardens）のひとりに選出されている。彼は、また、「シティ」の有力者たちのひとりであり、一四三〇年には、ロンドン市の、‘sheriff’に就任し、カクストンの弟子入りの翌年、一四三九年には、「市長」（Lord Mayor）に選ばれている。前述のように、織物商組合の正規会員は三六人に限定されており、しかも、そのなかの有数のメンバーの下に弟子入りすることができたのだから、おそらく、カクストンの家そのものが、この頃、相当の地歩を占めるロンドン商人のひとつだったのであろう。ラージの店（事務所）は、ロズベリー（Lothbury）・ストリートとオールド・ジュウリー（Old Jewry）・ストリートの交差する角にあった。この場所は、現在のイングランド銀行のすぐ西隣りに位置し、'Stock Exchange' もほど近いところにある。また、織物商組合のギルド・ホール（the Mercers' Hall）は、オールド・ジュウリー・ストリートの一本西の通り、「金物屋通り」（Ironmonger Lane）に建っていた。

この一帯は、もともと、中世のユダヤ人居住区（the medieval ghetto）であり、エドワード一世が、一二九〇年、そこからユダヤ人たちを放逐したところである。私がロンドン商人としてのカクストンの活動の出発の場をこのように詳述するのは、第一に、それが、ジョン・ミルトンの生れたところ——「パン屋通り」（Bread Street）——と道路二つ隔てただけの近さにあるからであり、第二に、イギリスにおける近代ジャーナリズムの発祥の地であるフリート・ストリートに隣接しているからである。カクストンが徒弟として修業をつみはじめた場所は、今日のロンドンで言えば、イングランド銀行、証券取引所および「ギルド・ホール」に囲まれた、まさしく「シティ」の中枢部であり、ロズベリー・ストリートが西へ延びてグレシャム・ストリートと名を変えることに象徴されているように、——「グレシャムの法則」で知られているトーマス・グレシャム（一五一九〜一五七九年）は、彼自身ロンドン商人の子であり、ヘンリー八世の意をうけてアントワープ市場で「ポンド」貨の価格操作に活躍し、オランダ駐在大使となり、ロンドンの商品取引所（the Royal Exchange）の設立を提唱した人物である——ロンドンの金融市場の源流となった場所であった。私たちは、さらに、このあたりがテームズ河を利用した交易とそれを基盤とした生活必需物資の供給に関わる同業者組合が簇生したところであり、やがて、後述するように、「取引所ニュース」と「セントポール・ニュース」——セントポール寺院は、ミルトンの生れた「パン屋通り」の道ひとつ西に聳え立っており、ミルトンはその附属学校に通学していた——の結合のなかからフリート街のジャーナリズムが生成して来るという事実に思いをいたさなければならないであろう。フリート・ストリートのあたりは、かつては、テームズ河が大きく蛇行し、その左岸が入江――船着場――(fleet) となっていたのである。私たちは、また、第二章で見て来たように、モーゼル河畔のクザーヌスの生家の所在するクースの「ニコラウス・ウーファー」――Ufer は fleet とほとんど同一である――が船着場であり、「汐入り」であったことを想起することができよう。

カクストンが、こうして、「シティ」の原型のなかで活動を開始したのが、一四三八年、およそ一六歳の頃である。当時、徒弟修業の期間は、原則として、七年だったから、一四四四年、カクストンがブリュージュに移り住む時期は、同時に、彼が織物商人としてひとり立ちする時期と重なっていたのであろう。

一四三六年、ブルゴーニュ大公フィリップ善良公 (Philip le bon) は、イングランドとフランスとのあいだの百年戦争の戦乱のなかで、カレーとその奥の小都市 Guines を攻略し、前述の「毛織物ステープル」(the wool staple fortress) を包囲した。もともと、イングランドの「冒険商人」たちは、すでに、十三世紀から、低地地方で活動しており、前に言及したブリュージュの「イングランド通り」という街路名が与えられたのは、一二八五年のことである。ブリュージュはフランドル伯領に属するが、それに隣接するブラバント侯領では、一二九六年、一三〇五年に、アントワープにおいて、'the merchants of the realm of England' が、彼ら自身の「専用の区画」(courts) を持ち、彼ら自身の 'Governor' を選出する権利を持つことが、ブラバント侯の特許状によって認められている。ブリュージュでも、同種の交易特権が、一三五九年、正式に認められた。こうして、すでに第一章、第二章でも触れて来た十三世紀から十五世紀にかけての通商・交易の拡大とそれを背景とした国民国家の形成の過程――それは、同時に、重商主義と絶対主義的「初期独占」の外被をまといつつ資本制生産の体制が生成しはじめる過程であった――が、イングランド、ブルゴーニュ侯国およびフランスの微妙な経済的・政

郵便はがき

恐縮ですが
切手をお貼
り下さい

112-0005

東京都文京区
水道二丁目一番一号

勁　草　書　房
愛読者カード係行

（弊社へのご意見・ご要望などお知らせください）

・本カードをお送りいただいた方に「総合図書目録」をお送りいたします。
・HP を開いております。ご利用下さい。http://www.keisoshobo.co.jp
・裏面の「書籍注文書」を弊社刊行図書のご注文にご利用ください。より早く、確実にご指定の書店でお求めいただけます。
・近くに書店がない場合は宅配便で直送いたします。配達時に商品と引換えに、本代と送料をお支払い下さい。送料は、何冊でも１件につき200円です（2005年７月改訂）。

愛読者カード

60140-0　C3036

本書名　コミュニケーション理論史研究（上）

お名前《ふりがな》　　　　　　　　（　　　歳）

ご職業

ご住所　〒　　　　　　　　　お電話（　　　）　－

メールアドレス(メールマガジン配信ご希望の方は、アドレスをご記入下さい)

本書を何でお知りになりましたか
書店店頭（　　　　　　　書店）／新聞広告（　　　　　　　新聞）
目録、書評、チラシ、HP、その他（　　　　　　　　　　　　　）

本書についてご意見・ご感想をお聞かせ下さい(ご返事の一部はHPに掲載させていただくことがございます。ご了承下さい)。

◇書籍注文書◇

最寄りご指定書店	
	(書名)　¥　（　　）部
市　町（区）	(書名)　¥　（　　）部
	(書名)　¥　（　　）部
書店	(書名)　¥　（　　）部

※ご記入いただいた個人情報につきましては、弊社からお客様へのご案内以外には使用致しません。
詳しくは弊社HPのプライバシーポリシーをご覧下さい。

治的関係とそれにともなう外交と通商のかけひきを生み出していたのであり、こうした背景こそがカクストンの活動の舞台なのであった。

事実、北方貿易の拡大のなかで、ハンザ同盟の商人たちと激しい競争と角逐を展開するイギリス商人たちの活動は、一三五三年、エドワード三世の特許状によって、正当性を付与され、一層鼓吹されるところとなった。これを承けて、ヘンリー四世は、イギリスの冒険商人たちに、一四〇七年、'Holland, Zeeland, Brabant and Flanders' 地域での通商・交易の特許状を与え、さらに、一四一三年、三〇年、三七年と、その更新を認めていたのである。ペインターは、このような展開を、'the pragmatic medieval way' と評しているけれども、(3) 外面的には「中世的」でありつつ、そこに内包されているものは、明らかに「近代的」なもの——前述したように、だからこそ、ホイジンガは、《デヴォーチオ・モデルナ》のうちに「実利的なるもの」を感じ取っていたのであった——であり、さらに言えば、これから詳述して行くカクストンの印刷・出版の技術によって雄弁に例証されているように、そこに通商・交易と科学・技術との「近代的」・合理的結合が存在することを看過してはならないであろう。

一四三六年、前述のようにフィリップ善良公によって攻囲されたカレーの「毛織物ステープル」を直ちに奪回したのは、ヘンリー四世の末子にあたるグロスター公ハンフリーであった。そして、一四三九年以降、イングランドとブルゴーニュ侯国のあいだで、'a commercial treaty or intercourses' をめぐる折衝が、ほとんど日常的に展開されることとなった。私たちが注意しなければならないのは、このような低地地方をめぐる通商・交易の利害にもっとも大きく結びついていたのが、ロンドン、ヨーク、ハル、スカーボロー、ニューカッスル・オン・タインおよびノーリッチの商人たち、すなわち、「ヨーク派」(一四五五年に勃発する「ばら戦争」のなかで、ヨーク家を支持し、ブルゴーニュ侯国との同盟へと志向した人びと)であり、これに対して、のちに「ランカスター派」と呼ばれることになる人びとがフランスとの盟約に傾いていた、という事実である。カクストンは、まぎれもなく「ヨーク派」のひとりであり、彼が後年、低地地方からウェストミンスターに引き揚げて来るのは、まさしくフィリップ善良公の後を継いだシャルル突進公（Charles le Téméraire）の自滅的「突進」によってブルゴーニュ侯国そのものが消滅する時である。

一四四四年、カクストンは、ブリュージュに移り住み、前述のような背景のもとで、ロンドンから低地地方への毛織物製品ならびに「しろめ（錫と鉛の合金）製金物」（pewter ware）の輸出、ガン（Ghent、ヘント）で買い付けた亜麻布（リンネル、キャラコ、レース）のイングランドへの輸入に、従事していた。彼は、ブリュージュのイングランド商館（the 'Waterhall' と呼ばれる二階建て、ゴシック様式の瀟洒な建物であった）を本拠地として、アントワープ、ベルゲン・オップ・ゾーム（アムステルダムの北北西三〇キロメートルに位置する北海に面した港町、イギリス名はバーロウ Barrow）、ミッデルブルクおよび前述のガンなどを周回し、これら主要都市での冬の市（Cold mart）、復活祭の市（Pask mart）、真夏の聖ヨハネの日の市（Synchon）、聖霊降臨節の市（Pentecostal mart）、秋、一〇月一日の聖バヴォ（St. Bavo）の市（Balm mart）などで、通商・交易の最前線の活動をくりひろげた。

カクストンは、こうして、イングランド内部で、「囲い込み」の進展を通じて独立自営農民の階級分解が進行し、その上層部分が「ヨーマン」として毛織物マニュファクチュアの経営主体へと転化して行く時期に、まさしく「中世」から「近代」が析出されて来る過程のなかを、主としてイギリスと大陸諸国民国家のあいだの通商と交易の重商主義的展開の側面に深くコミットしながら、活動していたのであった。たとえば、「ばら戦争」の最中、一四六〇年四月一六日、ミッデルブルクの税関記録によると、カクストンは、およそ一五トンという大量の鉄を輸入している。前述のように、カクストンは、「ばら戦争」の際には「ヨーク派」であり、この頃になると、単に「織物商組合」の一正規会員であるというにとどまらず、イングランドと低地地方とのあいだの権益をめぐって、さまざまな政治的・経済的関係の形成と変動をめぐる当事者のひとりとなりつつあったようである。

「ばら戦争」は、現象的には、一四五五年、狂気の様相を濃くして行くヘンリー六世の王権に対して、ヨーク家を出自とするエドワード四世がロンドン商人と勃興しつつあるマニュファクチュア産業資本との連携の下に、王権を奪取し、その後のエドワード五世の悲劇とリチャード三世の血にまみれた治世を経て、一四八五年に収束する。しかし、ヘンリー七世（在位一四八五年〜一五〇九年）によるこの収束は、ランカスター公ジョン・オブ・ガーントの第三の結婚によって生じた一分家の後裔とエドワード四世の王女エリザベスとの婚姻というかたちでのランカスター・ヨーク両家の和解にとどまらず、これまで述べて来た遠方貿易の拡大を基調とする通商・交易の発展、毛織物産業をはじめとする初発の産業資本、およびイングランド内部の政治的統一という諸契機の積分として、まさしくイギリス絶対主義の成立を意味していたのである。それは、また、ホイジンガが描いていたブルゴーニュ侯国の盛衰に象徴される低地地方の「中世の秋」とは異なったかたちでの、イングランドにおける「中世」から「近代」への決定的推転の姿であった。

図版Aは、カクストンが一四七五年、ブリュージュで印刷・発行したみずからの最初の活字印刷の刊本『トロイ戦史拾遺』(Recuyell of the Histories of Troy) を、ブルゴーニュ大公妃マーガレットに献呈している様子を描いたものである。ペインターによれば、中央左に跪いてみずからの刊本を献げているこの男の姿は、謎の多いウィリアム・カクストンの唯一、正真正銘の肖像（'the only authentic surviving portrait of Caxton himself'）にほかならない。そして、マーガレットは、エドワード四世の妹であり、ブルゴーニュ侯国最後の当主シャルル突進公の第二の結婚の相手であった。

図版Bは、一四七七年のクリスマス、カクストンが帰英して、ウェストミンスターで刊行した六冊目の著作

A　最初の刊本を献げるカクストン

B　六冊目の刊本を献呈する様子

（いずれも G. Painter, William Caxton より）

'Dicts of the Philosophers I' の書写本を国王エドワード四世に献呈している様子を描いている。カクストンはこの本を同年十一月十八日に印刷・出版していたが、その活版印刷本とは別に、能書家の書写職人ヘイワードに伝統的な書写本を作らせた。ヘイワードは、十二月二四日までかかって、この作業を終了し、この献呈に間に合ったというわけである。

この「哲人箴言集」は、もともと、十一世紀ダマスカスで編まれたアラブ世界の著作で、ソロン、ピュタゴラス、ヒポクラテスおよびプラトンといった実在した哲学者たちの言辞に「セデキアス」、「タック」、「サルクィヌス」などという架空の思想家の言辞と称するものを混淆した一種の警句集であり、これをカクストンの最初の著者、二代リヴァース伯（エドワード四世の王妃エリザベスの弟、アンソニー・ウッドヴィル）が英語に編訳した著作である。

図版Bに戻ると、中央左端に跪いているのが書写職ヘイワード、そのとなりに跪き、騎士の盛装をして威儀をただしているのがリヴァース、その右に立っているのがグロスター公リチャード（後のリチャード三世）、右どなりが大法官トマス・ロザーハム、そして玉座に就く国王エドワード四世、その右に立っているのが幼い皇太子エドワード（後のエドワード五世、在位わずか三ヶ月にして、叔父であるリチャード三世により、ロンドン塔で殺される）、右端に立つのが王妃エリザベス・ウッドヴィルである。

この二つの図版は、きわめて自然なかたちで、カクストンの活版印刷術の生成の背景をうきぼりにしてくれる。前者の図版Aは、後述する一四七一年〜七二年のカクストンのケルンでの印刷術の修得の直接の成果を示すものであり、この献呈の二年後には、ブルゴーニュ大公シャルル突進公がナンシーで戦死し、この王妃マーガレットは、先妻の残した娘マリー王女を神聖ローマ皇帝マキシミリアン一世と結婚させることになる。

マリー王女の結婚の相手として、一度は前述のリヴァース伯の名前もあがり、フランスのルイ十一世もみずからの係累との結婚を強く望んだ。しかし、神聖ローマ帝国皇帝フリードリッヒ三世の皇太子であったマキシミリアンとの結婚を強く主張したのは王妃マーガレットであり、そこには、ランカスター家とフランス、ヨーク家とブルゴーニュ侯国という当代の国際政治の影が色濃く投影されていた。マーガレットは、ヨーク家の伝統的方針であった反フランスの立場から神聖ローマ帝国との結びつきを求めたのであるが、その結果として、ブルゴーニュ侯国は消滅し、低地地方はハプスブルク家の版図に含まれることになった。マキシミリアン一世とマリーの息子フィリップは、スペインの王女ホアナ（スペインの統一をもたらしたアラゴン王フェルディナンドとカスティーリャ女王イサベラの結婚によって生まれた娘）と結婚する。そして、フィリップとホアナの息子――すなわちマーガレットの曾孫――こそが、カール五世である。母方の系譜を引き継いでスペイン王（カルロス一世）となり、同時に、父方の系譜を継承してドイツ皇帝（カルル五世）となったこのハプスブルクの帝王は、フランス王フランソワ一世と闘いつつ、ほぼヨーロッパ全域を手中に収め、ある程度までオスマン・トルコの勢力をも撃退したという点では、マーガレットの思惑通り、反フランスの方針を貫徹し、シャルル突進公の「ヨーロッパ統合」の意図を具現したとも考えられよう。しかし、それは、また、シュマルカルデン戦争に象徴されるように、カトリックの側からの猛烈なプロテスタント弾圧の体制の確立をも意味していた。私たちは、あらためて、ウィリアム・カクストンが終生カトリックであり、ジョン・ミルトンの思想的立場とは正反対であったことに想到しなければならないのである。

後者の図版Bが示唆するのは、まず第一に、リバース伯とともにエドワード四世の側近を形成していたいわゆる「ヨーク党」の存在である。ウェンロック、ヴォーン、ハートクリフおよびラッセルという「ヨーク党」の領袖たちのなかで、カクストンにとって最初の著作者となったリバース伯とならんで重要なのは、ジョン・ラッセルである。ラッセルも、もとより、一四六七年六月一五日のフィリップ善良公の死にともなうその長子シャルル突進公とマーガレット・オブ・ヨークの結婚をお膳立て――ペインターは 'a package deal on the marriage and the trade war' と呼んでいる(4)――したグループのひとりであるが、とくに注目されるのは、彼が一四六六年二月四日、フストとシェッファーがマインツで印刷したキケロの De officiis 第二版を、ブリュージュで一四六七年四月十七日に購入しており、この購入にカクストンが同席していたという事実である。ラッセルは、また、一四六六年から六七年にかけての時期に、ケルンから輸入された活版印刷の聖書二冊をブリュージュの聖ドナティアン教会の回廊に付設された書店（'the booksellers' shops'）で購入し、それらをウースター伯ジョン・ティプトフトに送っている。言うまでもなく、マインツ、ケルンからブリュージュへは、ユトレヒトを経由して、広い意味で、ライン河によって結ばれた交易の回路となっていた。そして、マインツがプファルツとの抗争とそれにともなう「フェーデ」によって、一四六二年、大火に見舞われ、グーテンベルク、フスト、シェッファーたちが蓄積した活版印刷の技術と器材が四散した後、カクストンが一四七一年から一年半のあいだにケルンで印刷術を修得することになるのは、マーガレットの慫慂とともに、ラッセルからの強い督励があったことによるのであろう。

このような背景のもとに、ウィリアム・カクストンは、一四六二年六月にブリュージュのイギリス商館の総督（Governer, 'meester van der Ingelscher macien'）となり、一四七〇年の秋から七二年のあいだに、これを辞して、活字印刷の世界へと転じることになる。この転身の理由――ペインターは、'personal reasons' と言っている――として、「公妃マーガレットに仕えるため」、「カクトスン自身の文学上の関心のため」、「印刷術そのものを学ぶため」、「老境に近づき引退を考えたため」あるいは「みずからの結婚のため」といった事柄が挙げられているが、いずれも推測の域を出るものではない。

注目されるのは、国内的には前述の「ばら戦争」の展開――ヨーク派とランカスター派の一進一退――があり、国外的には、とくに遠方貿易の権益をめぐって、ハンザ同盟とイギリス商人との確執が強まり、これらが交錯するなかで、一四六四年十一月、カクストンがブリュージュからユトレヒトへと転出している事実である。ユトレヒトへの「脱出」（'exodus'）と資料に記されてあるからには、直接的にはカクストンおよびイングランド冒険商人たちにとって不利益な状況下での転出であったと思われるが、カクストン自身にとっては、逆説的に、この転出は積極的な意味を有するものであった。なぜなら、ユトレヒトは、前述のようにライン河の舟運でケルンと直結されており、相互の大市で招待しあう密接な関係に立っていたのだから。

そして、一四六九年三月には、カクストンは、みずからの激務のあいまをぬって、「トロイ歴史物語」の翻訳に着手しているのである。

一四七一年、カクストンがケルンに到着した時、当地では、それぞれ独立したかたちで、三人の印刷・出版業者が活動していた。第一はウルリッヒ・ツェルという人物で、マインツの司教管区の下にあった聖職者（cleric）のひとりで、一四六五年からケルンでの印刷・出版をはじめていた。第二は、アーノルト・テア・ヘールネンという人物で、一四七〇年に活動を開始していた。第三の人物は、名前の判明していない印刷・出版業者（the anonymous third）で、(5) ヘールネンの直後、もしくは一四六九年頃に、ケルンでの活動をはじめていたようである。カクストンがこれら三人の印刷・出版業者のなかのだれのもとでその技術を修得したかは、カクストン自身の書き残したものからは判明しない。むしろ、手がかりになるのは、カクストンの弟子であり、カクストンの死後、イギリスで手広く印刷・出版の活動を展開したウィンキン・デ・ヴェルデの書き残したもののなかにある。それは、具体的には、カクストンの死後四年、一四九五年、ウィンキンが出版した 'De proprietatibus rerum' ――これは、十三世紀の百科事典である Bartholomaeus Anglicus のイギリスにおける最初の刊本である――に付与されたカクストンへのオマージュである。Bartholomaeus のラテン語版の活字印刷による刊本は、一四七二年、ケルンで発行されている。そして、ウィンキンによれば、カクストンは、この本の印刷・出版の過程に参加するかたちで、活字印刷の技法を学んだのである。このことから、カクストンは前掲の三人の印刷・出版業者のなかの第三の人物、すなわち氏名不詳の活版職人のもとで修業したということになる。この活版職人の代表作は、一四七三年に刊行されたFlores Sancti Augustiniである。そして、この氏名不詳の印刷・出版業者に金属活字の金型を提供していたのがヨハン・ヴェルデナーであり、後年のカクストンとヴェルデナーの交流の深さを考えると、一四七一年〜七二年のケルンでのカクストンの実質的な「親方」であり、「指導者」であったのは、このヴェルデナーだったかも知れない。さらに、ペインターは、ヨハン・シリング――この人物は、一四七三年以降、ライン河の上流バーゼルで印刷・出版業に携わっている――も、カクストンの修業に手を貸していた可能性があると述べているが、さしあたり、私にとっては、ヴェルデナーとの結びつきが確認されるだけで十分である。

カクストンは、一四七二年十二月までケルンに滞在し、Bartholomaeusの完成を見てからブリュージュに戻り、一四七三年の終りから七四年のはじめには、みずからの最初の活字印刷本Recuyell of the Histories of Troy出版の準備を、ほぼ完了している。この本の原著書Recueil des histoires de Troieは、一四六四年に刊行され、当代のブルゴーニュ公国きってのベストセラーであった。著者のラウル・ルフェーブルは、ルフェーブル自身が記しているところによると、フィリップ善良公に仕えるカトリック司祭であり、王宮礼拝堂づき司祭('priest and chaplain')であった。このかぎりでは、丁度カクストンがシャルル大公妃マーガレットのためにこの本を英語に翻訳して出版したのと同じように、ラウル・ルフェーブルも、パトロンとしてのフィリップ善良公のために、この歴史物語をまとめたと考えられるであろう。しかし、実は、ラウル・ルフェーブルは、フィリップ善良公の側近のなかの大立者ジャン・ルフェーブルの息子もしくは甥――当時、ローマ教皇や枢機卿たちの場合をはじめとして、多く、甥（nephew）とは「私生児」を意味していた――であり、ジャン・ルフェーブルは、フィリップ善良公の侍従であり、枢密顧問官のひとりであり、同時に、大公づきの報道官[6]（'ducal herald'）であり、大公が創設した「金羊毛騎士団」の紋章院長官（'King-at-arms'）であり、同時代の年代記作者でもあった（wrote a chronicle of his times）。すなわち、ジャン・ルフェーブルこそ、「中世」から「近代」へと移行する歴史過程のなかでの最初のジャーナリストのひとりであり、当代のブルゴーニュ侯国を代表するイデオローグであった。したがって、私たちは、カクストンの最初の刊本『トロイ歴史物語』を、単なる「ロマンス」、騎士道物語として位置づけて満足すべきではない。

かつて、フィリップ善良公は、一四四四年から四五年にかけて、ブルゴーニュ侯国の艦隊を地中海東部に派遣し、その一部は、遠く黒海の東南岸にまで達した。私たちは、まず第一に、ニコラウス・クザーヌスの一四三七年から三八年にかけてのコンスタンティノープル訪問を想起しなければならないであろう。クザーヌスは、バーゼル公会議の決定にもとづき、東西キリスト教会の合同というかたちで、オスマン・トルコの脅威にさらされていた東方教会を救済することを任務としていた。しかし、現実の推移においては、一四五三年のビザンツ帝国崩壊に示されているように、東西キリスト教会の合同という目標は、形式上の成功と裏はらに、実質的に達成されず、クザーヌスも、むしろ、プラトンをはじめとするギリシァ思想とイスラムの自然哲学の導入に成果をあげたのであった。そして、ビザンツ帝国の崩壊という状況のもとでも、ヴェネツィアとジェノバを中心とする地中海貿易はますます発展していたのであり、前述したように、ヴェネツィア共和国はエーゲ海の奥深く、テッサロニキの港町さえ、オスマン・トルコから買い取っていたのである。

フィリップ善良公の地中海から黒海沿岸までの遠征には、いくつかの狙いがあったであろう。それは、単に「トロイ戦争」の故地を訪れるロマンティックな旅ではなかった。フィリップの艦隊は、たしかに小アジアのトロイを訪れた後、ヘレスポントの海――現在のダーダネルス海峡――に入り、イアソンのゆかりの場所、コルキスに到達し、その地の「サルタン」から「われこそがトロイの王であり、トロイのヘクトールの真の後継者である」と記した書簡を得ている。ここで、私たちは、カクストンの刊本の五冊目の活字印刷の書籍が 'Histoire de Jason'（一四七六年、ブリュージュ）であることに思いをいたし、コルキスが「金毛の羊」（the Golden Fleece）の伝説の地であり、まさしくこの「金毛の羊」を手に入れるためにイアソンが組織した五〇人の勇士の群れ――騎士団の原型――が「アルゴナウタイ」（Argonautai）であり、アーゴノートであったことを想起しなければならない。こうして、フィリップの地中海東部遠征は、第一に、ゲルマン民族の大移動にともなうブルグント王国の生成に出自をもつブルゴーニュ侯国の正統性を、カール大帝のフランク王国の統一と西ローマ皇帝就任、およびその後のロタール王国――ドイツ・オーストリアの「東フランク王国」とフランスの「西フランク王国」の中間に位置し、オランダ、ベルギーからロンバルディア、イタリアに至る広大な版図を有していた――との連続性の確認に求めるというきわめて野心的な狙いをもっていた。ヴェルギリウスの『アエネイス』の主人公として知られるローマ建国の祖アエネイアスは、トロイの英雄アンキセスと女神アフロディテとの子であり、実は、トロイ戦争では、ヘクトールに次ぐ勇将であった。フィリップ善良公は、こうして、ホメロス、ヴェルギリウスの歴史物語との結びつきをほりおこすことによって、みずからの支配の正統性を確保し、これを基盤として、神聖ローマ帝国のフリードリッヒ三世、フランスのシャルル七世に伍して、ヨーロッパ統合のヘゲモニーを握ろうとしていたのである。彼の創設した「金羊毛騎士団」は、ホイジンガの位置づけより、はるかに大きな政治的文脈の上に位置づけられなければならないのである。だからこそ、フィリップの後を継いだシャルル突進公は、一四七三年、モーゼル河畔トリーアで神聖ローマ帝国皇帝・ドイツ国王フリードリッヒ三世と会見した際、みずからに「ローマ人の王」としての地位を要求し、カール大帝以来の「西ローマ皇帝」の正統の継承権を主張したのであった。

フィリップの地中海東部遠征の第二の狙いは、言うまでもなく、東方貿易の利権にあった。カクストンの時代に、ブリュージュがヴェネツィアの勢威を凌ぐ隆盛を示すのも、早くから通商・交易に目を注いだブルゴーニュ侯国の経済戦略の所産であり、ひとつの結果だったのである。

もう一度、私たちは、カクストンの最初の活字印刷本『トロイ歴史物語』の原著者ラウル・ルフェーブルが、ブルゴーニュ大公の政治権力の中枢にいたジャン・ルフェーブルの近親者であったという事実に、注目しておくことにしよう。そして、ジャン・ルフェーブルの絢爛たる肩書きのうちに、"herald"（報道官・広報官）という役職があり、「年代記」作者の職分があったことを看過すべきではない。活版印刷機は、一四五〇年代前半のマインツにおけるグーテンベルク、フスト、シェッファーによる稼働に端を発して、一四六四年ケルン、六六年バーゼル、六七年ローマ、六九年ヴェネツィア、七〇年パリ、ニュールンベルク、ユトレヒト、七一年ミラノ、ナポリ、フィレンツェ、七二年アウグスブルク、七三年リヨン、ヴァレンシア、ブダペスト、七四年クラクフ、ブリュージュ、七五年リューベック、ブレスラウ、七六年ロンドン（ウェストミンスター）、七八年ジュネーブ、パレルモ、メッシーナ、八一年アントワープ、ライプツィヒ、八二年オーデンセ、八三年ストックホルムというかたちで、急激に伝播する。この伝播と普及の過程のなかで、周知のように、アントン・コーベルガー、アルドゥス・マヌティウス、アントワーヌ・ヴェラール、ヨハン・クローベン、アンリ・エティエンヌ、ジョフロワ・トリーなどの草創の印刷・出版業者たちが輩出し、カクストンもその一翼を担うことになるわけであるが、同時に、この過程のなかで、ジャン・ルフェーブルのような「ジャーナリストの原型」――「報道官・広報官」や「年代記作者」はその側面のひとつひとつの具体例であり、それが、当代の政治権力およびカトリックの上級権力と結びついて、「中世」から「近代」への転轍を推転させて行く初発の「イデオローグ」を集成させていた――が誕生しつつあったという事実は、重要である。カクストンの最初の刊本『トロイ歴史物語』は、けっして、ブルゴーニュ大公妃マーガレットの趣味に迎合した騎士道ロマンスの刊行ではなくて、これまで詳述して来た「ヨーク派」とブルゴーニュ侯国との通商・交易の利害を基底として、ドイツ、フランスをはじめとする近隣の国民国家の「近代」的編制に伍しつつ、ブルゴーニュそのものの政治的、思想的統合とそのための正統性の調達をもたらす、その意味できわめてイデオロギッシュな著作であった。事実、大公妃マーガレット自身が、熱心な「毛織物貿易」('the cloth trade')の担い手であり、兄エドワード四世から「関税免除」で毛織物製品を輸出する複数の特許(Licences)を得ていた。そして、カクストンは、ブリュージュのイギリス商人たちの「総督」を務めるかたわら、マーガレットのこの「毛織物貿易」の代理人('her agent')として、十二分に仕えていたのである。(7)

こうして、一四七四年の暮れから、遅くとも七五年の一月のうちに、カクストンは、英語で印刷された最初の本、イギリス人印刷職人による最初の本、そしてドイツ以外の場所ではじめて 'a bâtarde Type' によって印刷された書籍を、刊行したのであった。製紙技術および製本技術の進歩をものがたるように、『トロイ歴史物語』全三巻は、三台の印刷機を用いて、三巻本のそれぞれが、同時に、平行して、印刷・製本された。

カクストンの第二作は、有名な Game of Chess I で、七五年三月に翻訳を終え、その後まもなく出版されている。これらは、前出のウィンキン・デ・ヴェルデ――アルザスの Wörth、現在はドイツ、プファルツ、出身、ケルンで十歳代の徒弟として印刷・出版に従事しており、一四七三年〜七四年に、ヴェルデナーによって、見込みのある青年として、カクストンに紹介された――の助力を得ながら、刊行されたものと思われる。

ブリュージュで印刷・出版されたカクストンの刊本のなかで、とくに注目されるのは、四番目の刊本、Méditations sur les sept Psaumes pênitentiaux である。これは、第一章で触れたピエール・アイイ――あのコンスタンツ公会議で活躍した枢機卿――の著作であり、後述のライムンドゥス・ルルスの著作とともに、カ

一四九九年の図版「死の舞踏」
(G. Painter, ibid. より)

復元された一五世紀の印刷機
(リヨン印刷博物館資料)

クストンとクザーヌスとの接点をさし示すものと言ってよい。この『悔罪詩編の考察』それ自体は、かつての「公会議派」の教会法の視点を展開したものではなくて、むしろ、ブルゴーニュ侯領に隣接するカンブレー司教領の司教の宗教的著作として、ブルゴーニュでもひろく読まれ、すでに、一四七二年頃、ケルンにおいて、前出のヘールネンによって最初の版が刊行されていた。ピエール・アイイは、第一章でも言及したように、オッカム派の唯名論者であり、その著書“Imago mundi”は、明瞭に地球球体説に立っており、コロンブスの大航海に影響を与えていたことが実証されている。しかし、カクストンは、一七四にものぼるアイイの著作の全体的構造を顧慮したとは考えられないのであり、おそらくヴェルデナーとならぶブリュージュでの盟友コラード・マンションの勧めにしたがって、この『悔罪詩編の考察』を出版したのであろう。ただし、この本のなかで、アイイは「死」、「審判」、「地獄」および「天国」という究極の命題についての所論を展開しているのであり、クザーヌスのように《信》の構造を存在論的に深化するというような思想的契機をもたないにしても、当代の《メメント・モリ》の風潮――それは、リヨンの印刷工房の姿を今に伝えるものとして有名な一四九九年の図版『死の舞踏』Dance Macabre に象徴されるごとく、初期の印刷・出版の隆盛に少なからず寄与した――への対応として、ある程度まで、《デヴォーチオ・モデルナ》へのカクストンのコミットメントを例証するものであった。

2　《コミュニケーション》の源流とカクストン

ウィリアム・カクストンは、一四七六年九月三〇日、ロンドン（シティ）の西郊ウェストミンスター・アベイの一隅に、自分の「店」（家賃の支払い台帳には‘una shopa’と記されている）を開いた。(8) 家賃の支払いはカクストンの死の年一四九一年まで継続して決済され、その後は前述のウィンキンが引き継いで一五〇〇年まで支払いを続けている。そして、この一五〇〇年に、ウィンキンは、ロンドン（シティ）のフリート・ストリートに「店」を移しているのだから、やはり、カクストンがブリュージュから移動して来てウェストミンスターで開業した「店」が、イギリスにおけるジャーナリズムの源泉ということになるであろう。

カクストンの「店」は、ペインターによれば、ウェストミンスター寺院の南東側、チャプター・ハウスの胸壁の北側の二つの柱のあいだにあった。チャプター・ハウスは、もともとウェストミンスター寺院の大司教座参事会の会議室であったが、エドワード一世の時代から下院議会の会議場となっていた。この場所は、セント・マーガレット・ストリートをはさんで、現在の国会議事堂、かつてのウェストミンスター・パレスおよびウェストミンスター・ホールに隣接しており、カクストンの「店」のすぐ北隣りは有名な「詩人たちのコーナー」（'Poets Corner'）という位置になる。前者は悪名高い「星室庁裁判所」をその一角に有していたのであり、後者は、十字型ラテン・クロス様式のウェストミンスター寺院の中央、主祭壇の右側に位置する墓所であり、チョーサー、ベン・ジョンソン、バーンズ、シェイクスピア、ブレイクなどとともに、ミルトンの碑銘を飾っている。実際、とりわけ議会開会中には、カクストンの「店」の前を、王室をはじめとする権力の中枢にある人びとや議員たちが足繁く往来していたのであり、後述するイギリス・ジャーナリズムの展開とそのなかでの「言論の自由」をめぐる闘いの「原型」が、こうして、ほぼ出揃ったことになると言っても過言ではないであろう。

カクストンがウェストミンスターで刊行した活字印刷本九八冊の最初のものは、興味深いことに、「免罪符」（贖宥状）（Indulgence）である。活版印刷の「免罪符」は一四五四年グーテンベルクによって印刷されたものを嚆矢とするが、カクストンも、一四七六年十二月十三日発行を第一回のそれとして、一四八〇年（勧進元はジョン・ケンドール）に二度、翌八一年（勧進元はヨハンネス・ド・ギグリス）に二度、さらに一四八九年（おなじくギグリスおよびペルセウス・ド・マルヴィシイス）まで、あわせて六回発行している。いずれも「オスマン

・トルコの討伐」や「ロードス島騎士団のエルサレム奪回」などの大義名分のもとに発行されているが、これらは、もとより、その時々のローマ教皇の勅諚と国王の特許の下に発行されているのであり、シクストゥス四世によるシスティナ礼拝堂の建立（一四七三年）――ミケランジェロが、ここに、『旧約聖書』の「創世記」の九つの場面を描くのは一五〇八年〜十二年である――レオ十世によるサン・ピエトロ大聖堂の改修（一五一三年）などの具体例にみられるように、もっぱらローマ教皇領の財政の補填に充てられ、国王や勧進元たちも相応の利益をあげることのできる旨味のある「事業」であった。

カクストンの最初の「免罪符」は、一四七六年五月一四日から、アビンドンのベネディクト会大修道院の院長ジョン・サントを教皇シクストゥス四世の代理人とし、これをイギリスにおけるローマ教皇の徴税官ヨハンネス・ド・ギグリスが補佐するかたちで、印刷・発行された。ジョン・サントは、ウェストミンスター寺院――この寺院も、もともと、ベネディクト会の修道院であった――の当時の院長ジョン・イーストニー、およびその前任者トーマス・ミリングの親しい友人であった。一四六八年に院長に就任し、九六年までその任にあったイーストニーは、いわば、カクストンの「大家」であり、さらに注目されるのは、その前任者ミリングが、六八年にヘレフォードの司教に転出した後も、ウェストミンスター寺院の「聖具保管係」(the sacrist)の役職を続け、同時に 'warden of the fabric works' であり続けたという事実である。(9) おそらく、カクストンとウェストミンスターとの由縁は、ロンドンにおけるエドワード四世の側近の上層聖職者たち、とりわけミリングとの「繊維製品」(毛織物製品だけではなくて、ブリュージュを経由してブルゴーニュ侯国その他から輸入されるリンネル製品をも含んでいたであろう）をめぐる結びつきから、深まって行ったのであろう。サントという人物は、クザーヌスがめざしていた教会改革のまさしく標的そのもののような「利権の人」であり、本来、外交の任務を帯びてイタリアに滞在していた折、シクストゥス四世にとり入って（ペインターは Sant had coaxed と言っている）、前述の「徴税官」という「金になる内職」(valuable sideline)を手に入れた。サントは、さらに、イーストニーをウェストミンスター寺院の院長に任命することの交換条件として、イーストニーが毎年一〇〇フローリンの上納金を持ってヴァチカンを訪れるよう工作し、シクストゥス四世の歓心を買っていたのである。このような利権工作をめぐって、エドワード四世がシクストゥス四世に怒りと罵倒の手紙をくりかえし送っている状況を見ると、もはや、イギリスにおける教会改革——とりわけ修道院の解体——は必然であり、ヘンリー八世による「国教会」というかたちでの再編成が必要になったことも、そのかぎり理解されるであろう。ともあれ、カクストンは、こうした頽廃と汚辱を内包しはじめたイングランド絶対主義の権力の中枢に寄生するかたちで、ウェストミンスターにおける活字印刷をスタートさせたのである。

ウェストミンスターに戻ってからカクストンが発行した活字印刷の刊本九八冊の全体にわたって分析することは、本稿の直接の課題ではないので、別の機会にゆずりたい。ここでは、いくつかの特徴をあげるにとどめる。

第一に注目されるのは、ローマの哲人政治家カトーの著作が、一四七六年、七七年、八二年、八三年と四回も刊行されていることであろう。前述した『哲人言行録』という警句集もあらためて一四七七年、八〇年、八九年と発行され、キケロの著作(『老年について』、『友情について』、『高貴ということについて』)も八一年に発行されているので、まずは、全体として、中世ヨーロッパの基幹であったローマの思想を、古典として紹介したと考えられよう。さらに付言するならば、これまで詳述して来たカクストンの通商・交易の活動の世界とその背景としての「ヨーク」家流の政治・経済的施策の展開は、とりわけフランス、ブルゴーニュ、ドイツ、そしてやや遅れてスペイン、という勃興しつつある諸国民国家とのかけひきに明け暮れるもので、マキァヴェリ的な意味での「合理性」を含むものであるにしても、きわめて没理念的な性格が強かった。カトーをはじめとする古代ローマの書物の刊行は、それなりに、生成期のイングランド絶対主義に理念の装いをもたらすものであったと言うことができよう。

第二の特徴は、有名な『カンタベリー物語』の刊行（一四七八年、八三年）である。これは、初期の『イアソン物語』（一四七七年）から中期の『イソップ』（八四年）の刊行へと展開する流れと基調をともにするもので、端的に言えば、カクストンの活版印刷への大衆的読者――「受け手」――の成立を示すものである。『アーサー王の死』（一四八五年）もこれに加えてよいであろう。

第三の特徴として注目されるのは、『イングランド年代記』（一四八〇年、八二年）の発行であり、これに『ブリテン略記』（八〇年）、『世界の鏡』（八一年、八九年）、さらに『パリとウィーン』（八五年）のそれをかさねあわせることができる。初期の活字印刷がほとんど必ず「年代記」をとりあげるのは周知のところであるが、それに加えて、『世界の鏡』は世界地誌の本であり、『ブリテン略記』にいたっては、ブリテン社会の創世をローマ人ブルータスの遠征という夢物語に結びつける、ほとんど「語呂合わせ」に近い内容のものであるが、全体として、「中世」から「近代」へと推転するイングランドの「生活世界」を時間・空間の基軸によって「合理化」――脱神話・脱宗教化――する流れと考えられよう。

第四の特徴は、ヘンリー七世の治世の『法令集』第一巻、三巻、四巻の刊行（一四九〇年）である。ヘンリー七世自身は、言うまでもなく、ランカスター家の出自にたつものである。しかし、彼は、エドワード四世の娘エリザベスと結婚することによって、事実上、「ばら戦争」以来の「ヨーク」・「ランカスター」両統の対立――それは、また、前者のブルゴーニュ・ハプスブルク同盟路線と後者のフランスとの同盟の路線の対立をも意味していた――を収束する立場にあったのであり、ヘンリー八世、エリザベス一世に先立って、まさにイギリス絶対主義の基礎を確立して行った人物なのである。このようなヘンリー七世の『法令集』をカクストンが手がけているという事実は、イギリスにおけるジャーナリズムの展開のなかで、きわめて重要な意味を有する。「中世」から「近代」への社会変動の基軸を《コミュニオン》から《コミニュケーション》への脱構築としてとらえる本書の視点から見るならば、一四九〇年——この年はカクストンの死の前年にあたる——のこの『法令集』の刊行は、カクストンの活動のパターンの枠のなかでの《コミニュケーション》の社会的位置づけの確立を意味していたと言ってよいであろう。

第五の特徴は、最晩年の刊本 'Art to know well to die'（一四九〇年）および 'Ars moriendi'（一四九一年）によってうきぼりにされる。《メメント・モリ》の風潮については既に言及したところであるが、このように「死の技法」（The Art of Dying）を扱った書物が当代のベストセラーの一角を占めるという事実は、やはり、「ネポティズム」に明け暮れるヴァティカンに象徴されるカトリック世界が、「個人」の死を荘厳し、その「生活世界」の終焉を価値的に救済するという本来の任務について、実力を喪失していたことと相即するのであろう。キリスト教会史は、この時代を、「ネポティズム」——シクストゥス四世は自分の「甥」たちのひとりレオナルドをナポリ王フェルディナンドの娘と結婚させ、もうひとりの「甥」ジュリアンを教皇ユリウス二世とし、さらにジェローム・リアリオをフィレンツェの大司教職に就け、他の二つの大司教職を重任させているが、このような「縁故主義」はレオ十世に至るまで枚挙にいとまがない——の時代と規定するが、これまで述べて来たような歴史過程のなかで、この「ネポティズム」という汚れた《関係》のあり方に、通商・交易のメディアとしての「商品」および「貨幣」がまとわりついて行ったのである。「シクストゥス四世の即位によって神の教会の堕落がはじまった」（ヴェスパシアーノ・ダ・ビスティッチ）とされる通り、一四九二年には、ヴァティカンの枢機卿たち二十三人のなかで、イタリア人以外の枢機卿はたった二人だけとなり、一五二一年のハドリアヌス六世以後、四五〇年にわたって、ローマ教皇の座はイタリア人によって独占されることとなった。普遍公教会としてのローマ・カトリックがこのように、実質的に、イタリアのローカルな世界に局限されるという事態は、よく知られているように、一方においてルターとカルヴァンのプロテスタンティズムを呼び起こし、他方において、イグナチウス・ロヨラたちイエズス会の活動を通してのカトリック世界の再構築を結果することになる。カクストンによる「死の技法」の刊本は、こうして《コミュニオン》から《コミュニケーション》への脱構築――それらの刊本の読者たちは、みずからの《死》を教会の《コミュニオン》に委ねて救済されるとは考えられず、むしろ、これらの「技法」の習得によってそれぞれ「個人化された」救済への途を模索しなければならなかった――を、逆説的にうきぼりにしているのである。

私たちは、最後に、カクストンが一四八四年に刊行した 'Order of Chivalry' に着目することにしたい。この本は、ライムンドゥス・ルルスのカタロニア語の原著 'Libre del orde de cavayleria' のフランス語版を、カクストンがみずから英訳し、発行したものである。ライムンドゥス・ルルスは、第一章に詳述した通り、スペイン、カタロニア（マジョルカ島）出身のスコラ哲学者、論理学者であり、クザーヌスはとくに「ルルスの術」（Ars magna）を自然の階層性の議論に結びつけ、「地動説」の淵源につらなる存在論を導出していた。しかし、ここに登場するルルスは、騎士道物語の作者、小説家、としてのルルスである。騎士道の具体的な内容としてのさまざまな義務や衣装・武具を含むサンボリズムとともに、この小説は、ひとりの年老いた隠者が若き「スクワイヤー」を説いて、騎士道を身につける旅にでるように勧め、その若者がある宮廷に出仕し、国王に仕えるなかで、さまざまな義務を果たし、騎士道精神の花を開かせるという筋立てである。ホイジンガの「中世の秋」は、周知のように、現代の私たちには奇異に映るほど「騎士の理念」、「騎士道理想」の当代における重要性を強調しており、その第五章には、フロワサールの「年代記」に即した仮装した騎士たちのトーナメントのことが詳しく描写されている。カクストンにこの『騎士のさだめ』の刊行を推奨したリヴァース伯アンソニーは、彼自身、一四七八年一月二一日、馬上の高潔な隠者の装いのもとに、'his last fancy-dress tournament' に参加している。しかも、カクストンは、この本を、リチャード三世に献げているのであり、その献辞のなかには「わが畏るべき、生れながらにして最強の国王リチャード閣下に」とあり、「その長寿とゆるぎなき繁栄」を願い、「すべての敵に対する勝利」と「天国における永遠の生」を祈っているのである。(10)

ルルスの小説の筋立てにならって言えば、リヴァース伯アンソニーが老隠者であり、「スクワイヤー」はまさしくリヴァース伯の甥――シクストゥス四世の「甥」は私生児たちを意味していたが、この場合は、アンソニーの姉エリザベス・ウッドヴィルの息子――である皇太子（のちのエドワード五世）にほかならない。ところが、リチャード三世は、一四八三年七月、この皇太子をロンドン塔内で殺し、リヴァース伯の首を刎ねているのである。カクストンは、エドワード四世の王室との由縁からすれば、その仇敵とも言うべきリチャード三世にこの刊本を、美辞麗句とともに、献呈していることになるが、私たちは、この事実をどのように理解したらよいのであろうか？　ペインターは、ひとつのヒントを、エドワード四世の王妃、エリザベス・ウッドヴィル――前述のように、彼女はリヴァース伯の姉であった――の意向にもとめている。王妃エリザベスは、自分の夫、息子たち（皇太子にとどまらずその弟ヨーク公リチャードも）、さらに弟まで弑逆されながら、ひたすら「ヨーク家統」ひいてはプランタジネット統の王統を維持・継続させるために、自分の娘である王女エリザベスをリチャード三世に娶らせようとしていた――リチャード三世とアン・ネヴィルとのあいだの子、エドワードは、一四八三年八月に皇太子に冊立されていたが、翌八四年四月、謎の死を遂げていた――、これが歴史家としてのペインターの推測である。実際、翌八五年、リチャード三世は王女エリザベス――彼女はリチャードにとって姪である――と結婚しようと企図しているが、これを実現しないうちに、同年夏ボスワースの戦いでヘンリー・チュードル（のちのヘンリー七世）に敗れ、斃死している。そして、王女エリザベスは、前述のように、ヘンリー・チュードルと結婚するのであった。

ライムンドゥス・ルルスの騎士道物語をカクストンが刊行したという顛末についての歴史家の解釈を参照するのはこれで十分であろうし、ここからさきはシェイクスピアの史劇『リチャード三世』の世界そのものである。そして、私にとっての本質的な問題は、おなじライムンドゥス・ルルスの著作が、若きクザーヌスがケルンからわざわざパリに一年遊学してその自然哲学および論理学を学んだ場合と、カクストンがイギリス絶対主義の胎動のなかで活版印刷に供する場合とで、これほどにまで大きな落差を示して、その影響力を発揮しているという事実の方である。さしあたり、本稿においては、ライムンドゥス・ルルスの著作の全体的構造が問題なのではない。問わるべきは、それに示唆されて、ニコラウス・クザーヌスは、自然法の「中世」教会法的な理解から自然法則の客観的展開と運動による「近代」的世界像の生成の端緒へと進んで行ったけれども、他方、ウィリアム・カクストンは、グーテンベルクに由来する活字印刷の技術に結びつけながら、ルルスのもっとも「中世」的な、表層の部分を、当代のイギリスのヘゲモニーをめぐる政治権力の争闘へと連接しているという、これら両者の対照である。前者の思想的営為のなかで、《コミュニオン》から《コミュニケーション》への脱構築は、一方において、存在論と認識論の両契機を含む《信》の構造の構造変動としてあらわれ、他方、そのことによって基礎づけられながら、「記号」に依拠するコミュニケーションの主体としての「個人」の行為の意味をうきぼりにしていた。これに対して、後者は《コミュニオン》から離在し、脱構築されて行く《コミュニケーション》を、もっぱら通商・交易とそれをめぐる政治的折衝のなかで、すなわち商品の運動とそれを方向づける広い意味での重商主義の政治的・経済的社会関係のダイナミズムのなかで活用し、活版印刷による大量生産、大量伝達の方途を開いていたが、「個人」のコミュニケーション行為の可能性とその構造については、ほとんど関心を寄せるところがなかった。

あらためて言えば、ニコラウス・クザーヌスは一四〇一年に生まれ、一四六四年に死去し、ウィリアム・カクストンは、一四二二年頃に生まれ、一四九一年に死去しているのであり、両者ともに十五世紀を生きた同時代人なのである。

カクストンは、ブリュージュで「冒険商人たち」のひとりとして活躍し、イギリス商館の「総督」であった頃、正確には一四六八年以降、ブルゴーニュ大公妃マーガレット――彼女は、同時に、イングランドの国王エドワード四世の妹であった――の 'adviser and business agent' として 'a retaining fee' を恒常的に支払われていた。カクストンがもたらす「情報」は、多くの場合、「手紙」であり、'messenger' によって伝えられていた。一四七一年から一年半にわたるケルンでの活版印刷術の修得も、まさしく六八年以降、シャルル突進公（マーガレットの夫）が、リェージュ司教領を支配下におさめ、さらにヘルレ侯領――デフェンターはこの地域に含まれる――を軍事的に征圧しながら、ライン河流域のドイツ諸侯領への勢力浸透をはかっていたという事実と重ねあわせて、その意味を理解しなければならないのであろう。前述したように、一四七三年、シャルル突進公は、ニコラウス・クザーヌスゆかりの地ベルンカステル‐クースに隣接するモーゼル上流の街トリーアで、神聖ローマ皇帝・ドイツ国王フリードリッヒ三世と会見し、カール大帝以来の栄光の称号「ローマ人の王」を要求するが、ここに至るシャルルの軍事行動（「突進」の所以）の背後にはカクストンのケルンでの「情報」収集もそれなりの寄与を果たしていたと思われるのであり、だからこそ、ブリュージュに戻ってからのカクストンの記念すべき活字印刷第一号『トロイ歴史物語』が、ブルゴーニュ侯国の 'herald' ジャン・ルフェーブルに関わりの深い人物の著作だったのである。

3　カクストンからジョン・ミルトンへ

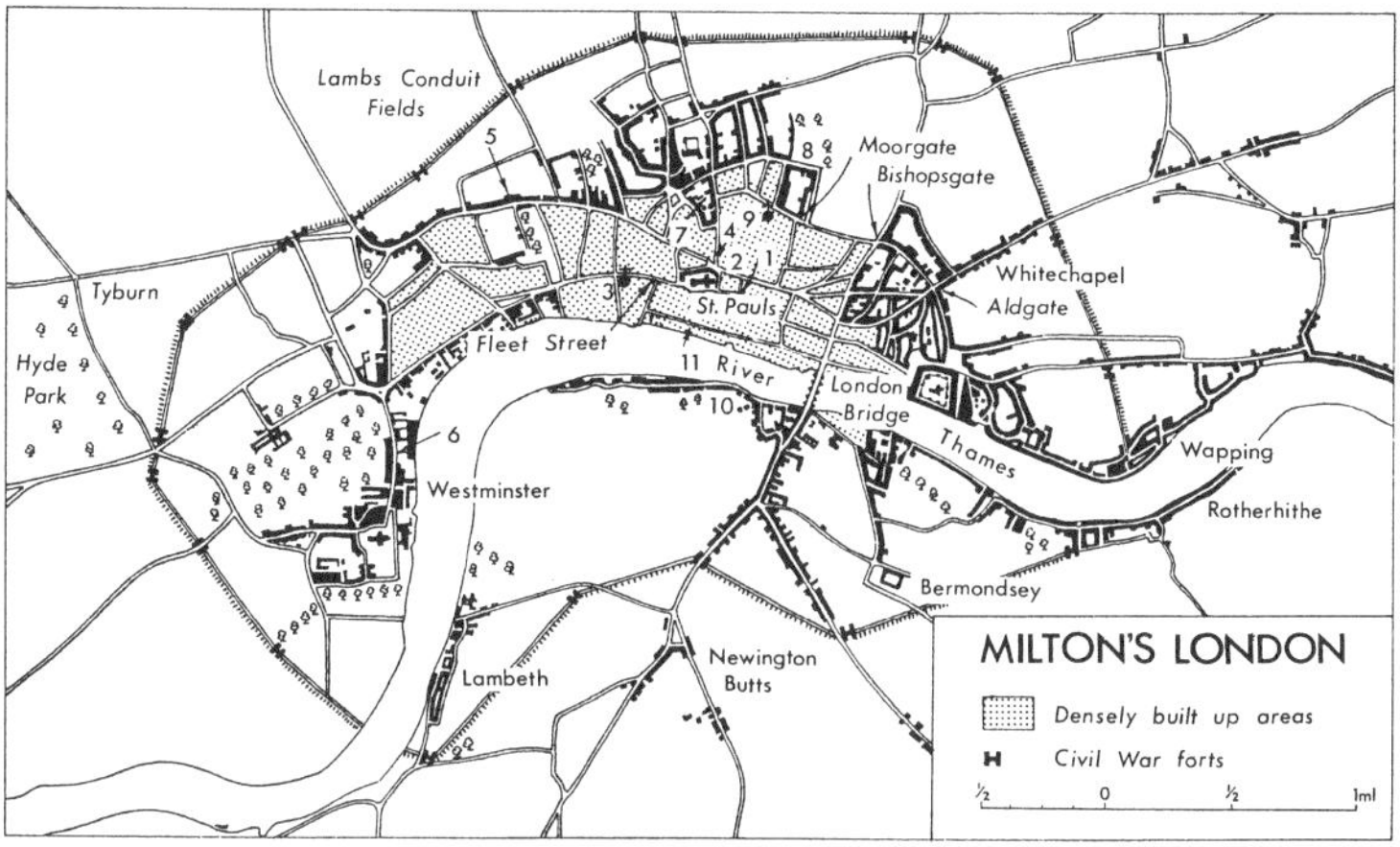

ミルトンの時代のロンドン

（L. Potter, A Preface to Milton より）

ジョン・ミルトンは、一六〇八年一二月九日、ロンドンのブレッド・ストリート、'The Spread Eagle' に生れた。前述したように、ミルトンの生れた「パン屋通り」はシティの中枢部やや西側に位置し、ウィリアム・カクストンに由縁の深いロズベリー・ストリートやアイアンモンガー・ストリート（「金物屋通り」）は指呼のうちにある。実際、ミルトンの母親サラは織物商・洋服商の娘であり、幼少時のミルトンの近隣の世界は裕福な商人のそれであり、それらの半ば以上が毛織物業者たちであった。[11] したがって、ジョン・ミルトンは、その生涯の出発の時点では、カクストンの生涯に関わりの深い土地や職業に近接していたと言ってよい。しかし、一六七四年一一月八日、痛風の発作で死に至るまで――同月一二日彼が埋葬されたクリップルゲイトのセント・ジャイルズ教会は、「パン屋通り」のほとんど真北に所在し、その意味で「シティ」に帰って来たとも言えるが――ミルトンの生涯は、カクストンのそれとほとんど対極に位置すると言ってよいほどに、離れて行く。カクストンの活版印刷の技術が基盤を与えたイギリスのジャーナリズムと出版文化は、一四九一年のカクストンの死と一六〇八年のミルトンの生誕とのあいだの一世紀ほどのあいだに、急速に拡大し、発展して行った。そして、カクストンがイングランドとブルゴーニュ侯国との通商・交易の隆盛のさなかで、いわば、《経済的》社会関係と《政治的》社会関係の結節するところで、活版印刷の技術をイギリス社会に底礎したのに対して、ミルトンは、その後の一世紀間のイギリス社会の「近代」の胎動のなかで、むしろ、《文化的》社会関係と《政治的》社会関係との重層し、融合する境位において、コミュニケーション行為の「主体」像を析出し、それを根拠づける「言論の自由」の概念を底礎したのであった。前者はプランタジネット朝末期からテューダー朝にかけてのイギリス絶対主義の確立期に、その権力と「初期独占」の内側にみずからコミットし――その象徴的表現がブリュージュにおけるイギリス商館「ウォーターホール」の総督（Governor）就任である――、後者は、それとは正反対に、スチュアート朝のイギリス絶対王政に真向うから反対し、一時的にクロムウェルの「共和政」が成立することに貢献し――その象徴的表現は、'Secretary for the Foreign Tongues to the Council of State' 就任である――、結果として、ジョン・ロックの時代以降のイギリス議会政治への途を開いた。

ジョン・ミルトンは、一六四一年の著作『イングランド宗教改革論』（Of Reformation in England）第一部のなかで、次のように言う。

…the Table of Communion now become a Table of Separation…(12)

これは、直接的には、イギリス国教会の内部で一度撤去された聖餐台を復活しようとする当代のカンタベリー大主教ウィリアム・ロードに対する批判を意味しているが、本書の文脈においては、はるかに広く、人びとの社会諸関係をその中枢において統合し、統禦していたローマ・カトリック教会の《コミュニオン》が論理的にも実質的にも解体し、かえって、彼らの《コミュニケーション》の行為とその表現の内側からのみ、人びとの社会諸関係の重層構造――それは、そのまま「社会」Society の実質にほかならない――を根拠づける原理を導出することが可能になるという事態をものがたっている。

私たちは、ウィリアム・カクストンが終生カトリックであり、ジョン・ミルトンが当初「長老派」の視点に立ち、後に「独立派」のそれに転じたピュウリタンであったことを、忘れてはならないであろう。

ミルトン家はオックスフォード周辺の「タウン・オブ・ミルトン」や「ミルトン教会」などという地名に関わりのある名家であったとされるが、詳細は不明である。祖父のリチャード・ミルトンは、カトリック教徒の小地主で、オックスフォードの北東六キロメートルのところにわずかな土地と少々の家畜を所有して生計を立て、同時に、御料林整備官として、近くの森林の管理にあたっていた。父ジョン・ミルトンは、みずからプロテスタントとなり、リチャードと対立して、身ひとつでロンドンに出て来ることになった。ただし、彼がオックスフォードで、ウールジー・コレッジ――現在のクライスト・チャーチ・コレッジ、ヘンリー八世の寵臣、枢機卿トマス・ウールジーが一五二五年に創設した――の聖歌隊に所属していたという事実は、注目されてよいであろう。父ジョンは、一五八三年頃、ロンドンの公証人ジェームス・コルブロンの下で見習い生となり、一五九〇年頃に独立して、彼自身一人前の公証人（Scrivener）となった。ポッターによれば、この頃の公証人は、'a combination of notary, clerk and money lender' であり、代書、代言、公正証書作成、契約代理人および金銭貸付けを兼ねていたようである。(13) 私たちは、「シティ」一帯が毛織物業をはじめとするギルド（同業者組合）の集積するところであり、テームズ河の舟運を中心とした通商・交易の拠点であったことを想起しなければならない。通商・交易の発展とは、要するに商品と貨幣の流通と運動の活発化を意味していたのであり、これら物財の「関係」を債権・債務の「権利関係」として整序するところに、公証人という職業は成立する。グーテンベルクやカクストンが相次ぐ訴訟に悩ませられたのは、周知のところである。ネーデルランドの「デヴォーチオ・モデルナ」の流れのなかに「実利主義」の傾向を見出していたのはホイジンガであるが、父ジョン・ミルトンは、同じような意味において、まさに「近代」の出発にふさわしい職業で自立したのであった。

私は、思想家ジョン・ミルトンの生涯を、三つの時期に区分してとらえたい。第一期は、一六〇八年の生誕から一六四八年――『アレオパジティカ』（一六四四年）はこの時期の集成と言ってよい――であり、第二期が一六四九年、ピュウリタン革命の最中での Secretary for the Foreign Tongues to the Council of State 就任から一六六〇年の「王政復古」――この時期、クロムウェルの「共和国」政府のもとで、ミルトンは夥しい外交文書を執筆しており、まさしく《政治的》社会関係の力動のなかを生きていた――であり、そして、第三期が一六六一年、チャールズ二世の「反動」政治の下での隠棲から一六七四年十一月八日の死――もとより、Paradise Lost の出版（一六六七年）によって象徴される《文化的》社会関係のなかで、《神》と人間との関係をとらえかえした時期――である。

思想家ジョン・ミルトンは、実務家・実業家ウィリアム・カクストンとは異なって、みずからの思想のうちに特有の骨格構造を有し、その骨格構造にもとづく「近代」社会の変動――推転――に実践的に関与し、深く挫折した。ミルトンの《ピュウリタニズム》は、第一期においては、基本的に、長老派（Presbytarian）のそれであり、第二期に独立派（Independent すなわち Congregationalist）の視点に転じ、しかも第三期の晩年になると、ほとんど全く教会には姿をあらわさない純枠信仰のそれとなっている。

したがって、私たちは、『アレオパジティカ』――カクストンの印刷機がイギリス最初の出版ジャーナリズムの礎であったとすれば、ミルトンのこの書物は、疑いもなく、イギリスの、そしてヨーロッパ近代の、最初の「言論の自由」の主張であった――の論理構造の分析を進めて行くに際して、いくつかの留保条件を設定しなければならない。すなわち、『アレオパジティカ』は、何よりもまず、第一期のミルトンの長老派の視座に立脚しており、長老（presbyter）の意味するところは、単に当代イングランドの「監督教会」（Bishops, Priests, Deacons のハイアラーキーによる Episcopacy）に対するスコットランドの会衆によって選立された長老――それは後の the United Free church of Scotland へと連なる――にとどまらず、原始キリスト教会の「福音書」に描かれた使徒たちとその周辺の人びと――そこでは Apostles も presbyters と同格であった――へと連なるものであった。前述のように、ミルトンが「コミュニオンの聖餐台は、今や、人びとの共同と連帯をもたらすものではなくて、かえって、人びとを分離させ、離散させている」と述べる時、彼の眼前にあるのはいわゆる「ロード・ストラッフォード体制」――チャールズ一世の下、ウィリアム・ロードは一六三三年にカンタベリー大主教となり、初代ストラッフォード伯、トーマス・ウェントワースは、一六三二年アイルランド総督となっていた――であった。それは、ヘンリー八世とエリザベス一世とによって基礎を固められつつあった国民国家《ネーションステート》としてのイングランドとその「上部構造」としての国教会《アングリカン》の体制が、その後のジェームズ一世・チャールズ一世の時期に、政治的・経済的にはスペイン、フランス、オランダ、ドイツ、デンマーク、スウェーデンなどの新教・旧教さまざまな国民国家とのあいだの通商・交易をめぐる競争とかけ引きのなかで重商主義の「経済合理性」と「初期独占」との矛盾を深め、他方、文化的・イデオロギー的には、すでにルター、カルヴァンのプロテスタンティズムが根づきはじめ、これに対して「トリエント公会議」（一五四五年～六三年）に代表されるローマ・カトリックの反撃が顕著になるという状況の下で、「国教会」の中途半端さとそれにともなう腐敗・堕落が目にあまるものとなっていたイングランドの支配体制の姿であった。

　ミルトンが生れた一六〇八年には、'Pilgrim Fathers' がイングランドから脱出して、オランダのライデンに定着し――そこから、さらにアメリカ、マサチューセッツ州プリマスに移住するのは一六二〇年――ドイツに

「新教徒連合」が成立しており、グロティウスが『自由海論』(Mare Liberum) を発表し、シェークスピアが『リア王』を書いている。翌一六〇九年には、ニューアムステルダム——数次にわたる対オランダ戦争の末に、ニューヨークと改称されるのは一六六四年のことである——創設、ドイツには「旧教連盟」が成立し、ケプラーが天体の三法則を発見し (Astronomia Nova)、アルミニウスが没している。

幼少時のミルトンは、教区教会のストック牧師もしくはウォルトン牧師補が、日曜日ごとの二回の説教に加えて、週三回の教義問答をし、さらに頻繁に自宅を訪れるという環境の下で、育てられた。この二人の牧師はいずれもケンブリッジ大学の出身で、国教会に身を置く「ピュウリタン」として、ミルトンに聖書の世界を親しませ、イエズス会への憎しみを教えることとなった。

そして、注目されるのは、一六二〇年、ミルトンがセントポール・スクール——彼が生れ育った「パン屋通り」から通り一つ西側にあったセントポール寺院に付設のグラマー・スクール——に入学して、与えられた教育であろう。当時の校長アレクサンダー・ギルは、「ロード・ストラッフォード体制」への厳しい批判者であり、一六二八年、チャールズ一世の股肱の臣バッキンガム公爵がジョン・フェルトンによって暗殺された時、その知らせを聞いて喜びのあまり乾杯したとして、「耳そぎの刑」——長老派を代表する論客ウィリアム・プリンも、一六三七年、バストゥイック、バートン等とともに、同一の刑に処せられている——を受けた。

このような「ロード・ストラッフォード体制」に対するセントポール・スクールの批判的姿勢は、この学校の創設以来の歴史に鑑みてみれば、きわめて当然の結果であった。創設者ジョン・コレット（一四六六〜一五一九年）は、シティの富裕な「小間物商」[14]で市長になったサー・ヘンリー・コレットの息子で、オックスフォード大学モードリン・コレッジでプラトンおよびプロティノスを研究し、一四九三年からフランス、イタリアなど大陸を旅行するなかで、エラスムス（一四六五〜一五三六年）やギヨーム・ビュデ（一四六六〜一五四〇年）との親交を深めた。一四九六年にオックスフォードに戻ると、彼はパウロ書簡の講義を開始した。彼は、コリント書やロマ書の原典を、「現に生きている人間がその友人に与えた手紙を説明するようにして」、生き生きと読解した。彼は、このようにして、トマス・アクィナスのスコラ神学ではなくて、「福音書」を通じて、キリスト教の原風景へと遡及する途を開いたのであった。彼は、みずからは終生カトリックであったが、トマス・モア等と協力して、イングランドにおけるキリスト教の「浄化」に努力したのであり、その意味で、イギリス宗教改革の重要な先駆者のひとりである。一五〇五年、ロンドンのセントポール寺院の牧師に任命され、一五〇七年、父の残した遺産[15]をもとに寺院付設のグラマー・スクールとして、セントポール・スクールを創設した。初代校長は、コレットのモードリン・コレッジの後輩ウィリアム・リリーであり、生徒数は一五三人――聖書の「不思議な漁り」の獲物の数――で、校章は今日に至るまで銀の魚をかたどっている。この学校は、自由七科のなかの三専修科目――論理学、文法、修辞学――よりも、ギリシャ語とラテン語を徹底的に教育した。リリーは、ラテン語の文法書 Brevissima institutio の編者のひとりであり、ロンドンではじめてギリシャ語を教えた人とされている。

　私は、ミルトンがこのような学校で、ルネサンス・ヒューマニズムの最良の潮流に触れて成長していることを、きわめて重要な事実であると思う。コレットが旅をしたイタリアでは、フィチーノがプラトンの哲学書のラテン語訳を完了したところであり、ピコ・デッラ・ミランドラが『人間の尊厳について』(De dignitate hominis、一四八六年)を著したばかりであった。エラスムスは「わが友コレットの言に耳を傾ける時、あたかもプラトンの話を聴いているかのようだ」と述べ、トマス・モアは、セントポール・スクールの教育方針が国教会の高位聖職者たちのあいだで問題にされた時、「君の学校がそのような騒動を起したとて、驚くにはあたらない。なぜなら、君の学校は、野蛮なトロイを亡ぼすためにギリシァの軍兵が隠れて来たあの木馬のようなものだから」と評していた。

これに、一六一八年から二〇年まで――ミルトン九歳から十一歳、セントポール・スクール入学まで――ミルトン家の家庭教師を務めていたトーマス・ヤング――彼は、後年、ミルトンが『アレオパジティカ』の刊行に先立って、論陣を張った「スメクティムニューアス」論争の当事者の五人の長老派牧師のひとりである――の影響を加えて考えるならば、幼少のミルトンの成長の途は、おのずからうかびあがって来るであろう。

ロイス・ポッターは、次のように言う。「そこ（セントポール・スクール）は、ミルトンの《敬虔》piety と《自尊の感覚》sense of his own importance をはぐくみ、育てるのに、きわめて適切なところであった。そこで、少年たちは、いわば、自分自身を少年イエスになぞらえて生きるように督励されていたのである(16)」。

同学の少年たちのなかには、ミルトンに強烈な影響を与えたチャールズ・ディオダーティが居り、前出の校長の息子アレクサンダー・ギル・ジュニア（父子同名）――後に、ミルトンと同じく、詩人となる――がいた。

彼らは、こうして、とくにコレットの開いた方途を歩むことによって、眼前のイギリス国教会という異形のキリスト教世界を、空間と時間のふたつながらの基軸において超克し、のりこえて行くことになる。ウィリアム・カクストンは、エドワード四世からリチャード三世を経てヘンリー七世に至る絶対主義的国民国家の形成過程において、カトリック教徒でありつづけながら、支配権力の中枢の奥へ奥へと吸い込まれて行き、その特権をうらづける「初期独占」のもっとも原初的な典型例として、イギリス最初の「王室印刷人」(the King's printer) となった。これに対して、ジョン・ミルトンは、時間的には「福音書」の原始キリスト教の段階にまで遡及し、空間的には、後述するようにヴァージニアやマサチューセッツ（「ニューイングランド」!!）のアメリカに言及し、さらにトマス・モアの「ユートピア」やフランシス・ベーコンの「ニューアトランティス」に想到するというかたちで、目前のイングランドのキリスト教社会を意味的に超越しつつ、徹底的に相対化する。ミルトンの「自然状態」は『創世記』の世界なのであり、あらためて構築されるべきキリスト教社会は、「福音書」の読解の中から、その再構築の論理を導出されなければならないのである。ミルトンによるキリスト教社会の空間的・時間的超越は、一方において、ニコラウス・クザーヌスのように「自然の法則性」にまで透徹することができず、他方において、ジョン・ロックのように「宗教と社会の分離」(Schism)にまで到達することができない。ミルトンが時代の趨勢を「宗教改革そのものの宗教改革」(the reforming of the Reformation itself)としてとらえているのは、まさしく『アレオパジティカ』の末尾においてである。しかし、この小文字の「宗教改革」は、ロックが述べているように、宗教と政治の分離の後での宗教の相対化――〈私人〉化――というかたちで具体化されるのであり、しかも、「近代」のその後の四〇〇年の歴史を経て、なお、真の社会諸関係の《改革》(the Reformation of Society itself)は、クザーヌスが留目していた「隠れたる神」の無限の彼方に退いた《神》と私たち人間とのあいだに、広く行き渡る運動の世界とそれを根拠づける自然法則への存在論的連関づけの方途の先に、未完の課題として残っている。

4 ミルトンの《教会政治》批判

第一期のミルトンの代表的政治論文として『アレオパジティカ』を位置づけるならば、私たちは、これを、次のような五つの論文の延長線上におかなければならないであろう。すなわち、

• Of Reformation touching Church-Discipline in England: And the Causes that hither-to have hindred it. (Two Books, *Written to a Friend.* Printed,for *Thomas Underhill*, 1641.)

• Of Prelaticall Episcopacy, and Whether it may be deduced from the Apostolical times by vertue of those Testimonies which are alledgd to that purpose in fome late Treatises: One where of goes under the Name of James Arch-Bishop of Armagh. (London, Printed by R.O. & G. D. for *Thomas Underhill*, and are to be sold at the signe of the *Bible*, in *Wood Street*, 1641)

• Animadversions upon The *Remonstrants* Defence, against Smectymnuus. (London, Printed for *Thomas Underhill*, and are to be sold at the Signe of the *Bible* in *Woodstreet*. 1641)

• The Reason of Church-government Urg'd against Prelaty, By Mr. *John Milton*. In two Books. (London, Printed by E. G. for *John Rothwell*. and are to be sold at the Sunne in *Pauls*. Church-yard. 1641)

• An Apology, Against a Pamphlet call'd A Modest Confutation of the Animadversions upon the *Remonstraht* against Smectymnuns. (London, Printed by E. G. for *John Rothwell*, and are to be sold at the signe of the Sunne in *Pauls* Church-yard. 1642)

の五作である。

ただちに気づかれるように、これら五本の著作のなかで、著者ミルトンの名前が明示されているのは一本だけであり、他の四本は匿名である。トーマス・アンダーヒルやジョン・ロズウェルも、おそらく筆名もしくは偽名であろう。こうした事態は、もとより、後述するように星室庁（Star Chamber）の言論統制の下で必要になった措置を示すものであり、有名な『離婚論』（一六四三年）も匿名で発表された――『アレオパジティカ』は、直接的には、この著作が星室庁布告に違反しているというStationers' Companyの、議会への申し立てに対する反論と弁明というかたちで執筆された――という事実を想起する必要があるであろう。

ジョン・ミルトンは、全体として、この時期には、「主教制度」に象徴されるイングランド絶対主義の《教会政治》的側面の批判に集中しているのであって、第二期以降のように、スチュアート絶対王政そのものの打倒へ

学生時代のミルトン

（L. Potter, ibid. より）

と志向しているわけではない。

そして、私は、これら五本の著作の内容とそれぞれの『アレオパジティカ』への連関について分析を進める前に、次の二点に留目しておくことにしたい。第一は、ミルトンが、ケンブリッジ大学クライスト・コレッジを卒業してから、父の公証人の仕事を手伝いながら詩作と勉学に励んだ後、一六三八年五月〜一六三九年八月、大陸旅行に出かけている事実である。この旅行のなかで、彼は、まず三八年五月、出発直後のパリでフーゴー・グロティウスに会っており、その後イタリアに入り、八月から九月にかけての時期にガリレオ・ガリレイ——ガリレイは、この時、七四歳、宗教裁判と検閲審問の後、フィレンツェ南郊のアルチェトリ（Arcetri）に幽閉されていた——に会っている。[17] 当初ギリシァまでの旅を希望していたミルトンは、イングランド国内の状況が騒然として来るなかで、ナポリから折り返し、三九年、ジュネーヴ（六月）に滞在した後、帰国した。彼は、一方で「トリエント公会議」以降のローマ・カトリックの言論弾圧の状況——ガリレイの事例はその象徴である——に触れ、他方で、ヴァティカンの図書館員たちと交流し、ローマ、フィレンツェ、ヴェネツィアのアカデミーの知識人たちに歓迎され、さらに、親友ディオダーティの伯父が神学の教授を務めていたジュネーヴでカルヴァンの「神政政治」の一端に触れているのである。

第二に、ミルトンが、この大陸旅行から戻ると、直ちに、De Doctrina Christina の大著を書きはじめている点が、注目されよう。この大著が完成されるのは一六五六年であるが、本来なら、『アレオパジティカ』の論理構造を分析する作業は、この大著の分析、および第三期の主要著作 Art of Logics、History of Britain のそれを踏まえて、行なわれなければならないのである。残念ながら、本書はミルトン研究に集中したものではないので、この課題は別の機会に果たされるべきものとして、残しておかなければならない。

さて、ミルトンがギリシァへの渡航を断念してナポリから帰国の途についた時、イギリスでは、「第一次主教戦争」(The First Bishop's War) が勃発し、チャールズ一世が全面的に復活させた「船舶税」(Ship-money、一六三五年）に対する不満が爆発し、各地に蜂起や反乱が生じていた。Of Reformation touching Charch-Discipline in England（『イングランド宗教改革論』）は、一六四一年五月頃執筆され、六月に出版されたと言われているが、すでに前年の一六四〇年、短期議会（四月〜五月）にクロムウェルがケンブリッジ市選出の議員として登場しており、チャールズ一世の絶対主義的「教会政治」の二本の主柱であったストラッフォード伯（十一月）、カンタベリー大主教ロード（十二月）が相次いで逮捕され、おなじく十一月から長期議会（一六五三年まで）が開始されるというかたちで、時代は《ピュウリタン革命》の助走の状況に入っていた。そして、私たちは、この著作が匿名で出版されているという事実を、看過してはならないであろう。

『イングランド宗教改革論』は、二巻構成である。第一巻では、ミルトンの著作によく見られるかたちで、眼前のチャールズ一世版絶対王政を相対化するように歴史的考察が加えられ、第二巻でその「教会政治」の根本的な問題点が剔抉されるという構成になっている。

ミルトンが求めているのは、'our new alliance with God'（第一巻、三頁）であり、「主教なければ、国王なし」(No Bishop,no King) と嘯《うそぶ》く高位聖職者たちに対して、'from the first yesr of Qu. Elizabeth, it hath still beene more and more propounded, desir'd, and beseach't, yea sometimes favourably forwarded by the *Parliaments* themselves.'（第二巻、六六頁）という「議会政治」の展開に支えられた対案を提起することであった。

彼は、ウィクリフの言説にたちかえり、ヘンリー八世によるイギリス国教会の成立を、'Henry the 8. was the first that rent this *Kingdome* from the *Popes* Subjection totally' と称揚している。そして、エリザベス一世の時代の「教会政治」に対して、次のように言う。「その時（エリザベス治世第二年）以降、聖職会議の教令(the Decrees of the Convocation) に対して批判する者は、すべて、投獄、譴責、名誉剥奪の処分を受けることとなり、即刻、ピュウリタンというレッテルを貼られることになったのである」（第一巻、一四頁）。こうして、問題の焦点は、カンタベリー、ヨークの二人の大主教とイングランド全体で二四人の主教によって教導される「監督教会制度」に定められることになる。ミルトンが主教（監督）たちを批判する時、「ローマ・カトリックの盲目性」(Popish blindness) という言葉を用い、「もっと純粋であった時代」(those purer Times) に言及していることが、印象的である。エリザベス一世の政略もさることながら、国教会の中枢に位置する高位聖職者たちは、ヴァティカンと同じような外面的儀式に終始し、実質的には封建領主と変わらない地域支配の担い手となっていた。これに対して、「幼な子イエスにわが身をなぞらえて育った」(At the St.Paul's Sohool,the boys were urged to model themselves on the Child Jesus)[18] ミルトンは、福音書に描き出されている《神》、イエス・キリスト、ヨハネ、マタイ、マルコ、パウロなど使徒たちの「もっと pure であった関係」を引照基準として、痛烈な批判を加えるのである。

> But he that will mould a modern Bishop into a primitive, must yeeld him to be elected by the popular voyce, undiocest, unrevenu'd, unlorded, and leave him nothing but brotherly equality, matchles temperance, frequent fasting, incessant prayer, and preaching, continual watchings, and labours in his Ministery …（第一巻、一九頁）

主教とは、「民衆の声によって選び出され」、高い地位や収入に背を向けて、ひたすら「兄弟の如き平等、比類のない節制、弛《たゆ》まぬ精進、不断の祈りと説教、および牧会のなかでの行き届いた観察と労苦」を心がけるキリスト信徒のことである。私は、ここに、かの《デヴォーチオ・モデルナ》の声を聞き、その具体的な発現の場であったオランダ・デフェンテルの「共同生活兄弟団」の精神の流露を見るものである。この時代、ジョン・ミルトンの思想的立脚点は、基本的に、長老派（presbyterian）のそれであるが、私たちは、ルターの「九五ケ条の弾劾文」（一五一七年）、ジュネーヴにおけるカルヴァンの宗教改革の開始（一五四一年）に続いて、一五七一年、オランダのプロテスタントたちが第一回改革派教会全国総会（エムデン）——デフェンテルの北北東一四〇キロメートルに位置し、ホイジンガの生地フロニンゲン（Groningen）の対岸の地——において、長老制の採用を決議していることを、想起しなければならないのであろう。

私は、さらに、本書第二巻のなかで、ミルトンが‘to govern well is to train up a Nation in true wisdom and vertue’（三七ページ）と主張し、‘the unmovable foundations of Justice’（四六頁）、‘…is establisht in Justice’（四九頁）などというかたちで、幾度となく《正義》——これは本質的に自然法へと遡源する概念である——に言及しているという事実に注目したい。

彼が、眼前のスチュアート朝絶対王政の「教会政治」にとって代って、定立したいと望んでいるのは、《Christian union》であり、「ひとつの巨大なキリスト教徒的人格（one huge Christian personage）」であって、それは、あたかもひとりの誠実な人間であるかのように、「身体においても、精神的徳性においても、大きく、強健に成長させられ、彫琢されることができる」（one mighty growth, and stature of an honest man, as big, and compact in vertue as in body）政治体である（三八頁）。この政治体は、ホッブズの《リヴァイアサン》とほとんど同一の論理的構築体としてあらわれているが、しかもなお「キリスト教徒の連合体」である。

ミルトンは、さらに、この政治体の必要条件として、「主体の自由」（the Liberty of the subjects）と「自発的集会」（assemblies）を提起する。この文脈において、ミルトンのつぎのような主張は、注目されてよい。

> We know that *Monarchy* is made up of two parts,the Liberty of the subjects, and the supremacie of the King（五六頁）

ミルトンは、八年後にはクロムウェルの《Commonwealth》という名前の「共和国」の重要な職務に就くことになるが、一六四一年当時、このように君主制を容認しているのであり、言わば、国王の大権と臣民（主体）たちの自由との均衡を想定しているのである。そして、この「主体の自由」（the Subjects Liberty、五七頁）を抑圧し、阻害しているものこそが、高位聖職者たち（Prelates）であり、「主教制度」なのである。

大主教や主教たちは、「主教制度の政府」（the government of Episcopacy）が、今やコモン・ローの網の目のなかに融即しているのであり、そのことによって、国王の安全を保持することに寄与しているのだ、と主張する。これに対して、ミルトンは次のように反論する。

> In *Gods* name let it weave out againe: let not humain quillets keep back divine authority. tis not the common Law, nor the civil, but piety, and justice, that are our foundresses.（六九頁）

コモン・ローや市民法（実定法）こそが、敬虔（piety）と正義（justice）によって根拠づけられ、それらから導出されなければならないのである。

私は、ここで、とくに、ミルトンが次のように述べている点に注目したい。

Did not the *Apostles* govern the Church by assemblies, how should it else be Catholik,how should it have Communion?（七〇頁）

「福音書」によって指し示されるキリスト教世界の原風景にあって、使徒たちは、さまざまな集会を通じて、教会を統治していた。そのことが、このような集会のなかでの《コミュケーション》の自生的で、上向的な展開こそが、キリスト教の論理とその所産としてのキリスト教世界を「普遍的《カトリック》」なものとし、キリスト教を信ずる人びとのあいだの《コミュニオン》をもたらしたのである。ミルトンによれば、「神の生ける教会」（the living Church of God）の実質は、「主体」たちの《assemblies》にあり、そこで展開され、発展させられる《コミュケーション》の裡に存在する。

『イングランド宗教改革論』の末尾近く、ミルトンは、次のように、訴えかけている。

were it such a desperate hazard to put to the venture the universall Votes of *Christs* Congregation, the fellowly and friendly yoke of a teaching and laborious Ministery, the Pastorlike and Apostolick imitation of meeke and unlordly Discipline, the gentle and benevolent mediocritie of Church-maintenance, without the ignoble Hucsterage of pidling *Tithes*?（七五頁）

ミルトンは、こうして、ローマ・カトリックとそれと同型の「主教（監督）制度」のなかでの《コミュニオン》の崩解を確認し、あらためて、「福音書」の使徒たちに導かれながら、「主体」たちの《コミュニケーション》の過程の内側からの《コミュニオン》の再構築の必要と可能とを、主張しているのである。そして、私たちは、それが、「教会政治」のなかでの《改革》(Reformation) であり、後に検討するジョン・ロックの所論のような、政治と宗教の分離の後での、「政治体」そのものの《改革》(Revolution) ではなかったことを、銘記しておくべきであろう。

Of Prelatical Episcopacy (一六四一年七月に出版されたと思われる) と The Reason of Church-government urg'd against Prelaty (一六四二年二月出版と推定) は、同一の文脈に位置づけられる姉妹篇の二論文である。ただし、前者は、匿名で書かれており、コロンビア大学版の全集でも二四頁の小論文で、典型的なパンフレットである。これに対して、後者には、著者ジョン・ミルトンの名前が明記されており、同じくコロンビア大学版全集で一〇〇ページになんなんとする本格的考察である。

この年、一六四一年は、年頭から 'Smectymnuus' 論争が展開され、ロンドン市民の蜂起がくり返されるなかで、前年逮捕されたストラッフォード伯 (トーマス・ウェントワース) が五月に処刑され、七月には、チューダー・スチュアートの絶対王政の文字通り絶対主義的抑圧の象徴となっていた「星室庁」(the Court of Star Chamber) と「特別高等裁判所」(the Court of High Commission) が廃止された。長期議会は、十一月に、チャールズ一世の暴政に対する「大諫奏状」(the Grand Remonstrance) を議決し、十二月に入ると、一万五〇〇〇人にのぼるロンドン市民たちの反チャールズ・デモンストレーションを背景として、絶対王政打倒の傾向を強めつつあった。

なお、'Smectymnuus' 論争とは、イギリス国教会の高位聖職者のひとりで、エクセター主教 (監督) を経て、一六四一年にノーリッチ主教に就任したジョセフ・ホールの「監督教会」的教会政治の擁護の書 Humble Remonstrance to the High Court of Parliament に対する長老派の牧師たち五人──一六一八年から二〇年までミルトン家の家庭教師だった Thomas Young とその友人たち Stephen Marshall, Edmund Calamy, Mathew Newcomen, William Spurstowe、彼らの姓名の頭文字を併せたものが "Smectymnuus" である──の共著の批判論文の出版に始まり、後述するように、ミルトンもこれに巻き込まれ、直接、ホール主教と対決するようになる論争の展開を示している。この時期には、「星室庁」の廃止にともなう検閲と言論弾圧の体制の一時的消滅という状況のなかで、さまざまなパンフレット、ニュース・レターが発行され、百花斉放の観を呈していた。"Smectymnuus" 論争も、このような状況のなかで生成したのであり、ロイス・ポッターの言葉を用いて言えば、「一六四〇年代初頭には、検閲制度の終結(the ending of censorship) という事態にはげまされて、誰もが多種多様なパンフレットを書いていた[19] (Everyone was writing pamphlets)」。

また、このような論争的状況のなかで、「国教会」型教会政治を擁護する側も、それに反対し批判する側も、ともに、"Remonstrance" という言葉を用いている点には、イギリスの宗教改革に先行するかたちで進展していたオランダのそれのなかでの「レモンストラント派」──穏健カルヴィニストたち──と「コントラ・レモンストラント派」──厳格カルヴィン派──とのあいだの対立と論争が反映されているであろう。とくに、前者は、後者との抗争に敗れた後、スペイン領ネーデルランドのアントワープに脱出し、そこに「レモンストラント兄弟会」(Broederschap der Remonstranten) ──一六一九年設立──の活動を展開していたのであり[20]、後年ジョン・ロックは、この潮流に属する人びと、とくにフィリップ・ファン・リンボルヒュ、との交流を通じて、彼の『寛容に関する書簡』を書き上げたのであった。私たちは、ここにも、本書の冒頭に掲げた「デヴォーチオ・モデルナ」の流れの流露を見出すことになるのである。

さて、ジョン・ミルトン『高位聖職者たちの監督教会制度について』（Of Prelaticall Episcopacy）は、「現在の監督制度が十二使徒時代の［キリスト教の原風景］から演繹されることが出来るか否か、これを論証するために近年発表された論考の証言を検討する」（Whether it may be deduc'd from the Apostolical times by vertue of those Testimonies which are alledged to that purpose in some late Treatises）という副題を与えられ、実質的には、北アイルランド、アーマー（Armagh）の大主教ジェームス・アッシャーの主張を論駁するパンフレットである。アッシャー大主教には、On the succession and state of the Christian Churches（一六一四年）という主著があり、Emanuel, or a treaties on the incarnation of the Son of God（一六三八年）という「近年の論考」があった。たしかに、ミルトンは、この著作のなかで、『聖書』、『福音書』の検討を通じて、'*God* the Father' および '*God* the Sonne'（とくに九七頁）を論じているが、しかし、基本的な目的は、「監督（主教）」（Bishop）と「長老」（Presbyter）の関係の理解に置かれている。

ミルトンの論述の出発点は、次のようである。

Epyscopacy, as it is taken for an Order in the *Church* above a *Presbyter* or as wee commonly name him, the Minister of a Congregation, is either of Divine constitution, or of humane.（八一頁）

そして、ミルトンの視点に立てば、既述の論文の延長上で、Congregation（会衆）は 'assembly'（集会）へと具体化される —— Westminster Assemby が開始されるのは一六四三年である —— のであり、そこにおいて定立されるのは「長老」であって、「主教（監督）」ではない。ただし、ここで、ミルトンが "Divine constitution" と "humane constitution" という区別を導入している点は、後の行論との関連において、重要である。

ジョン・ミルトン『高位聖職者たちへの差し迫った反論としての教会統治の理由』(the Reason of Church-government urg'd against Prelaty、一六四二年）は、長老派の視点にたったミルトン初期の「教会政治」論の集大成であり、チャールズ一世がジョン・ハンプデン、ジョン・ピム等五名の議員を大逆罪のかどで逮捕しようとして議会に乱入した後に、ロンドンを退去し、これに対して議会の側は反撃のために議会軍を組織するというまさしく「第一次内戦」（一六四六年夏まで）という名前の《ピュウリタン革命》勃発の状況のさなかに、出版された。

この著書は、第一巻が七章構成、第二巻が三章構成、それに序言と結論がつけられた本格的な理論書であり、端的に"presbyterial government"（第二巻、二五三頁）の構築の根拠を主張した書物である。

私は、この書物にこめられたミルトンの主張の注目すべき点として、次の二点をあげたい。

第一に、「神と人間との新しい結びつき」(the new alliance of God to man)（第一巻、一八九頁）へと志向するミルトンが、'Every Minister sustains the person of Christ in his highest work of communication to us the mysteries of our salvation'（二〇一頁）および 'the honest liberty of free speech from my youth, which I shall think if available in so dear a concernment as the Churches good'（二三二頁）などという表現を用いて、「主教（監督）制度」の下での《コミュニオン》の形骸化と実質的解体に代るものとして、「福音書」(Gospel) のなかでの《神》と人間――使徒たち――の関係を「理想型」としつつ、個々の具体的な「集会」(assemblies) のなかでの自由な言論と《コミュニケーション》とを通じて、言わば「下からの《コミュニオン》」を再構築しようとしている点である。これは、従来の「教会政治」の元凶であった「主教（監督）」を廃止し――現実の歴史の展開のなかでは、一六四三年一月に「主教制度」が撤廃され、四六年一〇月にイングランドとウェールズにおいて「主教」たちの領有していた土地が没収され、分配されている――平信徒たちのなかから選出された「長老」を中心として教会の運営をはかろうとする文字通り「長老主義の教会政治」の提言である。

第二に注目されるのは、ミルトンが、人間を「内的人間」(the inward man,the inner man) と「外的人間」(the outward man, the outer man) の両契機から成る存在としてとらえ、これら両契機のなかで、前者を「教会」(the Church) に対応させ、後者を「政治制度」(the Magistrat) に対応させている点であろう。ミルトンは、次のように言う。

a saving med'cin ordain'd of God both for the publik and prirat good of man,who consisting of two parts of the inward and the outward, was by the eternal providence left under two sorts of cure, the Church and the Magistrat.（第二巻、二五四頁）

こうして、ミルトンによれば、「政治制度」の一般的な目的は、'the outward peace and wel-fare of the Commonwealth and civil happiness in this life'（二五五頁）に求められ、他方、「教会」は、《神》と人間とのあいだの新しい紐帯の場として、'preserving in healthful constitution the innerman,which may be term'd the spirit of the soul, to his spiritual deputy the minister of each Congregation'（二五七頁）というかたちに再構築されることになる。

私は、これら二つの重要なポイントにおいて、ミルトンが実質的には、すでに、長老派の視点から「独立（教会）派」のそれへと移行して行く論理的契機を内包している、と思う。ここには、すでに、ホッブズ、ロックと同じような《政治》と《宗教》の分離の視点が生成しはじめているのであり、《政治》の領域における

'assemblies' の強調は、やがて、地域社会の 'ordinary assembly' 州単位の 'general assembly' およびそこからの代表者たちによる 'Grand Council' という三段階の《政治》機構の提起へと発展させられるのである。

そして、私たちがさらに留目しなければならないのは、ミルトンの「自然的人間」(a natural man) の概念である。それは、ミルトンによれば、「コリント書」第一書二・一四に述べられているような、「生れながらの人間」であり、信仰の与えられていない、したがって本能のレベルの欲望と感覚によって生きる人間、を意味している。先にも述べたように、ミルトンの自然法の底礎する「自然状態」は「福音書」に描き出されたキリスト教の原風景であり、そこにおける《神》と人間の「最も純化された関係」である。それは、クザーヌスの到達点との対比において言えば、《隠れたる神》の、無限の彼方に退いた《神》ではなくて、直近の近さに臨在する《神》を前提とし、したがって、クザーヌスの論理構造のなかでは、自然法則に貫ぬかれ、みずからの人間的自然の内部に自然法則の発現としての「自然の運動としての欲望と感性」を見出し、それをこそ自然権の基体としていた人間が、ミルトンの場合には、「自然的人間」の実質から切り離され、その実質を欠落させた「内的人間」として、再び、直近の《神》のうちへと包摂されて行ってしまうという事態を、指し示している。ミルトンの「内的人間」は、"the spirit of the soul" の主体として純化 (purify) されるけれども、どこまで行っても、自然の諸法則性――ミルトンが会ったガリレイが発見し、一六四一年に『省察』を発表したデカルトがそれを把握し、探究する方法を提起しつつあった自然科学の分析対象の諸運動の法則性――と通底し、それら諸運動の法則性を分有し、逆に、それらによって根拠づけられた「自然権の主体」には到達しないのである。ミルトンの視座のうちに、《デヴォーチオ・モデルナ》の流れの軌跡は明瞭であるけれども、しかし、《ヴィア・モデルナ》の展開の道程は、十分に包摂されてはいないと言うべきであろう。

「スメクティムニューアス」論争に係る二つの論文、Animadversions upon the *Remonstrants* Defence, against Smectymnuus, 1641 と An Apology against a Pamphlet called A Modest Confutation of the Animadversions upon the *Remonstrants* against Smectymnuus, 1642 は、いずれも匿名で書かれている。コロンビア大学版全集で、前者が七四頁、後者が八六頁、の中篇論文である。これらの論考は、単に、前述したトーマス・ヤング他五人の長老派牧師たちとイングランド国教会のリーダーのひとりであるジョセフ・ホール主教(監督)とのあいだの論争への参加ということにとどまらず、実は、本章の主題であるミルトンの『アレオパジティカ』への実質的関連の強さという点で、注目に値するのである。

『スメクティムニューアス に対するさまざまな抗議への反論』(一六四一年八月頃の刊行と推定される)は、批判者(具体的にはホール主教)と解答者の対論形式——すでに見て来たように、このような叙述の様式は、ニコラウス・クザーヌスの著作にも多く用いられ、またエラスムスの『痴愚神礼讃』(一五〇九年)その他、ミルトンの時代に至るまで、多くの類例が存在する——で書かれているが、その冒頭二頁目のところに、

批判者……アレオパギだって？　それはどういう人間たちなのか？(The *Areopagi*? who were those?)
解答者……アテネの賢明にして厳格な裁判官たちであり、彼等の制定した布告のことだ。

というやりとりが現れる。この段階になると、ミルトンの主張の力点は、「主教(監督)制度」の批判という域を超えて、その先の"the constitution,and founding of a Church"(一五五頁)の方策の検討に移りつつある。そこに見出される特徴は、次の三点である。

第一に、ミルトンの状況認識は、すでに、「われらが議会の時代」(our time of parliament)(一一二頁)という言葉に凝縮されているように、眼前に進行している「長期議会」の《政治体》構築の弁証に置かれている。そ

こでは、「自由な精神の王国」（a Kingdome of free spirits）が目指され、“these free-spoken, and plaine harted men” の《コミュニケーション》が出発点となり、“efficacy of words”（一一二頁）が語られ、“signe or symbol”（一七七頁）が語られるようになってきている。

第二に、ミルトンの長老派の視点が新しい《政治体》構築の議論に結びつけられる時、これまでの「集会」（assembries）の概念がもう一歩踏み込んで具体化され、“equally collecitive, and communicative” に形成される人びとの「共同の形態」としてとらえられるように変化して来ている点が、重要である。

> the word *πρεσβυτέριον* is a collective knowne signifying a certain number of men in one order, as the word privy Councell with us, and so *Beza* interprets, that knew Calvins mind doubtless with whom he liv'd.（一四九頁）

長老派の視点は、このように、カルヴァン派の《政治体》構成の主体へと具体化され、あたかもホッブズの《リヴァイアサン》のごとく、“common signification in binding a Collective to a singular person”（一五〇頁）が主張されるのである。そして、私がとくに注目するのは、その具体的な政治過程として、一五五頁の「解答者」（すなわちミルトン自身）のひとつのフレーズのなかで、二度三度と人びとのあいだの「平等なかたちでコミュニケートし、共同する）（equally collecitive, and communicative）活動が位置づけられていることである。

第三に、ミルトンは、「中国、日本、ペルー、ブラジル、ニューイングランド、ヴァージニアには、今日に至るまで主教（監督）などというものはひとりも存在しなかったのであり、そのような土地はこれらの他にもいくらでも挙げられる」（一三八頁）と述べ、ウィクリフ以来の宗教改革の「社会的・政治的完成」をめざしているのであるが、その際、ドイツで進行しているルター派のそれをも視野に入れ（一七七頁）、宗教上の教派の対立を突き抜けた次元で、《コミニュケーション》の主体の定立による「政治体」構築の回路を、それ自体として、把握しようとしはじめている。この点は、次の論考において、さらに明晰化されることであろう。

ジョン・ミルトン『ひとつの謙虚な論駁と称するパンフレットに対する弁明』（一六四二年の四月に刊行された）は、二年後に出版される『アレオパジティカ』との内容的関連において、きわめて重要な著作である。これは、直接的には、この年早々に刊行されたジョセフ・ホール主教（監督）のパンフレット『ひとつの謙虚な論駁』（A Modest Confutation）という前出のミルトン『反論』（Animadversions）論文への「論駁」に対する再反論であるが、行論の実質から見れば、チャールズ一世（この年一月にロンドンを去り、ウースターの戦い、エッジヒルの戦いを経て、一〇月以降、オックスフォードに宮廷を構えていた）と「長期議会」（七月に議会軍を組織）との対立の激化と軍事的緊張の高まり——すなわち《ピュウリタン革命》の勃発——という状況のなかでの「新しい《政治体》構築」のための試論である。

ミルトンは、この論文の冒頭において、「わが国における平和と幸福」（some degree of peace and happiness in this kingdome）の回復という課題を設定し、そのための方策を析出する根拠を、次の二つに求めている。すなわち、『聖書』の平明な権威（the plain authority of Scripture）と「正義と衡平という根拠」（the reason of justice and equity）の二つ、である（一八一頁）。前者は、これまでの検討で明らかにされてきているミルトンの自然法の淵源としての聖書（とりわけ「福音書」）のなかでのキリスト教の原風景の確認である——ちなみに、“plain”という言葉は、ミルトンが「主教（監督）制度」を批判する際にほとんど常用する“lordly”への対照において用いられている。そして、ジョセフ・ホールたち主教は、「教会」の集会（assemblies）を主宰する聖職者でありながら、地域社会の支配につらなる領主的「尊大さ」(lordly）に飾られ、さらに「上院（貴族院)」(House of Lords）のメンバーであった——が、後者は、この段階で前面に登場して来た注目すべき視点である。

周知のように、「正義」(Justice）と「衡平」(Equity）は、イギリス慣習法の伝統に内在する共通感覚を象徴的に表現する言葉であり、the Common Law の成立基盤そのものを指し示す基礎概念である。ミルトンは、これらの基礎概念を、新しい《政治体》を構築して行く「主体」(Subject）——それは、同時に《コミュニオン》の解体の後での《コミュニケーション》の「主体」にほかならない——の主体的能力の根幹に位置づけようとしているのであるが、その際、次のように述べる。

> *Plato in Critias*, and our two famous countrymen, the one in his *Utopia*, the other in his *new Atlantis* shows, I may not say as a field, but as a mighty Continent wherein to display the largeness of their spirits by teaching this our world better and exacter things, then were yet known, or us'd this petty prevaricator of *America*, the *zanie* of *Columbus*, (for so he must be till his worlds end) having ramble'd over the huge topology of his own vain thoughts….（二九四頁〜二九五頁）

ミルトンは、こうして、時間的には旧約・新約の『聖書』の世界へと遡源し、空間的には、新大陸の発見をもたらした「大航海」の事跡に刺激されながら——私たちは、一六〇〇年の東インド会社の創設にはじまるヴァージニア会社、カナダ会社、マサチューセッツ湾会社という展開のなかで、一六三四年、カンタベリー大主教ウィリアム・ロードが「植民地委員会」の委員長に就任している事実を看過してはならないであろう——トマス・

モア『ユートピア』およびフランシス・ベーコン『ニューアトランティス』の構想に準拠するかたちで、《自然状態》からの新しい《政治体》構築の論理を、導出しようとしているのである。

この作業のなかで、ミルトンは、一方において“humane nature”に言及し（三四一頁）、他方、マキアヴェリの視点を峻拒している（三二一頁）。彼は、前述のように、《宗教》と《政治》の分離の必要にまで到達しているのであるが、なお、この論文のなかでも、「教会の改革」(the reformation of the Church) と「共和国の再建」(the restoration of the Common-wealth) を区別しつつ、前者によって後者を底礎しようとする。だからこそ、《政治》の過程をそれ自体として分析するマキアヴェリの「近代的な」政治学の視点は斥けられ、《人間的自然》からの政治言語の創出も——《コミュニケーション》の主体が《政治体》構築の主体へと転成するためには、この条件が必須である——《宗教》の言語——ミルトンは“Scripture language”（三四一頁）という言葉を用いている——の文脈のなかに吸収され、包摂されて行ってしまうのである。

ミルトンは、この論文の末尾近く、読者に向かって、次のように言う。

> For I Readers, shall always be of this opinion,that obedience to the Spirit of God, rather then to the faire seeming pretences of men, is the best and most dutifull order that a Christian can observe.（三五〇頁）

そして、三〇年後、晩年のミルトンは、日曜日でさえ、教会に赴くことはほとんど全くなかった。

本論文の最後のところで、ミルトンは、“How can we then not partake with them the curse and vengeance of their superstition, to whom we come so neere in the same set forme and dresse of our devotion?”（三

五七頁）と、問いかける。《デヴォーチオ・モデルナ》は、ここで語られる――引用文の前半の“them”はローマ・カトリック教会を指している――“the set and dresse”を、ジュネーヴのカルヴァンのように、構築しつづけることはできなかった。私は、この論文に籠められたミルトンの想念がピコ・デッラ・ミランドラの『人間の尊厳について』(De dignitate hominis、一四八六年）によく似ている、と思う。そして、晩年のミルトンの到達した里程標 Paradise Lost（十二巻本の刊行は一六七四年七月であり、彼は、同月痛風の苦しみのなかで遺言書を作成しており、同年十一月八日に病没している）の最後の一聯は、次のようであった。

The world was all before them,where to choose their place of rest, and providence their guide; They hand in hand with wandering steps and slow, through Eden took their solitary way. (Book X II, 645)

これが、《宗教》から解き放たれた《政治》がカクストンたちの切り開いていた《経済》の文字通りに“plain”な地平と融合し、融即しながら作り出して行ったイギリス資本主義の初発の姿であり、ジョン・ロックがその《政治体》構築の論理を集成するイギリス「市民社会」の原風景なのである。

5　『アレオパジティカ』と《コミュニケーション》の自由

Areopagitica; A Speech of Mr. *John Milton*, For the Liberty of Unlicenc'd Printing, To the Parlament of *England*, London, Printed in the Yeare,1644. は、この年十一月に、発行者・印刷者未記名で刊行された。表紙のタイトルの下半部には、ギリシァの詩人エウリピデスの『救いを求める女』（Hicetid）から引用された

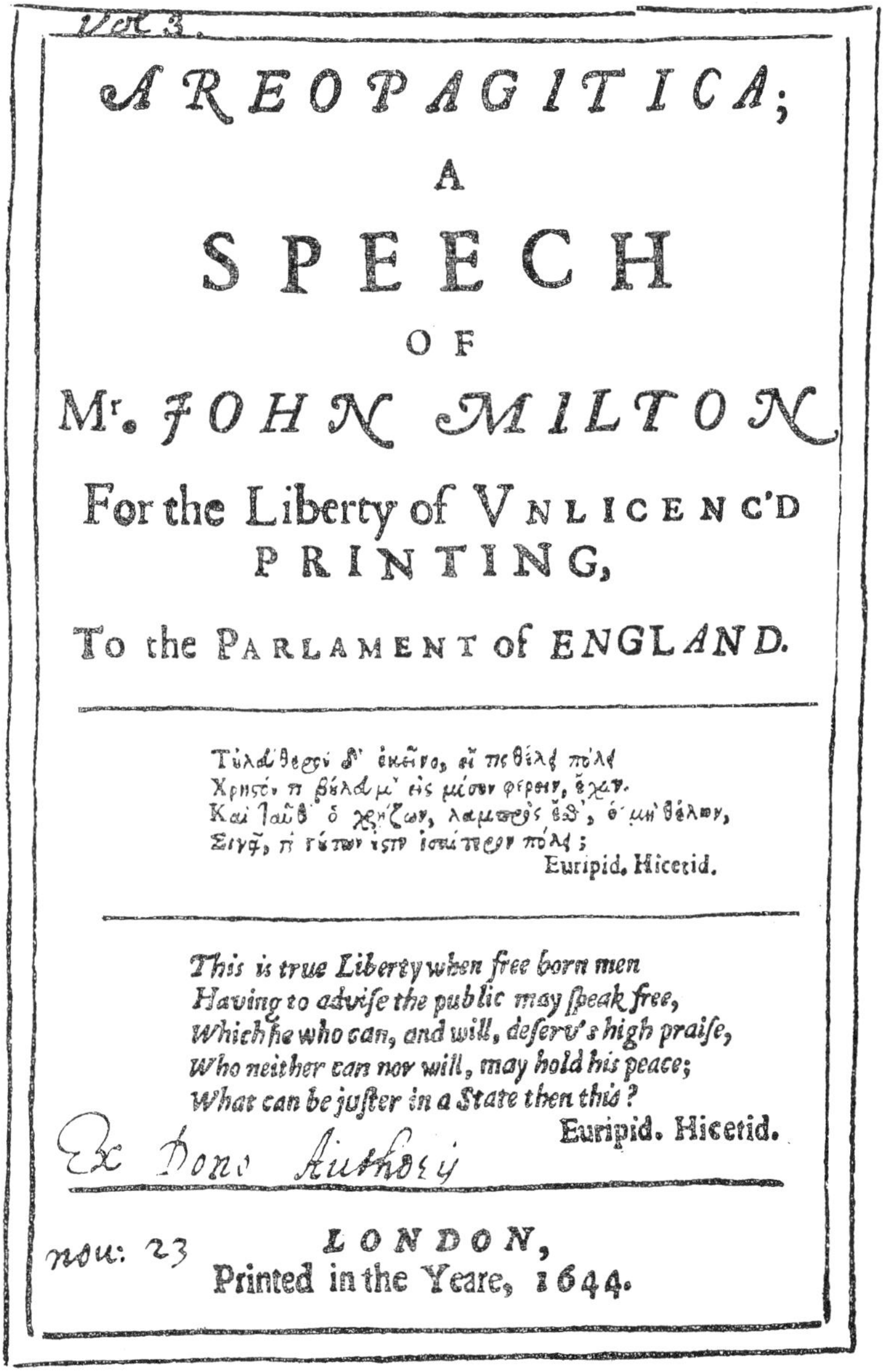

Vol. 3.

AREOPAGITICA;

A

SPEECH

OF

Mr. JOHN MILTON

For the Liberty of VNLICENC'D PRINTING,

To the PARLAMENT of ENGLAND.

Τοὐλεύθερον δ' ἐκεῖνο, εἴ τις θέλει πόλει
Χρηστόν τι βούλευμ' εἰς μέσον φέρειν, ἔχων.
Καὶ ταῦθ' ὁ χρῄζων, λαμπρὸς ἔσθ', ὁ μὴ θέλων,
Σιγᾷ, τί τούτων ἔστιν ἰσαίτερον πόλει;
Euripid. Hicetid.

This is true Liberty when free born men
Having to advise the public may speak free,
Which he who can, and will, deserv's high praise,
Who neither can nor will, may hold his peace;
What can be juster in a State then this?
Euripid. Hicetid.

Ex Dono Authoris

nov: 23

LONDON,
Printed in the Yeare, 1644.

『アレオパディカ』の表紙

次の章句が、掲げられている。

This is true Liberty when free born men Having to advise the public may speak free, which he who can,and will, deserv's high praise, who neither can nor will, may hold his peace; what can be juster in a State then this?

マス・コミュニケーションとジャーナリズムの研究のなかで、最初の「言論の自由」の理論的解明の書として古典的地位を占めるこの本は、直接的には、“The Licensing Order of 1643”――An Order of the Lords and Commons Assembled in Parliament――（一六四三年六月）という「長期議会」の布告に対する批判的検討として書かれたものである。この「布告」の内容は、二一三頁―一五頁のようである。

ミルトンが怒り心頭に発したのは、この「布告」が、あの「ロード・ストラッフォード体制」の象徴的表現とも呼ぶべき「星室庁布告」（The Star Chamber Decree of 1637――A Decree of Star-Chamber,Concering Printing, Made the eleventh day of July last past, 1637――とほとんど同一の視点から構想された絶対主義的「言論統制」であり、その再来と言ってよい法令だったからであった。今、まさに議会軍が闘っている当の相手のチャールズ一世の絶対主義的抑圧の主柱のひとつとなっていた――一六三七年の「星室庁布告」は、チャールズ一世の命を受けて、カンタベリー大主教ロードがスコットランドの民衆に「祈祷書」を強制した際に、制定されている――言論統制の法令を、なぜ、この時点で、議会の側が、復活し、議会を支持する民衆のなかの《コミュニケーション》を弾圧するために利用しなければならないのか？　これがミルトンの問いである。

なお、「星室庁布告」の全文は、二一六―一九頁の通りである。

THE LICENSING ORDER OF 1643

An Order of the Lords and Commons Assembled in Parliament.[1] . . . Printed . . . June 16, 1643

Die Mercurii, 14 Junii. 1643.

Whereas divers good Orders have bin lately made by both Houses of Parliament, for suppressing the great late abuses and frequent disorders in Printing many false forged, scandalous, seditious, libellous, and unlicensed Papers, Pamphlets, and Books to the great defamation of Religion and government. Which orders (notwithstanding the diligence of the Company of *Stationers,* to put them in full execution) have taken little or no effect: By reason the bill in preparation, for redresse of the said disorders, hath hitherto bin retarded through the present distractions, and very many, as well *Stationers* and *Printers,* as others of sundry other professions not free of the *Stationers* Company, have taken upon them to set up sundry private Printing Presses in corners, and to print, vend, publish and disperse Books, pamphlets and papers, in such multitudes, that no industry could be suficient to discover or bring to punishment, all the severall abounding delinquents; And by reason that divers of the *Stationers* Company and others being Delinquents (contrary to former orders and the constant custome used among the said Company) have taken liberty to Print, Vend and publish, the most profitable vendible Copies of Books, belonging to the Company and other *Stationers,* especially of such Agents as are imployed in putting the said Orders in Execution, and that by way of revenge for giveing information against them to the Houses for their Delinquences in Printing, to the great prejudice of the said Company of *Stationers* and Agents, & to their discouragement in this publik service.

It is therefore Ordered by the Lords and Commons in *Parliament,* That no Order or Declaration of both, or either House of *Parliament* shall be printed by any, but by order of one or both the said Houses: Nor other Book, Pamphlet, paper, nor part of any such Book, Pamphlet, or paper, shall from henceforth be printed, bound, stitched or put to sale by any person or persons whatsoever, unlesse the same be first approved of and licensed under the hands of such person or persons as both, or either of the said Houses shall appoint for the licensing of the same, and entred in

[1] E106 (15). The text is in black letter.

the Register Book of the Company of *Stationers,* according to Ancient custom, and the Printer therof to put his name thereto. And that no person or persons shall hereafter print, or cause to be reprinted any Book or Books, or part of Book, or Books heretofore allowed of and granted to the said Company of *Stationers* for their relief and maintenance of their poore, without the licence or consent of the Master, Wardens and Assistants of the said Company; Nor any Book or Books lawfully licensed and entred in the Register of the said Company for any particular member thereof, without the license and consent of the Owner or Owners therof. Nor yet import any such Book or Books, or part of Book or Books formerly Printed here, from beyond the Seas, upon paine of forfeiting the same to the Owner, or Owners of the Copies of the said Books, and such further punishment as shall be thought fit.

And the Master and Wardens of the said Company, the Gentleman Usher of the House of *Peers,* the Sergeant of the Commons House and their deputies, together with the persons formerly appointed by the Committee of the House of Commons for Examinations, are hereby Authorized and required, from time to time, to make diligent search in all places, where they shall think meete, for all unlicensed Printing Presses, and all Presses any way imployed in the printing of scandalous or unlicensed Papers, Pamphlets, Books, or any Copies of Books belonging to the said Company, or any member thereof, without their approbation and consents, and to seize and carry away such printing Presses Letters, together with the Nut, Spindle, and other materialls of every such irregular Printer, which they find so misimployed, unto the Common Hall of the said Company, there to be defaced and made unserviceable according to Ancient Custom; And likewise to make diligent search in all suspected Printing-houses, Ware-houses, Shops and other places for such scandalous and unlicensed Books, papers, Pamphlets and all other Books, not entred, nor signed with the Printers name as aforesaid, being printed, or reprinted by such as have no lawfull interest in them, or any way contrary to this Order, and the same to seize and carry away to the said common hall, there to remain till both or either House of *Parliament* shall dispose thereof, And likewise to apprehend all Authors, Printers, and other persons whatsoever imployed in compiling, printing, stitching, binding, publishing and dispersing of the said scandalous, unlicensed, and unwarrantable papers, books and pamphlets as aforesaid, and all those who shall resist the said Parties in searching after them, and to bring them afore either of the Houses or the Committee of Examinations, that so they may receive such further punishments, as their Offences shall demerit, and not to be released untill they have given satisfaction to the Parties imployed in their apprehension for their paines and charges, and given sufficient caution not to offend in like sort for the future. And all Justices of the Peace, Captaines, Constables and other officers, are hereby ordered and required to be aiding, and assisting to the foresaid persons in the due execution of all, and singular the premisses and in the apprehension of all Offenders against the same. And in case of opposition to break open Doores and Locks.

And it is further ordered, that this Order be forthwith Printed and Published, to the end that notice may be taken thereof, and all Contemners of it left inexcusable.

FINIS.

THE STAR CHAMBER DECREE OF 1637

A Decree of Starre-Chamber, Concerning Printing, Made the eleventh day of July last past. 1637.[1] . . . *Whereas the three and twentieth day of June in the eight and twentieth yere of the reigne of the late Queene* Elizabeth, *and before, divers Decrees and Ordinances have beene made for the better government and regulating of Printers and Printing, which Orders and Decrees have beene found by experience to be defective in some particulars; And divers abuses have sithence arisen, and beene practised by the craft and malice of wicked and evill disposed persons, to the prejudice of the publike; And divers libellous, seditious, and mutinous bookes have beene unduly printed, and other bookes and papers without licence, to the disturbance of the peace of the Church and State: For prevention whereof in time to come, It is now Ordered and Decreed, That the said former Decrees and Ordinances shall stand in force with these Additions, Explanations, and Alterations following, viz. . . . Imprimis,* That no person or persons whatsoever shall presume to print, or cause to bee printed, either in the parts beyond the Seas, or in this Realme, or other his Majesties Dominions, any seditious, scismaticall, or offensive Bookes or Pamphlets, to the scandall of Religion, or the Church, or the Government, or Governours of the Church or State, or Commonwealth, or of any Corporation, or particular person or persons whatsoever, nor shall import any such Booke or Bookes, nor sell or dispose of them, or any of them, nor cause any such to be bound, stitched, or sowed, upon paine that he or they so offending, shall lose all such Bookes & Pamphlets, and also have, and suffer such correction, and severe punishment, either by Fine, imprisonment, or other corporall punishment, or otherwise, as by this Court, or by His Majesties Commissioners for causes Ecclesiasticall in the high Commission Court, respectively, as the several causes shall require, shall be thought fit to be inflicted upon him, or them, for such their offence and contempt.

II. *Item,* That no person or persons whatsoever, shall at any time print or cause to be imprinted, any Booke or Pamphlet whatsoever, unlesse the same Booke or Pamphlet, and also all and every the Titles, Epistles, Prefaces, Proems, Preambles, Introductions, Tables, Dedications, and other matters and things whatsoever thereunto annexed, or therewith imprinted, shall be first lawfully licenced and authorized onely by such person and persons as are hereafter expressed, and by no other, and shall be also first

[1] 517.k.3.8.

entred into the Registers Booke of the Company of Stationers; upon paine that every Printer offending therein, shall be for ever hereafter disabled to use or exercise the Art or Mysterie of Printing, and receive such further punishment, as by this Court or the high Commission Court respectively, as the severall causes shall require, shall be thought fitting.

III. *Item,* That all Bookes concerning the common Lawes of this Realme shall be printed by the especiall allowance of the Lords chiefe Justices, and the Lord chiefe Baron for the time being, or one or more of them, or by their appointment; And that all Books of History, belonging to this State, and present times, or any other Booke of State affaires, shall be licenced by the principall Secretaries of State, or one of them, or by their appointment; And that all Bookes concerning Heraldry, Titles of Honour and Armes, or otherwise concerning the Office of Earle Marshall, shall be licenced by the Earle Marshall, or by his appointment; And further, that all other Books, whether of Divinitie, Phisicke, Philosophie, Poetry, or whatsoever, shall be allowed by the Lord Arch-Bishop of *Canterbury,* or Bishop of *London* for the time being, or by their appointment, or the Chancellours, or Vice-Chancellors of either of the Universities of this Realme for the time being.

Alwayes provided, that the Chancellour or Vice-Chancellour, of either of the Universities, shall Licence onely such Booke or Bookes that are to be Printed within the limits of the Universities respectively, but not in *London,* or elsewhere, not medling either with Bookes of the common Law, or matters of State.

IV. [Provides that the licensing authority is to certify two copies of all manuscripts, keeping one (against which the printed book may be checked); and that the] license or approbation shall be imprinted in the beginning of the same Booke, with the name, or names of him or them that shall authorize or license the same, for a testimonie of the allowance thereof.

V and VI. [Provide that the licensing authority be furnished with catalogues of all printed matter to be imported, and that a representative of the authority be present at the opening of all such shipments, with power to confiscate any "seditious, schismaticall or offensive" books, and to initiate action against the offender.]

VII. [Provides against the printing or importing of privileged or registered matter except by the holder of the patent, order, or registration.]

VIII. *Item,* Every person and persons that shall hereafter Print, or cause to be Printed, any Bookes, Ballads, Charts, Portraiture, or any other thing or things whatsoever, shall thereunto or theron Print and set his and their owne name or names, as also the name or names of the Author or Authors, Maker or Makers of the same, and by, or for whom any such booke, or other thing is, or shall be printed. . . .

IX. [Provides against the use of any printer's name or imprint without his permission.]

X, XI, and XII. [Provide against the retailing of books by anyone who has not served the seven-year apprenticeship to one of the publishing trades, the importation of books all or most of which are in the English language, and the importation or retailing of books by foreigners other than those made free of the Stationers Company.]

XIII and XIV. [Provide against erecting a press, or furnishing space or equipment for it, without prior notice to the Stationers Company.]

XV. *Item,* The Court doth declare, that as formerly, so now, there shall be but Twentie Master Printers allowed to have the use of one Presse or more, as is after specified, and doth hereby nominate, allow, and admit these persons whose names hereafter follow, to the number of Twentie, to have the use of a Presse, or Presses and Printing-house, for the time being, *viz. Felix Kingstone, Adam Islip, Thomas Purfoot, Miles Flesher, Thomas Harper, John Beale, John Legat, Robert Young, John Haviland, George Miller, Richard Badger, Thomas Cotes, Bernard Alsop, Richard Bishop, Edward Griffin, Thomas Purslow, Richard Hodgkinsonne, John Dawson, John Raworth, Marmaduke Parsons.* And further, the Court doth order and decree, That it shall be lawfull for the Lord Arch-Bishop of *Canterbury,* or the Lord Bishop of *London,* for the time being, taking to him or them six other high Commissioners, to supply the place or places of those, which are now already Printers by this Court, as they shall fall void by death, or Censure, or otherwise: Provided that they exceed not the number of Twentie, besides His Majesties Printers, and the Printers allowed for the Universities.

XVI. [Requires from each printer a three hundred pound bond that his press will not be used for unlicensed matter.]

XVII. [Limits printers who have been Masters or upper Wardens of the Company to three presses each, and all others to two.]

XVIII. *Item,* That no person or persons, do hereafter reprint, or cause to bee reprinted, any booke or bookes whatsoever (though formerly printed with licence) without being reviewed, and a new Licence obtained for the reprinting thereof. . . .

XIX. [Limits printers who have been Masters or upper Wardens to three apprentices each, those who are of the Livery to two, and those of the Yeomanry to one.]

XX and XXI. . . . Because a great part of the secret printing in corners hath been caused for want of orderly imployment for Journeyman printers, [provide that every master printer must employ at least one journeyman, whether or not he needs him, and that unemployed journeymen must accept employment when it is offered.]

XXII. [Exempts the printers of the universities from sections XIX, XX, and XXI, but requires them to furnish employment to all their own journeymen.]

XXIII. [Provides against the employment on case or press of any but Freemen of the Company and their apprentices.]

XXIV. *Item,* The Court doth hereby declare their firme resolution, that if any person or persons, that is not allowed Printer, shall hereafter presume to set up any Presse for printing, or shall worke at any such Presse, or Set, or Compose any Letters to bee wrought by any such Presse; hee, or they so offending, shall from time to time, by the Order of this Court, bee set in the Pillorie, and Whipt through the Citie of *London,* and suffer such other punishment, as this Court shall Order or thinke fit to inflict upon them, upon Complaint or proofe of such offence or offences, or shalbe otherwise punished, as the Court of High Commission shall thinke fit, and is agreeable to their Commission.

XXV. *Item,* That for the better discovery of printing in Corners without licence; The Master and Wardens of the Company of Stationers for the time being, or any two licensed Master-Printers, which shall be appointed by the Lord Arch-Bishop of *Canterbury,* or Lord Bishop of *London* for the time being, shall have power and authority, to take unto themselves such assistance as they shall think needfull, and to search what houses and shops (and at what time they shall think fit) especially Printing-houses, and to view what is in printing, and to call for the license to see whether it be licenced or no, and if not, to seize upon so much as is printed, together with the severall offenders, and to bring them before the Lord Arch-Bishop of *Canterbury,* or the Lord Bishop of *London* for the time being, that they or either of them may take such further order therein as shall appertaine to Justice.

XXVI. *Item,* The Court doth declare, that it shall be lawfull also for the said Searchers, if upon search they find any book or bookes, or part of booke or books which they suspect to containe matter in it or them, contrary to the doctrine and discipline of the Church of *England,* or against the State and Government, upon such suspition to seize upon such book or books, or part of booke or books, and to bring it, or them, to the Lord Arch-Bishop of *Canterbury,* or the Lord Bishop of *London* for the time being, who shall take such further course therein, as to their Lordships, or either of them shall seeme fit.

XXVII, XXVIII, XXIX, and XXX. [Limit to four the number of typefounders (appointing John Grismand, Thomas Wright, Arthur Nichols, and Alexander Fifeild, and empowering the Archbishop of Canterbury or the Bishop of London to fill vacancies), and to two the number of apprentices each may keep; require the employment of journeymen founders after the pattern established for printers in sections XX and XXI; and prohibit the employment of all other persons in the making of type.]

XXXI. [Provides that in addition to being punished, anyone who violates any of these regulations must post surety for future obedience.]

XXXII. [Prohibits merchants and mariners from landing printed matter anywhere but the Port of London.]

XXXIII. [Sanctions the agreement of the Company to deposit one copy of every new or reprinted book in the Bodleian Library.]

たしかに、ミルトンが批判の筆を執ろうと決意するように、この一六四三年の段階での「検閲法令」の布告は、奇異に思われよう。前述したように、星室庁そのものが、高等法院（Court of High Commission）とともに、一六四一年七月に廃止されているだけに、この奇異の念は当然であるだろう。

「星室庁」の廃止にともなって、当然のことながら、イギリスのジャーナリズムは空前の隆盛を迎えることとなった。「政治に関するパンフレットと宗教に関するパンフレットの洪水」（ロイス・ポッター）が出現していたのであり、そのこと自体は、ミルトンも『アレオパジティカ』のなかで歓迎している。後に、ジョン・ロックのコミュニケーション理論の検討の際に触れるように、とりわけ、一六四三年は、今日の意味に連なる「新聞」――Mercurius Rusticus のように、同じ名前のニュース新聞が、王党派と議会派の両方から発行されるという状況まで、出現している――ジャーナリズムの最初の頂点であり、議会派の主流を占める「長老派」の議員たちは、敵対する王党派の「世論」形成の策動を封じる必要があった。象徴的な事例は、Mercurius Aulicus というオックスフォードで、一六四二年以降、発行されていた週刊の王党派の新聞（カンタベリー大主教ロードの秘書だったジョン・バーケンヘッドが発行していた新聞で、『王室新聞』'Court Mercury' という別名をもつ御用新聞）であり、これは、ロンドン市内でも数ケ所の秘密の印刷所で大量にリプリントされ、民衆のあいだに流布されていた。王党派の軍隊と議会軍との戦闘は、一六四二年一〇月のエッジヒルの戦いの後、一進一退の状況にあり、四三年の夏から四四年九月のロストウィジィールの戦いにかけて、チャールズ一世は、ロンドンを包囲する作戦に出ていて、議会とロンドン商人たちは、激しい緊張の状況に追い込まれていたのであった。

ジョン・ミルトン『アレオパジティカ』におけるミルトンの主張は、端的に、《宗教改革そのものの改革》(the reforming of Reformation itself) という言葉に、凝縮されている。

Now once again by all concurrence of signs, and by the general instinct of holy and devout men, as they daily and solemnly express their thoughts, God is decreeing to begin some new and great period in his church, even to the reforming of Reformation itself, what does he then but reveal himself to his servants and as his manner is, first to his Englishmen?（六〇九頁）[21]

本書の冒頭、十五世紀前半のニコラウス・クザーヌスとの関連において劃定した《デヴォーチオ・モデルナ》の主体――devout men――は、二〇〇年を経て、今や、十七世紀の半ばのイギリス社会において、「彼らの思想を日常的に、かつ真剣に、表現する無数の記号の協働作用」（all concurrence of signs, as they daily and solemnly express their thoughts）の主体として、あらわれている。それは、具体的には、conversing（五八〇頁）であり、conversation（五九五頁）であり、まさしく、「パンフレットの洪水」のなかの《コミュニケーション》の主体である。そして、ミルトンは、こう述べる。

Who shall regulate all the mixed conversation of our youth, male and female together, as is the fashion of this country?[22]

しかも、ゴードン・キャンベルによれば、ミルトンの時代、conversation という言葉は、「共に語る」、「親しむ」、「交わる」という意味をもち、《コミュニケーション》行為からの Associations の形成への途をも、表示していたのである。したがって、本書に籠められたミルトンの《宗教改革の改革》は、一方において、「長老派」の限界線を突破して行こうとする彼の「政治体」構築の構想の一歩前進を意味しており、他方、その主体像としての《コミュニケーション》の主体――そこでは、《デヴォーチオ・モデルナ》の主体が、「コミュニオン」の主体から「コミュニケーション」のそれへと転回させられている――の定礎を意味していた、と言ってよいであろう。

本書は、形式的には、アーネスト・サーラックも述べているように、四つの部分から成っている。[23] 第一に、「検閲制度」の起源そのものが「長期議会」の体現する民主主義的「政治体」の創出になじまないことの歴史的分析、第二に、読書という行為――出版された書物を読むという行為のなかの《神》―人間の関係――のとらえ方に関わる議論、第三に、これら「布告」や法令がその目的にかかげている「誹毀的で、煽動的かつ反抗的な」('libellous,seditious and mutinous') 文書の出版の防止には役立たないことの論証、および第四、これらの法令がイギリス社会における真理の発見を妨げ、民衆のあいだの「宗教的知識」と「市民的知識」の発展を阻害するという主張、の四部構成（quadripartite）である。

私は、しかし、このような形式的議論ではなくて、次の二点にしぼって、検討を進めることにしたい。すなわち、本書がトリエント公会議（一五四五年～六三年）以後のカトリック側の反宗教改革――その主柱がローマ（ヴァティカン）の "Congregation of the Index" による「禁書目録」――それは、「禁書」そのものの目録 'the Index Librorum Prohibitorum' と「特定個所の削除の後に出版が許される書物」の目録 'the Index Expurgatorius' とから成っていた――とスペイン（マドリッド）の「聖庁」（the Holy Office）による「異端審問」の宗教裁判であった――の活動への批判の書である点の確認と、「長期議会」の主流派である「長老派」の支持基盤であった「特権商人」たち――この場合には「印刷・出版業組合」Stationers' Company――への批判の内容の検討、である。

ミルトンは、ピエトロ・サルピの著書に依拠しながら、キリスト教の世界における「検閲」の歴史を遠く「カルタゴ公会議」(四一九年、ここでthe Codex Canonum Ecclesia Africanaeが生み出された)にまで遡りつつ、前述のトリエント公会議で確認されたイエズス会主導の苛酷な言論弾圧の体制の直接的転機を、クザーヌスにも由縁の深いコンスタンツ公会議のなかでのマルティヌス五世の「教書」(the 'bull')(一四一七年)に求める。第一章で触れたように、ここで「異端」とされ、みずからの著書もろともに焚殺されたのは、ジョン・ウィクリフであり、ヨハンネス・フスであった。ミルトンの視点からすれば、直接的な意味での「検閲」体制は、イギリス宗教改革の源流であるウィクリフを断罪すること——コンスタンツ公会議は、彼の著書のうちに二六七個所の「誤謬」を認め、彼の著書を焚き、一三八四年に死去していた彼の遺骸を掘り出して、これも焚いた——から始まっていたのであり、ミルトンの「宗教改革の改革」は、イングランド国内での「長老派」の限界を突破しつつ、当代のカトリックの側の最強の陣容を形成していたスペインの言論弾圧の体制との対決へと向かわざるを得なかったのである。

スペインは、フェルナンド五世(アラゴン王)とイサベル(カスティーリヤ女王)の結婚による一四七九年の成立の後、かつての神聖ローマ帝国によるローマ教皇領の庇護のごとく、ヨーロッパにおけるカトリック世界の砦となって行った。カール五世の就位(一五一六年)によるハプスブルク朝スペインの出現は、そのことの象徴的表現である。ヘンリー七世の時代、イングランドに派遣されていたイサベルの大使は、女王の名において、次のように述べていた。「スペインが異端を掃討し、きれいになったというのに、フランドル諸邦やイングランドが相変わらず邪教に汚染されているのは、まことに遺憾である」。

一五六八年のオレンジ公ウィレムの決起以降のオランダ独立戦争から一六二四年のイギリス・スペイン戦争に至るまで、ヨーロッパの各国民国家は、大国スペインの影に怯えつつ、同時に、それに対する抵抗の過程を通じて、みずからの社会の「近代的」編成への途を獲得しつつあったと言っても過言ではない。そして、トレドの枢機卿メンドーサによって総審問官に任命されたトマス・デ・トルケマダ――彼は、もともと、セゴビアのドミニコ会サンタ・クルス修道院の院長であった――は、女王イサベルと教皇シクストゥス四世の承認を受けて、一四八四年、第一回の異端審問官会議を開催し、翌年のセヴィーリャ、一四八八年のバリャドリド、一四九八年のアビラというかたちで、猛烈な「異端者狩り」を展開した。[24]このような展開のなかで、一四八五年、トレドの西、ガダルーペでは、トルケマダは、住民三〇〇〇人のうち、五三人が焚刑、十六人が無期刑、残りの多数が処罰される。渡辺昌美によれば、トルケマダは、総審問官としての十数年の在任期間に、一〇万件の異端審問を処理し、二〇〇〇人以上の「異端者」を火刑台に送っているのである。[25]

ミルトンは、きわめて直截に、ガリレオ・ガリレイの名前をあげる。

その地――異端審問と検閲制度を公認し、推進しているローマ教皇のお膝元のイタリア――こそ、私が有名なガリレオを訪問し、会見したところであり、その時、彼は、その宇宙論がフランシスコ会とドミニコ会の検閲官たち（licensers）の抱懐する宇宙論と異なるという理由で、異端審問で有罪とされ、牢に入れられたまま老いを迎えていたのである。[26]

ガリレイは、一六一六年、ローマで異端審問の宗教裁判にかけられ、地動説の放棄を命ぜられた。その後、フィレンツェに戻り、一六三六年、Dialogo dei due massimi sistemi del mondo を発表し、検閲を受けたが、異議が出て、ローマ、サン・タンジェロ城――かつて、クザーヌスの盟友であったチェザリーニが名義聖堂をもっていたサン・タンジェロは、この時代、異端者を収容する牢獄になっていた――に幽閉された。さらに、フィレンツェ郊外のアルチェトリに移され、終生監禁の状態にあったが、この状況のもとで、彼は『新科学対話』

(Discorsi e dimostrazioni matematiche intorno a due nuove scienze、一六三八年）を著し、ここで、「慣性の法則」を体系化していた。前述したように、ミルトンは、このような状態におけるガリレイに会っていたのであり、後の Paradise Lost のなかでも、四ケ所（第五巻 257〜263、第七巻 364〜369、577〜581、第八巻 140〜158）でガリレイの名に言及している。しかし、ミルトンは、あくまでローマ・カトリック教会の言論弾圧の犠牲者としてのガリレオ・ガリレイを取り上げているのであって、彼の発見し、定式化した「慣性の法則」と「落体の法則」とが、やがて、アイザック・ニュートンの「万有引力の法則」の発見へと発展させられ、このような自然の運動法則の解明とその体系的定式化として、「近代」自然科学の世界像の基礎をもたらすことになるという《ヴィア・モデルナ》の契機に、留目していたわけではない。

ミルトンは、次に、イングランドにおける「検閲制度」の生成を、これまで彼が執拗に批判して来た「主教（監督）」教会の欠陥へと結びつける。ミルトンによれば、イングランドにおける「検閲制度」(this project of licensing) は、まさしく大陸における異端審問の宗教裁判所 (The Inquisition) が「しのび込んで来た」(crept out) ものであり、これを主教（監督）たちが取り上げ、その敵対する相手である「長老派」——この段階でも、ミルトンは 'our presbyters' という表現を用いている——を弾圧するために、利用したのである（五七九頁）。

たしかに、二〇人の 'licensers' が検閲を担当し、その頂点にカンタベリー大主教とロンドン主教が立つ——印刷された書籍は、必ず、前者のロンドン出張所（ランベス宮殿）と後者の事務所（ミルトンが熟知しているセントポール寺院の聖堂北西隅にあった）に、一部ずつ提出されなければならなかった——という「星室庁布告」の検閲体制は、ミルトンが「高位聖職者——すなわち主教（監督）たち——流の二〇人委員会」(a prelatical commission of twenty) と呼ぶように、かつての「主教制度」——それは、前年、一六四三年、ウェストミンスター・アッセンブリーの開始とともに、廃止されたばかりである——の再現を思わせるものがあった。しかし、「星室庁」に体現されるイギリスの思想統制の流れは、エドワード三世の時代の Statute of Praemunire（一三五三年）から始まっているのであり、キャンベルやサーラックが指摘するように、このあたりのミルトンの論法は、やや「レトリック」に流れすぎているきらいがある。より本質的な問題は、もうひとつの問題点'Stationers' Company' の独占の方にあった。

ミルトンは、次のように言う。

> 真理と理解とは、国王の命令や法規によって独占され（monopolized）、値札をつけて取引される（traded）道具類のようなものではない。われわれは、この世の知識のすべてを、特権商人たちの扱う商品（a staple commodity）のように考えてはならないのであり、そのような知識を、羅紗の服地（broadcloth）や羊毛俵（woolpack）――羊毛は、通常、二四〇ポンドずつ梱包されていた――のように、番号をつけて検閲をする（To mark and license）必要はないのである（六〇〇〜六〇一頁）。

印刷・出版業組合の「初期独占」は、まさにウィリアム・カクストンが「王室印刷人」（"King's printer"）の特権を享受していたエドワード四世の時代に源流を有し、その後のリチャード三世の法令（1 Ric.Ⅲ. c. 9）――一四八三年――、ヘンリー七世の布告（proclamation）――一五〇四年――を経て、ヘンリー八世の時代に確立していた（一五三三年の法令、25Hen.Ⅷ. c. 15、一五三九年の布告、一五四二年の特許状（Grant by letters patent）など、その施策は枚挙に暇がない）。そして、私たちは、'Stationers' Company' という団体が "Of this corporation are printers,booksellers, and such as sell paper and parchment, and blank books bound up for the use of tradesmen and merchants, and these last are now peculiarly called stationers" と説明されてい

るように、[27] 単に印刷・出版に限られず、当代のロンドン商人たちの利益——通商・交易が「重商主義」の経済政策を要請しつつ、国民国家形成の基軸となって行った段階での《シティ》の利害——に深く結びついていた事実を、看過してはならないであろう。印刷・出版業組合の“Stationers”は、まさしく「通商・交易に携わる人びとや商人たち」(tradesmen and merchants)の利用に供するための紙、「羊皮紙」(parchment)、および「未記入の——白紙の——帳簿」(blank books)を意味していたのであって、今日のような「文房具」という限定された意味合いの言葉ではない。

したがって、長期議会が、一六四一年七月に「星室庁」裁判所と高等法院裁判所とが廃止された状況のなかで、一六四三年六月、あらためて、「上・下両院の名において」the Licensing Order という議会命令——これは実質的に政府の布告と等価である——を発布したことが、ことがらの焦点なのである。この議会命令は、その文言からも明らかなように、印刷・出版業組合そのものの請願にもとづいており、ミルトンは、あからさまに、それまでの独占と特権を侵害されることになった「印刷・出版業組合の貧困を救済するためである」(五七八頁)と非難している。したがって、それは、逆の面から言えば、長期議会の主流を成していた「長老派」の議員たちとロンドン商人たちとの政治的・経済的結びつきの強さを、露呈したものであった。印刷・出版業組合が供給していた‘Stationers’のなかには、あの「織物商組合」(Mercers' Company)がその羊毛取引きに用いる「羊皮紙」の契約書が多数含まれていたであろうし、複式簿記の一般化——現存する最古の複式簿記の実践例は、一三三九年、ジェノヴァ市作成のそれである——にともなって、the blank books の需要は大幅にのびていたであろう。

前述したように、この時期、ジョン・ミルトンは、実質的に、「長老派」の視点から「独立(組合教会)派」のそれへと移行しつつあり、したがって、前者主導の長期議会の施策の展開に対して、批判の度を強めつつあった。しかもなお、ミルトンの視点には、かなり本質的な矛盾が内包されている。

第一に、ミルトン自身の生活が、この頃、基本的に、ロンドン商人たちの利益の一端によって支えられていた。一六四二年当時、ミルトンの生活の糧は、公証人である父の債権一五〇ポンドの利息一二ポンドによって賄われていたのであり、父は「公証人組合」（Scribners' Company）の幹事（'Steward'）を務めた後、さらに代表委員（'Warden'）、会長（'Master'）に擬せられる――いずれも固辞――ほどの大立物になっていた。公証人こそは、通商・交易の文書の作成に携わり、債権・債務の権利関係――グーテンベルクとカクストンも、終生、これに悩まされていた――のまっただなかで業務を司るものであり、「羊毛皮」――やがて、製紙技術の向上により、上質紙にとって代られて行く――の契約書に 'scribe'（「記録」し、「代書」する）していたのである。

また、ミルトンの弟クリストファー・ミルトンは、一六四四年当時、王党派の「徴税官」として、サマセット州で王党軍の戦費調達にあたっている。クリストファーは、兄に六年遅れて、ケンブリッジ大学クライスト・コレッジに入り、Inner Temple を経て法律畑に進み、後年 Baron-at-Exchequer に栄進し、Court of Common plea の判事となっているのであり[28]、一六六〇年の「王政復古」の際、ミルトンが処刑される危機を免れるために、クリストファー自身も法廷に召喚されながら、努力を尽くしたと考えられる。このように、ジョン・ミルトンの著書は、「長老派」から「独立派」、さらには「レヴェラーズ」――アーネスト・サーラックによれば、ミルトンの政治論文の最大の信奉者はレヴェラーズの代表者ジョン・リルバーンであった――へと広く影響を及ぼすことになるが、ミルトン自身の生活の基盤は、実は、きわめて「長老派」的なそれであった。

第二に、ミルトンは、それでは、彼の「言論の自由」論の論理的基盤を、何処に見出していたのであろうか？彼は、まず、次のように言う。

「主教たちが打倒された今、すべての印刷・出版（presses）は解放されている。そして、議会の時代にあって、このような状態こそ民衆の生れながらにして持っている権利であり、まさしく明け初める曙光ではないか？」（六〇四頁）そして、この状況のなかで、あらためて要請されている印刷・出版業組合の「初期独占」のための「特許検閲法令」は、民衆の《理性》（Reason）の力を阻害するものなのである。ミルトンによれば、

When God gave him reason, he gave him freedom to choose, for reason is but choosing.（五九六頁）であり、言論の自由は、民衆の「選択する能力」へと結びつけられる。すべての書物は、著者と出版者の氏名が明記されていれば、それで十分に印刷・出版される資格を有しているのであり、そこから先は読者の判断力に委ねれば良い。これがミルトンの主張である。

私は、ここで、ミルトン『アレオパジティカ』の基本的特徴に直面させられることになる。それは、第一に、すでにイギリス・ジャーナリズムの最初の隆盛に向う状況のなかで、新聞や書籍はあきらかに「商品」として生産され、流布されていたのであり、ミルトンが知識を「商品」形態になじまないと主張することには無理があったという事実――この点は、後に、ジョン・ロックの「言論の自由」論との対照において、一層明晰化されるであろう――であり、第二に、読者であり、民衆であったところの《コミュニケーション》主体の能力と権利根拠の論理化において、ミルトンが不徹底であるという特徴である。ミルトンは、前述のように、「福音書」に表現されているキリスト教の原風景を自然状態としてとらえ、そのことから、人びとの自然権の成立根拠を《神》と人間――「神の似姿」Imago dei――の「純化された」関係として理解する。このような理解は、トマス・アクィナスやアウグスティヌスにも見られるもので、クザーヌスの場合でも、初期の「公会議派」時代までは、同様の視点が支配的であった。しかし、クザーヌスにあっては、中期から後期にかけて、《神》は、眼前に臨在する存在から「隠れたる神」へと遠く離在して行き、人間は、かえって、無限の彼方の《神》とみずからとの広大な中間領域を媒介する自然法則の展開によって根拠づけられ、みずからの「内なる自然」の発展する動力を基

ミルトン「言論の自由」論の構造

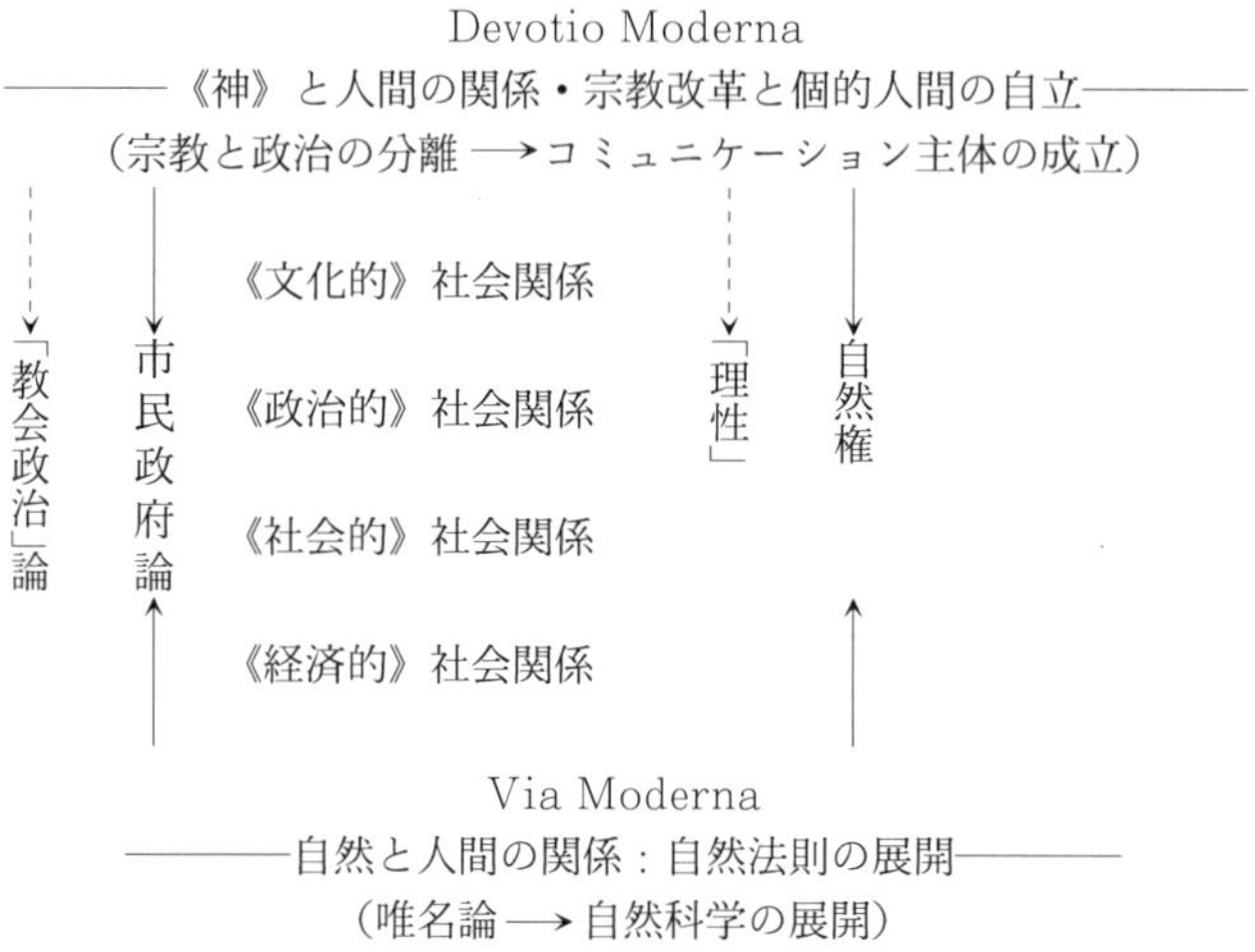

①　ミルトンの「言論の自由」論は破線（--→）の論理構造によって支えられていた。
②　ロックの「言論の自由」論は実線（⟶）の論理的課題に応えようとして展開されて行く。
③　カクストンは、「免罪符」の印刷に象徴されるように、いまだ「中世末期」的社会構成の内にあり、印刷技術の革新から《経済的》社会構成の「近代的」展開の端初に寄与したに止まる。

礎概念とする自然権の主体として、たちあらわれることになった。ミルトンの場合、《神》は、人間の眼前に臨在し、人間を直接的・全面的に包摂している。このことが、逆説的に、ミルトンの自然権概念を主観化し、その結果として、コミュニケーション能力の中枢に位置する《理性》の概念を中途半端なものとさせている。

『アレオパジティカ』の前半部分に、ライムンドゥス・ルルス――ミルトンはLulliusとギリシァ語で表記している――が登場する(29)。若きクザーヌスがわざわざケルンからパリに出かけ、一年かけて、その存在論――自然の階層性の論理――を学んだルルスが、カクストンにあっては、騎士道ロマンの作者という側面から取り上げられ、今、ミルトンの場合、「錬金術」の表層において取り上げられている。私は、ニコラウス・クザーヌスの立論――とりわけ最晩年の『可能現実存在』――のうちに、対象的自然の運動の総体が人間的自然の「内なる自然」の運動と交響し、これによって支えられることを通じて、《コミュニケーション》の主体としての「記号」を操作しつつ自己表現し、自己実現する能力が理論化され、根拠づけられることを確認して来た。そこでは、自然の運動法則の「存在論」が人間の認識能力の理論的解明としての「認識論」を根拠づけ、これら両契機の相関するところに、人間という存在者の生きることの権利根拠としての自然法が位置づけられている。ミルトンは、このような問題構成を、《神》と人間の包摂の関係から――その意味で「上から」――把握しようとしていたが故に、《コミュニケーション》の主体としての人間の自然権的根拠の実質に到達することができなかった。あらためて、「存在論」と「認識論」との相即に留意しながら、この問題に接近し、その地平から――「下から」――言論の自由を論証しようと努力したのは、ジョン・ロックであった。

第四章　ロックのコミュニケーション理論（一）

1　《近代》の生成とジョン・ロック

人間的自然――私はHuman Natureを「人間性」と訳して自足する感覚を持たない――の思想家、ジョン・ロックは、《コミュニオン》の解体し、崩壊して行く地平のさなかに、《コミュミケーション》の社会関係の成立の可能性を見出し、それを現実の歴史過程の転変のなかで具体化して行った。クザーヌスを苦しめていたチロル大公ジークムントに象徴される中世封建領主が、神聖ローマ帝国の消長と衰退のなかで、それぞれの国民国家形成の過程へと編入され、絶対王政という過渡的政治権力の体制のうちに脱構築される時代を、ウィリアム・カクストンは生きた。そして、ジョン・ミルトンは、イギリスにおけるチューダー・スチュアート版絶対王政のまさしく「絶対主義的な」人間的自然の抑圧に抵抗し、オリバー・クロムウェルとともに、ひととき、絶対王政に代わる「共和制」政治体制――《コモンウェルス》――を実現し、その論証に努めたのであった。

ジョン・ロックの時代、一六四八年のウェストファリア条約が雄弁に物語っているように、神聖ローマ帝国と

ジョン・ロック

ローマ教皇の政治的ヘゲモニーは、イギリス、フランス、スウェーデン、オランダ、スイスなどの国民国家によって蚕食され、社会諸関係を統合し、集約する権威の源泉としての《コミュニオン》は、形骸化した儀式の体系を装いつつ、実質的に、解体の危機に瀕していた。そして、それにとって代わる《コミュミケーション》の社会諸関係は、現象的には、商品の流通と運動、貨幣の流通と運動、および記号の流通と運動の顕勢化として、日増しに拡大しつつあった。《コミュニケーション》は、フランシス・ベーコンの主張に見られるように、Commerce や Trade の商品・貨幣の流通と運動の発展の大波のなかで具体化されて行ったのであり、マルクスのいわゆる広い意味での Verkehr ―― それは、単に「交通」を意味するにとどまらず、交流、流通を意味し、「関係」を形成して行く諸行為の活発化を意味していた ―― の展開のなかで実質化されて行ったのである。

ジョン・ロックは、一六三二年八月二九日、イングランドの西南部、サマセット州の小さな村、リントン(Wrington) に生れた。ロックの生れた家は、ヨールトンの著書その他で紹介されているように、「見すぼらしい、萱葺き屋根の小屋」(humble thatched cottage) で、モーリス・クランストンの言葉を用いて言えば、窓が四つしかない「ちっぽけな」(diminutive) 家であった。しかし、このエピソードから、ロックの出自がプロレタリアートのそれであるという風に、速断するわけにはいかない。実際、この家は、ロックの母方の祖母の家であり、母アグネス・キーンがロックの父 ―― まぎらわしいことに、父の名前もジョン・ロックである ―― と結婚するまで住んでいた家なのであった。リントンの中心部に位置し、教会の門に隣接していたこの家は、洗礼その他の点で、きわめて便利だったのであろう。

母アグネスは、ジョンの生後ほどなくして、ジョンともども、父ジョン・ロックの住むベルトン（Belluton）の家に戻っている。思想家ジョン・ロックが幼児期・青年期を過したのはこのベルトンの家であり、この家は、前述の生家とはまったく異なり、丘の上の「快適な、チューダー様式のファームハウス」であった。

リントンはイングランド西南部最大の港町ブリストル（現在の人口約四十三万人）の西南の郊外十四キロメートルに位置し、ベルトンは、もっとブリストルに近く、真南五キロの郊外である。リントンとベルトンは、ほとんど同じ緯度で、東西に十五キロ離れた距離にあり、南にチュウ渓谷（Chew Valley）をはさんで、メンディップ・ヒルズのなだらかな丘陵の広がりを展望する。

私は、オックスフォードからウェールズのカーディフに行く時、およびコーンウォールのニューキィからランズエンドに赴いた際、ブリストルを通過している。いずれも自動車で、モーターウェイを利用したので、ウェールズに行くM4とコーンウォールに向かうM5が交差するブリストル北郊のジャンクションを通っていて、リントンやベルトンの位置するブリストルの南に広がるなだらかな牧草地帯は、直接、見聞してはいない。わずかに、リントンの西七キロメートルのクレブドンのあたりを、M5の高速道路で通過しているだけである。

このあたりは、メキシコ湾流の影響を受けて温順な気候に恵まれ、昔から羊毛生産の盛んなところであった。そして、思想家ジョン・ロックは、父方と母方のいずれを取っても、“the Puritan trading class”の出身である。(1)父ジョンは、法律を学び、サマセット州の治安判事の書記を務めていた。母アグネスは、リントンのなめし皮業者エドマンド・キーンの娘である。注目されるのは、思想家ジョン・ロックの父方の祖父ニコラス・ロックであろう。彼は、「洋服商」(clothier)で、ロック家は彼の時代に、ドーセット州からサマセット州に移って来た。“clothier”には、日本語の「洋服商」では包摂しきれない意味内容があり、英和辞典の「ラシャ屋、服屋、織物仕上げ工」を合成した独特の、そして当代の歴史の展開との関連においてきわめて重要な、意味が含まれている。

しかも、ニコラス・ロックの祖父サー・ウィリアム・ロックは、ヘンリー八世御用達の「織物商」（"mercer"）であり、一五四八年には、ロンドン市の "sheriff" に就任している。すなわち、私たちがすでにウィリアム・カクストンとの関連において詳細に検討して来たイギリス資本主義の源流とも呼ぶべき「織物商組合」（Mercers' Company）――それは、また、ロンドン商人のなかでも最も有力な《シティ》の中心メンバーであった――の一員が、思想家ジョン・ロックの四代前の父方の祖にあたるというわけである。「洋服商」がジョン・ミルトンの家庭の経済的基盤にも深く関わっており、ミルトンが幼少時の勉学にいそしんだセントポール・スクールが「織物商組合」のファンドに依拠していたという事実も、ここに想起されてよい事柄であるだろう。

さて、ロンドン商人のひとりであり、「織物商組合」の構成員のひとりであったサー・ウィリアム・ロックの息子エドワード・ロックは、ドーセット州バックランド・ニュートンの教会の「教区委員」（churchwarden）をしていたということであるが、それ以上の詳細は不明である。そして、その息子ニコラス・ロック――思想家ジョン・ロックの祖父――が前述したように、ドーセット州からサマセット州に移り住み、「洋服商」として成功し、財を成したのであった。

「洋服商」とは、原材料となる羊毛を買付け、それを多数の「小屋住み農民」たち（the cottagers）のあいだに分配し――下層農民、とりわけその妻女たちが、そこで「紡ぎ車」spinning-wheels を回して、原毛を紡ぎ糸（織糸）に変える――さらに、これらの紡ぎ糸を回収して機織り工たちに渡す――機織り工たちは、自分たちの家や部屋で、織機を使って、出来高払いで、服地を織り上げる――という工程を仕切った上で、商品としての服地・洋服地を販売するのである。ウィリアム・カクストンが最初は徒弟として修業をはじめながら、ブリュージュのイギリス商館の「総督」を経て、特権商人となって行った事実が想起されるけれども、ニコラス・

ロックは、一五七四年から一六四八年までの生涯を生きた人で、時代はカクストンから一五〇年も進んでいた。もはや、「洋服商」としてのニコラス・ロックは、中世的な《ギルド》の親方職人ではない。彼は、洋服・服地の生産のいずれかの工程にみずから直接従事することなく、しかも全工程をコントロールし、支配しているのである。これは、まさしくマニュファクチュアを取り仕切っている《近代》――「新しい時代」――の資本家（the entrepreneur）の姿である。

こうした手法を用いることによって、サマセット州の何人かの「洋服商」たちは、それぞれ数百人という単位での労働者たち（workers）を雇傭し、急激に財を成して行った。父ジョン・ロックは、ニコラスとは異なって、法律家への途を選び、結果として、ニコラスの財を減らすことになった。しかし、父ジョンの弟ピーター・ロックは、製革業と醸造業を手がけ、最終的に地主となっている。また、別の弟エドワード・ロックも、ブリストルに出て、ビール醸造業者として成功している。私たちは、このように、後年、思想家ジョン・ロックの思想世界のキー・ワードのひとつとなる《トレード》の現実的展開が彼の生誕の地の背景として際立って存在していたことを、銘記しておくべきであろう。

ロックは、生れたその日に、リントンの教区牧師サミュエル・クルックの手で洗礼を受け、キリスト教徒となっている。クルックは、イギリス国教会の活動の熱心な推進者であったが、ミルトンにとってのリチャード・ストックやトーマス・ヤングと同じように、ケンブリッジ大学の出身で――一時期、ペンブローク・コレッジとエマニュエル・コレッジのフェローであった――、独立自尊の活力に満ちたピュウリタンである。彼は、教区牧師として、バース（およびウェルズ）の主教ウィリアム・ピアースの管理下にあったが、ジョン・ロックの生れる三〇年前にサマセット州に着任して以来、その熱心な活動を通じて住民たちの篤い信頼を得ており、国王チャールズ一世の膝下、ロード＝ストラッフォード体制の「主流」の一員であるピアースとは、一線を劃していた。クルックは、イギリス国教会の宗務要覧に反して、彼自身としては幼児洗礼の意味を認めていなかったから、ロックの洗礼の際にも、イエス・キリストの名による拝礼も行なわれなかったし、十字架のひそみに倣って十字を切って祈りを捧げることもなく、ただ聖書の一節が唱読されただけであった。

ロックは、前に言及したように、父方、母方いずれの家系から見ても、"the Puritan trading class" の出身であった。家庭の雰囲気は厳格であり、とくに父ジョン・ロックの「儼めしく、不屈で、寡黙な」("stern, unbending, taciturm") 性分に支配されていた。母アグネスは、思想家ジョン・ロック自身の言葉を借りて言えば、「きわめて敬虔な女性であり、情愛に充ちた母親」("a very pious woman and an affectionate mother") であった。アグネスは教区牧師クルックの篤実な信徒のひとりであった——クルックは、通常、一日に三回以上の説教を実行していたのであり、前述のように、結婚するまでアグネスが住んでいた家はまさしくクルックの教会に隣接しており、父ジョンと母アグネスの結婚式もクルックの司式によるものであった——から、私たちは、思想家ジョン・ロックの生い立ちのひとつの重要な契機として、クルックとアグネスからの《ピュウリタン》の影響を心に留めておいてよいであろう。なお、アグネスは、ロック二二歳の時に、死去している。

私たちは、こうして、ロックの幼少期の社会的背景として、次の二つの事実に留目することになるであろう。第一に、カクストンの出自に言及した際に明らかにしたイングランドにおける織物生産——とくに毛織物業——の拠点が、ロンドン南郊のケント州から、ミルトンに関わりのある人たち——最初の結婚の相手メアリー・パウエルの父親も「洋服商」だった——の場合、バークシャーへと移っており、さらに、ロックの段階になると、その西隣りのヴィルト州、ドーセット州からサマセット州へと移行し、その生産規模も拡大している、という事実である。すでにクザーヌスの思想を検討した時に言及していたように、自然像としての地動説の浸透と呼応するようにして、水力・火力のエネルギーの活用とクランク、機械継手の発明などが進行していたが、このような生産力の質的変化が、かつてのハンザ同盟や東方貿易の時代から「大航海」の契機によって開拓された新大陸――現在の文脈では、とくに北アメリカ――への通商・交易の拡大と相まって、イングランド国内での織物生産マニュファクチュアの拡大と発展とを生み出しつつあったのである。

第二に、ロックの段階――現在留目しているロック幼少の時期は、ロード＝ストラッフォード体制の崩壊から《ピュウリタン革命》へという段階である――では、かつてのローマ・カトリックの宗教と政治の融合・混淆とは対照的に、宗教と政治の分離のベクトルが優勢であり、しかも、このように政治体から分離され、その意味で、文字通り「純粋化」された宗教は、イギリス国教会の「体制」とはうらはらに、個人化され、したがって多様化・多元化されつつあった。この事実は、中世のローマ・カトリックの全的支配の中枢部に位置していた《コミュニオン》が、十五世紀から十七世紀への歴史の転換のなかで、具体的に進行する「世俗化された社会」(Civil Society)――しかも、その実質は、「市民社会」の論理を突破して行く「資本制的私的所有」の社会関係の拡大にあった――のなかで、その中枢的な位置を《コミュニケーション》に譲り渡し、まさしく個人化された宗教のなかでの“Faith”の内へと退行して行った事実をものがたっているのである。

私たちは、今、ゲオルク・ジンメルやエミール・デュルケームが注目した《近代》の社会諸関係の分化の始源に立っているのである。ジンメルの『社会分化論』(Über soziale Differenzierung、一八九〇年）とデュルケームの『社会分業論』(De la division du travail social、一八九三年）は、ジョン・ロックよりおおよそ二〇〇年の後、「市民社会」の外被を突破して貫徹して行く「資本制的私的所有」の論理が、もはや、《レッセ・フェール》の自由放任に委せていられなくなった段階——換言すれば、資本主義社会の「産業資本」段階から「独占資本」のそれへの移行の状況——において、社会諸関係の分化と多元化という本質規定の側面から《近代社会》をとらえかえし、その再度の統合の可能性を追求したのであった。

とすれば、《近代》の始源において、イングランドの社会はどのような社会構成体であったのであろうか?

イングランドの法律体系の先駆とされる『イネの法典』（六八八年～七二五年）は、次のような文言で始まる。「ウェスト・サクソンの王たる余、イネは、神の恵みにより、またわが父センレドおよびわが主教たるハエッドとヨーセンウォルドの助言と教示を得て、わがすべてのエアルドールマン（ealdorman、各州"shire"の長官）とわが人民の代表たる賢人たち、それに神のしもべたちの一大集会とともに、わが魂の救済とわが王国の安全について、次のように考究するに至った[2]」。周知のように、イングランドの歴史はケルト人の時代にまで遡るが、紀元前一世紀、シーザーのブリタニア討伐により、ローマ帝国の属州のひとつとなった。三世紀頃からキリスト教も浸透しはじめていたが、その後、四世紀から五世紀にかけて、ゲルマン民族の大移動のなかで、ブリテン島には、デンマークからジュート族、北ドイツ、シュレズヴィッヒ・ホルスタインからアングル族、そしてニーダーザクセンからサクソン族が渡来して、キリスト教の普及は、一時、中断させられた。イネの時代はいわゆる「七王国」の時代であり、北方のノーサンブリア（中心都市はヨーク）、中央のマーシア、東部の東アングリア、ロンドン周辺のエセックス、カンタベリーを首都とするケント、南部のサセックス、および西部のウェセックス——ジョン・ロックゆかりのサマセット州やドーセット州はその中心部に位置する——という七つの領邦が並立していた。これらは、やがて、ノーサンブリア、マーシァ、ウェセックスの三王国の鼎立というかたちに変化し、九世紀にはウェセックス王国によって統一されることになる。なお、このような推移のなかで、六世紀末、ローマ教皇グレゴリウス一世の命をうけて、アウグスティヌス（イギリス名Austin、はるかに先行するアウグスティヌス・アウレリウスとは同名異人）が四〇人ほどの修道士とともに布教のために渡来し、カンタベリー大司教として、イングランドにおけるキリスト教再編の基礎を固めていることは、注目されてよい。

サクソン人たちは、ケルトの原住民たちと異なって、すでに三圃農業の技術を保有しており、農業生産力の面で格段に進んでいた。村落共同体は、一〇から三〇の家族から成り、"moot"と呼ばれる小さな集会（民会）をもって、その管理に当っていた。ちなみに、"town"という言葉は、サクソン語の「垣」（"tun"）に由来している。(3) さらに、一〇〇家族のグループ（もしくは兵士一〇〇人を供給することができる住民集団）が「ハンドレッド」と呼ばれ、これは、実質的に、数ヶ所の"tun"すなわち村落共同体の複合体を意味していた。そして、いくつかの「ハンドレッド」が地域的に統合されて、"shire"を構成していたのである。

イネの法典にあらわれるエアルドールマンは、このようにして構成されている「シァイア」の軍司令官と裁判長を兼ねた地方総督のような存在であり、これとは別に、サクソン王から各州に派遣されて来る"sheriff"（州長）が居た。

さて、イネの法典では、地域住民の国家的義務として、「教会維持費」（churchcost）の規定（第四条）があり、万一この規定に反した場合には、当初の納入額の十二倍を納めなければならないという重い罰則規定が付いている。このような規定は、第一章においても見て来たように、中世封建社会に通有のものであり、そのなかのローマ・カトリック教会の「体制維持的」機能をものがたるものであるが、イングランドの場合には、それでも、その地理的な周辺的性格も含めて、封建的抑圧の度は大陸——たとえば神聖ローマ帝国や「ガリカニスム」のフランスのそれ——に比して、相対的に軽く、前述の"moot"（民会）の存在意義と相まって、イギリス社会における「下から」のヴェクトルの特徴的存在をうかび上らせるところとなっている。

中世イギリスの社会構造を理解するために看過し得ないのは、有名な、『ドゥームズディ・ブック』（土地調査簿）（一〇八六年）である。これは、ウィリアム一世によるいわゆる「ノルマン・コンクウェスト」（ノルマン人による征服）の支配の基盤を整備した土地調査簿であるが、単に租税台帳としての土地評価簿ではなくして、従前のアングロ＝サクソン的社会構成を典型的な「大陸型」の封建社会のそれに転換するための基幹的な調査という性格をもっていた。たとえば、前述した村落共同体は、名称もそれまでの「タウンシップ」から「ヴィル」と改められ、基本的に、マナー（荘園）として再編され、高級聖職者たちを含む諸侯へと分封された。

『ドゥームズディ・ブック』によれば、十一世紀のイングランドには一五〇万人から二〇〇万人の人口があり、世帯主の内訳は次頁上の表のようになっている。

なお、この他に、領主・貴族・聖職者が九、三〇〇人存在した。

また、地域別に見ると、次頁下の表のようになり、ロックの出身地サマセット州では、いまだ「自由民」（Freeman）や「ソックマン」（国王・諸侯への軍事的義務を負わず、借地法としての「ソケージ」にもとづいて農地を耕作する者）の存在すら見られず、「ヴィレーン」（約三〇エーカーに当る一ヴァーゲイト――散在する借地の全面積――を耕作する農民）と「小屋住農」（Cotter、領主がいつでも処分することができる小屋に住み、四～五エーカーの土地を耕し、賦役にも従う農民）が主体となっている。

しかし、イングランドにおける村落共同体のマナー（荘園）への編入は、一律に進行したわけではない。コスミンスキーが明らかにしているように、[4] イングランド東南部と西北部とでは、同一の「ノルマン・ヨーク」後の封建社会にあっても、その「封建制」・「農奴制」の内容において、異なった「型」（typus）が抽出される。プランタジネット朝の十三世紀、イングランドでは、カンタベリーに相対的に近い東南部に大規模の教会領が多く、“open-field system”（個々の農奴に細分化された区画をもたず、共同耕作が展開される農地）と賦役を基礎と

1086年の階級構成

階　　級	世　帯　数	構　成　比
Freeman	11,400	4%
Soccageman	23,000	8%
Villain	108,500	38%
Cottar	89,300	32%
Slave	*25,000	9%
合　　計	257,200	100%

*Slaveについては、世帯数ではなくて、人数であろうと思われる。したがって構成比も実際は多少変ってくるはずである。

（Frederick Seebohm, The English Village Community, 1926, pp.84-5.）

（Frederic W.Maitland, Domesday Book and Beyond, 1897, P.38）

同上、地域別階級構成

Shire名	Free-man	Soc-man	Villain	Cottar	Slave
Worcester	0%	0%	33%	38%	15%
York	0	6	63	23	0
Cambridge	0	4	36	42	11
Oxford	0.5	0	0	28	14
Kent	0	0.5	54	29	9
Somerset	0	0	39	37	15

する典型的なマナーの「型」を示していた。これに対して・西北部では、小規模の世俗領が多く、すでに貨幣地代が支配的となってきており、農奴から農業労働者への転換の予兆とも言うべき賃金労働（hired labour）を見出すことができるほどに流動的なマナーの「型」が出現していた。

たとえば、ダーラム司教領では、平均六ないし七の村落にまたがる大きなマナーが主体となっていたが、他方、ケンブリッジ、ハンティンドンおよびオックスフォードの諸州では、逆に、村落共同体の一部を成すにすぎない小マナーがそれぞれの州のマナー総体の八割、五割、三割を占めているというかたちで、マナーの存立基盤にかなりの差異が生じていたのである。

コスミンスキーは六五〇〇の村落共同体について検討を加えたが、それらのなかで、五〇〇エーカー以下の小規模マナーが六五％を占めており、一、〇〇〇エーカーを超える大規模マナーは一三％にとどまっていた。こうして、イングランドの封建社会の物質的基盤とも呼ぶべきマナー（荘園）は、基本的に小規模マナーを中心とするもので、その流動性を無視することができないものであった。

当然のことながら、大規模マナーは自給自足的性格を保持しやすいけれども、小規模マナーでは、再生産のために「市場」が必要となり、それ自体としてひとつの村落共同体の一部にすぎないということから、これら小マナーの内部での農民の集会（前出の“moot”）や司法事務も伝統的なマナー慣習や共同体規制を維持する力を徐々に喪失して行くこととなった。コスミンスキーの言葉を借りて言えば、「小マナーは、むしろ、共同組織を弱体化し、解体する傾向を示していたのである(5)」。

徐々に進展しはじめる「交換＝貨幣」経済——その実質は、第一章から強調している通商・交易の拡大である——のなかで、とりわけ労働地代の金納化（Commutation）の浸透につれて、イングランド東南部の大封建領主や教会の所領では労働地代の増加、農奴制度の強化という「封建的反動」が進行し、これに対して、西北部

の相対的に規模の小さい世俗的土地所有においては、封建制が漸次的に崩壊の過程をたどりはじめていた。

ところで、イングランドにおけるこのような封建社会の生成・発展および崩壊の過程と宗教、とりわけキリスト教、との関連については、意外なほど研究が深化されていない。ローマに出て、中世カトリック教会の発展に寄与した人びととしては、まず、ボニファティウス（イギリス名 Winfrid、六七二頃〜七五四年）とブレークスピア枢機卿（Breakspeare、一一〇〇頃〜一一五九年）が挙げられよう。前者は、ベネディクト会の修道士として、とくに教皇グレゴリウス二世の命を受けて、テューリンゲン、バイエルン、フリースランドならびにヘッセンで宣教活動を行ない、「ドイツの使徒」と呼ばれ、列聖されている。後者は、教皇エウゲニウス三世によって枢機卿に任命され、教皇使節としてスカンディナヴィアの布教に努め、一一五四年、ハドリアヌス四世として教皇の地位についている。これらは、いずれも、ローマ・カトリックの中枢で活動した人たちであり、イングランドの出身であると言っても、現在の行論に直接の関連はない。

これに対して、ロバート・グローステスト（Robert Gosseteste、一一七五頃〜一二五三年）から、ロジャー・ベーコン（Roger Bacon、一二一四頃〜一二九六年）を経て、ドゥンス・スコトゥス（Duns Scotus、一二六六〜一三〇八年）およびウィリアム・オッカム（William of Occam、一三〇〇頃〜一三四九年頃）へというイングランド出身キリスト者の流れは、きわめて重要である。グローステストについては、先行する諸章でも触れているが、オックスフォード大学教授からリンカーン司教に転じた神学者で、アリストテレスの『自然学』(Physika) を具体化するかたちで農学、光学、気象学などの領域での自然科学的研究の先駆的分析を展開した。ベーコンは、グローステストの弟子であり、オックスフォード、パリの両大学に学んだ後、オックスフォードに戻って、フランシスコ会修道士となった。彼は、グローステストの視点を引き継ぎ、とくに光学の分野で、光の

球面収差などの分析を進め、自然についての観察・実験による経験的理論化の途を開いた。

ドゥンス・スコトゥスは、このような思想的展開の上に立って、フランシスコ会の伝統的なアウグスティヌス主義の視点から、トマス・アクィナス学派の「アリストテレス・トマス主義」的神学を批判した。ウィリアム・オッカムについても、すでに言及したところであるが、スコトゥスの弟子として、同じくフランシスコ会の修道士となり、トマス・アクィナスの流れをくむドミニコ会の「実在論」の視点に対して、これまで述べて来たグローステスト以来の「唯名論」の視座を体系的に打ち出し、本書で言うところの《ヴィア・モデルナ》――自然科学の方法論基礎をもたらすものとしての「新しい道」――の存在論を提起した。この思想的展開がニコラウス・クザーヌスの「近代的世界像」の萌芽の析出に連接していた点については、すでに第一章で詳述して来た。そして、この「ノミナリズム」の存在論の視点がジョン・ロックの思想の構造にどのように継承されているか、この点の解明は、後の行論のひとつの焦点となるであろう。

私は、さらに、第三の流れとして、リチャード・ロウル（Richard Rolle、一三〇〇頃～一三四九年）、ジョン・ウィクリフ（John Wycliffe、一三三〇頃～一三八四年）およびウォルター・ヒルトン（Walter Hilton、生年不詳～一三九六年）という展開に、留目することにしたい。ロウルは、ヨークシャー東北部のソーントン・ディル――ヨークから北海沿岸のスカーボローに抜ける山間の街道に臨む小村――に生まれ、ダーラムの教会の首席助祭に学資を提供されて、オックスフォード大学に入学した。彼は、さらに、パリのソルボンヌにも学んだという説もあるが、確かではない。しかし、彼は、当代のスコラ学の聖書研究に満足することができず、十九歳の頃に故郷に帰り、正式の許可を得ることなく、森に入り、隠修士となった。彼の著作『愛の火』（Incendium amoris）は、四二章から成る浩瀚な書物で、ラテン語で書かれている。この著作は、通常、イングランドにおける「神秘主義」の源流に位置づけられているが、私の行論からすれば、それが《デヴォーチオ・モデルナ》

〈新しい敬虔〉の流れのなかに包摂され得るか否か、という点が重要なのである。ロウルがこの著作のなかで称揚している聖クスベルト（Cuthbert、六三五〜六八七年）は、ヨークシャーの北に隣接するノーザンバーランド州の人で、ダーラムのすぐ近くのヘクサムの街の司教職を勤めるまで献身的に社会活動を果した後、ノーザンバーランドの北海海岸の沖四マイル――六キロメートル強――に浮かぶ島、ファーン島で、やはり、隠修士として生活した人物である。カンタベリーと並ぶイングランドの大主教座ヨークの教会の管理下にあって最も強力にそれを支えているダーラムの大聖堂は、イングランド東北部のきわめて重要な教会であるが、今日なお、この聖クスベルトを、篤く祀っている。(6) 私は、このような聖クスベルトからロウルへと継承されている信仰の流れのうちに、一方において、ローマ・カトリックの本流にあって、やがて、クザーヌスがあのようにその改革と「浄化」に苦労した教会組織の官僚機構の肥大・堕落に訣別して、《神》と人間との“pure”な関係を見出そうとする思想の動きを感じ取るのであり、他方、とくに聖クスベルトが体現している《自然》と人間との関係枠組みのなかでの信仰のあり方に、言わば、ローマ・カトリックのイングランドへの普及と浸透に先行する《原生的宗教》とでも呼ぶべきものへの関連を感じ取るのである。ダーラムの大聖堂にこのような聖クスベルトが今日も敬虔に祀られているということの意味は、人びとの想像以上に大きいように思われる。

ジョン・ウィクリフもヨークシャーの出身であり、オックスフォード大学マートン・コレッジに学び、後にベリオル・コレッジの学長（Master）に就任している。彼についても、第一章で言及しているが、そこでは、とくに「コンスタンツ公会議」との関連で、むしろヨハン・フスをはじめとするボヘミアの宗教改革の動きとのつながりが中心であった。ここでは、彼の影響を受けた人びとが、「ロラード派」（lollards、「聖書の人」を意味するという説もあるが、語源としては中世オランダ語の“lollen”＝英語の“mumble”「不明瞭なしゃべり方をする」に由来する――ウィクリフが、ラテン語の『聖書』ではなくて、みずから英語訳した『聖書』を用いて説教したことと関わるのであろう——）と呼ばれ、また彼の主張が異端とされ、ロンドン司教によって再三教会裁判所への出頭を命じられたにもかかわらず、国王エドワード三世とその息子ランカスター公（ジョン・ガーント）によって庇護され、一三七四年、レスター南部のラッターワースの教区牧師（rector）となり、一〇年後の死に至るまで地域の住民たちに福音を説き続けることができたという事実だけを、示しておくことにしたい。

私が注目したいのは、ウォルター・ヒルトンがこのようなウィクリフに対してきわめて厳しい批判を加えている点である。ヒルトンは、アウグスティヌス修道参事会員として、ノッティンガムシャーのサーガトン修道院で生活していたこと以外、ほとんど知られていない。その著作『完徳の階梯』（The Scale of Perfection）は、二部構成全一三九章の大冊であるが、そのなかで、当時ノッティンガムシャーでも盛行をきわめていた「ロラード派」の宗教活動が激しい批判にさらされているのである。ここでヒルトンの主張の詳細にわたって検討を進める暇《いとま》はないけれども、その主張は、さらにジョン・ホートンを通じて、トマス・モアにまで引き継がれているだけに、イングランドにおける《デヴォーチオ・モデルナ》のひとつの展開の道筋として評価に値いすると思われる。

実は、ヒルトンの『完徳の階梯』は、さまざまな写本（アンダーヒルは一〇種類の写本を検討している）が流布された後、一四九四年、あのウィリアム・カクストンの助手、ウィンキン・デ・ヴェルデによって、活版印刷されているのである。さらに、一五〇七年に著名な印刷・出版人ジュリアン・ノータリーによって出版され、デ・ヴェルデ版も、一五二五年と一五三三年に重版されていることに鑑みれば、ヒルトンの著作は、ミルトンの《ピュウリタン革命》とロックの《名誉革命》に先立って、草創期の出版ジャーナリズムの読者たちのあいだで、相当に広く読まれていたと考えるべきであろう。

『完徳の階梯』（The Scale of Perfection）の第二部第四一章のなかで、ヒルトンは次のように述べている。

つねにイエスの現存に愛を感じ、それに育まれている魂は幸いである。イエスが不在であれば、願望によってイエスに近づけられる魂は幸いである。平静に、敬虔に、その現存を感じる者、みだりに軽薄になることなしにイエスを見て愛する者、不在であっても、絶望にひがんだり、痛々しく苦り切ったりせずに、我慢強く、やすやすと耐える者は、賢く愛する者であり、よく学んだ者である。

魂が感じるこの不在と現存の変動交替は、まだ魂が完全でないことであって、完全の恵みや観想の恵みに逆らうことではないが、それだけ完全が少ないということになる。たえず恵みを感じられないというような妨げが多ければ多いだけ、その恵みは少ないわけだから、である。(7)

私たちは、第二章の後半で検討して来たクザーヌスの思想の構造のなかでの《神》と人間との関係枠組みにおける《神》の「離在」と直接的「現前」の問題を、想起することができるであろう。クザーヌスにおいては、一方において、《神》は人間からはるかに「離在」した《隠れたる神》としてあらわれ、その「離在」した《神》と人間とのあいだに広く横たわる自然法則の展開する「運動」の領野――そこは地動説の論理が適用され、自然科学の萌芽的研究の簇生する領野であった――が前景にたちあらわれており、他方、人間は、もっぱら「記号」の力に依拠して、それら諸「運動」のなかに具現化されて来る《神》の力を感じ取り、認識しなければならないのであった。クザーヌスは、前者の側面ではライムンドゥス・ルルスの影響を受けた「存在論」によって《神》と人間との関係枠組みを可能なかぎり客観化したかたちで理解しようと努力しており、後者の側面では、感覚と認識とによって、「記号」――それは影像から象徴までの広がりを有する広義の記号である――を媒介として用いつつ、対象の「運動」の背後に貫徹しているであろう《神》の力を把握しようとする「認識論」の視座を提起していた。このようなクザーヌスの思想的努力のうちに、私は、《デヴォーチオ・モデルナ》と《ヴィア・モデルナ》のひとつの綜合・統一を見出し、そこに、《近代》の出発を定礎したのであった。

このような本書の行論から見れば、グローステストからウィリアム・オッカムへの「唯名論」の視座の成立とその自然諸科学的分析への具体化は、あきらかにイングランドにおける《ヴィア・モデルナ》の展開であった。そして、ロウルからヒルトンへのキリスト教信仰の内面的深化の系譜は、それ自体として、イングランドにおける《デヴォーチオ・モデルナ》（「新しい敬虔」）の展開のひとつの流れとして理解されてよいであろう。ジョン・ロックは、これら両契機を、どのように綜合し、統一するのであろうか？　そして、その綜合・統一による《近代》の出発の視座は、どのような意味において、あのクザーヌスによる両契機の綜合・統一を《高次化》しているのであろうか？　これが私の問いである。

なお、『完徳の階梯』と訳されているThe Scale of Perfectionというヒルトンの標題は、私の視座からすれば、第一に、"Scale"の側面が、ライムンドゥス・ルルスの「十段階の階層」理論のような客体の存在論的構成の契機をもっていない主観的「上昇」の概念——その意味で、カクストンが活版印刷によって出版し当代のベストセラーにしたチョーサーの『カンタベリー物語』やジョン・ロックの同時代人ジョン・バニヤンの『天路歴程』（The Pilgrim's Progress）と同じ文脈に位置づけられるであろう——に傾斜しており、第二に、そのこととも関連して、"Perfection"という《神》と人間とのあいだのきわめて存在論的かつ倫理学的に深い文脈での、したがってそれを前提にした深い実存的意味での《自己完成》という含意から離れて、ほとんど全面的に《神》の「臨在」——直接的現前——を前提とした「完徳」という宙に浮いた訳語を与えられているという点で、不十分である。"Perfection"は、もはや、形骸化した《コミュニオン》を骨格とするローマ・カトリックの教会組織の「信仰の様式」の下では不可能となりつつあった《神》と人間とのあいだの関係枠組みの再設定の努力のなかでのひとり一人の人間的自然の《自己完成》——それは、同時にそれら個々の人間的自然の「人間的・自然的諸力（諸可能性）」の自己表現・自己実現である——を意味していたのである。

2　十七世紀イギリスの社会変動

このような思想の展開とその内部構造の推移からイングランドの歴史の現実的展開に眼を転じる時、たとえば有名な「マグナ・カルタ」（大憲章、一二一五年）の性格は、一目瞭然である。それが保証する「自由」は、その第一条、第十二条、第十四条および第二十条の規定を総合するならば、要するにひと握りの封建諸侯と「自由民」のそれであって、イングランドの総人口の九割以上を占めるそれら以外の民衆は、その埒外にあった。わずかに注目されるのは、第十三条の規定によって、都市の「自由」が明記されているところであろう。しかも、当事者である国王、ジョン欠地王（John Lackland、一一六七〜一二一六年）は、文字通り、不承不承これに調印したのであって、その直後これを廃棄しようとして外国人傭兵を導入し、諸侯との交戦中に死亡するというありさまであった。

時代は封建社会の解体から絶対王政によるその再構築の過程であり、「自由」は、さまざまな社会変動と「革命」を通じて、きわめてゆっくりと、漸次的に、上層の身分・階級から相対的に下層のそれへと拡大され、獲得されて行ったのである。

ロンドンでは、一二九八／九年一月、マイル・エンドで大工の「寄り合い」（パーラメント）が開かれ、自分たちの職業についての市長・市参事会の命令・条令に従わないことを申し合わせ、全員で誓いを立てている。また、同年三月には、鍛冶工たちの「寄り合い」が開かれた。そして、この頃、パリには、一二八〇の「ギルド」（同業組合）、五、〇〇〇人の親方職人、六、〇〇〇人から七、〇〇〇人の日雇い職人が存在するというぐあいに、分業が進展し、社会関係の多元化が始まっていた。それは、封建社会の解体、言い換えれば地代形態の推転にともなうマナー共同体の崩壊のなかからの、産業資本家と賃銀労働者への範疇的な分解が生じて来る歴史過程の開始を、意味していたのである。

大工のパーラメントに約一世紀遅れて、一三八一年六月一四日、同じロンドン、マイル・エンドの場で、ワット・タイラーは、「庶民」（Commons）の名において、国王リチャード二世に対して、次のような請願をした。「今後、何びとも農奴状態におかれることなく、領主に対して如何なる忠誠や奉仕（howage and suit）をも行なうことなく、ただ土地の保有のために一エーカーあたり四ペンスの地代を支払うのみとすること。また、みずからの意志もしくは一定の契約の条件による以外には、何びとに対しても賦役の義務を負わないこと。(8)」

このエセックスの「かわら職人・タイル工」（tiler）に指導されたケントの一揆そのものは、翌日のタイラー暗殺によって挫折させられたが、その要求に明言されている封建社会の基盤としての農奴制の解体の歩みは、その後、さらに早まって行くこととなった。

私は、前述したように、イングランドにおける絶対王政（Absolute monarchy）の成立の時期を、ヘンリー七世の時代（一四八五年～一五〇九年）に求めている。「フューダル・アブソルーティズム」（大塚久雄）という表現からも窺うことができるように、封建的土地所有と絶対王政とは重層的に呼応しあっているのであり、これまで見て来たような封建的農村共同体の漸次的崩壊に対応しつつ強権的に権力の集中化を推進して行ったところに、絶対王政への転化のメルクマールを求めることができる。

イングランドにおける絶対主義権力の象徴的な表現は、私見によれば、一四八七年から一六四一年にかけて、文字通り、絶対的な強権を揮った「星室庁裁判所」（Court of Star Chamber）である。これは、形式的には議会制定法（statutes）によって国王評議会（King's Council）から分離されて独立した一裁判所にすぎないけれども、一三八九年以来の「請願裁判所」（Court of Requests）および一五八三年に始まる「高等法院裁判所」（Court of High Commission）とともに、チューダー・スチュアート両王朝の強権発動の機関となって来た。

封建社会の基底を成していた村落共同体（マナー）は、一方において、とくに大規模マナーの「囲い込み」（Enclosure）——従前の "Open-field system" の農地における三甫農業を毛織物産業のために原毛を供給する羊の牧畜へと転換することを目的として、広大な農地が石壁によって幾つかの区劃に「綜劃」され、しかもその私的所有が明確にされた——を通じて、他方、地代の「金納化」の一層の進展——旧来の「賦役」は物価の上昇に対して弾力性をもたないが、労働地代から貨幣地代に推転して行けば行くほど、農民たちの生活への《経済的》社会関係の影響は直接的なものになって来る——を通じて、農民たちのあいだの「富農層」（yeoman、独立自営農民）と零細農民（cottager, cottar）への両極分解を生み出して行った。ジョン・ロックは、一六九〇年、主著『人間知性論』（An Essay concerning Human Understanding）を公刊したが、四年後の一六九四年、第二版を刊行する時になって、初めて、著者ジョン・ロックの名前の横に "Gent." という言葉を付けている。もちろん、Gent.とはGentleman の縮約語であるが、The Concise Oxford Dictionary によれば、Gentleman とは、"Man entitled to bear arms but not included in the nobility" ——貴族には含まれないが、（国王によって）紋章を身につけることを許可された人——という意味であり、要するに「ジェントリー」（gentry、郷紳）のことである。前述したように、ロックの父方の四代前の祖、ウィリアム・ロックは、ヘンリー八世から紋章の着用を許され、"Sir" の称号を与えられていたのだから、思想家ジョン・ロックは、祖父ニコラス・ロックの揺籃期の産業資本家としての活動および父ジョン・ロックの治安判事書記としての活動をも含めて、まぎれもなく、地方名望家としての《ジェントリー》の出身であった。そして、《ジェントリー》と《ヨーマン》こそ、ピュウリタン革命から名誉革命にかけてのイングランド社会の社会諸関係の激烈な変革の担い手であり、主役であった。

さて、十一世紀の「ドゥームズディ・ブック」の調査では、ロックの出身地、サマセット州には、「フリーマン」も「ソックマン」も存在しなかった。そのようなところに、ロックの祖父ニコラス・ロックや叔父エドワード・ロック、ピーター・ロックなどの織物業・醸造業・製革業の「産業資本家」の胎動が生じて来るためには、封建社会の衰退のなかからの「富農層」の形成と「産業資本家」への転成、および「零細農民」たちの都市への流出→賃銀労働者群の出現という二つの歴史過程が、同時的に、進行しなければならなかったのである。

このような文脈において注目されるのは、一三四九年から五一年にかけて制定された労働者規制法（The Statutes of Labourers）の意味であろう。この法令の絶対主義的な傾向とは、第一に、それが社会・経済問題についてのイングランド史上最初の全国的統一立法であったこと、第二に、その執行のために、国王エドワード三世が、特別の地方行政組織として、「労働者判事」（Justices of Labourers）という制度を設けたこと、この二点である。とくに、後者の「労働者判事」は、一三四九年から五九年のあいだに六七九名が任命されるという大規模なもので、伝統的に地方行政の担い手となって来た治安判事制度（この制度が制定法によって法律的確認を得るのは一六六二年のことである）と相まって、中央権力が地方行政の内部へと浸透して行く重要なチャンネルとなった。しかもなお、それは、所期の目的に照らして、さほどの実質的効果をあげることができなかったのであって、「小屋住み農」（cottager, cottar）を中心とする零細農民たちは、次第に移動性を強め、身分的隷属から離脱した日傭い労働への志向を強め、農業労働から離れて、都市へ流出して行ったのである。

こうして、一四八〇年、「村邑取壊しに対する議会制定法」（Act against pulling down of Tounes）は、次のような、苦渋に満ちた意志の表明をしなければならなかった。「わが最高の領主・国王陛下は、他の事柄にもまして、とりわけ、この陛下の王国内で、家屋および『村邑』（Tounes）を破壊し、取壊し、故意に毀損（willful waste）することにより、慣習的に耕作の用に供されて来た土地が牧草地にされることにより、多大な不都合が日毎につのり、またそれによって、あらゆる災禍の根元にして始源であるところの怠惰が日毎に増大していることに、思いをいたされた。ある村邑においては、二〇〇人が合法的な――忠実な――（lawful）労働により、専有し、生活していたが、現在では、二人ないし三人の牧夫が存在するだけであり、残余の人びとは怠惰におちいり、このようにして、この王国の最大の有益物（commodities）のひとつである農業は著しく衰退し、教会は破壊され、神への祈りは取り止めになり、そこでは人びとの遺体が祈りをあげられることもなく埋葬されている（9）」。

私たちは、この「村邑」がまぎれもなく村落共同体のことであり、“tounes”の語源がその「垣根」（tun）という意味であったことを、想起すべきであろう。そして、この「村邑取壊しに対する議会制定法」のなかで、このような村落共同体の崩壊を嘆いて見せている国王こそ、あの星室庁裁判所を創設したヘンリー七世にほかならなかった。

私たちは、また、ヘンリー七世が、みずからはランカスター家の出自――ローマ教皇と神聖ローマ帝国とに対抗する草創期の各国民国家形成の動きのなかで、イングランドの宗教改革家ジョン・ウィクリフをローマ・カトリックの権力から庇護したエドワード三世の孫であり、ランカスター公ジョン・オブ・ガーントの息子である――でありながら、ヨーク家の出身であるエリザベス――ウィリアム・カクストンに由縁の深いエドワード四世の王女――と結婚することによって、「ばら戦争」に終止符を打った人物であることをも、想起することができるであろう。

通商・交易の拡大に勤しむロンドン商人たちにとって、三〇年間にも及んだ封建諸侯間の争い――内乱――としての「ばら戦争」は、もはや、無用の長物としての封建領主の群雄割拠にピリオドを打つ絶好の機会をもたらしたものであった。そして、イングランドにおける一、二〇〇の修道院を解体し、その膨大な所領を没収した人間こそ、ヘンリー七世の息子であり、チューダー絶対王政の実質的な定礎者であるヘンリー八世であった。ここに、イングランド封建社会は、その物質的基盤であった村落共同体を解体されたのに続いて、その精神的主柱であり、まさしく《コミュニオン》の骨格であった修道院のネットワークを喪失することになった。

そして、ヘンリー八世の娘、エリザベス一世は、イギリス国教会の体制を確立するとともに、一五六三年の「徒弟法」(Statute of Apprentices)、一五九八年の「浮浪人乞食処罰法」および一六〇一年の「救貧法」(Poor Law) という一連の労働立法の制定によって、都市に流入して来た余剰労働力の賃銀労働者層への再編成の方途を明らかにしたのである。

エリザベス一世の絶対王政の根拠づけに寄与するところ大であったリチャード・フッカーは、次のように述べている。

「実定法は、自然的命令の特殊な決定であるにもかかわらず、政治的社会 (political societies) によって定立される。社会のある部分は、単に市民的に結合した社会であり、また、ある部分は、精神的に結合していわゆる教会のような団体をつくる(10)」。こうして、封建社会の衰退にとって代る絶対王政の社会諸関係の内側で、《宗教》からの「市民社会」(Civil Society) の分離 (Schism) が進行し、そこにおいて、《コミュニオン》に代って、《コミュニケーション》の影響力の増大が急激に深まって行くのである。

ジョン・ロックは、後年、『市民政府論』(Two Treatises of Government, 1689, the First Treatise: the false principles and foundation of Sir Robert Filmer and his followers, the Second Treatise: An Essay concerning the True original, extent, and end of civil government) のなかで、チューダー・スチュアートの絶対王政の権力の正統性を《神》の直接的「臨在」へと結びつけるフィルマーの「王権神授説」——および家父長制

理論——を批判し、かえって、イングランドの社会的現実のなかでの反封建・反絶対主義の闘いにみずから巻き込まれ、それらによって基礎づけられながら、フッカー的主張を理論的に徹底させることを通じて、政教分離（Schism）の上での《近代社会》（Modern Society）における政治の原理を導出した。そして、フッカーにほんのわずか先行するトマス・モアの同時代人、カンタベリー大主教トマス・クランマーは、友人のロンドン主教ニコラス・リドリーと協力して作成した祈祷書 Book of Common Prayer and Administration of Sacrament（一五四九年）のなかで、「自分の生活を自力で立てるように、本当に学びそして働き、さらに、神が喜んでおのれを召し給うような身分で自己のつとめを果たすこと、それが各人の義務である」[11]と訴えていた。クランマーは、よく知られているように、ヘンリー八世とカサリンとの離婚、アン・ブーリンとの結婚を推進した立役者であり、イギリス国教会の定礎者のひとりであった。カサリンはスペインの統一を実現したアラゴン王フェルナンド二世とカスティリヤ女王イサベラの娘であったから、この決定は、スペインを有力な後ろ盾としていたローマ・カトリックとの決定的な離別を生むこととなった。ところが、ヘンリー八世の息子エドワード六世のわずか六年の治世——彼は十六才で病没した——を引き継いだメアリー一世は、フェルナンドとイサベラの曾孫にあたるスペイン王フェリペ二世と結婚し、時代の流れに逆行して、イングランドの「カトリック化」を図ろうとした。このメアリーの手で、一五五五年一〇月、リドリーとウースター主教ヒュー・ラティマーがオックスフォードで宗教裁判にかけられ、異端として焚殺され、その半年後、クランマーもロンドン塔から引き出されて焚殺された。今でも、オックスフォードの中心部を南北に貫くセント・ジャイルズの通りの中央——オックスフォード大学の現在の社会科学研究の中枢のひとつであるベリオル・コレッジの真横——に、the Martyrs' Memorial（「殉教者追悼碑」）が建っており（一八四一年建立）、クランマー、リドリー、ラティマーの遺徳を偲んでいる。私は、このセント・ジャイルズの大通りの北に位置するセントアントニーズ・コレッジの客員研究員としてオックスフ

殉教者追悼碑

ォードに滞在していた時期に、この追悼碑に目を留めたが、その地理的条件からして、ジョン・ロックもその傍らを幾度となく往来したであろう。そして、言うまでもなく、"Sacrament" とは聖餐式のことであり、ローマ・カトリックの場合でもイングランド国教会の場合でも、《コミュニオン》の骨格を成すものであった。周知のように、前者の場合 "the seven sacraments" という言葉が示すように、それは、七つの「秘蹟」の複合として《聖化》の機構をかたちづくっていたが、プロテスタントたちの側では、多くの場合、洗礼（baptism）と聖餐そのもの（the Eucharist）の二つに簡略化され、前述したように、ジョン・ロックの誕生の際に洗礼を施した時にも、教区牧師サミュエル・クルックはさらに簡素な《聖化》の「儀式」しか実施しなかった。さきに引いたクランマーとリドリーの一般祈祷書の文言でさえ、かつてのローマ・カトリックの《コミュニオン》の中枢規定にくらべれば、かなりに多くひとりひとりの個人の「祈り」（Prayer）の側に重心を移しており、それだけ《コミュニケーション》への重点移動――Shift――を示していたのである。

イングランドの絶対王政の舵をカトリックの側――したがってスペインとの同盟――へと振った女王メアリーは、ロンドン商人、ジェントリーおよび大多数のヨーマンたちの総反撃に直面することとなった。絶対王政という政治的外被をまといながらその経済的実力を蓄積しつつあったイギリス最初期の産業資本家たちは、通商と交易を具体的に保証する北海、バルト海および大西洋の制海権をめぐって、スペイン、オランダと激しい競合の関係にあった。イギリス国教会の創設というかたちでローマ・カトリックからの離別の途を選んだイングランドの国民国家は、ローマ・カトリックの「普遍的」政治——Catholic とは Universal という意味である——の枠組みから解放されることを通じて、自国の経済的利益を、「国家的権益」(National Interest) として追求しようとしていたのであり、したがって、メアリー一世の政治的・宗教的判断は、当のイングランドの国民経済の発展の道筋に対して、完全に逆行するものであった。これから徐々に言及して行くように、ジョン・ロックの思想世界の背後に、そして、《ピューリタン革命》から《名誉革命》の後の「政党政治」の時代の出現に至るまで、十七世紀イングランドの歴史の展開のひとつの基調として、カトリックへの逆行と「反動」対プロテスタントの伸長とそれに相関する社会諸関係の「世俗化」された (civilised) 発展——当代の状況の下では、これが「進歩」であった——という構図が存在し、これら両契機の相互反転が繰り返されるのである。

私たちは、ここで、メアリー一世の後を継ぎ、イングランドの絶対王政をヘンリー八世以来の途へと戻したエリザベス一世 (一五三三年〜一六〇三年、在位一五五八年〜一六〇三年) の権力の下で育ち、ジェームズ一世の治世の大法官 (Chancelor) として王権を支えていたフランシス・ベーコンの証言を引いておくことにしたい。

彼は、まず、「囲い込み」について、次のように言う。「この時期の囲い込みは、しばしば起るようになったのであり、そのため、耕作可能な土地が……牧草地 (pasture) に転換され、……羊と家畜がクリスチャン農民を駆逐するようになった。……一連の農業保護立法は、王国の勢力と生活の様式におどろくほど深く関連しているのであり、それらは、農場を、ほとんど全てにわたって、窮乏のなかから有能な人びとだけを支える場所とし、結果として、王国の土地の大部分を、ジェントリー層 (gentleman) と小屋住農 (cottagers) あるいは農奴 (peasants) とのあいだに位置するヨーマンリーないし中間層の保有と占有に委ねることになったのである」[12]。

ベーコンは、十六世紀末から十七世紀の始めにかけてのイングランド社会のなかでの独立自営農民＝農業資本家→産業資本家という範疇的展開に留目しつつ、さらに、次のように主張していた。

いわば、人類相互の契約（compact）と連繋（association）とから生成して来るイドラがあるのであり、私は、このイドラを、人びとの交易（commerce）と取引き（dealings）の故をもって、市場のイドラと呼ぶ。(13)

私は、十五世紀におけるニコラウス・クザーヌスの思想の構造の検討を、大陸ヨーロッパにおける通商・交易の拡大とそれにともなう中世封建社会の漸次的崩壊という社会的背景の剔抉から、開始した。そして、今また、十七世紀後半におけるジョン・ロックのコミュニケーション理論の構造の検討を、やはり、島国イングランドにおける通商・交易の拡大とそれにともなうイギリス「市民社会」(civil society）の漸次的拡大という社会的背景への留目のうちから、開始しようとしているのである。

私の視点から見れば、十七世紀イングランドにおける革命的激動の導火線のひとつの重要な要因は、あの「エリザベス独占」と呼ばれる特権である。その実態の一端は、次のようであった。

Ⅰ　エリザベス第三三年（一五九一年）
フラスコ、試験管、火薬入れ、弾丸入れの製造をレイナルド・ホプトンにのみ一五年間

Ⅱ　エリザベス第三四年
毛織物の縁およびあらゆる種類の角笛の運搬をサイモン・ファーマーとジョン・クロフォードにのみ二一年間
ガラス製造をジェローム・バウズにのみ一二年間

Ⅲ　エリザベス第三五年
海外から銅を買い付け、供給し、イングランド国内で販売することをブライアン・アネスリーにのみ二一年間

これらは、エリザベス一世が個人に与えた「特許と独占」の夥しい事例のごく一部に過ぎない。

この他に、①金属片の製造、②ダビデ『詩篇』の印刷、③コーネリウス・タキトゥスの印刷、④いくつかの州で大青――藍染めの原料――を栽培すること、⑤保険証書と呼ばれるすべての文書、証書の登録、⑥文法書・入門書その他の教科書の印刷、⑦法文の印刷、⑧歌曲台本の印刷、⑨数学器具の製造、⑩大法官の召喚状の作成、⑪治安を守り非行を繰り返さないという嘆願書および訴訟令状と法的保護剝奪の取り消し状の作成、⑫国王による定期借地証書の作成、⑬国璽による定期借地証書の清書、等々が、同様にして、個人に対する特許・独占の権利として、与えられている。[14]

私たちは、カクストンが、一方において、ロンドンとりわけ《シティ》の「織物商組合」（Mercers' Company）の特権的ギルド――その成員は伝統的に、そしてきわめて狭隘に、限定されていた――としての経済的実力とそのブルゴーニュ侯国その他の諸外国との通商・交易を通じての拡大を背景として、他方、エドワード四世の王室（宮廷）権力への癒着のなかで、きわめて特権的な位置を占めつつ――時代は未だカトリックのそれであり、この特権の見返りのひとつは「免罪符」の印刷であった――、ロンドンの西郊ウェストミンスターに印刷所を開設した経緯を、想起することができるであろう。そして、エドワード四世の娘（エリザベス・オブ・ヨーク）は、前述したように、イギリス絶対王政の「第一走者」ヘンリー七世の王妃となるのである。

こうして、エリザベス一世の与えた特許と独占は、実に微細な部分にまで亘っており、そこに「噸税」（tonnage duties）、「ポンド税」――これらは、基本的に、羊毛と皮革の通商・交易に課せられた税金であった――さらには後代の「船舶税」（Ship Money）――チャールズ一世の時代のその「強行」に見られるように、民間の通商・交易に用いられた船舶をスペイン、オランダなどの列強諸国との海戦のための軍用船に仕立て、徴用するという意味をもっていた――と同じように、王室財政・国庫の補填という副次的含意があるとは言っても、いかにも恣意的であり、これでは勃興期の「市民社会」の生活のリズム――その基軸が商品・貨幣・記号の流通と運動である――が成立し得ないと言うべきであろう。フランシス・ベーコンは、大法官就任の後、「ヴェルラムの男爵」(Baron of Verulam) となり、「セント・オーバンス子爵」(Viscount of St.Albans) へと栄進した直後、このような「初期独占」体制の下での汚職・収賄の廉で告発され、四万ポンドの罰金を課せられて、ロンドン塔に送られた。ベーコンを告発し、弾劾したのは、イングランドにおける「コモン・ロー」の守護者、サー・エドワード・コークであった。

すでに見て来たように、ジョン・ミルトンは、チューダー・前期スチュアート王朝のこのような「国庫的、独占商人的色彩をもつ『有機体的』な社会構成――国家および教会と絶対主義的特権の上に立つ独占商人、金融業者との結合」(高橋幸八郎) に対して、とくに「国家」と「教会」との結びつきの非合理性を、糾弾したのであった。そして、「国家」と「独占商人」との結びつきを半封建的かつ絶対主義的なそれから《近代的》――すなわち《資本制的》――な結合 (より正確には、「市民社会」におけるブルジョアジー主導の再構成) へと転成させる道筋こそ、ピムやハンプデンのような「産業的中産者層」の求めていたものであり、ジョン・ロックはこの道筋を論証し、論理化したのである。

このような文脈において見れば、ミルトンが深くコミットした《ピュウリタン革命》が十七世紀イングランドの社会変動における決定的な転換の契機であったということは、まぎれもない事実である。しかもなお、そこには、《近代》の出発に随伴するさまざまな不徹底さが含まれていた。十六世紀後半、農村における封建的規制は実質的にその力を喪失し、農村工業の急激な成長が見られた。また、一五五三年、ロシアで、「未知の地方、領土、島および場所を発見するためのマーチャント・アドヴェンチャラーズの職業組合」(モスクワ会社) が成立しているが、これは、イギリス史上最初の "Joint Stock Company" であり、二四〇人の株主がそれぞれ二五ポンドずつ出資することによって、《資本》(元資) を確保していた。一五九二年には「レバント会社」――地中海経由の東方貿易をめざす会社で、"Levant" とは、もともと「太陽の昇るところ」を意味するフランス語である――、一六〇〇年には「東インド会社」というかたちで特権カンパニーの進出が見られるが、それらは、「初期独占」の解体を目的とする《ピュウリタン革命》の渦中にあって、その特権を守り抜くことに成功しているのである。それどころか、この革命のなかでチャールズ一世の絶対王政に抵抗した「ラウンドヘッド」派の指導者ジョン・ピムは、新大陸アメリカとの貿易を担当する「プロヴィデンス・カンパニー」の書記を務め、コネティカットの植民地経営に当っていた（一六三〇〜四〇年）ロンドン商人の利益代表者のひとりであり、みずからの既得権を巧妙に守りながら、反封建・反絶対主義の闘争を展開していた。

ジェームズ一世・チャールズ一世の前期スチュアート王朝の絶対主義的規制を打破し、「初期独占」の非合理的な体制を突破して行く端緒となったのは、私見によれば、一六二四年の「独占法」(Statutes of Monopolies) である。議会の意志を相対的に反映したこの法律は、その序文のなかで、次のように述べている。

公共の福祉を曲解し、またこれを口実として、多くの特許が不当に与えられ、法に違反して施行されて来ている。これらは、国法にそむき、また先に公布された陛下の恵み深き意図にそむいて、臣民のあいだに大きな不満と不都合とをもたらしているので、そのような弊害を避け、将来にわたってこれを予防するために、本議会は、この件についての聖・俗貴族および平民の謙虚な訴えにもとづき、次のように定める。すなわち、イングランド本国およびウェールズ領内において、独占的に買い入れ、販売、製造、加工または使用するために、これまで個人もしくは団体に対して供与され、あるいは供与されようとしているすべての独占、委任、授与、許可、特許、特権は、……一切わが国の法に反するものであり、まったく無効であり、向後決して施行されてはならない(15)。

この法律は、しかもなお、第三条に「いかなる個人・団体も独占権をもつことができず、これを行使しない」と規定しているにもかかわらず、第九条には、次のような文言を有する。

「ただし、この法律ならびにここに含まれているいかなる条項も、ロンドン市またはわが国内のいかなる都市・バラー（borough）に対しても、それらに与えられた授与、特許あるいは特権、およびそれらによって用いられている慣習には適用されず、また、いかなる技芸、交易、職業あるいは技術の団体、組合、組織にも、あるいは、商品取引の維持・拡大または秩序のためにつくられたわが国内の商人組合または団体にも適用されず、それらに被害を与えるものでもなく、こういう特許、慣習、団体、組合、組織、集団とその自治、特権、権限、特典は、この法律のなかのいかなる条項にもかかわらず、この法律の制定以前と同一の効果・効力を持ち、かつ持ちつづけるものであることを、ここに、上記の権威により、明らかにし、宣言・制定する」。これは、「独占法」という法律が如何に有名無実のものであり、既得権を擁護するための「抜け穴」に満ちたものであるかを如実に示している。そして、これから、イングランドにおけるジャーナリズムの展開とそのなかでのジョン・ロックの役割を検討して行く際にひとつの重要な焦点となる「印刷・出版業組合」（the Stationers' Company）の特権も、この法律の適用を免れていたのである。《ピュウリタン革命》の展開過程においても、私たちは、これと類似の現象を、少なからず目にすることになる。ミルトンが『アレオパジティカ』を執筆する直接の契機となった一六四三年、長期議会の下での「両院の命令」も、後述するように、絶対王政への抵抗という大きな潮流のなかで、なお、「古来の慣習」という名分で、印刷・出版業者たちのきわめて限定された特権を擁護していたのであった。

たしかに、リプソンの言うように、《ピュウリタン革命》は「イギリスにおける資本主義の発展の転回点」であるが、そこにつきまとっている早熟性と妥協性のために、産業的中産者層をはじめとする生成期のブルジョアジーの反絶対主義の闘いは、それぞれの歴史的局面において、きわめて複雑な足取りを示さざるを得なかったのである。

すでに述べてきているように、一六四〇年、ロード＝ストラッフォード体制が打倒され、翌四一年七月には、ついに、イギリス絶対王政のかなめとも言うべき星室庁裁判所、高等法院裁判所が廃止され、反絶対主義勢力の勝利が明らかになり始めたが、まさしくこの反絶対主義の戦線の中から、次のような批判の声が上っていた。「新しい非合法的な特許はすべてあなた方（「長期議会」およびその主導勢力となっていた独立派と長老派）によって廃止されたにもかかわらず、マーチャント・アドヴェンチャラーズその他の抑圧的な独占はなお存続し、人びとの自由を著しく侵害し、この国の主要な商品である毛織物その他の羊毛製品に依存するあらゆる勤勉な人たちに大きな被害を与え、またすべての商人・水夫に甚大な不利益をもたらし、その発展を阻害し、海運を妨げている。……勤勉な人びとをはげますために、あの古い抑圧的なマーチャント・アドヴェンチャラーズその他の組合を解散させ、今後とも、多額の罰金を課して、このような独占的団体が出現しないようにしてほしい(16)」。

これは「レヴェラーズ」（the Levellers「水平派」と訳される都市の手工業者・徒弟・小商人および農村の小農民層たちで、議会軍の下級士官・兵士を構成していた）の立場からの主張であるが、《ピュウリタン革命》は、これまで述べて来たイギリスの封建的絶対王政の下での社会構成体の構造的変動のなかから生成してきたのであり、それに《宗教》と政治・経済の相関の問題を複雑にからみあわせて展開しつつ、基本的には、「長老派」（the Presbyterrian）――大ジェントリーとロンドン商人たちの利害を反映していた――の要求の線に収束して行った。それは、「レヴェラーズ」や「ディガーズ」（the Diggers、「真正水平派」True Levellers とも呼ばれる農村プロレタリアートたち）の要求を切り捨てながら、革命の展開の個々の局面において、部分的に、都市の商工業者と農村の自営農民たち――ヨーマン（yeoman）――の連合勢力――「独立派」the Independents、宗教的には the Congregationalists の基盤となり、議会軍の上級士官・指導層を構成していた――の力にひきずられながらも、最終的には、《革命》そのものの帰結を「半封建的・半ブルジョア的」な性格のものに落着させてしまったのである。このことは、一六六〇年の「王政復古」に続くクラレンドン法典に、特徴的に示されているところである。そして、それゆえにこそ、これから詳述して行くジョン・ロックの主張に具体化されているように、《名誉革命》による再度のブルジョア的要求の提起が必要となったと言わなければならない。

3　ジャーナリズムの成立と言論統制

《ピュウリタン革命》が勃発した一六四二年、思想家ジョン・ロックは一〇歳である。そして、父ジョンは、治安判事アレクサンダー・ポファムの下で、その書記（clerk）を務めていた。ポファム家はサマセットシャーとヴィルトシャー両州に所領を有する名望家であり、アレクサンダーは、内乱勃発時、バース市選出の下院議員であった。ローマの頃からの温泉と浴場で名高いバースは、ブリストルの東南二〇キロメートルほどのところに位置し、ロック家のあるベルトンからはほぼ真東に一五キロ弱の近さである。ロックの生地リントン、本籍地ベルトン、そしてバースは、港町である大都市ブリストルの南、ほとんど同じ緯度のところに、西から東へ、すなわちオックスフォード、ロンドンに近づく方へと、ほぼ真横に並んでいる。

革命がはじまり、「キャヴァリア」（チャールズ一世派）と、「ラウンドヘッド」（議会派）との対立が軍事化し、後者の側の「議会軍」が組織されると、アレクサンダーはその大佐となり、父ジョン・ロックを大尉（captain）に任命し、ともに騎馬隊を指揮することになった。[17]

ここで注目されるのは、アレクサンダーの祖父サー・ジョン・ポファムの存在であろう。彼は、チャールズ一世の父ジェームズ一世の下で、‘Chief Justice of the King’s Bench’として「ガイ・フォークス事件」（一六〇五年）の審理を担当し、事件の主謀者とされたカトリック教徒ガイ・フォークスを死刑に処した。「火薬陰謀事件」(Gun Powder Plot) とも呼ばれるこの事件は、直接的には、議会――上院――の地下に爆薬を仕かけ、プロテスタントの議員たちを一挙に殺してしまおうとした未遂事件であるが、後々まで、イングランド国内での宗教対立、とりわけ反ローマ・カトリックの国民世論を激化させる重要な引き金となった。ジョン・ポファムは、また、前述の「労働者立法」との関連で、都市に流入した浮浪者・失業者たちを、「怠惰と無宿の懲罰」のために、アメリカの新大陸に移送し、ヴァージニア会社などの植民のための労働力にするという方策を具体化した人物である。

さて、クラレンドン――エドワード・ハイド、チャールズ二世の大法官として、一六六〇年の「王政復古」後のイングランドの政治を主導した――は、ジョン・ロックの出身地、サマセット州について、次のように述べていた。

「この州では、古い家柄と資産を有するジェントリーは、多くの場合、国王に好意的であり、議会がどのような連中に握られているかを容易に見抜くことができた。しかし、もっと身分の低い人びとが居り、彼らは、農業の改良や毛織物その他の景気の良い商売をやってきわめて大きな財産を手に入れ、次第にジェントリーの所有していた土地を獲得して行ったのであるが、そのジェントリー層と同じように尊敬されていないことに不満をもち、ますます一生懸命に働いて、社会的地位を高めようとするあらゆる努力を尽くしていた。こういう人たちが、最初から、議会派（「ラウンドヘッド」）の忠実な支持者たちだったのである(18)」。私たちは、ともあれ、アレクサンダー・ポファム大佐とジョン・ロック大尉の活動を、このような文脈のなかでとらえなければならないのである。

初世クラレンドン伯エドワード・ハイドやしばしば引用されるリチャード・バクスター（一六一五〜一六九一年、マックス・ウェーバーが『プロテスタンティズムの倫理と資本主義の精神』のなかで、きわめて重要なとこ

1648年、イングランドの階級構成

Franchise class	成人男子数	構成比
①Freeholders & Freeman of Corporation	人 212,100	% 18
② Ratepaying Householders not in ①	163,200	14
③Non-Ratepayers not in ④	19,300	1.7
④Servants and Almstakers	775,800	66.3
合　　計	1,170,400	100.0

(C. B. Macpherson, The Political Theory of Possessive Individualism－Hobbes to Locke－1962. pp.290-292.)

ろで準拠するこの人は、当初イングランド国教会の聖職者であり、《ピュウリタン革命》の際には、「議会軍」の軍隊付き牧師であった）の証言などから、私たちは、十七世紀半ばのイギリス社会における階級構成の姿を、おおよそ窺い知ることができるであろう。私は、さらに、この点をもうすこし厳密にとらえておくことにしたい。上の表は、マクファーソンがグレゴリー・キングの統計とクロムウェル軍の成員たちの出身階層との対照に基づいて作成した、一六四八年のイングランドの階級構成である。

ただし、この数字は成人男性のみの構成であり、女性や子供の数は不明である。それでも、①や②の階級に含まれる《ジェントリー》や《ヨーマン》の部分と④の農奴・労働者のそれとの分化を見てとることはできるであろう。クロムウェルの「プロテクトレート」から《名誉革命》にかけての社会変動や、そのなかでの「トーリー党」と「ホイッグ党」の政争なども、基本的には、この①と②の階級のヘゲモニーによって展開されて行くのであり、後に触れるロックの所論からも明らかになるように、④の階級は、いまだ、どのような意味においても《政治的》社会関係の構成主体としての力を発揮してはいなかった。《ピュウリタン革命》の最左派、《ディガーズ》(the Diggers) の指導者ジェラード・ウィンスタンリは、次のように主張していた。

「土地をもたない貧民が、自由に共有地を耕して労働することを許され、囲い込んだ土地で生活している地主たちと同じように安楽に生活することができるようになるまでは、イギリス人は自由ではない。国民が自分たちの資金を提供し、みずからの血を流したのは、ノルマン的権力たる地主たちが、なお、領主・地主・裁判官・治安判事・執事・役人として専制的支配を続ける自由を保証するためではなくて、抑圧された人びとが自由になり、牢獄を解放し、土地を共同の宝とするようすべての人びととの同意を得て、貧しい人たちを安心させ、イスラエルの一族のように、同胞愛をもってひとつの霊に結びあって生活し、母なる大地を共有して豊かな生活をおくるためであった」[19]。彼らは、一六四八年四月、ロンドンの南に隣接するサリー州、セント・ジョージの丘で、土地の共有を主張し、荒地の開墾を始めた。Diggers――土地を掘る人たち――という意味は、ここから出ており、しかも、セント・ジョージは、周知のように、イングランドの守護神である。ウィンスタンリたちは、私有財産制の撤廃や土地の共有をめざして、「真正水平派」(The True Levellers) を自称したが、《ピュウリタン革命》それ自体は、前述して来ているように、長老派の限界をのりこえて来た独立派が、「水平派」や「ディガーズ」の左派を排除し、制圧するところに、帰結して行った。それは、また、テューダー・前期スチュアートの絶対王政をのりこえて行く初発の産業資本の要求の貫徹でもあった。

さて、《ピュウリタン革命》は、軍事的には、一六四五年六月一四日、イングランドのほぼ中央部、レスターの南方三〇キロメートルほどに位置するネースビーの野戦で、決着を見た。スコットランド軍の陣営に逃げ込んだ国王チャールズ一世は、数次の折衝の後、一六四七年一月、イングランドの議会軍に引渡された。そして、この年、ジョン・ロックは十五歳、ポファムの援助で、ウェストミンスター・スクールに入学することになった。この学校は、ウェストミンスター寺院の南、カクストンの印刷所が開設されたところや寺院内、詩人たちのコーナーのミルトンの記念碑銘から、ほんの目睫の場所に、ロックの入学より一世紀も前に創設されていた。当初は、生徒数四〇人で、すべて王室にゆかりのある子弟に限られていた。エリザベス一世の時代に、これらの子弟の他に、八〇人の学生が入学を許可されるようになり、ロックが入学した時には、これが二〇〇人に拡大されていた。

思想家ジョン・ロックは、この学校に入学することによって、はじめて、「思想の世界」――異質で、多元的な、諸思想の交錯する《知》の領域――に接することになる。その点では、ジョン・ミルトンがピュウリタンの家庭からセントポール寺院付設のセントポール・スクールという「グラマー・スクール」に入学したケースとは、やや対照的である。なぜなら、ジョン・ロックは、ピュウリタンの家庭で、議会軍の大尉を父にもつ境遇から、イギリス国教会の牙城であり、王党派の最高の知的拠点であったウェストミンスター・スクールという「パブリック・スクール」の原型に入学したのだから。

一六四七年秋、ロックが入学した時、この学校の校長はリチャード・バズビーであった。バズビー自身も、この学校の出身で、オックスフォードのクライスト・チャーチ・コレッジに進んだ、根っからの「王党派」教育者である。十九世紀イギリスの政治家ウィリアム・グラッドストーンは、自分自身はイートン校の出身であるが、バズビーを、「イギリスにおけるパブリック・スクール体制の創設者」と呼んでいる。その教育方針は、古典教育のための「刻苦勉励」（"hard working and hard living"）にあり、ジョン・ロックは、このような雰囲気のもとで、ジョン・ミルトンとは異なった質の "Liberalism" の視座の形成へと、その一歩を歩みはじめるのである。

一六四九年一月二七日、ジョン・ブラッドショウを議長とする特別法廷は、五七名の裁判委員の署名のもとに、国王チャールズ一世に対する死刑の判決を下した。同年一月三〇日、ホワイトホール内、バンクェット・ハウスの傍らで、市民・群集の見守るなかで、死刑は執行された。この時、ジョン・ロックは、ウェストミンスター・

スクールの二年生であった。この学校からバンクェット・ハウスまでは五〇〇メートルほどの近さであるが、ロックはこの執行を目撃してはいない。なぜなら、校長バズビーが全生徒を集め、処刑される国王のために、公然と祈りを捧げる哀悼の集会を開いていたから、である。

ロックは、その生来の資質からして、"Quietism"の人であり、「国王殺し」と言われるような凄惨な状況を喜んで迎える種類の人間ではなかった。それどころか、一六六〇年、チャールズ一世の長男、チャールズ二世による「王政復古」の際には、これを歓迎しているのであり、その頃から書きはじめられた『自然法論』(Essays on the Law of Nature、一六六四年)のなかでは、「おろかな大衆がときに主張する一致した意見(the general consent of a senseless croud)あるいは、むしろ陰謀とでも言うべきものほど、憎むべき、邪悪な、あらゆる正義と法に反するものはない」(第五論文)と主張されているのである。

ロックは、一六五二年一一月、オックスフォード大学クライスト・チャーチ・コレッジに、入学した。よく知られているように、《ピュウリタン革命》のなかで、オックスフォードは、「王党派」の拠点であり、実際、クライスト・チャーチにチャールズ一世は仮住いしていたのであり、王妃ヘンリエッタ・マライア(フランス国王アンリ四世の娘)はマートン・コレッジに住んでいた。当然のことながら、クロムウェルの「プロテクター制」の下で、大学の空気は一変し、クライスト・チャーチ・コレッジでも、七〇名のフェローが辞職し、三五名が残った。コレッジの学長(Dean)も、クロムウェルづきの従軍牧師だったジョン・オーウェンが就任していた。

一六五四年、ロックは、第一次イギリス・オランダ戦争でのクロムウェルの勝利を称賛する詞華集(オーウェンの編纂)に二篇の詩を寄せているが、そこでも、基調は「平和」(Peace)の到来への喜びにおかれている。なお、前述したように、この年、彼は母アグネスを失なっている。

こうして、青年ジョン・ロックは、ギリシャ語・ラテン語の研鑽および論理学・形而上学を中心とする伝統的な古典研究に専心し、一六五八年、二六歳で、クライスト・チャーチ・コレッジの「特別研究員」（Senior Student）に就任する。私は、ウェストミンスター・スクールからオックスフォードへの青少年期の教育のなかで、ロックが、一方で「王党派」のリチャード・バズビー、他方で、「議会派」のジョン・オーウェンから、それぞれ異なった視点から、しかし共通に、宗教的寛容――複数の信教の立場が存在することの承認――と「付和雷同の排除」――"He (Busby) taught his pupils to beware of persuasion, and never to accept without reflection the pretentions of men in power"[20]――を教えられた点に、注目しておきたい。それらは、いずれも、《コミュニオン》の専制が終り、文字通り、《コミュニケーション》の時代が到来しつつある状況のさなかでの「主体」の生成・成立への問いかけを強く含意していたのである。

私は、あらためて、社会諸関係の結節点、「結び目」、のところに、商品、貨幣および記号を位置づけて考えることの必要性を、主張したい。言いかえれば、社会構成体のなかで、その構成諸要素として、《経済的》社会関係は、「商品」を結節点として、すなわち「商品」によって媒介（mediate）されて成立し、その運動の徴表が「貨幣」である。また、《文化的》社会関係は、同様にして、「記号」を結節点とし、「記号」によって媒介（mediate）されることによって、生成する。私たちが、中世末期のローマ教皇領、ブルゴーニュ侯国および絶対王政成立期のイングランドに即して見てきたように、《近代》以前の社会構成体にあって、これらの社会関係に《社会的》社会関係――その具体的表現は「家族」・「地域社会」・「民族」である――を付加した社会諸関係は、ローマ・カトリックの「普遍的」権威によって裏打ちされた《政治的》社会関係によって垂直的に統合されており、その統合の基軸を《コミュニオン》に求めていた。その典型例は、言うまでもなく、神聖ローマ帝国である。宗教は、Religion の語源――Re-ligare「再び・結合する」――からして、ローマ・カトリックの総本山であるヴァチカンの宗教的権威が例示していたように、普遍的な「記号」としての象徴の最大限の意味の生産力によって、これら社会諸関係を「上から」、垂直的に、統禦し、支配する――そこでは《文化》が《政治》と融合する――「関係の結節点」をさらに結節するメタ結節の機構――ligare を語源とする“*ligature*”は「結紮する」という意味である――となっていた。

そして、《コミュニオン》の解体から《コミュニケーション》の析出へという中世封建社会から《近代》社会への推転の基軸は、一方で、「政教分離」（Schism）に見られるように、《宗教》からの社会諸関係の解放と分離をもたらし、他方、まさしくそれら社会諸関係の「結節点」としての商品、貨幣および記号の運動を活発化させることになった。

私たちは、中世封建社会の有機体的統合を脅すようにして、次第に商品の流通と運動が拡大するなかで、十六世紀の始め、ヴェネツィア共和国に、『ガゼッタ』という手書きの「新聞」が流布していたことを、想起するであろう。Mercury（「報知」）という名を最初に用いた刊行物は、ケルンで不定期に刊行されていた Mercurius Gallobelgicus であった。これは、フォックスボーンによれば、一五八八年の創刊であり、ラテン語で書かれていたこともあって、その後一六三五年にかけて、ひろくヨーロッパ中に流布していた。

イギリスでも、エリザベス一世やジェームズ一世の時代になると、国王の側近やロンドン商人など、「直接耳で聞こえる範囲の外に」（extended beyond ear-shot）関心をもつ人びとは、何人かの “newswriter” を雇うようになる。たとえば、エリザベス時代の後期、ロバート・シドニー（『アルカディア』の詩人フィリップ・シドニーの弟）は、ローランド・ホワイトという郵便局長から常時連絡を受け、その対価を払っていた。「ホワイトは、Flushing から国王周辺のニュースやはかりごとを知らせてくる名うての忙し屋であった」。フラッシングは、オランダ、ゼーラント州の港町（オランダ名 Vlissingen）で、アントワープの外港である。時代は、一五八八年の「アルマダの海戦」——エリザベス一世は、ドーヴァー海峡を主舞台としたこの海戦でスペインの「無敵艦隊」を撃破し、北海・地中海・大西洋の海上交易のための制海権を確保することができた——の直後であり、「オランダの独立」（旧ブルゴーニュ侯国の主要な版図であったネーデルラントは、プロテスタント（カルヴァン派）の北部七州とカトリックの南部一〇州（現在のベルギー）に分裂し、宗主国スペインとの戦いのなかで、一五八一年、オラニエ公ウィレムが「オランダ」の独立を宣言していた）をめぐって、イギリス、フランス、スペインという諸国民国家の利害が鋭く対立していた。

十六世紀末期のロンドンには、王立取引所（the Royal Exchange、一五七一年創設）とセントポール寺院の周辺という二つの「ゴシップの市場」（gossip-haunts）が出現していた。こうして、ジョン・フロリオによれば、「取引所ニュース」や「セントポール・ニュース」といったかたちで、民衆のあいだに流言が飛び交っていたのであり、これが“news-ballard”および“news-pamphlets”の母体となった。実際、最初期のジャーナリスト（厳密に言えば、“journalist”ではなくて、“author”や“publisher”）であるニコラス・ボーンは「取引所」の傍らに店を構え、ナサニエル・ニューベリーはセント・ピータース教会の下、ウィリアムス・シェファードはポープス・ヘッド寺院、トマス・アーチャーはその近くのポープス・ヘッド広場に店を出す、というぐあいに、商品・貨幣の運動の活発化とそれにもとづく流言の渦——それは「記号」の運動の沸騰する姿である——こそ、イングランドにおける《近代》ジャーナリズムの揺籃の地だったのである。私たちは、ジョン・ミルトンの生家があのカクストンが「織物商組合」の徒弟修業をしていた場所から、ほんの通り一つ隔てた近くにあったことを見てきたけれども、今、ここに触れているニコラス・ボーン以下の店の所在するところは、ニューベリーを除けば、すべて、カクストンの修業していた場所から、ミルトンの生家とは逆の方角、すなわち西側に、三〇〇メートルという至近距離にある。ニューベリーの店のあったセント・ピータース教会のあたりは、「取引所」とセントポール寺院のどちらからでも、北に約二・五キロメートルに位置し、《シティ》の北端と言ってよいであろう。そして、「王立取引所」の創設を提言した人物こそ、サー・トーマス・グレシャムであった。「悪貨は良貨を駆逐する」というグレシャムの法則で有名なこの人物は、前述したように、みずからもロンドン商人の子弟のひとりで、ヘンリー八世の下で財政顧問となり、エリザベス一世の時代、アントワープの市場で「ポンド」の金融操作を手がけ、オランダ駐在大使を務めた、文字通り、《貨幣》の流通と運動のオーソリティであった。現在も、ロンドンの中央、《シティ》のメイン・ストリート（グレシャム・ストリート）に自分の名前を残しているこの人物は、まさしく、イギリスにおける《近代》ジャーナリズムの生成の基盤となった「商品」・「貨幣」および「記号」の重層的な運動の重要性に着目し、その流通と運動のチャンネルを切り拓いた人間であると言ってよいであろう。すでに、一六二〇年代、イングランドの新聞は、毎週、アントワープ、ブリュッセル、ハーグ、バロイム（バーロウ、オランダ、ベルゲン・オップ・ゾームの英語名）、フランクフルト、プラハ、ウィーン、グラーツ、ヴェネツィア、フィレンツェ、ローマ、ナポリ、ジェノア、パリ、リヨンおよびスペインの各地からの記事を載せていたのである。

このようなイングランドの新聞ジャーナリズムの源流は、フォックスボーンに依拠するかぎり、一五六一年の News out of Kent、および一五七九年の New News, containing a short Rehersal of Stukeley's and Morris's Rebellion に求められる。[21] いずれも、各頁三〇〇語ないし四〇〇語で十二頁建ての四つ折り本である。ただし、これらは、そのタイトルほどには、報道性が強いものではなく、読みものに近かったようである。近代的な意味での新聞の先駆は、やはり、一六二二年の Courant (Coronto) であり、ここから一六六五年の Oxford Gazette を経て、一七〇二年の Dairy Courant へというのが、基本的な展開軸であった。

イギリスにおける近代ジャーナリズムの展開（I）

第1期（～1660年）

16C後半	news-pamphlets や news-ballard がみられる
1561	News out of Kent
1579	New News
1586	星室庁布告
1588	English Mercurie（手書き）
1600	
1605	Account of recent murders（ナサニエル・バター）
1611	News from Spain（バター）
1620	最初の英字新聞（オランダにおける，ピーター・ヴァン・デン・キーレ，タイトルなし）
1621	The Courant (Coronto)
1622	最初の本格的な news letter, Weekly News from Italy, Germanie, Hungaria (translated out of the Datch copie, ニコラス・ボーンとトマス・アーチャー)
1623	The Continuation……
1625	近代的な意味のタイトルをもった最初の news book, Mercurius Britanicus(アーチャー)
1637	星室庁 'decree concerning printing'
1641	最初の国内ニュース新聞，The Heads of Several Proceedings……(J. トマス，バター)
1642	A Perfect Diurnal……（サミュエル・ペック）
1643	Mercurius Aulicus（ジョン・バーケンヘッド→ピーター・ヘィリン） A Continuation……（ウォルター・クックとロバート・ウッド） Mercurius Civicus Intelligencer Mercurius Britanicus（トマス・オードリー）（フォックスボーンによると，ニーダム） Weekly Account, Weekly Post, Scout（ジョン・ディリンガム） Mercurius Anglicus, Military Scribe, Kingdom's Weekly Post, Spy, Mercurius Rusticus（ブルーノ・ライブス）（王党派） Mercurius Rusticus（ジョージ・ウィザー）（議会派）｝同名の新聞で対抗しあう Mercurius Aguaticus（ジョン・ティラー）
1644	Flying Post. Intelligencer, Le Mercure Anglois
1647	Mercurius Pragmaticus（ニーダム）
1648	Moderate, Scotish Dove
1649	Mercurius Politicus（ニーダム）
1650	Nouvelles Ordinaires de Londres
1654	Mercurius Jacosus Mercurius Fumigosus（ジョン・クローチ）
1655	Pablic Intelligencer（ニーダム，印刷はトマス・ニューカム）
1657	Public Adviser
1660	
	Mercurius Publicus Parliamentary Intelligencer ｝（ニーダム→ギレス・デュリー，ヘンリー・マディマン）

H. R. Fox Bourne, English Newspapers, 1887, vol. 1., Joseph Frank, The Beginnings of the English Newspaper, 1620-1660, 1961, F. S. Siebert Freedom of the Press in England, 1476-1776, 1952, Harold Herd, The March of Journalism, 1952, より作成。なお，あくまで本文中の説明の便宜のためのもので，包括性・代表性を主張するものではない。

一六一四年のバートンの証言によれば、「今日、何か読んだものがあるとすれば、それは、“play book”か“news pamphlet”のどちらかである」という状況であり、もはや、「祈祷書」(prayer book)よりも「脚本」(play book)の方がよく読まれるという生活世界の変容のなかで、「ニュース」に対する要求が増大して行くのである。エリザベス一世からジェームズ一世の時代は、まさしく、クリストファー・マーロー(一五六四年～一五九三年)とウィリアム・シェークスピア(一五六四年～一六一六年)の時代であり、「地球座《グローブ》」、「白鳥座」、「薔薇座」などの劇場で、「ハムレット」(一六〇二年)、「マクベス」(一六〇六年)などが次々に初演されていた。

私は、イングランドにおけるジャーナリズムの展開を、一六六〇年以前の段階と一六六〇年～一六九五年の段階とに区分して、その内容をとらえている。

前頁の表は、一六六〇年までの時期――私はこれを第I期と呼ぶ――のジャーナリズムの展開をまとめたものである。そして、印刷・出版は、その歴史の最初から「国家の保護と統制の下に[22]」(under the patronage and control of the State)におかれていた。それは、最初の「王室印刷人」(“King's printer”)であったカクストンの足跡のうちに顕著であるが、統制の法規も、きわめて早く、一四八三年の法令(リチャード三世の布告、第九)として具体化されている。その内容は、次のように説明されている[23]。

A Statute (1 Ric.Ⅲ.c.9), passed A.D. 1483, imposing certain restrictions on merchant strangers, was expressly stated not to “extend to be in prejudice, disturbance, danger, or” impediment to any artificer or merchant stranger, of what nation or country he be or shall be of, for bringing into this realm, or selling by retail or otherwise, any books, written or printed, or for the inhabiting within this said realm for the same intent, or any scrivener, alluminator, reader, or printer of such books, which he hath or shall have to sell by way of merchandise, or for their dwelling within this realm for the exercise of the said occupations.

時代は「トリエント公会議」（一五四五年〜六三年）よりかなり以前であり、「写本」の地平から印刷・出版という職業の領域が生成して来る過程の雰囲気がうかがえるであろう。前述したように、イギリス絶対主義のひとつの象徴である「星室庁」（the Star Chamber）裁判所は、一四八七年、ヘンリー七世によって開設された。そして、ヘンリー八世は、一五三三年の法令（25 Hen. Ⅷ. c. 15.）、一五三九年、四一年の布告（Proclamation）、一五四二年の認可（Grant）、および四三年の特許（Patent）などを通じて、その絶対王政のもとでの「初期独占」の体制と印刷・出版の統制とを、同時的に、整備して行った。このような方向は、エドワード六世の短い治世のあいだにも発展させられ、一五四七年の指名（Appointment）、特許（Special patent）から、四九年の法令、五一年の認可を経て、一五五三年は"Licence" "Special Licence"の公布へと、統制の度を強めている。さらに、メアリー一世は、みずからがカトリック教徒であったことから、イングランドを《宗教》と《政治》の両面において大混乱に陥れたのであったが、そのなかで、一五五六年五月四日、「印刷・出版業組合」（the Stationers' Company）に特許状（Charter）を与え、後にジョン・ミルトンとジョン・ロックとが相次いで批判と弾劾とを加えるジャーナリズム統制の骨格をつくり上げたのである。(24)

前掲表に登場する「星室庁布告」（Decrees of the Lords in the Star Chambers touching printers, stationers, & c.）は、一五八六年、エリザベス一世によるもので、このような展開を集約するようにして、「書物の印刷・出版と販売の技術（the art of printing and selling）をもっている不穏分子の弊害と犯罪」を防止するという理由で、親方印刷人の数を二〇名に制限し、その他にはオックスフォード・ケンブリッジの両大学にのみ許可を与え、他方、カンタベリー大主教とロンドン主教の手による事前検閲を規定した。

その後の「ロード＝ストラッフォード体制」の下での言論弾圧の状況についてはミルトンの『アレオパジティカ』との関連において詳述して来たところであるが、その「古典的抑圧」(old restrictions)の背後に、一貫して、「初期独占」の論理がはたらいていたことを看過すべきではないであろう。チャールズ一世は、一六三二年〜三八年の"news book"の出版禁止措置の後、あらためて「印刷・出版業組合」に二一年間の「独占」の許可を与えているのであるが、そこには、セントポール寺院の改修費の一助とするために、毎年一〇ポンドの賦課金を上納するという見返り条件がついていた。

彼が発布した一六三七年の布告(Decree of the Star Chamber)の第七項は、次のような規定である。[25]

"no person is to print or import printed abroad any book or copy wich the Company of Stationers or any other person hath or shall by any Letters Patent, order, or entry in their register book," or otherwise have the right, privilege, authority, or allowance solely to print.

しかし、ミルトンのところで述べたように、一六四一年の「長期議会」において、前期スチュアートの絶対王政の象徴的な権力機関、「星室庁」は廃止された。そして、同年一一月、イングランド初の国内ニュース新聞、The Heads of Several Proceedings in this present parliament(八頁立て)、が発行された。ただし、これは、タイトルが示しているように、議会情報のみに限られていた。さらに、一六四三年四月発刊のA Continuation of certain special and remarkable passages from both houses of parliament and other parts of the

れるようになる。

kingdom、および同年五月刊行の Mercurius Civicus になると、表紙に、十四項目ほどの内容見出しがつけられるようになる。

イギリスのジャーナリズムの展開のなかで、Mercurius, Mercury というタイトルが用いられた嚆矢は、一六二五年の Mercurius Britanicus である。周知のように、《メルクリウス》はギリシャ神話の Hermes にあたるローマ神話の「商業・雄弁・道路・盗賊」の神であり、もともとゼウス＝ジュピターとマイア（アトラスの娘）のあいだの子供として、神話のなかの神々のあいだの「メッセンジャー・ボーイ」（使い神）であった。この言葉が「ギリシャ神話」・「ローマ神話」に出自をもつという点は、注目に値いするであろう。ヨーロッパの新聞ジャーナリズムは、前述のように、一五八八年のケルンで発行された Mercurius Gallobelgicus に始まり、アントワープを経て、一六〇四年、フランス最初の新聞 Mercure de France の発刊、そして現在留目しているイングランドのそれへと連接しているのであるが、これらは、いずれも、《中世》封建社会の解体過程からの《近代》の生成の動きのなかの出来事であり、ケルン、アントワープ、パリおよびロンドンは、この社会変動の過程での通商・交易の拠点から《商品》・《貨幣》の運動が《記号》の運動・流通と連接し、結節するところを、具体的に表象し、意味していたのである。しかも、このように《商品》・《貨幣》・《記号》の流通と運動が積層し、それらの重層するところをブルジョアジーの権力を基盤とする「新しい基軸」――《近代》は、もともと、Devotio moderna と Via moderna がものがたっていたように、「新しい時代」という意味である――によって貫ぬかれる状況のドキュメント――Mercurius, Mercury は、通常「報知」と訳される――が、ローマ・カトリックのボキャヴラリーによってではなくして、ギリシャ・ローマ神話のそれから、みずからを体現する言葉――これも《記号》の流通と運動の一齣であり、きわめて重要な一齣である――を与えられているのであった。《コミュニオン》の解体の過程の内側からの《コミュニケーション》の析出という事態は、ここにも、如実に顔をのぞかせているのでる。

ロンドンの「書籍商」のひとりであったジョージ・トマソンは、「長期議会」の開始から《ピュウリタン革命》の終焉にいたるまでのパンフレットその他、約二〇、〇〇〇点のコレクション――「トマソン・コレクション」――を残しているが、これによると、発行されたパンフレットの点数は、一六四〇年の二四点から急激に増大し、「内戦」勃発時の一六四二年、二、一三四点というピークに達し、その後毎年一、三〇〇〜一、五〇〇点の発行を記録し、「王党派」が降伏し、チャールズ一世が拘束された一六四八年、二、〇三六点という第二のピークを示している。このような推移は、前掲表に見た近代イギリスのジャーナリズムの展開――第一期――のそれともほぼ符合しているのであり、当然のことながら、《コミュニケーション》の主体として自己生成しつつあった「市民」たちの世論の昂揚――エミール・デュルケームのいわゆる集合表象の「沸騰」effervescence――のバロメーターであった。ローマ・カトリックの呪縛のなかで《宗教》と《政治》とを融合し、融即させる基軸となっていた《コミュニオン》は、ロード＝ストラッフォード体制という過渡的形態のなかで退行して行き、今や、「星室庁」の廃止による《コミュニケーション》の解放と《ピュウリタン革命》の「内戦」の展開――それは、ピュウリタニズムの《宗教》とブルジョアジーの《政治》との「新しい」結合を意味していた――を通じて、活発なジャーナリズムの波動を生み出し、社会諸関係を結節する「新しい基軸」の位置に、《コミュニケーション》を措定したのである。一六四三年、ジョン・バーケンヘッドの創刊した Mercurius Aulicus には、サブ・タイトルとして“communicating the intelligence and affaires of the court, to the rest of the Kingdom”という見出しがつけられていた。『王室報知』――Aulicus の名詞 Aula は王室・宮廷という意味である――という極めつけの「王党派」の新聞も、《宗教》の後ろ盾を失なって、《コミュニケーション》に全面的に依拠しているのである。

一六五七年、ロックは二五歳、オックスフォードで、現代風に言えば「学部」の段階を終え、大学院に進み、修士論文作成の準備をしていた。この年、ロンドンで創刊されたPublic Adviserという新聞は、イギリス最初の週刊広告新聞で、「貸家・売家案内」、「求人・求職欄」、「旅館・下宿案内」などまで掲載している。それでも、なお、全体として、紙面の中心は国外のニュースであり、国内のニュースは《検閲》にひっかかるおそれが大きかったために、きわめて小さなスペースに限られていた。たとえば、同年三月一二日のMercurius Politicus（No.352）を見ると、表紙を含めて一六頁立てのなかで、九頁以上が国外（スコットランド、フランス、オランダからトルコ、中国に及んでいる）からの通信であり、論説が三頁半を占め、国内ニュースはわずかに一頁あまりであった。また、前出のニコラス・ボーンとトーマス・アーチャーが共同で刊行していたWeekly Newsの例によれば、国外のニュースは、大体、五週間遅れで報道されていたようである。

いずれにしても、ニコラウス・クザーヌスが推奨し、財政的援助までしたグーテンベルクの印刷術は、カクストンを経由して、一五〇年の後、《コミュニオン》から《コミュニケーション》への推転の最も有力な道筋として、新聞ジャーナリズムの確立する基盤を生み出しつつあったのであり、それが、ジョン・ミルトンの主張した《宗教》と《政治》の分離、そして《ピュウリタン革命》の具体的な進展のなかで、「政治的発展のために有益な、強力なエンジン」（フォックスボーン）として作用し、イングランドの民衆の社会意識のうちに「自由の、最初の一条の光」（ハード）をもたらしたのである。

私たちは、さらに、一六四一年七月の「星室庁」廃止の後で、イングランドの新聞ジャーナリズムの統制に主要に関与した「長期議会」内の印刷委員会（the Committees for Printing）に注目しなければならない。この委員会の委員たちのなかには、一例として一六四一年～四二年のそれを見ると、ジョン・ピム、エドワード・ディアリング、ヘンリー・ヴェーン（the elder）、センチュリー・ホワイト、およびワイクスなどの重要な人物の名前が見出される。ピムやヴェーン（兄）の政治的経歴が物語っているように、初期の「長期議会」の活動のなかには、依然として、「印刷・出版業組合」（the Stationers' Company）がその一翼を占める「初期独占」の旧来の権益の擁護の傾向が根強く残っているのであり、そのことと「議会」内の権力基盤の変遷――それは、基本的には、「長老派」から「独立派」への変遷であり、後期になると、とくに「議会軍」の主導権をめぐって、「独立派」と「水平派」の確執が焦点になる――との連関が、イギリスにおけるジャーナリズムの展開に大きく作用するのである。

一六四二年八月二六日の「両院の特別命令」（A Special Order of both Houses, comcerning irregular printing and for suppressing of all fable and scandalous Pamphlets）(26)は、前期スチュアートの絶対王政の支柱であった「星室庁」裁判所と高等法院裁判所を打倒した「長期議会」自身が、「古来の慣習にしたがって」、ジャーナリズム統制の権限を「印刷・出版業組合」に委ねるという、一見、奇妙な決定を公布している。しかし、ピムは、前述したように、ロンドン商人たちの利益の代弁者であり、ヴェーンは、当初ジェームズ一世の寵臣であり、その枢密顧問官であったのだから、初期の「長期議会」がチャールズ一世のカトリックへの傾斜と専制に反対し、これを打破したと言っても、そこには、「長老派」と大ブルジョアジーのヘゲモニーが大きく露呈していたのである。

「長期議会」は、さらに、一六四三年三月九日、議会内の「審査委員会」（the Committee for Examinations）に次のような権限を与え、この時期に急増しはじめているパンフレットと新聞への取り締りを強化するように促している。そのなかには、以下のような文言が見られる。「新聞が scandalous, lying pamphlets の内容を印刷するために利用されているが、新聞のニュースのなかに不穏当な文言（obnoxious literature）が見出されたならば、その新聞を破壊（destroy）すべきである。したがって、新聞がこのように悪用されている場合には、その印刷人と売り捌き人をきびしく処罰すること」[27]。しかし、これでも実際的な効果をあげることができず、議会は、同年六月一四日、かさねて「両院の命令」（An Order of the Lords and Commons assembled in Parliament）を発する。ここでも、前年の「特別命令」の場合と同様に、「古来の慣習」の名分の下に、印刷・出版業組合の特権が手厚く保護されており、さらに、次のような注目すべき規定が盛られている。

Powers are given to the Master and Wardens of the Company, "the Gentleman Usher of the House of Peers, the Sergeant of the Commons House, together with the persons formerly appointed by the Committee of the House of Commons for examinations," to search for and seize unlicensed presses and books, and to apprehend the "authors, printers, and other persons whatsoever employed in compiling, printing, stitching, binding, publishing, and dispersing of the said scandalous, unlicensed, and unwarrantable" papers, books, & c.

こうして、私たちは、印刷・出版業組合の会長および理事・幹事たちが上院の「執行官」（the Gentlemen Usher）および下院の「下士官」（the Sergeant）の軍事力・警察力にバックアップされながら、自分たちの既得権益を守るために、最初期のジャーナリズム統制を展開している姿を、如実に知るのである。しかも、この組織の本部は"Haberdashers' Hall"（「小間物商組合会館」）に置かれていた。Oxford Advanced Learner's Dictionaryによれば、Haberdasherとは、"Shopkeeper who sells clothing, small articles of dress, pins, cotton, etc"である。したがって、「小間物商組合」は、カクストンからミルトンを経て、ジョン・ロックに至るまで、つねに、ロンドン商人と勃興して行く上層ブルジョアジーの中核に位置するかたちで、本書のなかで言及されて来た「織物商組合」（the Mercers' Company）から派生した《カンパニー》であり、しかも、その職掌の内容から、まさに、「印刷・出版業組合」と「織物商組合」の中間に介在する位置にあったと考えられるのである。

私たちは、この「両院命令」の規定の後段のところで、印刷・出版業そのものがすでに分業が進み、細分化された諸工程から成っていることを知り、後のアダム・スミスの議論を俟つまでもなく、あらためて「マニュファクチュア」から産業ブルジョアジーへと移行する過程に入って来ていることを知らされるのである。

さて、四三年「両院の命令」は、次のような統制方法をとっている。

第一に、Licenser（「検閲官」）の制度であり、同年六月二〇日にその氏名を公表している（A Particular of the Names of the Licensers, who are appointed by the House of Commons for printing)。これによると、①神学、②法律、③医学、④コモン・ローと教会法、⑤紋章学など、⑥哲学、歴史、詩、道徳、芸術、⑦議会の宣言、条令など、⑧パンフレット、図版、⑨数学、暦学など、の九部門にわたって、総計二三人の「検閲官」が任命されている。そして、このような部門の区分そのものは、あのエリザベス一世治下の一五八六年「星室庁」布告における“Licensers”の部門別分類をそのまま継承したものなのである。さらに細かく見ると、上述の第七部門の「検閲官」は「上・下両院のいずれか、もしくは印刷委員会の任命による」とされているのに、第八部門の小「パンフレット」類の「検閲官」には、「当分のあいだ、印刷・出版業組合の書記（clerk）が任命される」と規定されている。実際、当時の印刷・出版業組合の書記ヘンリー・ウォーリーは、みずから“the True Informer”という新聞を刊行しながら、その頃発行されていた九つの新聞のすべてを検閲していたのである。

第二に、非合法の印刷・出版物の検査・摘発について、四二年「特別命令」の規定していた「印刷・出版業組合の会長および理事・幹事、上院の式部官（Black Rod)、下院の衛視およびそれらの代行者」に加えて、四三年になると、新たに「下院の審査委員会の任命するもの」がつけ加えられている。しかもなお、これらの担当者たちは、不法と思われる印刷・出版物を検索し、印刷機械を没収したら、それを「印刷・出版業組合の会館」(Stationers' Hall) に搬入するように定められていた。これらの証拠物件は、審判の結果、容疑が確定した時には、その場で破壊されたのだから、この点でも印刷・出版業組合の「初期独占」の実質的権力は残存している。

第三に、審判それ自体であり、この点で、ようやく印刷・出版業組合の力をはなれて、議会の審査委員会が執行権をもつように、変化して来ている。前記した実質的な側面で印刷・出版業組合の既得権限を大幅に承認しておいて、この最終局面においてのみ、議会が相対的な——それは、時に、「名目的」なものとなる——権限を確保しているという構造は、やはり、四三年「両院の命令」がきわめて妥協的な性格を有するという事実を反映しているのであろう。

しかし、「長期議会」と印刷・出版業組合とのこのような妥協的関係は、「王党派」の反革命の蜂起と第二次「内戦」を生み出す「四七年危機」のなかで、ひとつの破綻を示すことになる。「議会軍」と「王党派」のイデオロギー闘争が熾烈の度を加えて行く状況——前出（二七六頁）の表に見られるように、両陣営が同じ名前の新聞を発行しあうという事例もあり、トマソン・コレクションの時系列的展開では、四七年〜四八年は「パンフレット戦争」の第二のピークとなっている——のなかで、一六四七年九月、「議会軍」総司令官トーマス・フェアファックスは、上院議長に書簡を送り、あらためて「言論統制」の必要性を強調した。そして、一〇月二七日、下院は、印刷委員会に対して、この頃「王党派」に転向していたマーチャモント・ニーダムの Mercurius Pragmaticus および Mercurius Melancholicus を捜査し、それらの原版を没収するとともに、印刷人と売り捌き人（vendor）の処罰をするように、命じた。しかし、フォックスボーンによれば、これもあまり効果をあげることができず、ニーダムは、住所と印刷所とを転々と変えることによって、一六四九年一月まで、毎週、

Mercurius Pragmaticus を発行し続けることができたのであった[29]。

このような状況において、四七年九月二八日、議会の「命令」(An Ordinance of the Lords and Commons assembled in Parliament, against unlicensed or scandalous Pamphlets and for the better Regulating of printing) が公布された。これは、「人民に弊害と偏見を与え、議会と議会軍の行動に我慢のならない非難を加えるが如き、……多くの煽動的で、偽りや中傷に満ちた文書、パンフレット」を統制しようとするものであって、ここでは、四二年「特別命令」や四三年「両院の命令」に見られた印刷・出版業組合の既得権を擁護する立場からの「非合法の印刷・出版物」の規制という色彩は大きく後退している。

この四七年「命令」にもとづく執行の担い手は、「ロンドン、ミドルセックス、サリーの民兵委員会の委員たち (the Commissioners for the Militia)、他の諸都市の諸団体の責任者たち (the officers)、イングランドおよびウェールズのすべての州・特権区域における治安判事たち」となっており、ここでも、印刷・出版業組合の姿は、直接的には、見えなくなっている。

なお、この「命令」に規定されている罰則は、次のようである。

それぞれの違法出版物について、

㈠著者 (the Maker, Writer or Composer) は、四〇シリングの罰金、もしくは四〇日以内の投獄

㈡印刷人は、二〇シリングの罰金、もしくは二〇日以内の投獄、および機械の没収・破壊

㈢書籍商は、一〇シリングの罰金、もしくは一〇日以内の投獄

㈣街頭販売人 (the Hawker, Pedlar or Ballardsinger) は、商品の没収と笞打ちの刑

私たちが見て来たように、ローマ・カトリックの下での《コミュニオン》は、《宗教》と《政治》の融合・一

体化によって、その基軸を支えられていた。これに対して、《ピュウリタン革命》の下で、ひと度、《宗教》から離脱し、みずからの自己展開の原理を獲得しようとしつつある《政治》——近代《政治》の状況——のなかで、人びとの《コミュニケーション》は、一気に沸騰しているのであり、いわば「百花斉放」の状態にあった。「長期議会」は、「王党派」と闘うだけでなく、みずからの内部で、「長老派」と「独立派」のあいだの思想的ヘゲモニーをめぐる争いをも抱えていたのであり、このような状況の下での新聞ジャーナリズムの隆盛とパンフレットの「紙つぶて」の投げ合いは、それ自体、《コミュニケーション》の活気ある生成の姿であり、《世論》の原初的形成の動きであるとしても、《政治》の統合にとって、きわめて難しい対応を迫られるものであった。実際、議会は、その後も、一六四八年二月の「下院の命令」(An Order of the Commons in Parliament, prohibiting of any lying Pamphlets, scandalous to His Majesty, or to the proceedings of both or either Houses of Parliament) を公布し、四九年一月には、フェアファックスの「令状」(A Warrant of the Lord General Fairfax to the Marschall General of the Army, to put orders of Parliament and Act of Common Council, concerning the Regulating of Printing, and dispersing of scandalous Pamphlets) を発布している。

私は、ここで検閲官自身が、このような《コミュニケーション》の氾濫に対して、どのような認識をもち、そこに内包されている問題をどのようにとらえていたか、という点に注目することにしたい。先に触れた四七年「命令」によって検閲官 (Licenser) に任命されたギルバート・マボットは、四九年五月に辞任するにあたって、次のような理由をあげている。彼の辞任理由は Perfect Diurnal の四九年五月二一日〜二八日号に掲載されており、そこには、二つの論拠が示されている。(30)

第一に、実際には自分が見たこともないような、「下品で」、悪質なパンフレットがマボットの検閲済みというかたちで何千冊も流布され、かえって、「わが国の正直な人びとのあいだに、誤解と偏見とを生み出す結果となっており」、検閲という制度が、実質的に無益なものとなっていて、むしろ、誤まった効果を生じている。

第二の、より重要な点について、マボットは次のように言う。「ローマ教皇の専制やイングランド国教会の監督（「主教」）制度を批判し、暴政の時代に教会と国家の腐敗を暴露することは望ましいことであり、新聞がこのようなことを実行するのを抑圧するのは、かえって、不当であり、不法なことである。このような抑圧を行なうならば、結果として、ローマ教皇の意図や諸党派・暴君の意志の前に人民（people）を無知の状態に置き、唯々諾々とそれに服従し、わが国の自由な人びとのすべての心身を破壊し、奴隷状態に落とそうとする支配者の意のままにさせることが望ましいということになってしまうであろう。検閲はわが国では他に類例のない大きな独占であり、これによって、すべての人びとの判断（judgments）や理性（reasons）などのはたらきは、ことごとく検閲官の手に握られてしまうのである。なぜなら、いかなる新聞、書籍、論文であろうとも、それが検閲官の機嫌をそこねたり、彼の判断力の範囲を超えていたりしようものなら、それは、けっして、印刷・出版の許可を得ることができないのだから」。

この論旨は、ジョン・ミルトン『アレオパジティカ』の検閲批判の基調と、ほぼ同一のものである。すでに見たように、『アレオパジティカ』の出版は、一六四四年一一月、「長期議会」の最初の段階であった。私たちは、それが四三年「両院の命令」に対する抗議の書であり、それ自体、「違法出版物」であったことを想起すべきであろう。そして、マボットも、言ってみれば、検閲制度を撤廃するために「検閲官」になったのであるが、結局、《ピュウリタン革命》の下での現実政治の力学によって、挫折させられた。ミルトン自身も、「長期議会」の後半、一六五〇年九月〜五二年三月、Mercurius Politicus の刊行に関与し、その間五一年一月には、マボットと同じように、検閲官に就任しているのである。しかも、この新聞の編集人は、再び「議会派」に転じていたマーチャモント・ニーダムであった。

一六四九年のPrinting Actは、三年後の五二年一月、若干の修正を加えられて、実質的に継続されている。ただし、この新しいPrinting Actの中に、"Printers to exercise the trade in their dwelling-houses"という表現が登場している点は、重要である。《コミュニケーション》の全面的な解放は、原理的には、印刷・出版業組合の「初期独占」とは相容れないのであり、後に見るように、ジョン・ロックは、印刷・出版に従事する人たちの"Trade"の自由を挺子として、イングランドにおける「言論の自由」の確立を準備することになる。五二年の印刷規制法のなかでの"Trade"の文言は、ミルトンからロックへの「言論の自由」実現の闘いの焦点の結節化を予兆するものとして、注目されなければならないのである。

一六五五年八月には、クロムウェル自身が次のような「プロテクター命令」を公布した（Orders of His Highness the Lord Protector, made and published with the Advice and Consent of His Council, for putting in speedy and due Execution the Laws, Statutes, Ordinances, made and provided against printing unlicensed Books and Pamphlets, and for the further Regulating of Printing）。

第一条、「印刷所・印刷機の台数、親方印刷人とその雇傭している従業員、職人、徒弟の名前と人数」について、および「それぞれの親方印刷人がどのような評判を受けており、どのような性格の人間であり、どのような交際をし、どのような生活状態にあるか、また彼およびその従業員・職人が現在の政府に対してどのような態度を取っているか」という点について、二八日以内に報告をすること。この調査は、実際には、ロンドン、ウェストミンスター、サウスワークその他の限られた地域だけで実施されたようである。

第二条、「合法的な特許をもたない」者が印刷・出版業に従事している場合の取り締り規定。これは、「共和国のすべての地域」が対象であり、その具体的な事例を印刷規制委員が発見した場合には、「活字および印刷機をただちに破壊し、違反者を告訴し、以前に制定された法律にもとづいて刑罰を課すこと」が命令されている。

第三条、印刷・出版業者に保証人をとらせる規定。「ロンドン、ないし他の地域で、印刷所を営んだり、印刷機、ロール印刷機その他の印刷器具を所有したりする者」は、一六四九年のPrinting Actにもとづき、二人の保証人と個々に契約を結ばなければならないとされ、印刷・出版業者やその従業員たちが何らかの違反を行った場合には、これら保証人にも連帯責任を取らせることが定められた。

第四条、「何人も、今後はプロテクターないしは国務院の命令によって法律上適格と認定されるか、あるいは新聞類がプロテクターないしは国務院によって"be licensed"されないかぎり、どのようなパンフレット、新聞類も、印刷・リプリント・出版しようとしたり、刊行させたりしてはならない。しかも、四三年の「命令」の場合と異なって、今回は、「検閲官」(Licenser)の氏名が公表されていない。

第五条、補足と具体的な措置

㈠街路上で出版物を販売する者の処罰

㈡この「プロテクター命令」に違反する者はブライドウェル監獄に送ること

㈢印刷規制委員会の補佐官(deputies)の任命。[31]

たしかに、エドワード・ニコラスが述べているように、クロムウェルがこのような「命令」を発布しなければならなかったのは、彼の「共和国」政府の施策が思い通りに運んでいないことの証左であったであろう。この時期、《ピュウリタン革命》の主導権は「独立派」の手中にあったと言っても、その背後には、左派の「水平派」・「真正水平派」との闘争のためにも、右派の「長老派」との妥協をはからなければならない現実政治の過程が存在した。そして、上掲の条文中に出て来る印刷規制委員は、実際には、ジョン・バークステッド(ロンドンの金融業者の息子、ニュー・モデル軍の連隊長)、ジョン・デシック(ロンドン市月割税徴税委員会委員、後にロンドン市参事会員）およびジョージ・フォックスクロフトの三人であったから、やはり、「長老派」の基盤となっていたロンドン商人たちの意向が強く反映するかたちになっていたと考えるべきであろう。

すでに、一六五一年、五二年の二度にわたって、「水平派」が言論の自由を要求する請願を出していたし、「独立派」の左翼からも印刷・出版業組合の「長老派」的偏向に対する批判が提起されていた。これに対して、印刷・出版業組合のスポークスマン、ウィリアム・ボールは、一六五一年、A Briefe Treaties concerning the Regulation of Printing, humbly presented to the Parliaments of England のなかで、一方においてエリザベス一世の時代以来の組合の既得権を強調し、他方、「長老派」とクロムウェル政権の国務院との「協同体制」を強く主張し、これら両契機から、イングランドにおける言論統制に対する印刷・出版業組合の役割を正当化しているのである。

ジョン・ロックは、前述のように、一六四七年、アレクサンダー・ポファムの力添えを得て、ウェストミンスター・スクールに入学し、五〇年の「小選抜」（'minor election'）および五二年の「大選抜」（'major election'）に合格して、同年十一月、オックスフォード大学クライスト・チャーチ・コレッジに進学した。前者（「小選抜」）は、'the challenge' と称する独特の対論形式にもとづく学力判定によるもので、二〇名が合格し、ロックはそのなかの一〇位であった。トップ合格者がヘンリー・バグショウ——後にロックが批判するエドワード・バグショウとは別人——で、二位にマイケル・ガーディナー（法律家となり、インナー・テンプルの判事に就任）、三位にローレンス・ライト（医学に進む）という序列であるが、私が注目するのは、四位で合格しているウィリアム・ゴドルフィンである。ゴドルフィンは、ロックと同じようにクライスト・チャーチに進学し、「王政復古」期にはコーンウォール州キャメルフォード選出の国会議員として活躍し、一六七一年から七八年にかけてスペイン駐在大使としてマドリッドに赴任した。彼は、そこで、ローマ教皇支持派の嫌疑をかけられ、召還されたが、イギリスに戻ることを拒否し、一六九六年、カトリックへの信仰を公然と表明して死去している。ゴドルフィンはウェストミンスター、オックスフォードを通じてのロックの最も親しい友人のひとりであり、それだけに、後年のロックの宗教寛容論にも、おそらく少なからぬ影響を与えたであろう。

さて、後者（「大選抜」）は、前者とまったく異なって、ギリシャ語、ラテン語、アラビア語およびヘブライ語の詩を創作し、聴衆の前で朗誦するという古典語（とくに「文法」Grammar）修得の度合いが前提とはなるものの、実質上、「有力者たち」――この場合、議会と軍隊のそれ――の推輓によるところが大きかった。ロックのこの点について父に相談する手紙も残っており、前述のポファムの力に加えて、クロムウェルの側近であったチャールズ・フリートウッド――彼は、一六五一年、クロムウェルのスコットランド遠征の際には、イングランドに残った「共和国」軍の司令官であり、五二年には、病死したアイアトンの後を継いで、クロムウェルの娘ブリジットと結婚し、アイルランド遠征軍の司令官に就任している――の支持を得て、この厳しい選抜試験に合格した(32)。"King's Scholar" の伝統にしたがって、国費を給付されてオックスフォードのクライスト・チャーチもしくはケンブリッジのトリニティの何れかのコレッジに進学することの出来る合格者は、一六五二年のウェストミンスター・スクールでは、わずか六人であり、ロックはその最下位、六位の合格者であった。ロック以外の五人の合格者のなかで、二人はロンドン商人の子弟――ひとりは「小間物商」（Haberdasher）、他のひとりは "Turkey merchant" の息子――であり、その他はウースター州の教区牧師の子息、ウェストミンスターの医師のそれである。私がここで注目しておきたいのは、ヨゼフ・ウィリアムソンである。ロックより一歳年下の彼は、ウェストミンスターからの「大選抜」には失敗したが、別の方途からオックスフォード大学に進み、「王政復古」後、一六六五年、イングランドで最初の近代的新聞とされる Oxford Gazette をヘンリー・マディマンとともに刊行し、翌六六年には、London Gazette へと発展させている。彼は、このようにロックの「言論の自由」確立の闘いと同じ時代のジャーナリストの先駆者のひとりであり、さらに、議会で活躍した後、一六七四年〜七九年、国務大臣（Secretary of State）、枢密顧問官となり、その上、一六七七年〜八〇年、「王立協会」の総裁（President of the Royal Society）として、勃興期のイギリス自然科学の発達を支えることになるのである。

4　《コミュニケーション》の自由とロック

私は、一六六〇年以降のイギリス・ジャーナリズムの展開を、次頁のようにまとめている。

一六五八年九月三日、オリバー・クロムウェルが病没するとともに、《ピューリタン革命》の体制は、大きく揺らぐことになる。後継者には、ジョン・ランバート、前出のチャールズ・フリートウッドおよびクロムウェルの三男リチャード・クロムウェルの名が挙がり、結局リチャードが二代目の「護民官」（Lord Protector）となった。しかし、彼は、性格も弱く、議会と軍のあいだの軋轢を克服することができなかった。翌五九年四月の「フリートウッドのクーデター」によって、議会は解散させられ、軍隊の実権はランバートとフリートウッドたち高級将校のグループによって握られたかに見えた。しかし、同年五月のリチャードの引退の後、事態の展開を主導したのは、ランバートのライバル、ジョージ・マンクであった。彼は、デヴォンシャーのジェントリーの出身で、二〇歳になる前から傭兵として大陸で転戦しており、もともと「国王軍」の士官であった。一六四七年から「議会軍」に転じ、五〇年七月のスコットランド遠征に参加し、クロムウェルに信任されてスコットランド駐留軍の司令官となった。マンクは、さまざまなプロパガンダやマヌーバーを用いながら、「王党派」・「長老派」と意を通じつつ、ロンドンへ進軍し、一六六〇年五月のチャールズ二世による「王政復古」への途を開いた。マ

イギリスにおける近代ジャーナリズムの展開（II）

第2期（1660～1695年）

1660	
	上下両院決議
	クラレンドン、ジョン・バーケンヘッドをLicenserに任命
1661	A bill for the regulation of printing（上院可決、下院で否決）
1662	レストレンジ、煽動文書をとりしまりはじめる
	Licensing Act 成立
1663	レストレンジ、Surveyer of the Imprimery and Printing Pressに就任（ヘンリー・マディマン追放）
	Intelligence, Newes,（レストレンジ）
	John Twyn事件
1665	最初の近代的新聞、oxford Gazette（ジョセフ・ウィリアムソン、マディマン）
	Public Intelligence（レストレンジ）
1666	London Gazette（Oxford Gazetteの後身）
1675	City Mercury
1679	Domestic Intelligence（ナサニエル・トムソン）
1680	Mercurius Liberarius（文学新聞の先駆）
	Henry Carr事件、Benjamin Harris事件
1681	Observator（レストレンジ）
	Heraclitus Ridens（コミック新聞）
1688	名誉革命（レストレンジ追放）
1690	Athenian Mercury（ジョン・ダントン）
1692	Licensing Act 2年延長
1695	Flying Post（ジョージ・リドパス）
	Intelligence, domestic and foreign（ベンジャミン・ハリス）
	Postboy（エイベル・ボイヤー）
	Licensing Act廃止
1700	
1702	最初の日刊紙Dairy Courant, Observator（タッチン、ハウ、ブラック）

ンクのオポチュニズムと「王政復古」後の《政治》を主導したクラレンドン（エドワード・ハイド）の反動と折衷の態度とは、それ自体、一六六〇年から八八年の《名誉革命》に至るまでのイングランド社会の方向喪失を物語るものであった。

前頁の表に示されるこの時期のジャーナリズムの展開のなかで、私たちがこれまで跡づけて来たクロムウェル的な諸「命令」(Order, Ordinance) に代って、古典的な“Licensing Act”の言論統制の体制が復活する。すなわち、一六六二年五月一九日に公布された「特許・検閲法」(Act——13& 14 Car. II. c. 33——against seditious, treasonable, and unlicensed books, and for regulating printing and printing presses.)[33]は、再び親方印刷人の数を二〇人に制限し、《教会》(Church——イングランド国教会——）と《国家》(State) を中傷するパンフレット類 (pamphlets bringing scandal) の印刷・出版と輸入をすべて禁止し、すべての書籍の輸入を再び、「印刷・出版業組合」(the Company of Stationers) による独占 (Books to be entered with) に委ねることになる。検閲については、歴史・政治部門は Secretary of State が直接これを検閲し、法律部門は大法官と判事、宗教・哲学・医学部門をカンタベリー大主教およびロンドン主教が検閲する、というかたちをとっている。このような内容をもつ「特許・検閲法」は、たび重なる更新によって一六七九年まで通用し、その後六年間の停止期間をはさんで、一六八五年に七年間の時限立法としてあらためて定立され、九二年に一度更新されたが、一六九五年四月一八日の上下両院合同議会において、最終的に廃止されるに至った。それは、これから述べて行くようにジョン・ロックの理論的・現実的努力による「言論の自由」の確立を意味するわけであるが、言うまでもなく、そこに至るまでの道程は、けっして平坦なものではなかったのであり、あの悪名高いレストレンジの強権的抑圧やスクロッグズの恣意との闘争の連続から成っていた。

一六六〇年一一月、大法官クラレンドンは、ジョン・バーケンヘッドを「検閲官」(Licenser) に任命した。

すでにマーチャモント・ニーダムは放逐され、その後をギレス・デュリーとヘンリー・マディマンが埋めていたが、さらにバーケンヘッド（かつて、ウィリアム・ロードの秘書であり、ニーダムのライバルとして、「王党派」の新聞Mercullius Aulicusなどを発行していた）にとって代られたのである。しかし、彼は、六三年、請願裁判所長官（Master of Requests）に就任し、多忙をきわめたので、ロジャー・レストレンジを「検閲官」として招いた。レストレンジも、《ピュウリタン革命》の際にはチャールズ一世の側にあり、一六四四年には議会に対するスパイと反逆の廉で死刑を宣告されたが、四八年に脱走し、その後はイングランドと大陸のあいだを往来していた。彼は、前章で述べたように、クロムウェルの統治の下で、“No Blind Guides”というミルトンの主張を論駁するパンフレットも刊行している。

バーケンヘッドがレストレンジを起用したきっかけは、六三年六月のレストレンジのパンフレット、Considerations and Proposals in order to the Regulation of the Press, to either with divers instances of Treasonous and Seditious pamphlets, proving the Necessity thereof にあった。彼は、このパンフレットのなかで、前年に制定されたばかりの「特許・検閲法」がけっして効果的な力を発揮していないとして、次のように主張している。「あの内乱（ピュウリタン革命）を活性化した偽善的で、scandal, malice, error に満ちた精神と幻想は、今もなおその支配力を残しており、同じ手段によって生み出されているばかりでなく、まさに大多数の、同一の、人間によって、あの頃と同じ目的のために、民衆のあいだにふりまかれているのである[34]」。

したがって、彼によれば、さらにきびしい方法が採用されないかぎり、違法な《コミュニケーション》の防止をすることはできない、ということになる。そこで提起されているのは、「印刷人」や「著者」（この時期には、未だ“journalist”という言葉が一般化していないのであり、基本的に、“author”という言葉が適用されていた）を取り締るだけではなくて、「その新聞の創設者（Letter-founder）、鍛冶屋、指物師、綴じ込み工、製本屋、書籍商、呼び売り人、女の新聞売り子（mercury women）、街頭販売人（pedlars）、バラード・シンガー、郵便配達夫、運送業者、馬車屋（hackney）、御者、馬丁、水夫」まで、取り締りの対象とすべきだという方策である。そして、「反逆罪」や「誹毀罪」にあたる文言が摘発された場合には、その関連する業者や印刷人たちに対して、「死刑、四肢の切断、投獄、流刑、体刑（corporal pains）、さらし刑（disgrace）、罰金刑」という「通常の刑罰」を課すことに加えて、女の新聞売り子や呼び売り人などの比較的軽微な犯罪に対しても、「T（反逆罪 Treason という意味）もしくはS（誹毀罪 Sedition という意味）というイニシャルをつけた帽子をかぶらせ、青か赤の見分けのつけやすい靴下を着用させ、帽子のリボンの代りに馬の口につけて引っぱる端綱をつけさせて、さらし刑に代わる目印し」にするべきだ、と言うのである。

このようなヒトラー・ナチス顔負けの弾圧を主張するレストレンジが、一六六三年八月、「印刷・出版監察庁長官」（the surveyer of the imprimery and printing presses）に任命された。彼は、「特許・検閲法」の下で政府の管掌しているすべての統制を監督する地位につくと、直ちにマディマンとデュリーを追放し、彼らの発行していた Kingdom's Intelligencer と Mercurius Publicus とを廃刊処分とし、みずから Intelligencer と Newes を発行している。

こうして、《コミュニオン》の脱構築のなかから生成して来た《コミュニケーション》の展開は、《ピュウリタン革命》の当初の段階の「パンフレット戦争」の段階を超えて新聞ジャーナリズムの創成のそれへと入っていたけれども、それは、同時に、《政治》とジャーナリズムの関係の原生的な姿の出現にほかならなかった。レストレンジの具体的な取り締りの一例として、「ジョン・トゥイン事件」の事例を見ておくことにしよう。一六六三年一〇月のある夜、彼は、部下四人を引きつれて、クロスフェアのトゥインという印刷業者の家へと向かった。この家で密かに印刷されていた文書には、「裁判の廃止と裁判官の追放は、支配者（magistrates）の責務であると同時に、民衆（people）の義務でもある。そして、もしも支配者が裁判制度を擁護するならば、民衆は、神の法にもとづいて、みずからの力で裁判制度を打倒し、支配者に対抗せざるを得なくなるであろう」（傍点引用者）という、レストレンジの立場からすれば、もっとも憎むべき主張があった。トゥインは絞首刑に処せられたが、それは、死ぬ前に気絶させられ、四肢を切断され、内臓を取り出されるという凄惨なものであった。チャールズ二世による後期スチュアート王朝の《政治》が「再版絶対主義」とよばれる側面をもっていたことの証左とも言えようが、同時に、このような「反動」への対抗として、シャフツベリーなどの政党の活動が生成し、世論にもとづく《政党政治》という、文字通り、《近代》的な政治形態の出現が、目前の課題となったのである。そのような意味で、トゥインの「違法文書」のなかに、《神の法》（Divine Law）という自然法（Natural Law）への言及が見られ、言わば、自然権的根拠にもとづく「特許・検閲法」という実定法の秩序への「異議申し立て」が存在することは、注目に値する。前章に見てきたジョン・ミルトンの視座は、この段階では、生成しつつあるジャーナリズムの末端にまで、かなりに広く浸透していたのである。この年、ミルトンは五四歳、すでに失明しており、「王政復古」によるクロムウェル派への弾圧のなかで、かろうじて処刑を免れ、《政治》を離れて蟄居していた。彼は、翌々年（一六六五年）、ペストの大流行に落ち入ったロンドンを離れて、バッキンガムシャー、チャルフォント・セント・ジャイルズの小さな小屋（“cottage”）に移る。さらに、六六年、有名なロンドン大火のなかで、ミルトンの「パン屋通り」（Bread street）の生家も焼失する。彼は、この小屋で、“Paradise Lost”を完成し、“Paradise Regained”を書きはじめるのである。

チャルフォント・セント・ジャイルズは、バッキンガムシャーに所在すると言っても、ロンドンのすぐ西隣りの小さな村である。私は、ロンドンとオックスフォードのあいだ、およそ五五マイル（九〇キロメートル弱）の往還を幾度となく辿っているが、ロンドンからのA四〇という道は、アックスブリッジでM四〇という高速道路に接続する。私は、この道のりを自分のくるまでほぼ一時間で走っていた。高速道路《モーターウェイ》に入って、最初のジャンクション、ビーコンスフィールド、のすぐ北（三・五マイル、五キロ半）にある村がチャルフォント・セント・ジャイルズである。

このあたりはクエーカー教徒たちが多く住んでいたところで、ビーコンスフィールドの鉄道の駅の近くには、彼らの集会所だった"Jordans"という建物（一六八八年建立）が残っており、その裏の墓地には、ウィリアム・ペン（一六四四年〜一七一八年、アメリカ、ペンシルヴァニア州の創設者）の墓があり、同じ墓地にミルトンの友人トーマス・エルウッドも眠っている。

「王政復古」の後、ミルトンが《政治》を離れて、彼のライフ・ワーク Paradis Lost を仕上げ（その一〇巻本が初めて出版されたのは一六六七年である）、Paradise Regained を執筆しはじめた頃、ジョン・ロックは、オックスフォードで、クライスト・チャーチ・コレッジの学究生活に入りながら、逆に、《政治》へと包摂されはじめていた。ロックは、一六六〇年、クライスト・チャーチのギリシァ語講師に任命され、六二年のクリスマス・イブに、おなじくクライスト・チャーチの修辞学講師（Lecturer in Rhetoric）に就任している。ミルトンが晩年の穏栖に入る頃、ロックは、オックスフォード大学の少壮のフェローとして、六二年九月、デンマーク皇太子（後の国王）クリスチャンの歓迎式典でラテン語の詩を朗誦し、同年のクリスマス・イブのその日、修辞学講師に任命された当日、国王チャールズ二世と王妃（ポルトガル王室、ブラガンサ家の王女）の歓迎式典に列席しているのである。私は、チャルフォント・セント・ジャイルズの五六歳のミルトン、オックスフォードの三三歳のロック、この二人が、わずか四八キロメートルしか離れていないところに生活しており、しかも、これら両者の《政治》との関わり、および「言論の自由」の獲得の道程への関与の仕方において、双曲線のように離れて行く、対蹠的な軌跡のありように、思わず息をのまないわけにはいかない。(35)

ところで、一六六五年のペストの大流行の際、国王チャールズ二世は、ロンドンを逃れて、オックスフォードにひきこもった。彼と側近たちは、新聞を読みたかったけれども、ロンドンからの Intelligencer や Newes には、ペストの感染を恐れて、手を触れることができなかった。そこで、前出のジョセフ・ウィリアムソン（ウェストミンスター・スクール時代からのロックの友人）の発案で、オックスフォード大学付きの印刷人レオナルド・リッチフィールドに特許を与えて、六五年一月一四日、この地で新聞を発刊させた。これが有名な Oxford Gazette の第一号である。後に、ロンドンでもトーマス・ニューカムによって増刷され、急速に拡大して行ったが、レストレンジは、これが自分の関知しないところで刊行されたことに立腹し、同年一一月二八日、Oxford Gazette とまったく同じタイプの新聞 Public Intelligence を発刊した。なお、前者のオックスフォード版の編集者はマディマンであった（ロンドン版のそれは不詳）とされているので、ここに、新聞の編集という面でも――すなわち、ジャーナリストとしても――、レストレンジとマディマンの競合関係が生成しているのであった。

すでに述べて来たところからも明らかであるように、一六六〇年の「王政復古」に際して、ロックは「右派の人間」（a man of the Right）（モーリス・クランストン）である。しかし、彼は、かつて、対オランダ戦争の勝利を祝し、クライスト・チャーチの学長ジョン・オーウェンの呼びかけに応えて、クロムウェルを賞讃する詩を二篇、書いていた（一六五四年）。そのことと現在の「王党派」の立場とは、どのような連関において理解されるのであろうか?

私たちは、まず、アレクサンダー・ポファムのことを想起しなければならない。ロックのウェストミンスター・スクールからオックスフォード大学への途を聞いてくれた「恩人」（ロックは、あるところで、“Patron”という言葉を用いている）ポファム大佐は、オリヴァ・クロムウェルの死後、きわめて「現実」的な《政治》の渦中にあった。彼は、かつて、ロックが「大選抜」に合格する時には、クロムウェルの側近中の側近チャールズ・フリートウッドの力添えを調達する位置に居たが、その後は、フリートウッドよりも「右派」に傾斜し、一六五九年八月の「王党派」の蜂起に加担し、マンク将軍に内通していた。注目されるのは、この「右傾化」の過程で、ポファムとアンソニー・アシュレー・クーパー（後のシャフツベリー伯）との接点が生じている点である。天成の政治家アシュレー・クーパーは、ジョン・ロックより一一歳年長で、ロックの生れ故郷サマセット州の南に隣接するドーセット州の富裕な准男爵（baronet「ナイト」より上位であるが、最下位の世襲位階）の家に生れた。彼は、一六歳でオックスフォード大学エクセター・コレッジに入学し、一八歳でコベントリー卿の娘マーガレットと結婚している。《ピュウリタン革命》が勃発すると、当然のことながら、彼は「王党派」の軍隊に参加した。しかし、一六四四年三月には、みずからのプロテスタンティズムの信仰と《自由》を守るために、「議会軍」に転じた。彼によれば、国王チャールズ一世がこれら二つを守る意志がない、と判明したからである。彼は、やがて、ドーセット州の「議会軍」の司令官に就任したが、彼のプロテスタンティズムが「長老派」のそれだったこともあって、「独立派」が主導権を握って行く状況のなかで、司令官を解任され、ヴィルトシャーの"high sheriff"に転じた。そして、当時、ヴィルトシャーの副長官だったのがポファムであり、ここに、アシュレー・クーパーとポファムの接点が出来たわけである。一六五六年、アシュレーは下院に議席を得た。こうして、この二人は、基本的には、前述したマンク将軍と「長老派」との結びつきの線で、「王政復古」を歓迎し、むしろ、積極的にその実現に向けて努力していたのであった。

しかし、ジョン・ロックがアシュレー・クーパーと出会うのは一六六六年の夏のことであり、「王政復古」それ自体へのロックの対応は、そのまま、アシュレーやポファムと同一ではなかった。むしろ、ロックは、《平和》を強く求めるという点で、前述のクロムウェル賞讃の詩二篇と共通する根拠から、「王政復古」をひとまず歓迎した、と言うべきであろう。

私は、「王政復古」から《名誉革命》に至る後期スチュアートの「再版絶対主義」の反動と幼弱な政党政治の胎生とが錯綜するこの時期のジョン・ロックの思想の展開を分析するためには、次の三点への留目が必要であると思う。すなわち、自然法（Natural Law）および寛容論の研究、ブランデンブルク侯国への外交使節の一員としての赴任からオランダでの亡命生活に至るヨーロッパ大陸諸国における経験、そしてロバート・ボイルとの親交に代表される自然科学者としての活動、の三点である。

第一に留意すべき自然法と寛容論の研究は、直接的には、エドワード・バグショウのパンフレット、The Great Question concerning Things Indifferent in Religious Worship（一六六〇年）への反論から始まった。主題は、the 'Civil Magistrate'――《宗教》における神の「聖なる権力」から区別された《政治》の世界の「世俗権力」――である。ロックは、すでに、一六五九年、「王政復古」の前年、ヘンリー・スタッブのパンフレット、An Essay in Defence of the Good Old Cause; or a Discourse concerning the Rise and Extent of the Power of the Civil Magistrate in Reference to Spiritual Affairs を詳細に検討し、筆者に対して反論の手紙を書いていた。スタッブは、この時期のクライスト・チャーチの学長、ジョン・オーウェンと同じように、宗教的寛容は、イギリス国教会以外のプロテスタントにとどまらず、カトリックの信者たちにも適用されるべきだ、と主張した。前述したように、オーウェンは、《ピュウリタン革命》のなかで、クロムウェルに直接奉仕する従軍牧師だったのであり、明瞭に「独立派」に帰属する人間であった。しかもなお、彼は、どの宗派の人間であろうとも、その信仰が「平和」と「秩序」とを混乱に陥れるものでないかぎり、その思想・信条において自由であると主張し、したがって、「政府」（the Government）の義務は「秩序」の維持にあるのであって、人びとに何らかの《宗教》を強制すべきではない、と考えていた。スタッブも、基本的に、このような考え方に立脚して、宗教的寛容の歴史をオランダ、フランス、ポーランドなどの大陸諸国の事例に即して叙述し、その拡大を主張したのであった。

ジョン・ロックは、スタッブへの反論のなかで、原則としての宗教的寛容を認めながらも、「さまざまに信仰を異にする人びとが、直ちに（quickly）、同一の政府の下に結合する（unite）ことができるであろうか？　人びとが、天国への途をさまざまに異にしていながら（though they have taken different ways towards heaven）、同一の世俗的利益（the same civil interest）を共有し、手を携えて平和（peace）と相互に助け合う社会（mutual society）の形成という同一の目的の実現に向って邁進することができるものであろうか？」という疑念を呈している。

ロックは、後の彼自身の宗教寛容論のなかで踏襲しつづけることになるのであるが、ここで、明確に、カトリック教徒に対する寛容の適用に反対する。彼の主張は次のようである。

私が、唯一、躊躇するのは、あなたがカトリック教徒たちに対して許容する自由が、如何にして国家の安全――政府の目的はこれである――と相即することができるか、という点である。なぜなら、私には、カトリック教徒たちが、同時に、相矛盾する利益をめざす二つの異なった権威（authorities）を保持することがどうしてできるのか、理解し得ないからであり、とりわけローマ教皇の神聖性と無謬性とを絶対的に信じるということが私たちの国家の安全を破壊する恐れがある時に、どうしてそのようなことが可能となるのか、私には理解できないのである。(36)

言うまでもなく、ここには、ミルトンが論難していたような、トリエント公会議以降のローマ・カトリックの側からの反宗教改革の活動への懸念が反映されているであろう。しかし、ロックの場合には、さらに、彼自身が体験して来たイングランド国内の「世情の不安」に対する恐怖と嫌悪とが強く作用していた。彼は、かつて、一六四九年の国王チャールズ一世の処刑の際にも、これを不快感をもって迎え、ウェストミンスター・スクールの校長バズビーの主宰する国王追悼の集会に参加していた。そして、彼の出身地にほど近いエクセターに勃発し、ブリストル近郊の没落した下層農民や貧しい職工たちのあいだに広がったジェイムス・ネイラー事件――スタッブへの反論の三年前の事件であり、「神の子」（the Son of God）を自称するクェーカー教徒ネイラーが群衆の歓呼に迎えられ、群衆心理の沸騰を生み出した事件、ネイラーは、ブリストルで逮捕された後、ロンドンで裁判にかけられ、〈神〉への冒瀆（blasphemy）と詐欺（fraud）の罪で処刑された――を、ロックは、つぶさに目撃し、「私はクェーカー教徒たちにはうんざりした」と述懐しているのである。彼自身の言葉を用いて言えば、こうして、「王政復古」前後のイギリス社会は、this great Bedlam England[37]――Bedlam とは、一五四七年、ロンドン、ビショップス・ゲイトの聖ベツレヘムのメアリー教会に開設された精神病院のことを指している――すなわち、'a mad country' であった。ジョン・ロックは、このような「狂乱」の状況のなかで、'anarchy' に恐怖し、みずからの生の「水先案内人」（pilot）を求めていたのである。

ロックは、同じクライスト・チャーチの研究員で、自分より三歳年長のバグショーのパンフレットに対する反論のなかで、一方で、「世俗権力」（the Civil Magistrate）の成立基盤を《民衆の同意》（the consent of the people）に求めつつ、他方、スタッブへの反論より一歩進んで「およそすべての国家の最高権力は、ひと度び成立した後は、必然的に（necessarily）、その国の民衆のすべての日常的な行為（all the indifferent actions）――'indifferent' は、通常そう訳されているような「無関心な」という意味ではなくて、《宗教》から離れているという意味で、「ありふれた」・「日常的な」行為を指している——に対して、絶対的かつ任意の権力（an absolute and arbitrary power）をもたなければならない」と主張している。

そこには、「自然状態」（the state of nature）に対するロックの恐怖感が反映し、したがって「平和」と「平静」（calm）への希求の念が強く作用している。ロックは、次のように言うのである。

"no peace, no security, no enjoyment, enmity with all men and safe possession of nothings, and those stinging swarms of misery which attend anarchy and rebellion.(38)"

ロックは終生ホッブズからの影響をみずから認めることはなかったけれども、このような「世俗権力」の絶対性の肯定のうちには、やはり、クランストンの言うように、ホッブズからの影響を見出さないわけには行かない。ホッブズは、一六五一年に『リヴァイアサン』を刊行し、一六五八年に『人間論』を発表していた。

さらに、ロックは、オックスフォードでの親しい友人、ガブリエル・タワーソンの慫慂の下に、一六六〇年、まさしく「王政復古」の開始という状況のなかで、自然法についての分析を書きはじめている。この段階のロックにとって、自然法（the Law of Nature）とは、「創造主（the Creator）が、すべての理性的存在者のうちに体現させ（has made evident to）、強制する（compelling upon）ところの道徳的法則（the moral law）」のことである。(39)

私たちは、ニコラウス・クザーヌスの初期の段階——「公会議主義者」としてのクザーヌスの段階——において、すでに、彼の自然法の概念をとらえて来ているが、二〇〇年余の後のロックのそれも、基本的に、クザーヌスと同じとらえ方である。もう少し詳細に言えば、この段階のロックの自然法の概念は、中世末期のそれを、ケンブリッジ・プラトニストであるナサニエル・カルヴァーウェル、イギリス国教会保守派の理論家、リチャード・フッカーおよびロバート・サンダーソンの影響の下に、継承した自然法概念である。注目されるのは、ロックが、このような自然法についての人間の知識を、一方において感覚的（sensory）もしくは経験的（empirical）な基盤へと結びつけられるものであるとし、他方、その知識が——数学の場合と同様にして——論証可能である（demonstrable）としている点である。この構図は、私たちが第二章で検討して来た晩年のクザーヌスのそれとほとんど全く同一のものである。しかも、クザーヌスの設定した問題構成はコペルニクスとガリレイに先行する自然像の段階におけるそれであったけれども、ロックは、ガリレイとデカルトによって根底的に変革されつつあった《近代的》自然像の生成の過程のなかで、クザーヌスと同一の問題設定をし、これから詳述して行くように、みずからの年少の友人アイザック・ニュートンが「万有引力の法則」を解明するのとほとんど同一の時期に、主著『人間知性論』のなかで、この問題構成の理論的根拠づけを果たそうとするのである。

ジョン・ロックは、この時期、明らかに「右翼の人」（a man of the Right）であった。[40] しかし、彼の『自然法論』の保守的な基調にもかかわらず、この段階のロックの立論のうちに、市民社会の権力、それを根拠づける民衆の同意、自然法における《神》の意志と人間の経験的・感覚的知識との 'bridging' といった重要な基礎概念がほぼ出そろっていることを看過すべきではない。

第二に留目しなければならないのは、一六六五年一一月、ロックが初めて、外交使節の一員として、ヨーロッパ大陸の「土」を踏んでいる事実である。彼は、この時三三歳、前年に勃発した第二次オランダ戦争のなかで、ブランデンブルク侯国へのサー・ウォルター・ヴェーンを代表とする使節団に、ヴェーンの秘書として参加したのであった。ウォルターは、《ピュウリタン革命》の「議会派」を代表する闘士、サー・ヘンリー・ヴェーンの弟であり、「王政復古」のなかで、一六六二年、兄ヘンリーは死刑に処せられたが、弟ウォルターの方は、根っからの「王党派」で、チャールズ二世の信認を得ていた。当時、イギリスは、海外の植民地の権益と海上貿易のための制海権をめぐって、オランダと激しく競合していた。私たちは、アメリカで、ニューアムステルダムがニューヨークとその名を改めることになったのが、まさしくこの第二次イギリス・オランダ戦争の最中であり、具体的には一六六四年のことだったという事実を想起するであろう。国王チャールズ二世は、ミュンスター司教の力を借りて、ブランデンブルク選帝侯と同盟を結び、オランダを東西から挟み撃ちにしようと考えたわけである。

この外交交渉そのものは、翌六六年二月、ブランデンブルク侯国がオランダ側に加担するというかたちで、失敗に終る。しかし、今、私たちは、ジョン・ロックの初めての大陸滞在の意味を、明らかにしなければならないのである。当代のブランデンブルク選帝侯は、《大選挙侯》(der Grosse Kurfürst) と呼ばれたフリードリッヒ・ウィルヘルムであり、ウェストファリアの講和を主導し、スウェーデンと戦うなど、神聖ローマ帝国皇帝レオポルト一世の政治力を上回る力を発揮し、後のプロイセン王国へと発展して行く礎を築いていた。ブランデンブルク侯国の版図の大半はドイツ北東部、バルト海沿岸に展開しており、首府はベルリンに置かれていたが、ウォルター・ヴェーンの使節団が滞在したのは、オランダとの国境に近いその領土最西端の地、クレーフェ (Kleve) である。

クレーフェは、英語名 Cleves で、ヘンリー八世の四度目の妃アンの出身地であるが、ローエングリンの伝説に結びつけられる「白鳥の騎士」の城 (Schwanenburg) で知られる小都市である。しかし、私が注目するのは、このライン河とマース河に挟まれ、オランダとの国境までわずか九マイル（一四キロメートル）に位置する小さな街が、同時に、あの《デヴォーチオ・モデルナ》の揺籃の地、デフェンテルの真南三〇マイル強（約五〇キロメートル）の近さにあるという事実である。この街は、また、司教座のあるミュンスターの勢力圏の西端に含まれ、まさしく外交折衝の要地であった。

ロックは、クレーフェに到着した直後、ロバート・ボイルに宛てて、「この街は、あまりに小さく、とくに美しくもなく、建物や街路は入り組んでいて、整然としていない[41]」と叙述している。とくに注意しなければならないのは、前述したフリードリッヒ・ヴィルヘルムの下、ブランデンブルク侯国が、ルター派とカルヴァン派の和解に努力し、ルイ一四世の圧迫に苦しめられていたフランスの「ユグノー」一万五〇〇〇人を迎え入れるなど、イギリスよりはるかに進んだ宗教寛容政策を展開していたという事実である。ロックは、クレーフェの街のなかで、カルヴァン派もルター派も、そしてローマ・カトリックの信仰も、ひとしく許容されている状況に接して、次のように記している。

ひとびとは、天国へのそれぞれの途（their way to heaven）を、各人が自由に選択するのを、静かに認めている。そして、私は、宗教上の事柄から、彼等のあいだに、争いや遺恨が生ずるのを、まったく目撃することができないのである。このような良い関係（this good correspondence）は、一方で、支配者の側の力（the power of the magisrates）に負うところがあるであろうが、他方で、民衆自身の慎しみ深さと性格の良さ（the prudence and good nature）に依るところが大きいであろう。私が調べたかぎり、当地の人びとは、さまざまな意見の違いをむしろ楽しんでいるのであり、そこには、何ら、秘密の怨恨や憎悪が存在しないのである[42]。

このような事態は、イングランドの「世情の不安」に恐怖し、《anarchy》を憎しみの的としていた当代のジョン・ロックにとって、きわめて衝撃の大きいものであったろう。そして、私は、それ自体を、一二〇〇年余り以前からの《デヴォーチオ・モデルナ》の成熟であり、この間の通商・交易の拡大を支えて来たひとつの大きな要因としての《the prudence and good nature》の生成である、と考えたい。

ロックは、ルター派の教会を訪れて、次のように述懐する。「私は、会衆が、皆、帽子をかぶったまま、楽し気に歌っている姿を見て、建物の様子ともどもに、これでは劇場に居るのとまったく同じだと感じた。私は、場所をまちがえたのではないかと、思ったほどである」。

彼は、また、カルヴァン派の教会を訪れ、イギリスで「うんざりした」と非難していたクェーカー教徒たちの集会にも参加している。そして、一六六五年一二月のクリスマスの日には、カトリック教会の弥撒に参加して、次のように感想を記している。

これはショーである（This was the show）。音楽は、すべて、聖歌隊によるヴォーカルのそれであり、私がかつて聴いたことのない種類のものであった。大音声の合唱であるが、残念なことに、音程は外れ、調和も不十分だったので、こういう歌を聴かされるのは災難であった(43)。

ロックは、このような宗教寛容の実態に触れると同時に、クレーフェという国境の街での通商・交易の盛況に接し、そこで、「ブランデンブルクの通貨の価値の低さ」に驚いている。彼は、外交交渉の失敗により、一六六六年二月、アントワープを経由して、イギリスに帰国するのであるが、この短い大陸滞在は、後のずっと長い期間にわたる亡命生活への序奏であり、同時に、イギリスより少し早いピッチで展開しつつあった《近代》の社会生活そのものの動態に触れた経験として、見逃すことのできない重要性をもっていた。《デヴォーチオ・モデルナ》からの成熟が宗教寛容のための有力な基盤を形成するのに与って力があったことは確かであるが、その具体的な例証として、たとえばアントワープには「レモンストラント兄弟会」(Broederschap der Remonstranten) の活動が一六一九年以降展開されていたのであって、ロックは、後年、この《レモンストラント》の活動から、自らの社会理論への大きな示唆を得ることになるのである。

第三に留目されなければならないのは、前述のロバート・ボイルへの書簡にも表われているような、ジョン・ロックと当代の自然科学研究の最前線との関わりである。イングランドにおける《自然》像の解明については、十三世紀のロバート・グローステスト、ロジャー・ベーコン以来の伝統があることを述べておいたけれども、とくに、フランシス・ベーコン以降、大陸でのガリレイ、デカルトたちの研究の進展の影響を強く受けて、実証的かつ経験的な視座からの自然科学の諸分野の研究が急速に進みつつあった。

私は、オックスフォードにおける自然科学の展開との関連という意味で、まず、ジョン・ウィルキンズに注目したい。ウィルキンズは、オリバー・クロムウェルの義弟として知られているが、オックスフォード大学ウォーダム・コレッジの学長となり、一六四九年から、毎週、「実験哲学クラブ」(an experimental philosophical club) の会合を開き、これを主宰していた。ここには、クロムウェルの主治医であり、当時、ウィルキンズの僚友としてマートン・コレッジの学長に就任していたジョナサン・ゴダード、ブレイズノーズ・コレッジの副学長ウィリアム・ペティ(『政治算術』*Political arithmetik*, 1690 の著者であり、経済学者として知られているペティは、もともと解剖学者であって、クロムウェルのアイルランド遠征には軍医として参加していた)、トーマス・ウィリス(『大脳解剖学』*Cerebri Anatome*, 1664 の著者として知られるウィリスも、最初は、オックスフォードの神学生であった)、そしてウィリスの最も優秀な生徒であり、ロックのウェストミンスター・スクール以来の友人であるリチャード・ラウアー (Richard Lower) などが、参加していた。

当時のオックスフォード大学は、御多分に漏れず、アリストテレスの哲学の支配下にあり、医学・解剖学の面でも基本的には、ガレノス、ヒポクラテスおよびアヴィセンナの旧態依然たる考え方が踏襲されていた。しかし、ニコラウス・クザーヌスのところで詳述しているように、《ヴィア・モデルナ》の視座の浸透して行く状況のなかで、すでに、アンドレアス・ヴェサリウスは、『人体解剖学』(De corporis humani tabrica, 7 vols, 1543)においてガレノスの主張を徹底的に批判し、パラケルススは、十六世紀半ば、バーゼルで、経験的な医学の視座から、「医化学」(iatrochemistry)を提唱していた。オランダのジャン・バティスタ・ファン・ヘルモントは、パラケルススの影響の下に、大気を分析し、その中から「炭酸ガス」を発見していた。その息子フランシスクス・メルクリウス・ヘルモントも、パラケルススの視点から、一元論的な《自然》像を提起し、ライプニッツに影響をもたらしていた。そして、イングランドそのものにあって、有名なウィリアム・ハーヴェイの「血液循環」理論の提唱（一六二八年）は、彼がパドヴァ大学に留学してヴェサリウスの《ヴィア・モデルナ》の視点からの医学を学んだ成果だったのであり、ハーヴェイは、オックスフォード大学マートン・コレッジの学長として、まさにゴダードの前任者であった。また、地球が磁気を帯びていることを発見し、「電気」(electricity)という言葉を生み出したウィリアム・ギルバートの《近代》的な《自然像》の集大成、De mundo nostro sublunari philosophia nova は、一六五一年に刊行されたものである。私たちは、ギルバートの大著が「新しい哲学の視点から考察された我らの世界」と題されており、ハーヴェイの「血液循環」説の書が Exercitatio de motu cordis et sanguinis in animalibus であり、「心臓と血液の運動」(motu は名詞であり、その動詞は moveo である）の解明であったことに、あらためて想到すべきであろう。ロックの同郷の友人であり、十七世紀イングランドの文明批評家ジョン・オーヴリーは、ウィルキンズの「実験哲学クラブ」を評して、「王立協会の揺り籠」(the *incunabula* of the Royal Society) と言っている。一六六二年、チャールズ二世の勅命によって創設されることになる「王立協会」は、正式には、the Royal Society for Promoting Natural Knowlelge である。オックスフォードの「実験哲学クラブ」は、こうして、まさしくイングランドにおける《ヴィア・モデルナ》への窓だったのであり、ロックは、ここを経由して、みずからの《ヴィア・モデルナ》の視座を構築して行くのである。

ロックは、前述したように、一六五四年、二二歳の時に、母アグネスを失なっている。ロックの手稿のなかに残されている医学関係のノート類は一六五二年から始まっており、おそらくラウアーとの親交が医学研究の方向に深まって行くひとつの重要な契機は、母親の健康にあったであろう。

また、ラウアーの師、ウィリスの『大脳生理学』のなかのイラストレーションを担当していたのが、有名な建築家クリストファー・レンである。ロックと同年の生まれであるレンは、やはりウェストミンスター・スクールの出身で、ロックより三年も早くオックスフォード大学（ウォーダム・コレッジ）に入学し、一六五三年には、二一歳の若さでオールソウルズ・コレッジのフェローに就任していた。彼は、セント・ポール寺院の設計・建築で知られているが、もともと天文学の研究者であり、一六五七年には、ロンドンのグレシャム・コレッジの天文学の教授として転出し、同六一年に、幾何学の教授として、再びオックスフォードに戻って来ている。

私は、セントアントニーズ・コレッジの客員研究員としてオックスフォードに滞在した期間、ウォーダムの学長スチュアート・ハンプシャーの夫人がその学長室を使って開いていた託児所に、私の末娘がお世話になっていたために、ウォーダム・コレッジには足繁く通っていた。ロックの手稿を保管しているオールド・ボードレイアン図書館の筋向いにあるウォーダム・コレッジは、それほど大きいコレッジではないけれども、ボードレイアンの南に隣接する自然科学・科学史専門の図書館「ラドクリフ・カメラ」、およびその西側のブレイズノーズ・コレッジにほど近く、オックスフォードの保守派の牙城クライスト・チャーチからかなり離れたところで、まさにオックスフォードにおける《近代》科学の生誕の地となっていたのである。

また、一六五〇年、ジェイコブがイングランドで最初のコーヒー・ハウスをオックスフォードに開設しており、とくに五四年に開店したティリヤードのコーヒー・ハウスがクリストファー・レンたちの「溜り場」となっていたので、おそらく週一回開かれた「実験哲学クラブ」の議論は、このようなコーヒー・ハウスに場所を移して続けられ、そこに、ひとつの《近代》的な「公共圏」を創成しつつあったのであろう。

ジョン・ロックは、クライスト・チャーチで研究者の途を歩んで行くためには、聖職者になることが望ましかった。しかし、彼は、世俗にとどまって、自然科学の研究に進む希望も強く、これら両者のあいだで揺れ動いていた。そして、ここに、ほぼ決定的と言ってよいほどの影響を与えたのが、前出のラウアーであり、それ以上にロバート・ボイルであった。ロックより五歳年長のボイルは、アイルランドのコーク伯爵の息子であり、イートン・スクールを卒業した後、ヨーロッパ大陸に渡り、まさに勃興しつつあった《ヴィア・モデルナ》の具体的な展開に触れ、一六四四年にイングランドに戻ると、「見えない大学」(Invisible College) に参加して、実験に依拠した《自然》の探求に身を挺していた。ロックの残した蔵書や書簡類に目を通した人は、一様に、ボイルからの影響が如何に強かったかを、まずそのヴォリュームの大きさから思い知らされるであろう。[44] ボイルがオックスフォードに移って来たのは、一六五四年であった。

彼は、オックスフォードの中心部を東西に走るハイ・ストリートの南側に実験室兼集会所を構え、ロバート・フックを助手として、精力的な「実験哲学」の具体化に勤しんだ。ボイルは、New Experiments physico-mechanical touching the spring of the air and its effects, 1660 に続いて、一六六一年の The Sceptical Chemist のなかでアリストテレスの自然哲学を根本から批判し、さらに Origin of Forms and Qualities according to the corpurcular philosophy, 1666 によって、物質の運動にもとづく原子論的な《自然》像を提起した。ロックは、風貌もよく似ており、おたがいに強健とは言えないボイルに深い親近感をいだき、終生の友人となるが、このボイルからの影響を通じて、ルネ・デカルトという《ヴィア・モデルナ》の王道の所在を知ることになるのである。

私は、これら三点への留目を通して、後期スチュアートの「再版絶対主義」との闘いから《名誉革命》の実現へと向うジョン・ロックの壮年期以降の思想の構造のうちに、次のような骨格を見出す。それは、第一に《自然法》と自然法則の連関であり、第二に、《the Magistrates》と《レモンストラント》という連関の枠組みである。前者は、これまでの説明からも明らかであるように、《神》からの根拠づけによる「道徳法則」としての自然法を、人間の内部の《Human Nature》の運動法則としての感覚、およびそこから起ち上って来る知覚と理性のはたらきへと、どのように連関づけるかという課題であり、後者は、世俗社会の社会諸関係を統禦し、統合する《至高権力》を、ひとりひとりの民衆の側の合意とそれにもとづく同意へと、どのように連関づけ、逆に、民衆の側の《同意》によってどのように《権力》を根拠づけるか、という理論的課題の定立を意味していた。

前者の契機は、ロックの思想の骨格構造を形成する〔X軸〕として、晩年のニコラウス・クザーヌスを思わせるが如く、《神》の道徳的権威にもとづく自然法から、まさに《神》と人間とのあいだの無限の「離在」・「離接化」の果てに、人間自身の「内部」を貫く自然法則によって根拠づけられる自然権を独立変数とする《近代》的な自然法を導出する回路の折出そのものであった。そして、後者の契機は、《レモンストラント》(オランダのスペインからの独立闘争とその成果としての the United Provinces の《政治》を支えていた民衆の“Remonstrantie”は、その影響を受けたミルトンの「諫諍文」や長期議会の《the Grand Remonstrance》(一六四一年)に例証されているように、支配の客体であった民衆の側の「異議申し立て」と「抗議」の行為を、その具体的内容としていた)——《支配権力》という対抗軸において、チューダー・スチュアートのイングランド絶対王政のまさしく「絶対主義」的な《支配権力》を、その《神》的権威とそれを民衆の生活世界へとパラフレーズする概念装置としての家父長制の衣掌を剥ぎ取ることによって解体し、かえって、《レモンストラント》の側の抵抗権の主体たちの《同意》（Consent）のなかから、新しい《世俗権力》（the Civil Magistrates）を創出する作業として、ロックの思想の骨格を形づくるもうひとつの基軸、〔Y軸〕、であった。

私たちは、やがて、ロックの主著、『市民政府論』と『人間知性論』を、『自然法論』へと関連させつつ分析することを通して、これら二つの軸のクロス・オーバーするところに、《コミュニオン》の客体から《コミュニケーション》の主体へという人間の位置の移行を、確認することになるであろう。それは、同時に、《近代》の端緒における《政治》の主体と《認識》の主体との同時的成立とそれらの重合としての《近代》的コミュニケーション主体の理念像の定立を意味していたのである。

5　特許・検閲法の廃止とロック

さて、私たちは、ここで、現実政治の状況に立ち戻り、特許・検閲法がついに撤廃される経緯とそれに対するロックの関与とに、分析を集中することにしよう。

一六六二年、ロックがオックスフォードでギリシャ語の講師（修辞学担当）に任命された年、国王チャールズ二世は、「特許・検閲法」（Act for the Regulating of Printing）、いわゆる“Licensing Act”を復活させた。そして、前述のような経過をたどった後、一六九二年もおしつまった頃、議会でその更新の是非を論じられる時が来た。この法律こそ、かつてのミルトンの闘いが物語っているように、単に印刷・出版の規制にとどまらず、イギリスにおける思想・言論の自由に対する「絶対主義」的統制の支柱であっただけに、ロックも、その更新をめぐる討論に強い関心を寄せていた。それは、一六七九年〜八五年のあいだは執行を停止されていたけれども、既述したレストレンジの方針にも示されているように、かつての「星室庁」布告に勝るとも劣らない苛酷な抑圧法規であったからである。

一六九二年におけるこの法律の更新にあたっては、きわめて早い時期から、更新に反対する意見が表明されていた。[45] すでに、同年二月一七日、A Petition of the Booksellers, Printers and Bookbinders, and other Dealers in the ancient Trade and Mystery of Printing という請願が下院に提出されており、そこでは、「一六八五年六月二四日より七年間継続されたこの法律を、今会期中に廃止して欲しい」[46]と要請されている。また、三月八日の上院では、「著者と印刷人の名前を明記すれば、それらの書物の印刷・出版を許可してもよいのではないか」[47]という質疑が交わされているが、上院の全体としての態度は、このような緩和措置をとることに対して、なお、否定的であった。私たちは、上院で質疑の焦点となっていた事柄が、あのミルトンの『アレオパジティカ』の基本的主張であったことを、看過すべきではない。ミルトンは、まさしく、著者・印刷人（発行者）の名前を明記してあれば、《検閲》を必要としない、と主張していたのであった。

しかし、九二年段階の印刷・出版をめぐる議論の基調は、やはり、印刷・出版業組合の特権的独占への反対にあったのであり、ミルトンやマボットが主張していた《検閲》の撤廃に関しては、十分な展開が見られなかった。特許・検閲法の改廃を希望する人びとは、そのほとんどが、印刷・出版業組合の独占に虐げられてきた群小の、独立した書籍小売商や印刷業者たちであった。そして、この法律に対するロックの当初の更新反対論も、ほぼこの線に近い特権的独占批判を中心とするものであった。

ロックは、一六九二／三年一月二日のエドワード・クラーク（下院議員で、後述するように、この法律が廃止される現実政治の過程のなかで、最も重要な役割を演ずる）宛ての書簡[48]では、ひとりの「書籍購入者」（a 'bookbuyer'）としての立場から、この法律に反対するにとどまっていた。したがって、彼の最大の不満は、印刷・出版業組合が、一方で、イギリスにおけるすぐれた古典の再版を禁止しておきながら、他方で、「研究者たちにとって不可欠な」それら古典の、すぐれた刊本をオランダやフランスなどから輸入するのを妨害しているという事実にあったのであり、イギリス社会がこれらについての実質的権限をあの「無知にして怠惰な（ignorant and lazy）印刷・出版業組合の手に」委ねているという点にあった。彼の当初の関心は、このように、ひとりの「書籍購入者」というやや受動的な視点からの、《独占》への不満を基調としていたのである。そして、一六九三年三月三日、討論が十分尽くされないままに、この法律は、暫定的に――すなわち一年間および次の国会、ウィリアム三世・メアリー二世の共同統治第五セッションの終了の時点まで――、更新されるところとなった。

一六九四年一二月二八日にメアリー二世が死去するが、ウィリアム三世の単独統治となった最初の国会で、あらためて「特許・検閲法」の更新の是非が、今度こそ徹底的に、議論されることになった。一六九五年三月三〇日、下院に、A Petition of the Master, Wardens and Commonalty of the Art or Mystery of Stationers という請願が寄せられ、「この法律が延長されなかったら死活問題であり、請願者たちの財産（property）は破滅に瀕してしまうので是非とも更新していただきたい」[49]と、印刷・出版業組合の特権的《独占》への執着を示している。これに対して、翌四月一日、《独占》に反対する立場から、A Petition of several free Workman, Printers, in beharf of themselves, and the rest of the said Trade という請願が、同じく下院に提出され、「今や、職人（Workman）はきわめて多くの数にのぼるのに、その三分の二までが定期雇傭をもたない状況に放置されている」[50]として、この法律の非合理性を非難し、当代のイギリス社会への不適合を問題としている。

このような状況のなかで、ロックは、前回の更新の際とは対照的に、「特許・検閲法」の各条項を綿密に検討し、それぞれの問題点を刻明に指摘した文書を作成している。それは、フォックスボーンが「弾劾文」

(Strictures)と呼んでいる文書で、[51] 一六九五年一月に作成されたと考えられている。一六九四年一一月二九日のエドワード・クラーク、ジョン・フレーク両者からのロックへの手紙、九四／五年一月三日のフレークからロックへの手紙などを見ると、ロックの「弾劾文」は、後期スチュアートの「絶対主義」的言論統制の出発点となった六二年の「特許・検閲法」——その制定者チャールズ二世は、前述したように、ロックがオックスフォードでの研究者生活を始める時点で接触があったものの、その後、そのカトリックへの帰依とそれに付随するフランスの外交・軍事政策への追随から、イギリス全体の世論から糾弾され、《名誉革命》への途を開くことになる——を構造的に検討しながらまとめられたものであり、同時に、クラーク、フレーク、ヨンゲなど、ロックの政治クラブ『カレッジ』の参加者たちを通じて、ホイッグ党の議員たちのあいだに、広く流布させられていたようである。

エドワード・クラークは、ロックと同じサマセットシャーの出身で、Taunton選出の下院議員である。一六七五年に、ロックの従妹メアリー・ジェップと結婚しており、よく知られているように、ロックは、このクラーク家の子供たちのために、『教育論』の諸論稿を書いたのであった。クラークとフレークは議会内の「特許・検閲法」に関する小委員会——はじめのうちは、議会の大勢は、「特許・検閲法」を廃止するにしても印刷・出版を規制する法律は必要であり、そのために「新しい法律」を制定することが望ましいという考え方に立っていた——のメンバーであり、さらに、クラークは、この問題についての上下両院の交渉委員会（the committee of managers）の委員長であった。

ロックは、こうして、もはや、単なる「書籍購入者」としての傍観者的な立場からではなくて、ホイッグ党の《政治》的課題としての「特許・検閲法の廃止」を弁証する視座に立つこととなった。彼は、今や、印刷・出版業組合の特権的《独占》の糾弾にとどまることなく、一七世紀末葉のイギリス社会——それは、まさに《近代》

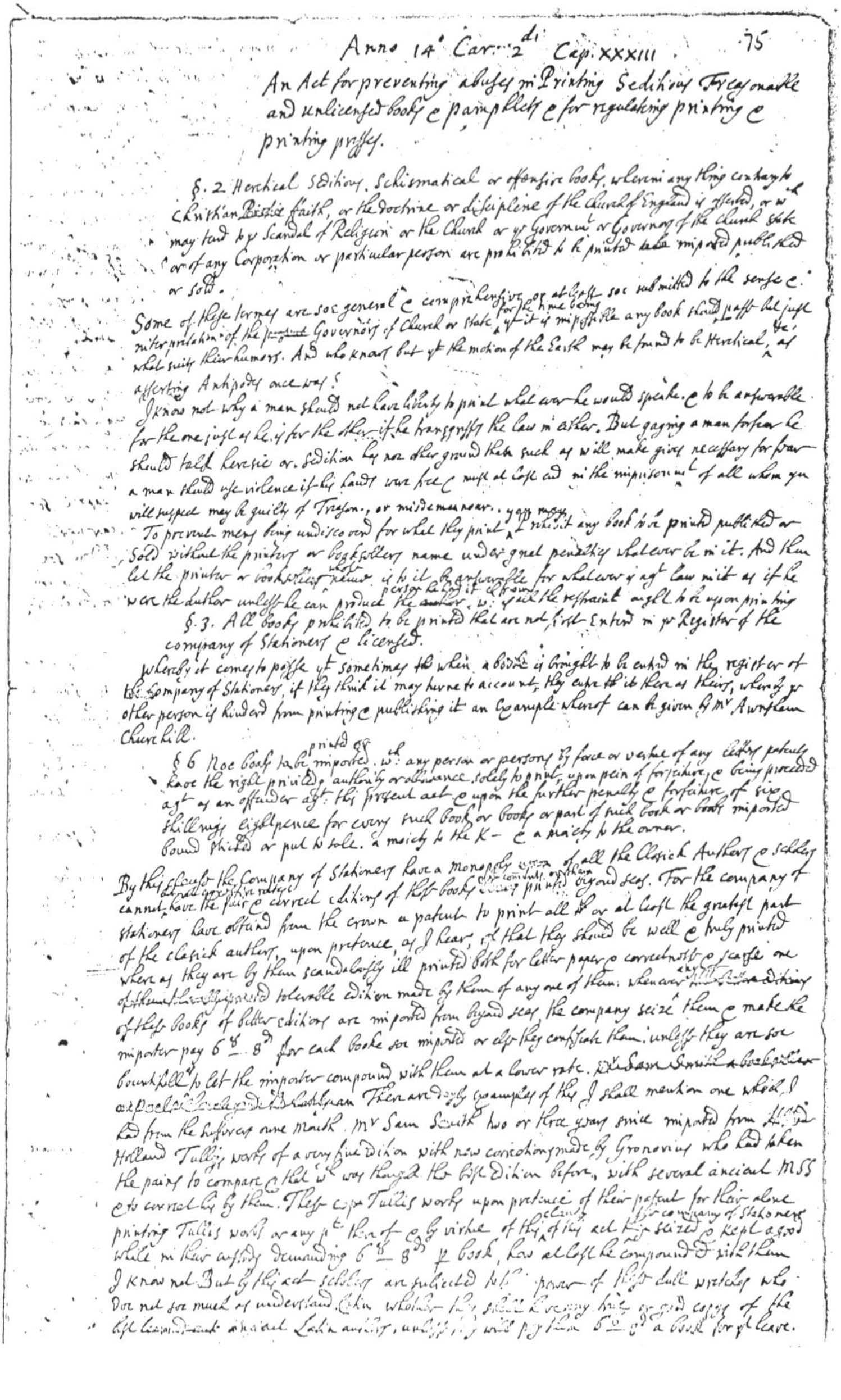

Anno 14° Car. 2di Cap. XXXIII. 75

An Act for preventing abuses in Printing Seditious Treasonable and unlicensed books & pamphlets & for regulating printing & printing presses.

§. 2 Heretical Seditious, Schismatical or offensive books, wherein any thing contrary to Christian faith, or the doctrine or discipline of the Church of England is asserted, or wch may tend to ye Scandal of Religion or the Church or ye Governm^t or Governors of the Church, State or of any Corporation or particular person are prohibited to be printed imported published or sold.

Some of these termes are soe general & comprehensive or at least soe submitted to the sense & interpretation of the Governors of Church or State for the time being y^t it is impossible any book should passe but just what suits their humors. And who knows but y^t the motion of the Earth may be found to be Heretical, as asserting Antipodes once was?

I know not why a man should not have liberty to print what ever he would speake, & to be answerable for the one just as he is for the other if he transgresses the law in either. But gagging a man for fear he should talk heresie or Sedition has noe other ground then such as will make gives necessary for fear a man should use violence if his hands were free & must at last end in the imprisonm^t of all whom you will suspect may be guilty of Treason, or misdemeanour. To prevent mens being undiscovered for what they print you may prohibit any book to be printed published or sold without the printers or booksellers name under great penalties whatever be in it. And then let the printer or booksellers whose name is to it be answerable for whatever is ag^t law in it as if he were the author unlesse he can produce the person he had it from wch is all the restraint ought to be upon printing.

§. 3. All books prohibited to be printed that are not first Entred in ye Register of the company of Stationers & licensed.

Whereby it comes to passe y^t sometimes when a booke is brought to be entred in the register of the Company of Stationers, if they think it may turne to account they enter it there as theirs, whereby ye other person is hindered from printing & publishing it an Example whereof can be given by Mr Awnsham Churchill.

§ 6 Noe book to be printed or imported wch any person or persons by force or vertue of any letters patents have the right priviledg, authority or allowance solely to print, upon pein of forfeiture, & being proceeded ag^t as an offender ag^t this present act & upon the further penalty & forfeiture of six shillings eightpence for every such book or books or part of such book or books imported bound stitched or put to sale. a moiety to the K— & a moiety to the owner.

By this clause the Company of Stationers have a monopoly of all the Classick Authors & schollers cannot but at excessive rates have the faire & correct editions of these books & the comments on them printed beyond seas. For the company of Stationers have obtaind from the crown a patent to print all or at least the greatest part of the classick authors, upon pretence, as I hear, y^t that they should be well & truly printed whereas they are by them scandalously ill printed both for letter paper & correctnesse & scarce one tolerable edition made by them of any one of them. whenever any of these books of better editions are imported from beyond seas, the company seize them & make the importer pay 6^s 8^d for each booke soe imported or else they confiscate them. unlesse they are soe bountifull to let the importer compound with them at a lower rate. There are daily examples of this I shall mention one which I had from the sufferers own mouth. Mr Sam Smith two or three years since imported from Holland Tullys works of a very fine edition with new corrections made by Gronovius who had taken the pains to compare that wch was thought the best edition before, with several ancient MSS & to correct it by them. These copies Tullis works upon pretence of their patent for their alone printing Tullis works or any p^t thereof & by virtue of this clause of this act the company of Stationers seized & kept a good while in their custody demanding 6^s 8^d p book, how at last he compounded with them I know not. But by this act schollers are subjected to the power of these dull wretches who doe not soe much as understand Latin whether they shall have any true or good copys of the best ancient Latin authors, unlesse they will pay them 6^s 8^d a book for y^t leave.

ジョン・ロック「弾劾文」の直筆手稿

Documents relating to the termination of the Licensing Act, 1695

No. 1. B.L., MS. Locke b. 4, ff. 75–6; Locke's criticism of the act of 1662: p. 248, n. 4. In Locke's hand. Printed in King, pp. 202–8. Date: On 30 November 1694 the commons appointed a committee to examine recently expired and expiring laws. On 9 January 1695 it recommended that the Licensing Act should be continued. On 11 February the house rejected the recommendation and ordered a new bill to be prepared: *C.J.* The paper therefore probably belongs about January. For the termination of the act see R. Astbury, 'The Renewal of the Licensing Act in 1693 and its Lapse in 1695', in *The Library*, 5th series, xxxiii (1978), 296–322.

Anno 14° Car: 2[di] Cap. XXXIII

> An Act for preventing abuses in Printing Seditious Treasonable and unlicensed books and pamphlets and for regulateing printing and printing presses.

> §. 2 Heretical Seditious, Schismatical or offensive books, wherein any thing contrary to Christian[a] Faith, or the doctrine or discipline of the Church of England is asserted, or which may tend to the Scandal of Religion or the Church or the Government or Governors of the Church State or of any Corporation or particular person are prohibited to be printed[b] imported published or sold.

Some of these termes are soe general and comprehensive or at least soe submitted to the sense and interpretation of the[c] Governors of Church or state for[d–] the time being[–d] that it is impossible any book should passe but just what suits their humors. And who knows but that the motion of the Earth may be found to be Heretical, etc,[e] as asserting Antipodes once was?

I know not why a man should not have liberty to print what ever he would speake. and to be answerable for the one just as he is for the other if he transgresses the law in either. But gaging a man for

[a] *Followed by* Practice *deleted.* [b] *Followed by* to be *deleted.* [c] *Followed by* present *deleted.* [d–d] *Interlined.* [e] *Interlined.*

fear he should talk heresie or sedition has noe other ground then such as will make gives necessary for fear a man should use violence if his hands were free and must at last end in the imprisonment of all whom you will suspect may be guilty of Treason., or misdemeanour.

To prevent mens being undiscoverd for what they print you[a] may[a] Prohibit any book to be printed published or Sold without the printers or booksellers name under great penalties whatever be in it. And then let the printer or bookseller whose[a] name is to it be answerable for whatever is against law in it as if he were the author unlesse he can produce the person[b–] he had it from[–b] which is all the restraint ought to be upon printing

§. 3. All books prohibited to be printed that are not first Enterd in the Register of the company of Stationers and licensed.

Whereby it comes to passe that sometimes[c] when a booke is brought to be entred in the register of the Company of Stationers, if they think it may turne to account, they entre[c] it there as theirs, whereby the other person is hinderd from printing and publishing it an Example whereof can be given by Mr Awnsham Churchill.

§ 6 Noe books to be printed[a] or[a] imported, which any person or persons by force or vertue of any letters patents have the right priviledg authority or allowance solely to print, upon pein of forfeiture, and being proceeded against as an offender against this present act and upon the further penalty and forfeiture of six shillings eightpence for every such book or books or part of such book or books imported bound stiched or put to sale. a moiety to the K— and a moiety to the owner.

By this clause the Company of Stationers have a Monopoly[d] of all the Clasick Authers and scholers cannot but[e–] at excessive rates[–e] have the fair and correct editions of these books and[e–] the comments on them[–e] printed beyond seas. For the company of stationers have obteind from the crown a patent to print all[c] or at least the greatest part of the clasick authers, upon pretence, as I hear,[f] that they should be well and truly printed where as they are by them scandalously ill printed both for letter paper and correctnesse and scarse one[g] tolerable edition made by them of any one of them: whenever any[h] of[h] these books of better editions are imported from beyond seas,

[a] *Interlined.* [b–b] *Substituted for* author [c] *Followed by* th *deleted.*
[d] *Followed by* upon *deleted.* [e–e] *Interlined.* [f] *Followed by* of *deleted.*
[g] *Followed by* of them tolerably printed *deleted.* [h] *Substituted for* the better editions of

the company seize them and make the importer pay 6s 8d for each booke soe imported or else they confiscate them. unlesse they are soe bountifull as[a] to let the importer compound with them at a lower rate.[b] There are dayly examples of this I shall mention one which I had from the sufferers owne mouth. Mr Sam Smith two or three years since imported from Holland Tullis[c] works of a very fine edition with new corrections made by Gronovius who had taken the pains to compare[d] that which was thought the best edition before, with several ancient MSS and to correct his by them. These[e] Tullis works upon pretence of their patent for their alone printing Tullis works or any part thereof and by virtue of this clause[a] of this act the[f-] company of Stationers[-f] seized and kept a good while in their custody demanding 6s. 8d per book, how at last he compounded with them I know not. But by this act Scholers are subjected to the[g] power of these dull wretches who doe not soe much as understand Latin whether they shall have any true or good copys of the best[h] ancient Latin authers, unlesse they will pay them 6s. 8d a book for that leave.

Another thing observable[i] is that what ever mony by vertue of this clause they have levied upon the subject either as forfeiture or composition I am apt to beleive not one farthing of it has ever been accounted for to the K or brought into the exchequer, though this clause reserve a moiety to the King, and tis probable considerable sums[j] have been raised.

Upon occasion of this instance of the Clasick authers I demand whether if an other act for printing should be made it be not reasonable that noebody should have any peculiar right in any book which has been in print fifty years, but any one as well as an other might have the liberty to print[k] it[k] for by such titles as these which lie dormant and hinder others many good books come quite to be lost. But be that determined as it will[l] in regard of those Authors[a] who now write[m] and[m] sell their copys to booksellers. This certein is very absurd at first sight that any person or company should now have a title to the printing of the[n-] works of[-n] Tullie Cæsars or Livys who[o-] lived soe many ages since[-o] exclusive of any other, nor can

[a] *Interlined.* [b] *Followed by* Mr Sam Smith a bookseller in Pauls Churchyard had lately an *deleted.* [c] *Altered from* Tullys [d] *Followed by* and *deleted.* [e] *Followed by* cop *deleted.* [f-f] *Substituted for* they [g] *Altered from* their [h] *Followed by* learned aut *deleted.* [i] *Followed by* upon this clause *deleted.* [j] *Substituted for* somes [k] *Altered from* printd [l] *Followed by* by the *deleted.* [m] *Inserted at end of line and in margin.* [n-n] *Interlined.* Tullie *is altered from* Tullies [o-o] *Substituted for* works

there be any reason in[a] nature[a] why I might not print them as well as the Company of Stationers if I thought fit. This liberty to any one of printing them[b] is certainly the way to have them the cheaper and the better and tis this which in Holland has produced soe many fair and excellent editions of them whilst the printers[c] all strive to out doe one an other which has also brought in great sums to the trade of Holland. Whilst our Company of Stationers haveing the monopoly here[a] by this act and their patents slubber them over as they can cheapest, soe that there is not a book of them vended beyond seas both for their badnesse and dearnesse nor will the Schollers[d] beyond seas look upon a book of them now[a] printed at London soe ill and false are they besides[e-] it would be hard to finde how a restraint of printing the Classick Authors does any way prevent printing Seditious and Treasonable pamphlets which is the Title and pretence of this Act[-e]

§. 9. Noe English book may be imprinted or imported from beyond the sea. Noe foreigner or[f-] other unlesse stationer of London[-f] may import or sel any books of any language whatever.

This clause serves only to confirme and enlarge the Stationers Monopoly.

§ 10. In this[g] § besides a great many other clauses to secure the Stationers monopoly of printing which are very hard upon the subject[h] the stationers interest is soe far preferd to all others that a Landlord who lets an house forfeits five pounds if he know that his tenant has a printing presse in it and does not give notice of it to the master and wardens of the Stationers company. Nor must a Joyner, Carpenter or Smith etc: worke about a printing presse without giveing the like notice under the like penaltie.

Which is greater caution than I think is used about the presses for coynage to secure the people from false money.

By[i] § 11[i] the number of Master printers were reduced from a greater number to twenty and the number of Master founders of letters reduced to fower, and upon vacancy the number to be filled by the ArchBishop of Canterbury and Bishop of London and to give security not to print any unlicensed books.

This hinders a man who has served out his time the benefit of seting up his trade which whether it be not against the right of the

[a] *Interlined.* [b] *Followed by* w *deleted.* [c] *Substituted for* every one strives to out they; *Locke wrote first* the publishers *and then changed to* the printers [d] *Followed by* look *deleted.* [e–e] *Added in margin.* [f–f] *Interlined.* [g] *Followed by* clause *deleted.* [h] *Followed by* there *deleted.* [i] *Altered from* §11 By this §

subject as well as contrary to common equity deserves to be considerd

§ 12 The number of presses that every one of the twenty master printers shall have are reduced to two only those who have been Masters or upper wardens of the company may have three and as many more as the ArchBishop of Canterbury or Bishop of London will allow.

§ 13 Everyone who hath been master or upper warden of the company may have three. Every one of the Livery two, and every master printer of the yeomanry but one Apprentice at a time

By which restraint of presses and takeing of apprentices and the[a] prohibition in[b] § 14[b] of takeing or useing any journey men except English men and freemen of the Trade is the reason why our printing is soe very bad and yet soe very dear in England. they who are hereby priviledgd to the exclusion of others workeing and seting the price as they please. where by any advantage that might be made to the realme by this manifacture is wholy lost to England and thrown into the hands of our neighbours. The sole manifacture of printing bringing into the low Countrys great sums every year. But our ecclesiastical laws seldom favour trade. and he that reads this act with attention will finde it upse Ecclesiastical. The nation looses by this act for our books are soe dear and ill printed that they have very litle vent amongst forainers unlesse now and then by truck for theirs which yet shews how much those who buy here[c] books printed here are imposed on. Since a book printed at London may be bought cheaper at Amsterdam than in Pauls churchyard notwithstanding all the charge and hazard of transportation. For their printing being free and unrestraind they[d] sell their books at soe much a cheaper rate than our[e] booksellers[e] doe ours. that in truck valueing ours proportionably to their own, or their own equaly to ours which is the same thing, they can afford books received from London upon such exchanges cheaper in Holland than our Stationers sell them in England. By this Act England looses in General Schollers in particular are ground and noe body gets but a lazy ignorant company of Stationers to say noe worse of them. But any thing rather than let mother Church be disturbd in her opinions or impositions, by any bold enquirer from the presse.

[a] *Inserted after next word was written.* [b] *Interlined. Locke wrote first* in the next *and then changed to* in § 14 [c] *Interlined.* [d] *Followed by* afford to and their books in truck at soe much a cheaper rate than our booksellers sell ours for *deleted.* [e] *Substituted for* we

§ 15 One or more of the Messengers of his majesties chamber. by warrant under his Majesties signe manual, or under the hand of one of his Majesties principal secretarys of State, or the master and wardens of the company of Stationers takeing with him a constable and such assistance as they shall think needfull[a] has an unlimited power to search *all houses* and to seise upon all books which they shall but think fit to suspect

How the gent much more how the Peers of England came thus to prostitute their houses to the visitation and inspection of any body much lesse a messenger upon[b-] pretence of searching for books[-b] I cannot imagin. Indeed[c-] the houses of Peers and others not of the trades mentiond in this act are pretended to be exempted from this search § 18 where tis provided they shall not be searchd but by special warrant under the Ks signe manual or under the hands of one of the secretarys of state. But this is but the shadow of an exemption for they are still subject to be searchd every corner and coffer in them under pretence of unlicensed books, a mark of Slavery which I think their ancestors would never have submitted to. Thus to lay their houses which are their castles open not to the pursuit of the law against a malefactor convicted of Misdemeanor or accused upon oath, but to the suspition of haveing unlicensed books, which is whenever it is thought fit to search his house and see what is in it[-c]

§ 16 All printers offending any way against this act incapacitated to exercise their trade for 3 years. And for the second offence perpetual incapacity with any other punishment not reaching to life or Limb.

And thus a man is to be undone and starve for printing[d] Dr Burys case or the history of Tom Thumb unlicensed

§ 17 Three copys of every book printed[e] are[e] to be reservd[f] whereof two to be sent to the two universitys by the master of the Stationers company

This clause upon examination I suppose will be found to be mightily if not wholy neglected, as all things that are good in this act, the company[g] of Stationers mindeing noe thing in it but what makes for their monopoly. I beleive that if the publique Librarys of both universities be looked into (which[h] this will give a fit occasion to doe) there will not be found in them half perhaps not one in ten

[a] *Followed by* have *deleted.*　[b-b] *Substituted for* authorised by the master and wardens of the Company of Stationers　[c-c] *Added in margin.*　[d] *Followed by* the *deleted.*　[e] *Interlined.*　[f] *Followed by* to be *deleted.*　[g] *Followed by* min *deleted.*　[h] *Followed by* the endeavour to renew this *deleted.*

of the copys of books printed since this act. vid 17° Car. 2. Cap 4

§ last. This act though made in a time when every one strove to be forwardest to make court to the church and Court by giveing whatever was asked. yet this was soe manifest an invasion on the trade liberty and propertie of the subject that it was made to be in force only for two years. From which 14th[a] Car: 2. it has by the joynt endeavour of Church and Court been from time to time[b] revived and soe continued to this day. Every one being answerable for books[c] he publishes prints or sels conteining any thing[d] seditious or against law makes this or any other act for the restraint of printing very needlesse in that part and soe it may be left free in that part as it was before 14° Car. 2. That any[e] person or company should have patents for the[f] sole printing of Ancient authors is very unreasonable and injurious to learning. And for those who purchase copies from Authors that now live and write it may be reasonable to limit their property to a certein number of years after the death of the Author[g] or the first printing of the book as suppose 50 or 70 years. This I am sure tis very absurd and ridiculous that any one now liveing[h] should pretend to have a propriety in or a power to dispose of the proprietie of any copys or writeings of authors who lived before printing was known and used in Europe.

Endorsed by Locke: Printing 94

社会の初発の姿であり、「市民社会」（the Civil Society）の出発にほかならなかった――における「言論統制」それ自体を俎上の問題としているのであり、「コミュニケートする権利」（the right to communicate）（レイモンド・アストヴェリー）[52]を論証し、《コミュニケーション》の主体の自由――モーリス・クランストンのいわゆる"the issue of freedom"[53]――を確立しようと努力しているのである。

ロックの「弾劾文」は、オックスフォード大学ボードレイアン図書館に所蔵されており（B. L., MSS, Locke, b. 4)、私は、一九七八年四月～七九年一〇月のセントアントニーズ・コレッジ滞在中に、直接それを読み、コピーを取って来ている（三二〇―三二七頁に掲載）。その内容は、次の通りである。

"ANNO 14° CAR. 2, CAP ⅩⅩⅩⅢ."（「チャールズ二世治世一四年、三三号」）

An Act for Preventing abuses in Printing seditious, treasonable, and unlicensed Books and Pamphlets, and for regulating Printing and Printing-Presses.

第二条には、「如何なる事柄についてであろうとも、キリスト教徒の信仰、もしくはイギリス国教会の原理・原則に反することが主張されている異端者の、煽動的、分離派的あるいは攻撃的な書物、また宗教、教会、政府および教会や国家のgovernors、何らかの団体の役員、特定個人を中傷することになる書物、はその印刷・出版・輸入および販売を禁止する」と規定されているが、ここに用いられている言葉のなかの幾つかのものはきわめて一般的、あるいは包括的であり、あるいは少なくとも、各時代の教会や国家のgovernorsの感情や解釈によって左右されやすいものであるから、彼ら為政者の気分を害さないものの他には、如何なる書物と言えども、この規定を充足することは不可能であるに違いない。そして、地球の運動を主張することも、かつては正反対のことが主張されていたのであるから、やはり異端であると考えなければならないのであろうか?

私は、人間が自分の話したいことを印刷する自由（liberty to print）を、何故、持ってはならないのか、その理由が判らない。そして、誰かが何れかの点でこの法律に違反しているとするならば、他の（正当とされている）点についてと同様にして、その違反しているとされる点について、その人が説明し、解答する自由を与えるべきである。人間に猿轡をはめることは（何故なら、その人間には異端や煽動の言説を口にする恐れがあるのだから）、その仮定された意志が必然化し（何故なら、人間は手が自由である以上、暴力に走るはずだから）、当局が疑わしいと思うに至った人間は、すべて、反逆や非行の罪におとされ、投獄されるべきだという根拠以外には、何の根拠もない。人びとが発見されるのを恐れて秘密裡に印刷・出版しようとすることを防ぐためには、当局は、印刷人や販売人の名前を明記しなければ如何なる書物もその印刷・出版・販売を許さないことにして、それが守られない場合にのみ罰則を適用することにしたらよいであろう。そうすれば、印刷人や書籍小売商には、その名前を明記させることによって、法律に違反した点に対する彼らの責任を取らせることが可能となる。このことは、著者の場合にも同じであり、著者がそこから別の人格をつくり出すことができないのは明らかなのだから、すべての制限は、人間にではなくて、印刷に課せられなければならないのである。

第三条には、「すべて、はじめに印刷・出版業組合の登録（the Register of the Company of Stationers）を受け、その許可を得た書物でなければ、印刷を禁止される」という規定があるが、これでは、印刷・出版業組合の登録という段階で、組合の利益にかなう（turn to account）と組合が判断すればその書物は許可されるであろうし、そうでない場合には許可を得られないというかたちで、印刷と出版から、その組合関係以外の人びとは排除されてしまう（be hindered from）。その具体的な事例としては、アウンシャム・チャーチル氏（一六九〇年の『市民政府論』をはじめとして、ロックの著書を最も多く印刷・出版した）を挙げることができよう。

また、第六条（ロックはこの条項の一部を抜き書きしているが、その要領は前出の二条、三条のようなかたちなので、訳出を省略する。六二年特許・検閲法の条文そのものを参考資料として所収しているので、そちらを参照されたい。）によって、印刷・出版業組合は、すべての古典的著作の版権を独占することになる。そして、研究者たちは、海外で印刷された公正で、確実な版本も、甚だしく高い手数料を払わなければ、それを手にすることができない。何故なら、組合は国王からこれらすべての古典的著作もしくは少なくともその大部分を印刷する特許を得ているのであり、私の仄聞するところでは、それらが正しく、確実に印刷されているかの如く強弁しているのだから。しかし、実際には、それらはきわめてひどい印刷のもので、活字や紙質、あるいは内容の正確さと、どの点ひとつ取っても、印刷・出版業組合の手になるもので我慢のできる書物は、ほとんどと言ってよいほど存在しない。海外からもっとすぐれた版本が輸入された場合には、つねに、組合がそれをとりおさえ、それを輸入した人間にそれら版本の各一冊あたり六シリング八ペンスを支払わせるか、あるいは、もっと低い率で示談にしようとする場合以外には、それらを没収してしまうのである。このことについては、いくらでも類例をあげることができる（毎日起きていることだから）。私は、ここでは、当事者から直接聞いた一例だけを、挙げておこう。二、三年前、サミュエル・スミス氏は、オランダのTully's Worksからグロノヴィウス（Gronovius）による新しいコレクションの美装版を輸入した。それは、いくつかの古文書に関する画期的にすぐれた版本であり、スミス氏は、これによって、自分のコレクションを修正しようとしたのである。このようなTully's Worksでないと印刷できないものについてまで、印刷・出版業組合は、これをとりおさえ、やはり、一冊毎に六シリング八ペンスの支払いを求めた。スミス氏が最終的にどの位の金額を支払ったかは審らかにしないが、研究者たちは、この法律のために、ラテン語もよく判らない阿漕な連中（these dull wretches）の言いなりにならなければならないのであって、六シリング八ペンスの支払いをしなければ、どのようなすぐれたラテン語文献であろうとも、これを利用することができない。

もうひとつ留意すべきことは、この条項によって違反者から罰金や示談金として徴収された金についてであり、私の信ずるところでは、それらは鐚一文たりとも国王のところまで申告されていないのであって、これらを総計しただけでもかなりの金額にのぼるであろう。印刷されて五〇年経ったら、もはや何人もその本について特権を主張すべきではないのであり、誰れでもそれを印刷することができるようにすべきである。何故なら、このように人目のつかないところに退蔵されていることによって、多くのすぐれた書物が失われてしまうことになるのだから。しかし、かりに上述のようなことが決ったとしても、今日、執筆活動をしてその写しを印刷・出版業者に売っている人びとにとっては、はるか昔からその生命を保ち続けて来たTully版のカエサルやリヴィウスの著作の印刷・出版を、他の何者をも排除して、ある個人もしくは組合が占有するというのは、一見して、まったく不条理である（very absurd at first sight）。私が適当と思うものなら、組合と同じようにして、私もまたそれを印刷・出版してよいはずであり、それを禁止する規定には、何ら本質的な理由（any reason in nature）が存在しない。

誰れでも印刷することができるというこの自由は、書物を一層安く、しかも良いものにするための確実な方法である。そして、オランダであのようにさまざまな、すぐれた版本が作られ、とくに印刷業者たちが相互に競争しあってオランダのトレード（Trade）をさらに大きなものにしているのも、この方法のおかげなのだ。これに反して、わが国の印刷・出版業組合は、この法律と特許によってその独占を維持して来たために、もっと値下げをすることが可能であるはずなのに、その努力を放棄している。こうして、その品質の悪さと値段の高さのために、海外には一冊も売り出されていない。海外の研究者たちは、今日、ロンドンで印刷・出版されている書物をあのように酷評しているけれども、実際、古典的著作の印刷を制限することによって、この法律の本来の目的であった煽動的・反逆的なパンフレットの印刷を防ぐことができると考えるのは、如何にも無理な話しであろう。第九条も、やはり、印刷・出版業組合の独占を擁護し、拡大することに役立つだけである。

第一〇条を見ると、どうやら、悪貨から人びとを守るために、通貨鋳造についての出版物（the presses for coynage）に関して、私の想像以上に、多くの注意がはらわれているようだ。

第一一条は、みずからTradeを始めようと努力して来た人びとの行く手を妨げるものである。そして、このことが、社会的衡平（common equity）に反していないかどうか、同じく、臣民の権利（the right of the subject）を侵犯するものとなっていないか否か、が検討されるべきである。

第一二条および一三条は、新聞を制限し、印刷業における徒弟採用を制限している。また、第一四条では、イギリス人と"freemen of the trade"以外の職人の採用・使用を禁止している。このような規定こそ、私たちの書物の印刷がきわめて劣悪で、しかも未だに高価であることの根源なのである。このような諸条項の保証によって、他の人びとにはない特権を保有する人びとが彼らの思惑通りに書物の価格をつり上げているのであるが、そのマニュファクチャーの得ている利益は、そっくりそのままイギリスにとっての損失なのである（any advantage that might be made to the realm by this manufacture is wholly lost to England）。そして、この損失は、結局、われわれが負担しているのである。低地地方（現在のオランダ、ベルギー）では、ひとつひとつの印刷・出版マニュファクチャーが、毎年、莫大な利益をあげている。しかし、イギリスの教会法は《トレード》の味方になることはほとんどないのであって、この法律を注意深く読めば、ひとはそれがきわめて教会法的（upse ecclesiastical）であることに気がつかれるであろう。

イギリスは、この法律の存在によって、損失をまねいているのである。何故なら、わが国の書物は、あまりに高価で、その上印刷が劣悪なので、外国ではほとんどまったく売れないし、外国と取引きをしてみて判ることと言えば、イギリスで書物を買っている人が如何に高い値段を押しつけられているかということだけだというのが実情だから。すなわち、関税があり、輸送の経費がかかっているにもかかわらず、ロンドンで印刷された書物が、地元のセント・ポール寺院の中庭で買うよりも、アムステルダムで買った方が、安く買えるという状態なのである。アムステルダムでは、印刷・出版が自由であり、拘束がないので、イギリスの書籍商がわれわれに売りつける場合よりも、はるかに安価な値段で、書物を販売することが可能となっている。したがって、交易の際には、わが国の書物の価格をアムステルダムのそれにつり合わせ、あるいは同じことであるが、アムステルダムの書物の価格をわが国のそれに均衡させることによって、オランダの書籍商は、このような交換を通じて、イギリスの印刷・出版業組合が販売している価格よりも、はるかに安い価格で、ロンドンから書物を運び出すことができるのである。

こうして、この法律の存在によって、イギリス総体が損失を蒙っているのであり、さらに、特殊的には、研究者が搾取されているのであって、結局、誰も得をしていない。それなのに、あの怠惰で、無知な印刷・出版業組合（a lazy, ignorant Company of Stationers）は、自分自身の側の落度を、けっして認めようとはしないのである。彼らにとっては、何はともあれ、その後ろ盾となっている教会の正統的な信条と賦課金とが、新聞・出版の自由な活動によって阻害されるよりは、ましだとでも言うのであろうか?

第一五条では、「家宅捜索」について規定されているが、これまで、どれほど多くのジェントリーや貴族たちが、誰れであれ、書物を捜査するという名分をもった執行史（a messenger）の疑いの眼に、自らの家を晒し、あけ渡して来たことか、私の想像を超えるものがある。実際には、貴族の館やこの法律に明記されているトレード以外の人びとの家は、第一八条によって、この捜査を免除されているかのように記されているが、その場合でも、国王の署名かいずれかの大臣の特定の令状によって、この捜査は実施されて来たのである。これでは、とうてい免除などとは言えないのであって、やはり、ジョントリーや貴族といえども、そこに未検閲の書物があるかも知れないという嫌疑だけで、自分の家の隅から隅まで捜索されているのが、実情である。このような事態は、これまで、われわれの祖先も経験したことのないような抑圧であり、私には、まさしく奴隷の象徴（a mark of slavery）であるとしか、考えられない。こうして、人びとは、自分たちの家庭――それは彼らの城（castles）なのだが――を、事犯理由の明白な犯罪者への法の適用としての捜査に委ねるのではなくて、そこに何が隠されているかを調べるために捜索することが適当と思われた時には何時でも、単に未検閲の書物があるかも知れないということのみを根拠に、捜索されてもしかたのない状態に置かれているのである。

第一六条は、「違反者の罰則規定」であり、これによって、「違反者」は、四肢を傷つけられ生命を奪われることになり、印刷・出版を断念させられるばかりか、破滅の底に沈むことになる。

第一七条は、この法律のなかの美点と思われる他のすべての点と同様にして、まったく無視されているとは言えないまでも、きわめて影のうすい条項になっている。事態が今日のようでなければ、この条項は強力なものになり得るであろうが、印刷・出版業組合は、現実には、自分たちの独占にとって利益になることしか念頭にない。オックスフォード・ケンブリッジ両大学の公共図書館を調べてみれば（今はその絶好の機会だと思う）、この法律が制定されてこのかた、この条項にもとづいて組合から両大学に送付されている書物は、とても、本来送付されるべき量の半分には達しないであろう。私は、その実数は、一〇分の一にも届かないだろうと、確信する。

最後に、この法律は、人びとが教会と国王に向ってあらそって恭順の意を表し、求められるものは何でも提出するといった時代に制定されたものではあるけれども、やはり、臣民のトレード、リバティおよびプロパーティの侵害（an invasion of the trade, liberty and property of the subject）であることは、あまりにも明白である。であるからこそ、それは、当初、二年間しか、その効力を与えられなかったのである。それは、チャールズ二世の治世第一四年以来、教会と王室の一致した努力（joint endeavour of Church and Court）によって、時々刻々うけつがれて来たのであり、そのような性格を有するものとして、今日まで維持されて来た。

誰れでも、自分が印刷・出版もしくは販売する書物に対して責任を取ることのできる人間であるならば、その書物のなかに何か法に違反したり誹毀に当る部分が含まれていた場合には、そのような無用なものを印刷・出版することに対する制限に見合った何らかの行為をとるであろう。そうであるならば、この点については、チャールズ二世の治世第一四年以前のように、人びとの自由に委ねられてよいであろう。

また、ある人間、もしくはあるカンパニーが、何か一冊でも古典的著作を印刷・出版しようとする場合にも、特許を得なければならないというのは、あまりに不合理であり、その著作を研究しようとする人に対しても、不公正である。したがって、現に存命中の著作者から原稿の写しを買い取る場合には、著作者の死去の後、一定期間（たとえば五〇年〜七〇年の間）、その書物の初版を刊行する権利などを特定の人びとに認めるといったかたちで、期間を限定した方が合理的であろう。これは私の固く信じていることなのであるが、印刷術がヨーロッパで知られるようになる前に生きていた人びとの著作やその写本の所有権を、現在生きている人間が持っているとか、あるいはそれを処分することができるかのように装うというのは、あまりにも不条理なことであり、滑稽なことである。

後期スチュアートの「再版絶対主義」の下での言論統制の主柱となっていた「特許・検閲法」に対するジョン・ロックの「弾劾文」の内容は、以上の通りであり、議会の討論の流れにも大きく作用して、最終的に、イングランドにおける《コミュニケーション》の自由な活動を保証する重要な契機となった。もともと、上院は、若干の修正を施すにとどめて、この法律の更新・続行を図ろうとしていた。これに対して、下院では、一六九四／五年二月十一日に、この法律の更新の是非に関する小委員会を設け、本格的な検討を始めることとなった。タイミングから言っても、ロックの「弾劾文」は、クラーク、フレーク、ヨンゲその他の議論を通じて、まずこの小委員会における検討によく反映し、次いで、前述の政治クラブ「カレッジ」の活動を通じて、下院を中心とするホイッグ党の議員たちに広く浸透するように、企図され、成文化されたものである。

三月二日、上院から、修正つき延長を旨とする原案が下院に送付されて来た。前述の印刷・出版業組合の請願やそれに反対する立場からの請願などが行われたのは、この時期であった。四月八日には上院が、そして四月一七日に下院が、それぞれ最終的な態度決定をし、翌四月一八日の上下両院合同会議で、決着を見ることになった。ロックがひとりの書籍購入者としてきわめて受動的に「特許・検閲法」を批判した一六九三年の更新の段階では、上院の更新・延長案に対して、下院では、九九票対八〇票という少差で[54]、賛成し、結果として、ロックの批判は手遅れになった。しかし、今回、一六九五年の場合には、下院の議論の結果を集約するようなかたちで、エドワード・クラークが上院の修正つき更新案に反対する理由を説明し、上院がそれを承認するというはこびで、この法律の延長が阻止されることになった。

こうして、この日からアン女王治下の第一次 Stamp Act（一七一二年）に至るまで、言論統制それ自体を目的とする法律は消滅し、イギリスにおける《コミュニケーション》の展開は、基本的にコモン・ローの下でその自由と自律を保証され、わずかに the Law of Treason と the Law of Seditious Libel とそれらの執行に対する議会の統制だけが残る、という状況が生れたのである。それは、イギリスの言論統制の歴史における「短い春」（シーバートのいわゆる "low point"）の出現であった。

The Journals of the House of Commons（vol. 11. pp. 305〜306, 309）には、一六九五年四月一八日の上下両院合同会議におけるクラークの反対理由書（シーバートは、これを、a lengthy document と呼んでいる）の全文が掲載されている。そして、当然のことながら、その内容を構成する一八項目の反対理由は、ジョン・ロックの「弾劾文」の強い影響下にあり、なかには、第一六項のように、ロックのそれとほとんど全く同一の文言となっている部分も含まれている。したがって、まずは、クランストンが述べているように、「ロックは、このように、特許・検閲法の撤廃に大きく貢献することができた。ともかく、この最終的な勝利はロックに帰せられなければならない(55)」として、まちがいないであろう。

私たちは、さらに、本書がこれまでたどって来た《コミュニオン》の脱構築の果ての《コミュニケーション》の近代的な成立と展開という文脈のなかで、「特許・検閲法」の最終的な消滅とそれに対するロックの寄与とが、どのような視点から可能となったものであり、どのような社会的意味を有するものであったか、を明らかにしなければならない。

シーバートは、エドワード・クラークによって開陳された反対理由書の一八項目の内容を、次のように類別した(56)。

・一三項目は、「印刷と外国貿易」の禁止に対する反対を内容とする
・一項目のが、直接、「検閲」に言及している
・二項目は、「違法出版物に対する抑圧の軽減」を要求している
・二項目は、「強制という方法の逆効果」に注意を喚起するものとなっている。

しかし、シーバートのこの分類は、きわめて現象論的な分類であり、その基底を流れているロックの所論との内面的な関連にまで分析の眼が届いていない。

前述したように、ロックの「弾劾文」が議会、とりわけ下院の討論に大きな影響を及ぼしたことは明らかであるが、にもかかわらず、下院の反対理由書では、前者のなかの「基本的人権」(第二条、一一条の the right of the subject、第一五条の a mark of slavery などの文言を想起されたい）や「言論の自由」（第二条、六条その他）についての言及が、まったく消え失せている。そこでは、ロックの「弾劾文」の思想が、ホイッグ党そのものの階級の視点から、翻訳され、転形されているのである。下院の反対理由書は、その第一二項に示されているように、ホイッグ党の基盤としての商工業ブルジョアジーの利害に合わせて、ロックの「弾劾文」を、言わば、読みかえているのだ。私は、このような基本的性格に留意しつつ、シーバートとは異なって、一八項目の内容を、次のように類別する。

A、トレードの自由……四項目（四、五、六および一二）
B、独占の不当性・不合理性……五項目（一〇、一一、一三、一四、一八）
C、検閲の不当性……三項目（七、九、一五）
D、独占の基本的権利侵害……三項目（三、一六、一七）。
E、その他……三項目（一、二、八）。

これらのなかで、とくに注目されるのは、Aの「トレードの自由」であろう。それは、一方において、ロックの基本的人権および言論の自由についての理念的な構想とホイッグ党の現実的・実践的な利害とを結合しつつ、他方、まさに一七世紀後半、《近代》の初発の社会構成体と人びととの《コミュニケーション》の活発な展開との「絆」の所在を照射しているのである。ジョン・ロックは、確かに、「特許・検閲法」を最終的に打倒することに、決定的と言うべき貢献をした。しかし、私たちは、そこに、次のような基本的特徴がこめられている点を、看過すべきではない。「自由の名において自由を要求したミルトンと異なり、ロックは、トレードの名において自由を要求することまでで、満足した。そして、ロックは、ミルトンと違って、その目的を達成したのである[57]」。

私が検討して来たように、《トレード》（Trade）とは、イングランドにおける「産業的中産者層」の成立に対応する社会的流通機構の展開にほかならない。それは、フランシス・ベーコンが主張していた“Commerce”の機構的確立である。みずからロンドン商人の子弟であり、ロックの思想の影響を強く受けた、「特許・検閲法」廃止の後の代表的なジャーナリストのひとり、ダニエル・デフォーは、次のように言う。「イギリス国民の今日の隆々たる繁栄は、戦争や征服によるものではなく、剣によってその領地を広げ、または他国の民衆をその権力によって慴伏させることによって得たものではない。それは、すべて、Trade によるものであり、われわれの Commerce の国内における増大とその国外への拡大にもとづくものである」[58]。おりしも、一七世紀の後半から一八世紀の半ばにかけて、イギリスの国内市場は著しく整理され、早くも全国的な規模での、統一的な国内市場が形成されつつあった。「特許・検閲法」に象徴される後期スチュアートの絶対王政が崩壊した時、そこには、すでに、《商品》の流通と運動を媒介とする《近代》の社会構成の牢固たる確立に進む歴史過程がダイナミックに進行しつつあったのである。

ジョン・ロックは、「特許・検閲法」撤廃の翌年、一六九六年、国王ウィリアム三世ならびに国璽尚書ジョン・サマーズの懇請を容れて、新しく発足した the Boad of Trade の委員に就任し、ブレースウェイトとともに、その責任者（commissioner）となった。そして、サマーズこそは、シャフツベリー伯亡き後のホイッグ党の若き指導者——ロックより一九歳年下であり、一六九七年には大法官に就任する——であり、ロックの政治クラブ「カレッジ」の最も有力な支援者であった。

このように、思想家ジョン・ロックと当代のホイッグ党とが、「特許・検閲法」を打倒して、イギリスにおける言論の解放のための劃期を生みだした時、その基本的論拠は《トレード》にあり、その「便宜」（expediency）にあった。それは、ようやく生産力を高めつつある産業資本の勃興を背景として、《近代》の社会構成が

1688年、イングランドの階級構成

Ranks, degrees. titles and quolifications	人口数	世帯主年収入
	人	£
世俗（Temporal）貴族	6,400	2,800
僧職（Spiritual）貴族	520	1,300
Baronets	12,800	880
Knights	7,800	650
エスクァイア	30,000	450
ジェントリ	96,000	280
上級官吏	40,000	240
下級官吏	30,000	120
商人，交易業者（traders by sea）〔外国貿易〕	16,000	400
商人，交易業者（traders by land）〔国内〕	48,000	200
法律家	70,000	140
上級僧職者	12,000	60
下級僧職者	40,000	45
上級Freeholders	280,000	84
下級Freeholders	700,000	50
借地農	750,000	44
Persons in sciences and liberal arts	80,000	60
小売商，商店主	180,000	45
手工業者，職人	240,000	40
海軍士官	20,000	80
陸軍士官	16,000	60
＜小　計＞	〈2,675,520〉	平均　67
水夫	150,000	20
労働者（Labouring people and outservants）	1,275,000	15
小屋住農，貧民（paupers）	1,300,000	6～10
兵士	70,000	14
＜合　計＞	〈2,795,000〉	平均　10
浮浪者（Vagrants）	30,000	
＜総　計＞	〈5,500,520〉	総平均　32

（Gregory King, Natural and Political Observations and Conclusions upon the State and Condition of England, 1696, ed., by G. E. Barnet, 1936. pp.30–32.）

《コミュニケーション》というかたちでの記号の伝達と流通の機構を、決定的に成立させたことを、意味していた。私たちは、このような《コミュニケーション》の確立のもとでの言論と思想の「一般的」自由の実現が、一七世紀末葉におけるイギリスの社会構成体の《トレード》という「特殊的」なファクターの発展力によってのみ可能とされたものであることを、見落してはならないであろう。

そして、グレゴリー・キングによれば、一六八八年、《名誉革命》の年のイングランドの階級構成は前頁表のとおりである。一読して判るように、人口も五五〇万人と増加し、社会的分業の進展が著しい。これを、一六四八年、《ピュウリタン革命》の渦中の階級構成についてマクファーソンが用いたカテゴリーに類別すれば、Freeholdersを中心とする階級（第Ⅰ階級）は二三万五、七〇〇人、それ以外の地方税納入者を中心とする階級（第Ⅱ階級）は一八万一、三〇〇人、労働者よりやや上層の第Ⅲ階級が二万一、四〇〇人、および労働者の大部分を包括する第Ⅳ階級が八六万二、〇〇〇人となり、第Ⅳ階級の構成比は六六％を超えるに至っている。なお、マクファーソンのカテゴリーに即して単純化したこの数字は成人男子のみの数字であって、前掲表の各階層の人口数はこれに女性や子供を含めたものである。

私たちは、さまざまな資料的制約に起因する不十分さを免れないにせよ、ともかく、一一世紀の「土地調査簿」に見られる中世封建社会の階級構成から一七世紀末葉のグレゴリー・キングによる階級構成に至るまで、イギリスの社会構成体の変動を瞥見して来た。前者において、領主層、Freeman および Socman から成る相対的に上層の身分に含まれる人口は、前掲表に示されているように、総人口量のほぼ一二％に対応し、後者にあっては、マクファーソンのいわゆる第Ⅱ階級まで（貴族、ジェントリー、ヨーマン、上層の商工業者など）のそれが三二％にあたる。もちろん、これらの統計的指標から単純な判断を下すことは避けなければならないが、この間の生産力の上昇と社会構造の変化につれて、かなりの階級間上昇が見られることは明らかであろう。

私たちは、とくに、ジェントリーと「商人、交易業者（traders by sea, traders by land）」から成る産業的中産者層（gewerblichen Mittelstand）の存在に、留目すべきであろう。この階層の範疇的成立こそは、一七世紀イギリスの《ピュウリタン革命》と《名誉革命》という二度のブルジョア革命の最大の歴史的所産なのであり、ジョン・ロックは、その内包にひそむ《トレード》の発展力によって《コミュニケーション》の近代的成立を論証し、「特許・検閲法」の撤廃によって、《コミュニケーション》能力の自由な活動の途を開いたのであった。私たちは、今や、当代の民衆の《コミュニケーション》の展開の外部環境の透明性ある成立の考察を終えて、まさしく本題であるところの《コミュニケーション》主体の成立とそのコミュニケーション能力の構造についての解明へと、一歩の歩みを進めて行くことにしよう。

第五章　ロックのコミュニケーション理論（二）

1　ロックと自然法思想

ジョン・ロックは、《デヴォーチオ・モデルナ》という契機と《ヴィア・モデルナ》のそれとの結合において、文字通り、《近代社会》(Modern Society) の理論像を底礎した思想家である。私は、一四〇一年〜一四六四年の生涯を生きたニコラウス・クザーヌスから一六三二年〜一七〇四年の歴史のなかを生きたジョン・ロックへの途を辿ることによって、《デヴォーチオ・モデルナ》という《神》と人間との関係の純粋化への希求が《ヴィア・モデルナ》というノミナリズムの認識論の視座と結びつくことを通じて、中世封建社会の世界像とは全的に異質な《新しい《モデルナ》》世界像を析出しつつあることを、明らかにしてきた。それは、端的に、《コミュニオン》を基軸とする社会諸関係の重層構造から《コミュニケーション》を基軸とする新しい社会諸関係の累層化された構造の形成へ、という推転であった。私は、本章では、ロックの『自然法論』→『市民政府論』→『人間知性論』という論理構造の展開を分析することによって、政治体としての《近代社会》を構成し、構築する主体として、まさ

クザーヌスの基本的シェーマ

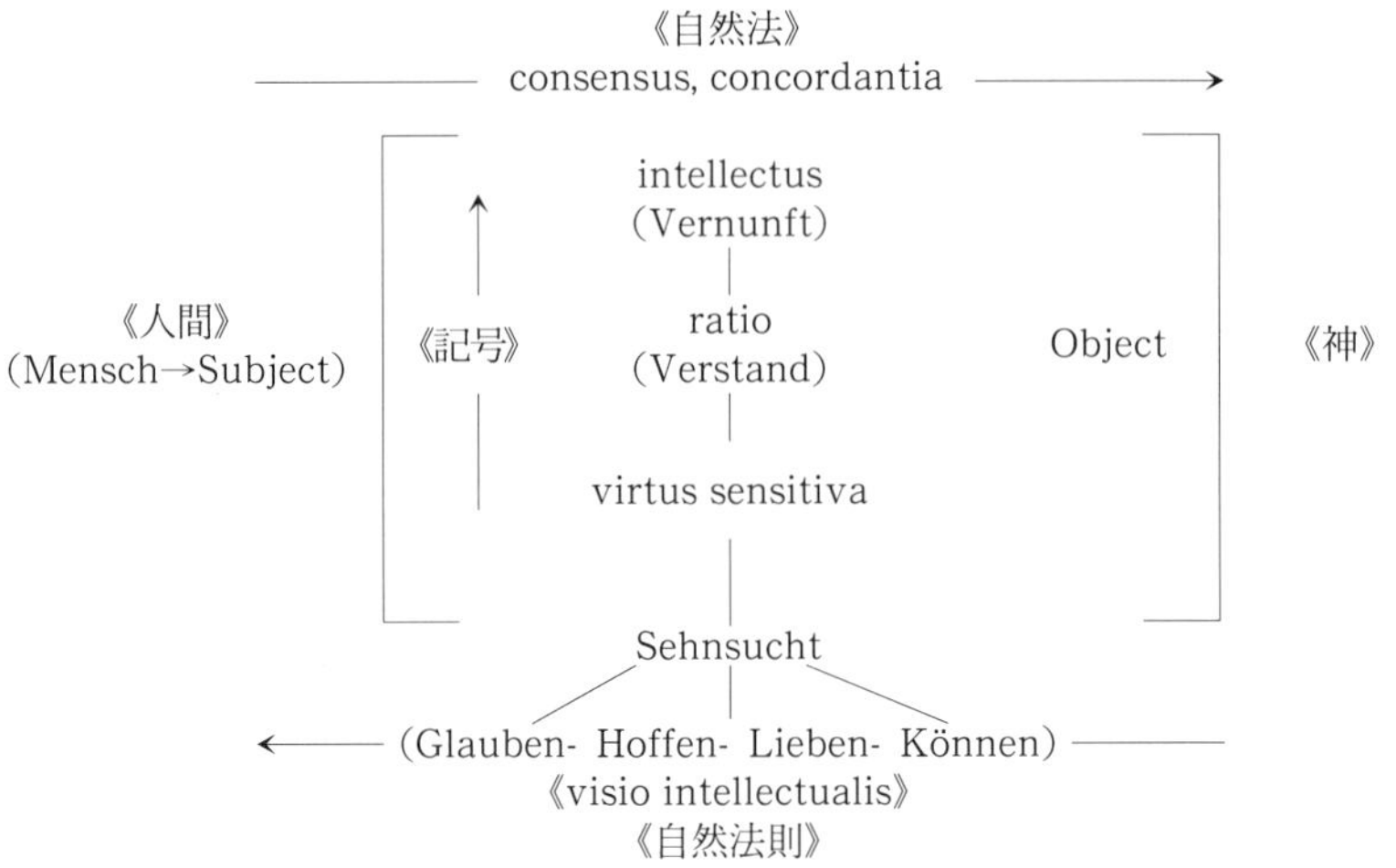

しく《コミュニケーション》主体像の析出が不可欠であったことを、明らかにするであろう。

クザーヌスは、彼自身の思想の内部での《デヴォーチオ・モデルナ》と《ヴィア・モデルナ》の結合を集約するかのように、晩年の著作のなかで、上図のシェーマを提起していた。《神》－人間の関係の純粋化への思想的モーメントとしての《デヴォーチオ・モデルナ》は、ここでは、《神》→人間の関係の地平での《visio intellectualis》によって支えられた人間の感覚・知覚能力の発現を通じての《神》への憧憬（Glauben-Hoffen-Lieben-Können）としてとらえられている。そして、人間→《神》への上向のモーメントとして自然法が位置づけられ、人びとの「同意」（consensus）を通じての「協和」（concordantia）の形成が語られていたのであった。

私が注目したのは、このシェーマのなかで、《神》と人間が、単に「連接」し、「臨在」する関係のなかに在るのではなくて、かえって、《神》が無限遠の彼方に退き、したがって、「離接」し、《隠れたる神》として、ほとんど《神》の不在と紙一重の状況にまで、変化することもあり得るとされている点である。《神》が遠く「離在」すればするほど、人間は、みずからの感覚・知覚能力の発現を通して、《自然法則》の展開する領野を、いわば、「不在」の《神》を求めて、逆説的な意味で《主体的に》生きなければならなくなるのである。

今、私の手許に、パリ、モンマルトルのサクレ・クール寺院の「二〇〇〇年大聖年の四旬節」（Carême du Grand Jubilé 2000）と題する小冊子（三四六―七頁）が置かれている。たまたま、リヨン大学からの帰途、二〇〇〇年三月二六日にサクレ・クール寺院を訪れた際、まさしく大聖年の「祝祭行事」（sanctuaire jubilaire）のひとつとして、「四旬節」の祈りに触れたわけである。前章に述べたように、ロックは、ブランデンブルク選帝侯との外交折衝の際に、クレーフェで、各宗教の祭礼に接したが、そのなかで、カトリック教会のそれを「まるでショーのようだ」と評した。私個人の印象で言えば、今年二〇〇〇年の《大聖年》のサクレ・クール寺院における祈りも、文字通り、《神》の「臨在」を直接的に体験させるかの如き、巨大な「ショー」であった。

しかし、クザーヌス――彼も、また、一四五〇年の「聖年」のさまざまな行事に精力的にとりくんでいた司教たちのひとりである――の前掲のシェーマに立つ時、無限遠の彼方に「離在」した《神》から遠く見放されて、人間は、自分自身の感覚・知覚能力に依拠して、自分自身の《経験》のなかから、《神》と自分との存在論的な結びつきを確証して行かなければならないのである。ここで、《デヴォーチオ・モデルナ》の視座は、ほとんど必然的に、《ヴィア・モデルナ》の唯名論のそれとの接点を必要とすることになる。

《ヴィア・モデルナ》のノミナリズムは、ウィリアム・オッカムの思想に代表されるように、《神》の「臨在」をそのまま承認する「実在論」（リアリズム）を拒否する。しかも、第一章・第二章で述べて来たように、中世のスコラ哲学の世界にあっては、「実在論」（リアリズム）がイデアリズムの相貌を帯び、かえって、「唯名論」（ノミナリズム）の方がマテリアリズムの視座と結びつくのであった。

Basilique du Sacré-Cœur de Montmartre

SANCTUAIRE JUBILAIRE
ADORATION EUCHARISTIQUE JOUR ET NUIT
35, RUE DU CHEVALIER-DE-LA-BARRE - 75018 PARIS ☎ 01 53 41 89 00 - Fax 01 53 41 89 10
MAISON D'ACCUEIL ☎ 01 53 41 89 09 - Fax 01 53 41 89 19

Carême du Grand Jubilé 2000

TROISIEME DIMANCHE

Dimanche 26 mars 2000

Chant d'entrée

R/ DIEU NOUS A TANT AIMÉS QU'IL A DONNE SON FILS.
JESUS PREND SUR LUI NOS PECHES ET NOUS DONNE SA VIE.

1. Seigneur Jésus Christ, tu donnes l'eau vive à la Samaritaine.
DONNE-NOUS D'AVOIR SOIF (bis)
Seigneur Jésus Christ, tu nous dis d'adorer en esprit et en vérité.
DONNE-NOUS L'ESPRIT SAINT (bis) R/

2. Seigneur Jésus Christ, tu appelles les hommes à la conversion.
DONNE-NOUS LE DÉSIR D'ÊTRE SAINTS (bis)
Seigneur Jésus Christ, tu veux que nous portions beaucoup de fruits
DONNE-NOUS DE VIVRE UNIS A TOI (bis) R/

3. Seigneur Jésus Christ, tout pécheur est aimé de toi.
DONNE-NOUS DE VOIR NOTRE PÉCHÉ (bis)
Seigneur Jésus Christ, tu es venu chercher et sauver tous les hommes.
DONNE-NOUS D'EXULTER EN TON PARDON (bis) R/

Préparation pénitentielle

Seigneur Jésus, tu as pris notre condition d'homme pour porter tous nos péchés,
KYRIE ELEISON, KYRIE ELEISON

Seigneur Jésus, élévé sur la croix, ta charité nous donne vie,
CHRISTE ELEISON, CHRISTE ELEISON

Seigneur Jésus, assis à la droite du Père, tu intercèdes pour nous,
KYRIE ELEISON, KYRIE ELEISON

LITURGIE EUCHARISTIQUE

SAINT, SAINT, SAINT, LE SEIGNEUR DIEU DE L'UNIVERS.
Le ciel et la terre sont remplis de ta gloire,
HOSANNA, HOSANNA AUX PLUS HAUT DES CIEUX,
Béni soit celui qui vient au nom du Seigneur,
HOSANNA, HOSANNA AUX PLUS HAUT DES CIEUX,

Anamnèse

Proclamons le mystère de la foi :
GLOIRE A TOI QUI ETAIS MORT, GLOIRE A TOI QUI ES VIVANT,
NOTRE SAUVEUR ET NOTRE DIEU, VIENS, SEIGNEUR JESUS !

Chant de Communion

***R/* TA MISERICORDE ME REDONNE VIE**
JE REVIENS VERS TOI, SEIGNEUR, RECOIS- MOI

1. Le juste pharisien s'éleva et fut abaissé
mais le publicain accablé par ses péchés s'humilia et fut relevé.
2. Du péché, le fils revint vers le foyer paternel
et comme Jésus en croix, le Père lui ouvrit les bras.
3. La pécheresse pardonnée versa des larmes sur Jésus
et les essuya avec ses cheveux.
4. La Samaritaine étonnée reçut de Jésus
une eau vive jaillissant en vie éternelle.
5. Le paralytique fut guéri de ses péchés
et sur l'ordre de Jésus prit son grabat et se leva.
6. « Va te laver à Siloé », dit Jésus à l'aveugle-né,
et celui-ci retrouvant la vue, se prosterna en disant : « Je crois, Seigneur ! »

Exposition du Saint Sacrement

Nous t'adorons, Seigneur Jésus, Fils de la Vierge Marie,
Verbe du Père, Agneau de Dieu, Salut du monde, Source de miséricorde.
Nous t'adorons, Seigneur Jésus, Voie de douceur et de vérité,
Source de charité et d'Amour, notre Vie qui dure toujours, Amen, Amen, Amen.

Andy, Yannick, Florence, Christophe, Jean-Louis, Louisa
seront baptisés à la basilique durant la Vigile Pascale le 22 avril 2000 à 21heures

ロバート・グロ一ステスト以来の《光》の経験科学的分析の展開の線上で、ジョン・ロックは、ロック自身に特有なかたちで、この《デヴォーチオ・モデルナ》と《ヴィア・モデルナ》という両契機の結合を実現し、具体化した。私たちは、これら両契機の結合の論理的結構を明らかにすることによって、結果として、《近代》の初頭における《コミュニケーション》主体像の成立を確認することになるであろう。

『自然法論』（Essays on the Law of Nature）におけるジョン・ロックの出発点は、次の二点である。

第一論文「道徳規準（a Rule of Morals）もしくは自然法（Law of Nature）は、私たちに与えられているか？与えられている」の冒頭の一文は、次のようである。「神（God）は、あらゆるところに現前するかたちで、その存在（Himself）を私たちに示し、過ぎ去った時代におけるさまざまな奇跡というかたちで数多いその証拠を明らかにしているのと同様にして、今日、自然の定められた道筋（the fixed course of nature）のうちに、言わば、自らの存在（Himself）を人びとの眼に押しつけている（forces）のであるから、およそ、私たちの生活についての何らかの合理的な説明の必要性（the necessity for some rational account of our life）を認めるか、あるいは徳（virtue）もしくは悪徳（vice）と呼ばれるべきものが存在すると認めるような人間であるならば、神の存在を否定する人はひとりもいないであろうと、私は思う。したがって、上述の事柄が是とされるならば、何らかの聖なる存在（some divine being）が世界を支配している（presides over the world）ということを疑うのは、まちがっているということになるであろう。こうして、天体が規則正しく周回し、地球がしっかりと固定し（the earth stand fast）、星々が光り輝くのは、神の秩序（His order）によるものである。そして、荒々しい海にさえも制限を加え、あらゆる種類の植物に発芽と成長の様式と期間（the manner and periods of germination and growth）をあらかじめ定めている（prescribed）のも神（He）なのだ。すべての生きとし生けるもの（all living beings）がそれぞれに特有の生誕と生命についての諸法則（their own laws of birth and life）を保有しているのも、神の意志（His will）に従うことを通じてなのである。したがって、さまざまな事物（things）から成るこの全体的な構成のなかで、それぞれの事物の自然＝本質（its nature）に適合する運動をもたらす確実で、妥当性のある法則（valid and fixed laws）が認められないほど不安定で、不確実な存在はひとつもない。まさしくこのような理由から、ひとり、人間だけが、自分自身に適用されるべきいずれの法則をも免除されて、すなわち、自分の生命についての何らの見取り図も、規準も、全体像も持たないで（without a plan, rule, or any pattern of his life）、この世に生まれ出たのか否かを探究することが、正当な作業であるということになるであろう(1)」。

ロックは、さらに、第五論文「自然法（the Law of Nature）は、人びとの一般的同意（the general consent）から知られることができるであろうか？ 知られることはできない」の冒頭で、次のように、主張する。

『民の声は神の声』（Vox populi vox Dei. The voice of the people is the voice of God.）。私たちは、たしかに、この格言が如何に疑わしく、如何にまちがったものであるかを、きわめて不幸な経験によって、教訓として学んだばかりである。私たちは、この不吉な格言がどれほど弊害を生み出し、どれほど党派的利害に結びつけられ、如何に残忍な企図を以って民衆（the common people）のあいだにひろく流布されたかを、最近の経験から、思い知らされたのである(2)。

私たちは、『自然法論』の内容を成す八篇の論文が一六六〇年から六四年にかけての時期に執筆されているという事実を、想起しなければならないであろう。ここにあげたジョン・ロックの二つの出発点のなかで、後者のうちに含意されている「最近の、不幸な経験」とは言うまでもなく、《ピュウリタン革命》のことであり、とりわけウェストミンスター・スクール在学中のロックがごく身近に見聞した一六四九年の国王チャールズ一世の処刑という出来事を意味している。ロックが『自然法論』を書きはじめた一六六〇年は、前章に詳述したように、「王政復古」の年であり、ホワイトホールの断頭台に上ったチャールズ一世の息子チャールズ二世が国王の座に着き、《ピュウリタン革命》を主導したオリバー・クロムウェルの息子リチャードは、逆に、フランスに亡命し、あのミルトンが追放された年であった。この時期、ジョン・ロックは、あきらかに「王党派」の立場に立っており、『自然法論』所収の第二論文が如実に物語っているように、(3)《ピュウリタン革命》の際の社会変動と「世論」の《沸騰》(effervescence) に大きく作用した「パンフレット戦争」を嫌悪し、イングランドの歴史上最初のマス・ジャーナリズム状況に、強く反発している。

それにしても、ロックのもうひとつの出発点、前掲二つの出発点のなかの前者の視点を、私たちは、どのように理解したらよいのであろうか？　フォン・ライデンが何度も強調しているように、ロックのこのような自然法のとらえ方は、アリストテレス＝トマス・アクィナスのそれとほとんど同一であり、クザーヌスのそれに対照して見ても、さらに古く、保守的な相貌を示している。ライデンは、「地球がしっかりと固定し (the earth stand fast)」というロックの記述に、わざわざ、「ロックは、ここで、天動説 (the geocentric theory) に与している」(4)と注記しているほどである。

しかし、ジョン・ロックは、まさしく一六六〇年五月、生涯の盟友ロバート・ボイルに出会っているのであり、マッキーが「ボイル＝ロック理論」(the Boyle-Locke theory) と呼ぶ経験的な《自然法則》追究の視座(5)を構築しはじめているのであり、私たちは、この第一論文のロックの「古典的」な《自然法》の視座と、ほとんど同時的に生成しつつあるロックの自然科学的な《自然法則》探究の視座とを、どのように整合的に理解することができるのであろうか？

オックスフォード大学のなかで主導的位置を占めるクライスト・チャーチ・コレッジは、一五四六年、直接的には、枢機卿トーマス・ウールジー（彼はイギリス国教会成立以前のヨーク大司教であった）によって企図され、国王ヘンリー八世の勅許を得て設立された。当初の構成は学長（Dean）の下に、八名の評議員（僧職者たちCanons）がおかれ、一〇〇名のStudents（単に「学生」を意味するのではなくて、他のコレッジの「フェロー」にあたる研究員である）から成っていた。一六六四年――丁度、ロックが『自然法論』を書き上げていた頃――、ウィリアム・サーストンの寄付をもとに、八名の牧師（Chaplains）、一名のSchoolmaster、一名のオルガニスト、八名のClerks、および八名の聖歌隊員たち（Choristers）が置かれ、コレッジの陣容が定まった。

この構成は、今日に至るまで基本的に変らず、私がセントアントニーズ・コレッジの客員研究員であった一九七八年〜七九年の時期には、Visitorとして国王エリザベス二世を戴き、学長ヘンリー・チャドウィック（僧職者）の下に六名の評議員（そのうちのひとりはオックスフォード副主教、四人が神学・教会史の教授、もうひとりが北イングランド、ダーラムのセント・チャッズ・コレッジの学長で、もちろんすべて僧職者である）が居り、そして、今日でも、ロックと同じように、Moral and Pastoral Theology および Ecclesiastical History and Censor Theologiae 担当の評議員につらなるかたちで、Students のなかに、"Senior Censor" ジョナサン・リチャード・ライト、"Junior Censor" デヴィッド・ヒュー・ライス、という名前が見出される。(6)

私の本稿での眼目は大学史に置かれているわけではないので詳細の検討は避けるが、ここには、中世の大学――たとえばクザーヌスが学んだハイデルベルクやパドヴァの大学――のいわゆる「自由七科」からの連続性が、否定しようもなく残っている。そのことは、同時に、オックスフォードでは、まさしくクライスト・チャーチ・コレッジがイギリス国教会のオックスフォード主教座と大学との結節点の位置に立っているのと同じようにして、ヨーロッパのキリスト教社会の《タウン》と《ガウン》――世俗社会と聖職者たちの世界――の関係の歴史——変化しつつも残存しつづけている関係の歴史——の所在を例証しているのである。私たちは、ジョン・ミルトンの父がオックスフォード大学ウールジー・コレッジ（現在のクライスト・チャーチ・コレッジ）の聖歌隊の一員であったことに言及してきているが、今日、世界最高のオルガニストとされるサイモン・プレストンは、私のオックスフォード滞在時、クライスト・チャーチ・コレッジのオルガニストであり、No.33のスチューデントとして、Tutor in Music を兼ねていた。彼は、もともとケンブリッジ・キングス・コレッジの Organ Student であり、ウェストミンスター寺院の副オルガニストを経て、一九七〇年に、クライスト・チャーチの一員となったのである。

私が注目するのは、今日でも、クライスト・チャーチの Students（フェローたち）のなかに、数学、医学、物理学、化学、生理学、生化学、地理学、農学、工学などの自然科学の研究者たちが、少なからず含まれている点である。ちなみに、ロックと同じ「上級監察員」（Senior Censor）を務めているジョナサン・リチャード・ライトは、Tutor in Politics である。

したがって、『自然法論』執筆時のジョン・ロックが、一方において、前述した二点のように比較的古く、伝統的な自然法の理解から出発しており、同時に、他方において、ロバート・ボイルとの親交に象徴される自然科学的研究の途に入りはじめているということの対照も、彼が所属していたクライスト・チャーチ・コレッジの構成そのものから、ある程度まで理解されることが可能であろう。

そして、この点をさらに一歩進めるところに、ロック自身が、この時期、聖職者への途を選択するか、医学の研究を中心として世俗の世界に生きるか、という人生の岐路に立たされていたという事実がうかび上って来るのである。大槻春彦は、この点について、「大学にとどまるには聖職位を得る必要があったが、彼には毛頭その気はなかった」(7)と述べている。しかし、ロックは、一六六三年の終りまでは、「聖職者」（a clergyman）になろうとしていたのである。もう少し正確に言うならば、「聖職者」になってもよい、「聖職者」になる途もあり得る、というかたちで、自らの人生の方途の選択肢のうちに、聖職位も含ませて考えていたのである。「王政復古」の後、オックスフォード大学も、大法官クラレンドンの下、直接的にはオックスフォード主教の手で、「正常化」が進められ、フェローたちの“conformity and loyalty”が審査されていた。具体的には、クロムウェルの残党が排除され、前述のウィルキンスやゴダードたちの影響力が一掃されようとしていたのである。この点で、『自然法論』執筆時のジョン・ロックが、政治的にはまぎれもなく「王党派」であり、チャールズ二世に対するその“conformity and loyalty”において何ら疚しいところがなかったことは、明らかである。

ロックが「修辞学講師」(Lecturer in Greek) および「上級監察員」(Senior Censor, Censor of Moral Philosophy) として所属していたクライスト・チャーチ・コレッジでは、「学則」(the Statutes であるから、本来は、勅命・特許状) により、五五人のフェローは聖職者でなければならなかった。そして、他の五人のフェロー――内容としては、医学が二人、法律学が二人、道徳哲学が一人――だけが、聖職位をもたなくても可とされていた。だから、ロックは、聖職者になることを「毛頭考えなかった」のではなくて、聖職の途に進むか世俗にとどまるかを、やはり、思い悩んでいた (yet hesitated) のである。

ロックは、彼自身蒲柳の質であり、二一歳の夏には健康を害い、故郷に帰って静養をしている。しかも、翌一六五四年には、母アグネスと死別している。そして、その後のロックのライフ・コースを見ると、彼自身は、結果として、非聖職者の医学研究のフェローの途へと志向し、一六七五年には、ほんの短時日ではあるが、母校クライスト・チャーチの前述の医学研究のフェローに就任することになる。ただし、後述するようなシャフツベリー伯の政治活動との関連で、ロックは、最終的に、チャールズ二世の勅命によって、クライスト・チャーチから追放されることになる。

私たちは、こうして、『自然法論』のなかでのロックの所説のうちに、一方での「王政復古」体制への賛美と政治的安定への希求を読みとり、他方で、当代の医学研究の新展開をはじめとする自然についての経験科学的研究の深まり――リチャード・エアロンのいわゆる“new natural philosophy”(8)――への傾倒を見出さなければならないのである。前述したように、『自然法論』は一六六一年～六四年に書かれているが、一六六三年には、オックスフォードの“the Experimental Philosophical Club”（通常そう訳されているように、直訳すれば「実験哲学クラブ」であるが、その含意からすれば、とくにスコラ哲学の形而上学優位への対抗という面から、「経験哲学クラブ」と解した方が適切であろう）とロンドンの“the Invisible College”（これを「不可視学院」などと直訳してみても全く意味不明であるが、グレシャム・コレッジで会合をもっており、ボイルもその有力なメンバーのひとりであったこのクラブは、クリストファー・ヒルが解明しているように、まさしく当代の通商・交易の隆盛と結びついた航海・天文・測量などの経験科学的自然法則の分析をこととしており、私見によれば、“Invisible”とはその分析対象と知的営為とが、文字通り、当代の世界大に広がっていて、「大航海」による不可視の、極限の果てを探究するという含意を有していた）とが合体して、チャールズ二世が特許状を与え、みずからメンバーとなって、「王立協会」（the Royal Society）が組織されている。ロックはブランデンブルク選帝侯への外交使節団への参加の後、シャフツベリー伯の政治活動と行をともにするなかで、一六六八年、この「王立協会」の研究員（Fellow）に選出されている。ロックは、このように、聖職者への途ではなくて、医学研究をはじめとする自然法則の経験科学的解明への途を選ぶことを通じて、《市民社会》の分析へと進んで行くのである。

『自然法論』第一論文の後半、私たちは、やや唐突なかたちで、「ひとつの政治体の形態」（the shape of a

body politic）とか「ひとつの共同社会というかたちで結合した人びと」（men united in a common wealth）という文言に、出会う。[9] ロックは、こうして、あきらかに、「社会」の構築の過程のなかでの自然法の意義とその内容を確認しようとしているのである。彼によれば、私たち人間は、自然法なしには、私たち自身のあいだの「社会的相互作用もしくは統合」（social intercourse or union）を確保することができない。この場合、自然法は、次の二つの文脈において、「社会」の構築を支える。第一に、“the fulfilment of pacts” である。ロックは、ここで、pactifides というラテン語を用いている。語源的には協定、契約、一致とともに和解、和睦という意味をも含んでおり、pacem, Pax へと通底している点を見逃すべきではない。さらに、英語よりもラテン語の原意に近いフランス語の pacte には「条約、協定、契約、約束」という意味があり、pacte social と言えば、「会社定款」を意味するのである。したがって、ロックが「契約の遂行」という時、そこには、私が十五世紀からのヨーロッパ社会の変動を通じて一貫して着目して来た通商・交易の拡大と、それを基盤として形成され、蓄積されて来た《市民的》（civil, bourgeoise）社会関係の有意義な存在が前提されているのである。

ロックは、第二に、“reipublicae forma ac regiminis constitutio”、“a definite constitution of the state and form of government” を挙げている。私たちは、「ある明確なかたちをとった国家の存立とそれにともなう統治の形態」の前提として自然法が位置づけられているという事実に、あらためて思いをいたす必要があるだろう。ロックは、こうして、次のように主張するのである。

Certainly, positive civil laws are not binding by their own nature or force or in any other way than in virtue of the law of nature, which orders obedience to superiors and the keeping of public peace. Thus, without this law, the rulers can perhaps by force and with the aid of arms compel the multitude to obedience, but put them under an obligation they cannot.(10)

ここには、前述したように、「王政復古」を歓迎した視点からのロックの、あのクロムウェル「護民官」政治に対する批判が、こめられているであろう。しかし、同時に、この論理が、やがて、ローマ・カトリックに加担して行くチャールズ二世とその弟ジェームズ二世の反《市民的》統治に対する強烈な批判の刃ともなって行くのである。

ロックは、第二論文のなかで、決定的な一歩を歩み出す。彼は「自然法を知るということの原理と源泉」(the principle and origin of the knowledge of this law) および「自然法が人類に知られるようになる方法」(the way in which it becomes known to mankind) の探究へと、赴くのである。ロックは、次のように言う。

I declare that the foundation of all knowledge of it — natural law — is derived from those things which we perceive through our senses. From these things, then reason and the power of arguing, which are both distinktive marks of man, advance to the notion of the maker of these things (these being no lack of arguments in this direction such as are necessarily derived from the matter, notion, and the visible structure and arrangement of this world) and at last they conclude and establish for themselves as certain that some Deity is the auther of all these things.(11)

私たちは、まず、"I declare" という語調の強さに驚かされるであろう。ここで、ロックは、少くとも論理的には——頻述しているように、当代の彼は状況的には「王党派」であった——、人間的自然の内側の「内的自然」（その具体的な表現が“our senses”である）と外的な自然法則の展開との関連に最大限の留目を示す《自然主義》の視座に立っている。

彼は、さらに、次のように主張する。

Careful reflection, thought, and attention by the mind is needed, in order that by argument and reasoning one may find a way from perceptible and obvious things into their hidden nature. Concealed in the bowels of the earth lie veins richly provided with gold and silver; human beings besides are possessed of arms and hands with which they can dig these out, and of reason which invents machines.(12)

ジョン・ロックは、こうして、二十四歳年長のジョン・ミルトン――日本的に言えば、彼ら二人は、ふたまわり違いの同じ干支《えと》なのである――のそれとは、まったく対蹠的な視座に立つ。すでに見て来たように、ミルトンは、『アレオパジティカ』のなかで、一度ならずガリレオ・ガリレイに言及しており、実際に、そのイタリア旅行の際に、ガリレイに会っていた。しかし、ミルトンは、ローマ・カトリックの《宗教裁判》――より正確には、一五四五年〜六三年のトリエント公会議以降のイエズス会主導の検閲と言論弾圧の体制――との闘いの地平において、ガリレイを理解し、擁護したのであった。ミルトンは、終生、ガリレオ・ガリレイの《自然主義》とは、無縁であった。しかもなお、この《自然主義》の視座こそが、ガリレイの《宗教裁判》の真の原因だったのである。

私見によれば、ジョン・ロックは、『自然法論』第二論文において、かつてのニコラウス・クザーヌスの視点

——とりわけ最晩年のそれ——とほとんど全く、同一の視点に立っている。

エアロンは、そのロック研究の中で、Küppers, Krakowski および Tellkamp というドイツのロック研究者たちが、ロックの視座の形成とトマス・アクィナス、ニコラウス・クザーヌス、そしてとりわけウィリアム・オッカムのそれとの連関を等閑視している点について、きびしい批判を加えている。(13) 私の検討の範囲内で、ロックの視座をクザーヌスへと連関づけようとしているのは、唯一、リチャード・エアロンのこの指摘だけである。もっとも、その上で、エアロンがこの点について実質的な研究を展開しているわけではない。

ロックの《自然主義》が「市民政府論」へと発展させられて行くひとつの基調は、『自然法論』第七論文の次の一節のうちにある。

For, in the first place, it cannot be said that some men are born so free that they are not in the least subject to this law — natural law —, for this is not a private or positive law created according to circumstances and for an immediate convenience; rather it is a fixed and permanent rule of morals, which reason itself pronounces, and which persists, being a fact so firmly rooted in the soil of human nature. Hence human nature must needs be changed before this law can be either altered or annulled.(14)

これから詳述して行くように、ジョン・ロックの思想世界において、《デヴォーチオ・モデルナ》と《ヴィア・モデルナ》の結節点としての《人間的自然》(Human Nature) こそが、まずは自然法の根拠、ならびに発現形態として、次いで自然権の権原、ならびに主体として、そして最後に《コミュニケーション》の主体像、ならびにその内容としての《コミュニケーション》能力を具体的に担保する自然的・物質的基盤として、漸次的に論理化されて行くのである。

2 ロックの《市民政治》理論

ロックは、『自然法論』第八論文のなかで、“the observance of natural law” 以上に、人びとの「全体としての福祉」（the general welfare）の形成に寄与し、人びとの「さまざまな所有（物）」（men's possessions）の安全の保証を効果的にするものは、他に存在しないと断言する。私たちは、ここで用いられている “observance” を、「観察・観測」を意味する “observation” への親近性において理解するべきではない。“the Observant Friars” と言えば、ローマ・カトリックの世界でももっとも厳しく戒律を守るフランシスコ会の修道士たちのことを指す。彼らが、時に、「厳修士」などという異様な日本語で説明されているのも、“observance” という言葉のうちに、「遵守」（the act of obeying a command, law, rule etc.）という意味があるからなのだ。英語の “observance” は、フランス語の “conventuel” という言葉へと結びつけられるのが、通例である。しかし、私の手許の仏和辞典では、“conventuel”（修道院の）、“conventualité”（修道生活）としか記していない。ラテン語の “conventuālis” は「共同の、共通の」という意味であり、「出会う、集まって来る」という “convenio” という言葉へと収斂して行く。すなわち、「修道院の」とか「修道生活」といった外面的かつ形式的な意味ではなくて、その実質的な内容としての「共同生活」が “observance” という言葉の意味の内包に深く包み込まれているのであって、ロックは、《自然法によって支えられた共同生活》こそが、生まれつつある《市民社会》（Civil Society）の根底に据えられなければならない、と主張しているのである。そして、私たちは、本書冒頭に記したように、はるかな《デヴォーチオ・モデルナ》の源泉がオランダ、デフェンテルの「共同生活兄弟団」

の活動であった事実を、ここに、想起することができるであろう。ロックは、こうして、「自然法の遵守」を、《コミュニオン》の思想世界から《コミュニケーション》の思想世界へとシフトさせているのである。

ロックは、『自然法論』の冒頭のところでは、自然法は“the decree of the divine will discernible by the light of nature”であると述べており、ほとんどトマス・アクィナス以来の「中世的な」規定を踏襲しているかの如くである。しかもなお、私たちが注目しなければならないのは、彼の次のような主張である。

By reason, however, I do not think is meant here that faculty of the understanding which forms trains of thought and deduces proofs, but certain definite principles of action from which spring all virtues and whatever is necessary for the proper moulding of morals.(15)

私は、ロックのこの主張のなかに、二つの重要な留意点を見出す。それは、第一に、《合理性》を「行為の明確な原理」として把握している点である。ここで語られている「いくつかの明確な行為原理」は、あらゆる“virtues”を湧き出させる（ロックがここで“spring”――ラテン語原典では“fontes”――という言葉を用いている含意は看過されるべきではない）とともに、みずからの「内側から」“morals”を適切にかたちづくるために必要なものを、すべて、生み出すのである。この場合、まず、“virtues”は、単に「美徳」とか「徳」などという訳語で済ませられる内容の言葉ではない。それは、フランス語の“vertu”が示すように「勇気」であり、ラテン語の“virtus”が雄弁に物語っているように、直接的には「力」・「強さ」であり、より広く「才能」・「価値」を意味する言葉である。

したがって、“morals” も、単純に「道徳」という無内容な訳語によって理解されるべきではない。それは、英和辞典に「風儀」・「品行」とある意味に近く、フランス語の “moral” が「風俗」へと結びつけられて行く文脈のなかで、ほとんどウィリアム・サムナーの「モーレス」(mores, moeurs) と同義であり、「正義の感覚を含んだ行為様式であり、生活習慣」を意味する。それは、ロックの労働価値説を引き継いだアダム・スミスが The theory of moral sentiments, 1759 ―― これは、彼がグラスゴー大学で講義をしていた Moral Philosophy の第二節であり、その他に、神学、法律学および経済学を含んでいた ―― を書き、さらに下って、ベルグソンが Les deux sources de la morale et de la religion, 1932 を書いた時、これら両者が念頭にうかべていた《生活世界の実質としての行為様式》にほかならない。

私たちは、第二に、ロックが、このような「行為の明確な原理」という地平に《理性》を措定した上で、“faculty of the understanding which forms trains of thought and deduces proofs” という『人間知性論』の主題を、きわめて明晰に、提起しているという事実に注目しなければならないであろう。しかも、ロックは、『自然法論』の諸論稿を書き続けている最中にも、人間の “faculty of the understanding” の基軸を、ここで言及されている中世スコラ哲学風の「演繹」(Deduction) 論理学から、まさしく人びとの生活と経験の基盤に立脚した「帰納」(Induction) 法のそれへと移しつつあったのである。

そして、“understanding” という言葉自体、実は、古語英語の “understandan” は “to stand under” という意味であり、文字通り、《現象》の背後に、基底深く、《自然法則》の地平に「立つ」ことを意味していた。だから、私たちの理解と判断の能力は、このようにして、今や、《ヴィア・モデルナ》の対象的《自然》観とそれに《行為》的に ―― すなわち、自分自身の実践に依拠して、主体的に ―― 働きかけて行く《近代》的人間の《コミュニケーション》の能力へと、深く連接しはじめているのである。

ロックの眼前にあるのは、"the very constitution of this world, wherein all things observe a fixed law of their operations and a manner of existence appropriate to their nature" という《神》から「離在」し、「離接」させられつつある《世俗》世界であった。私たちは『隠れたる神』を書いた後、晩年のクザーヌスが、はるかに「離接」して行く《神》へのひそやかにして、しかも雄勁な Glauben（believe「信」）、Hoffen（hope「希望」）、Lieben（love「愛」）および Können（can「可能」）という存在論的関係から集成されて来る《Sehnsucht》（《神》へのあこがれであり、時に《神》を渇望し、時に《神》を思慕する人びとの、《神》への憧憬を意味するこの言葉は、しかし、原義からすれば、Sehen「見ること・視覚」＋ sucht「欲求」であり、「離在」の果ての《神》への眼差しである）によって、私たち人間の "virtus sensitiva" を根拠づけていたという事実を、想起することができるであろう。ロックの言う "virtues" は、文字通り、この「感覚能力」から生成させられて来るのであり、だからこそ、ロックは "spring"（湧き出す、発芽する）という動詞を用いていたのであった。

ロックは、すでに、『自然法論』第二論文において、「生得的知識」（innate knowledge）、「伝承的知識」（second-hand knowledge by way of information or instruction）を斥け、人間の理解能力を「感覚的知識」（sensum）からの「上向」の過程に位置づけている。彼は、この点に関連して、次のように述べている。

Nothing indeed is achieved by reason, that powerful faculty of arguing, unless there is first something posited and taken for granted. Admittedly, reason makes use of these elements of knowledge, to amplify and refine them, but it does not in the least establish them.[16]

ロックの基本的シェーマ(Ⅰ)

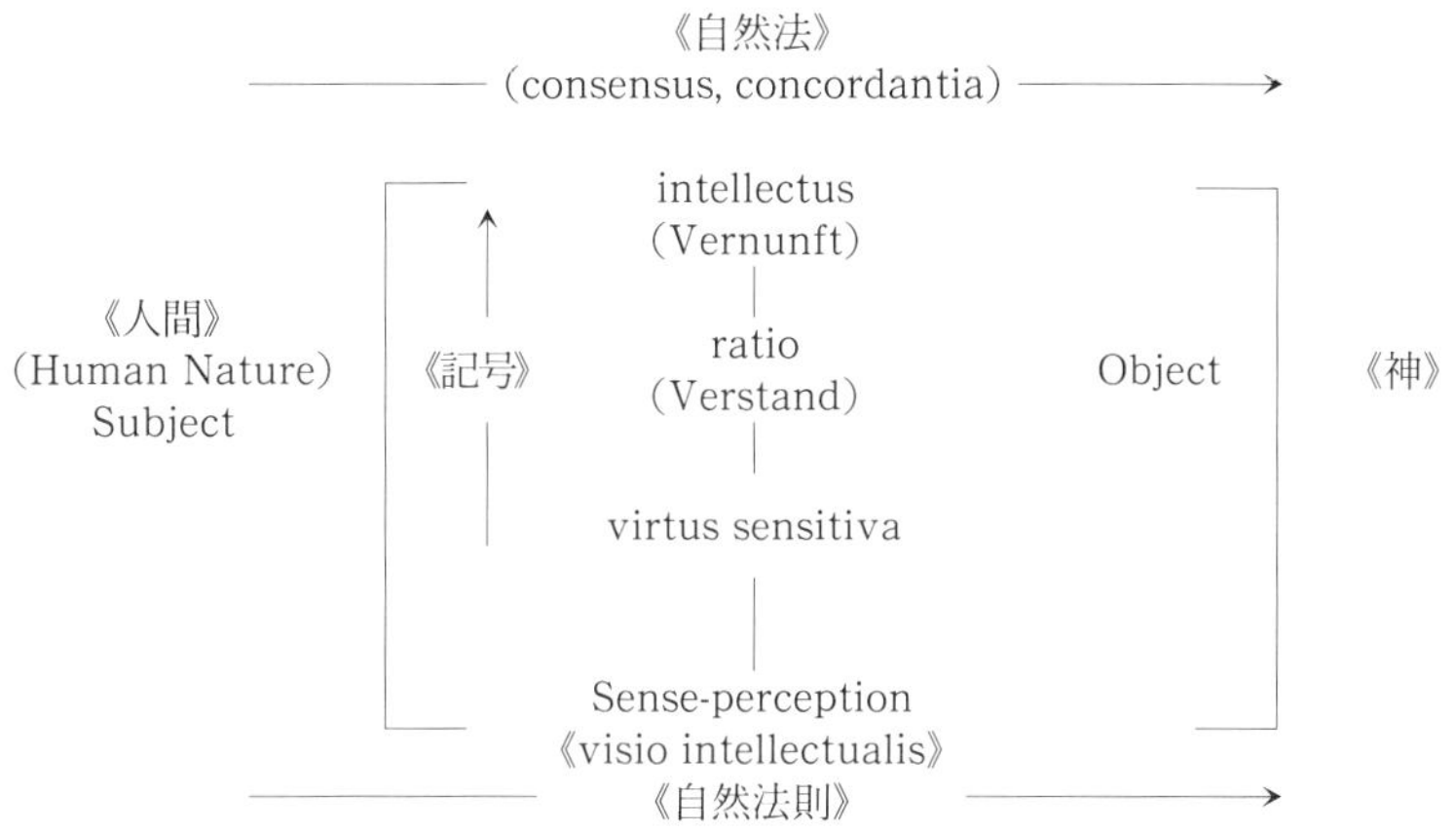

これは、すでにして、『人間知性論』の出発点そのものである。この文章のなかの"posited and taken for granted"の部分は、ラテン語原典では、"posito et concesso"である。"concesso"は、「ある人にあるものを引き渡す」という意味の"concēdo"という言葉に連なる。それをフォン・ライデンが"taken for granted"と英訳しているのは、直接的には曖昧すぎる英語訳であり、私の本稿の文脈から言えば、《理性》が前提とする感覚・知覚能力は、まず第一に、《人間的自然》(Human Nature)の基底的な力能として《神》から"concēdo"されているのであり、第二に、その力能の所在をその個人が明晰に意識し、自覚するところから、その本人自身によって"taken for granted"されるのである。ロックは、こうして、『自然法論』から『市民政府論』を経て『人間知性論』への長途の試行へと赴くにあたって、上図のような基本的シェーマに立脚していた、と言ってよいであろう。

ジョン・ロックは、一七世紀の半ば、丁度二〇〇年前のニコラウス・クザーヌスの基本的シェーマを、その論理的結構を《ヴィア・モデルナ》と《デヴォーチオ・モデルナ》の両契機の総合という基軸の下に継承しつつ、《神》と《人間》とのあいだの存在論的基底を、《自然法則》の具体化された諸運動の地平とそれへの《人間》の側からの行為的関与（実践的コミットメント）とによって、置き換えようとしているのである。もとより、ロックは《神》を否定したわけではない。彼の最晩年の『パウロ書簡研究』が雄弁に物語っているように、[17]《神》は、クザーヌスの『隠れたる神』のそれよりも、さらに遠く「離接」し、さらに薄明の《光》のなか遠く「離在」している。そして、それに代って、その分だけ、《自然法則》の領野が圧倒的に拡大させられ、それに対する新興の《科学》とその所産としての《技術》との複合化された「実践的コミットメント」こそが、生成しつつある《市民社会》をダイナミックに支え、発展させはじめていたのであった。一六六二年に創設された「王立協会」は、まさしく、このような《科学》と《技術》の社会的ダイナモであったのであり、前述のように、ロックは、一六六八年、三十六歳の時に、そのフェローに選出されていた。

私がベルンカステル＝クースのクザーヌス施療院を訪れた時、そこに付設されたかわいらしい礼拝堂で眼にしたクザーヌス像に描かれたニコラウス・クザーヌスは、やはり、はるかに「離接」し、「離在」した《神》を、《光の父》として、その所在を、遠くさがしもとめているように、仰ぎ見ていた。それは、まさしく、《自然法則》の運動する領野のはるか彼方の《神》へのSehnsuchtの姿そのものであった。

しかし、私は、ジョン・ロックの肖像画をかなり眼にして来たつもりである――私は、個人的には、グロスターシャー、チェルテナム郊外のサドレイ城に所蔵されている肖像画を最も好んでいる――が、《神》に祈りを捧げているジョン・ロック像を、知らない。ロックの場合、《光の父》の贈り物である人間的・自然的諸力――それらの「モナド」の《窓》が“sense-perception”にほかならなかった――は、《神》と《人間》（Subject としてのHuman Nature）とのあいだの「関係」それ自体のなかに、その「関係」の地平に、あるのではない。それは、すでにして、《人間》のなかに、Human Natureのうちに、内在させられているのである。私たちは、クザーヌスの基本的シェーマとロックの前掲のそれとを対照させて見る際に、《神》と《人間》とを基底的に媒介（mediate）する visio intellectualis のヴェクトルが、全く逆の方向に転換させられている点に、深く思いをいたすべきであろう。《人間》は、今や、《市民社会》を構築して行く「主体」（Subject）として、その “sense-perception” を出発点として、みずからの人間的・自然的諸力を表現し、実現して行くことを通して、かぎりなく、自分の方から《神》へと近づいて行かなければならないのである。ニコラウス・クザーヌスは、“Nepotism” と聖職位売買の汚辱にまみれた十五世紀半ばから十六世紀初頭にかけてのローマ教皇庁の「教会組織」にあって、稀に見る “pure” なキリスト者であり、《人間》である。そして、ジョン・ロックも、彼の盟友シャフツベリー伯がその体質において先取りしていた通りに、やがて、《市民社会》が資本制的私的所有の、山吹き色の “Mammonism” に全的に染め上げられて行く状況のなかで、体質的に、“pure” であった。

　ロックが『自然法論』の論稿のなかで最も強く確認しようとしていたのは、私見によれば、第六論文のなかで語られている《jure naturae et creationis》（natural right and the right of creation）である。フォン・ライデンは、この部分に脚注を加え、これと同一の文言がカルヴァンの『神学綱要』（Institutio christianae religionis, 1636）第二巻、第二章、第二節、に所在する、としている[18]。私は、ここでは、バーゼルで出版されたこの本から、すなわちジャン・カルヴァンのプロテスタンティズムの視座から、ロックがどのような影響を受けていたか、という点の解明には立ち入らない。私にとっては、この《自然権と創造の権利》こそが、前述のロックの基本的シェーマのなかで、“sense-perception” の回路を通じて、《人間》の人間的・自然的諸可能性を表現させ、実現させる根拠にほかならないと考えられる、この一点が重要なのである。

　ロックは、第八論文のなかで、まず、次のように主張する。

If the ground of duty were made to rest on gain and if expediency were acknowledged as the standard of rightness, what else would this be than to open the door to every kind of villainy?(19)

後に触れるように、ロックは、イングランド銀行創立時の株主のひとりであり、その備忘録は経理に詳細であり、みずから、さまざまなタイプの「利子」を取得している。しかもなお、彼は、その労働価値説に示されているように、対象としての《自然》――その背後を貫通している《自然法則》のさまざまに具体的な表現の総体――へと働きかけ、その《行為》過程のなかで、みずからの《自然権と創造の権利》を確証する《人間》を、《市民社会》の「主体」として措定したのであった。

ロックは、前掲引用文のなかで、"the standard of rightness" が《自然権と創造の権利》と結びつくことこそが《市民社会》の根本条件である、と主張しているのだ。したがって、「利益」(gain) は副次的であり、"expediency"――直訳すれば「便宜」・「方便」であり、さらに「私利」の意味を含み、O・E・Dによれば device「からくり」・「策略」へと通じ、フランス語の expédier は「事業の経営をする」という意味である――は、すでにして、《市民社会》の前提条件であるところの《自然権と創造の権利》の反対物なのである。この "expediency" は、かつて晩年のグーテンベルクを失意の底に落としたヨハン・フスト、あるいは第三章でその軌跡を辿って来たばかりのウィリアム・カクストン、はたまたミルトンの年長の同時代者シェークスピアがその戯曲のなかで最も忌嫌い、徹底的に告発する人物たち（典型的には『ヴェニスの商人』のシャイロックであり、『オセロ』のイアーゴであるだろう）にこそ、相応しい。

ロックは、『自然法論』のほとんど巻末に近いところで、さらに、次のように主張する。

For what reason is there for the fulfilment of promises, what safeguard of society, what common life of man with man, when equity and justice are one and the same as utility?(20)

ロックが『自然法論』の結論の部分で訴えているのは、「衡平と正義が効用・効利と同一のものであるとされる時、さまざまな約束を守り成就させるどんな理由があり得るか、社会というものの安全を保証するどんな装置が残るというのか、そして人間と人間とのあいだの共同の生活がどのようなかたちで存立し得るというのか？」という悲痛な響きを持ち、同時に怒りをくぐもらせた主張である。言うまでもなく、衡平（equity）とは、イギリス人の生活の根幹を成す《コモン・ロー》の骨格にあるものだ。そして、正義（justice）も、日本語の語感にあるように「抽象的」で「宙に浮いた」無内容な言葉ではなくて、すくなくとも、私のオックスフォード生活の経験の教えるところによれば、原理的には、まさしくひとりひとりの《人間》の《自然権と創造の権利》が、ひとしく、相互に承認されているということであり、結果として、それら《人間》のあいだの諸関係性の内容において、透明性が確保され、そのなかでの公正（"rightness"）――とりわけ、原因から結果が導出されるまでの手続きの公正――が確保されている、という意味である。

私は、今、ジョン・ロックの思想世界を『自然法論』の地平から『市民政府論』のそれへと辿って行こうとしているのであるが、同時に、ロックの《市民社会》論の延長線上に生成したとされるデヴィッド・ヒュームの所論（たとえば、Essays on moral and political, 1741～1748）、およびジェレミー・ベンサムのそれ（たとえば、Introduction to the principles of morals and legislation, 1789）との懸隔の大きさを実感しないではいられない。ロックにとって、「功利」（Utility）は、"virtues"と"morals"の原点ではない。むしろ、それは、とりわけベンサムの場合とは正反対に、《自然権と創造の権利》の阻害要件なのである。

ロック『自然法論』の末尾に、私たちは、次の二つのパラグラフを見出すであろう。

Utility is not the basis of the law or the ground of obligation, but the consequence of obedience to it.(21)

イギリス社会は、やがて、産業革命を通じて、《市民社会》から世界最初の《資本主義社会》へと転成して行く過程で、ロックのこのような視座を忘却し、結果として、むしろ逆転することになった。しかし、私たちは、今、《行為》（Action）の相互化のなかからの社会関係の形成という社会学的視座から、《市民社会》の基軸としての《コミュニケーション》行為の構造と意味を解明しようとしているのであり、だからこそ、『自然法論』の文字通り最後の二行を看過することはできないのである。

And thus the rightness of an action does not depend on its utility, on the contrary, its utility is a result of its rightness.(22)

私は、ロックの《行為》論――そこには、後述するように、労働論とともに、コミュニケーション行為論の原型も含まれている――を、彼の『市民政府論』のうちにも、見出すことになる。

ロックのいわゆる『市民政府二論』（Two Treatises of Government: In the Former, *The False Principles and Foundation* of Sir *Robert Filmer*, and His Followers, are Detected and Overthrown. The Latter is an Essay concerning the True Original, Extent, and End of Civil-Government）は、よく知られているように、

先に——一六七九年——後篇である第二論文が書かれ、前篇である第一論文は、その批判の対象であるロバート・フィルマーの『父権論』が刊行された一六八〇年に、執筆されている。しかし、これら両篇が公刊されたのは、《名誉革命》成立の翌年、一六八九年のことであった。

私たちは、『市民政府論』の論理構造の解明に入る前に、まず、次の点を確認しておかなければならないであろう。ロックは、前述のように、一六六六年、三十四歳の時に、アシュレー・クーパー（後のシャフツベリー伯）と邂逅し、その翌年には、オックスフォードからロンドンへ居を移している。チャールズ二世とシャフツベリー伯とのあいだの政治的「かけひき」と闘争は、その渦中から、ホイッグ党の母体を生みだし（一六七三年）、「人身保護法」（Habeas Corpus Act, 一六七九年）を成立させた。ロックは、この間、シャフツベリーの活動を支えながら、まず、「宗教寛容論」の視点を明らかにし（一六六七年）、一六七一年の春には、まさしくシャフツベリー伯の家の一室におけるティレルたちとの議論の中から、『人間知性論』の構想を芽生えさせつつあったのである。私たちは、こうして、『自然法論』から『市民政府論』へと継承され、発展させられて行くロックの視座構造の内側に、これら当代のイギリス社会の変動とそれへのロックの現実的・思想的対応とが、当然のことながら、微妙に反射し、射映しているということを忘れてはならない。

私は、ここでは、『市民政府二論』の後篇——The Second Treatise of Government——、「市民的な統治の真の起源、範囲および目的に関する論考」の分析に、集中することにしたい[23]。

ロックの出発点は、次の二つである。それらは、また、前篇——フィルマー『父権論』（Patriarcha）批判——の論理的結構からの「ちょうつがい」のありようを示すものである。

...it is impossible that the Rulers now on Earth, should make any benefit, or derive any the least shadow of Authority from that, which is held to be the Fountain of all Power, *Adam's Private Dominion and Paternal Jurisdiction*...[24]

私が本書のなかで幾度となく言及したイギリス絶対王政の思想的根拠となっていた旧約聖書「創世紀」の家父長制的解釈は、ここで、最終的に葬り去られる。そして、ロックの論考の焦点は、「世俗的」権力の支配の根拠とその範囲の考察へと、しぼられて行くのである。

...so that, he that will not give just occasion, to think that all Government in the World is the product only of Force and Violence, and that Men live together by no other Rules but that of Beasts, where the strongest carries it, and so lay a Foundation for perpetual Disorder and Mischief, Tumult, Sedition and Rebellion, (things that the followers of that Hypothesis so loudly cry out against) must of necessity find out another rise of Government, another Original of Political Power, and another way of designing and knowing the Persons that have it, then what Sir *Rovert* F. hath taught us.[25]

ロックにとって、政治権力（Political Power）とは、「《Property》の保護と整序を目的として死刑およびそれ以下のあらゆる刑罰をともなう諸法律をつくる権利であり、それら諸法律を執行し、外敵から《Commonwealth》を防衛するにあたって、《Community》の力を使用する権利であり、しかもこれらのことがらを《Public Good》のためにのみ行なう権利である」[26]。ここには、すでに、ロックの『市民政府論』の根幹を成す考え方が、色濃く滲み出している。

まず、第一に、《Property》とは、直接的には所有権のことであり、その外見的な姿として財産を意味するが、ロックの思想構造のなかでは、はるかにダイナミックな概念である。それは、後述する「労働」の位置づけからも明らかであるように、私たち人間がみずからの内側の人間的自然の諸可能性——人間的・自然的諸力——を確証し、それらを実現し、表現するという過程を内包した概念であり、あの『自然法論』の視座をその後のフランスその他大陸での経験によって豊富化しているのである。

第二に、《Common-wealth》は、勃興しつつある「市民社会」を構造的に解明し、弁証しようとするロックにとって、中枢的な位置を占める基礎概念であり、その含意についてのロック自身の説明を後に検討するが、ここでは、『寛容論』のなかでのロックの見解との重合を、まず、確認することにしたい。彼は、そこで、次のように言うのである。

The commonwealth seems to me to be a society of men constituted only for procuring, preserving their own *civil interests* (bona civillia).(27)

なお、《Civil Interests—bona civillia—》とは、「生命、自由、健康および身体の安全（indolency）であり、加えて、金銭、土地、家、家具その他の外的事物の所有である」。私たちは、ロックが《Commonwealth》をこのような「市民的利益」の獲得と保全という目的に特化したかたちで構成されたひとつの《社会》（a society）としてとらえている点を、重視すべきであろう。なぜなら、イギリス社会にとって、《Society》という言葉は、《Community》という言葉とともに、十四世紀末葉に、フランス語からの翻訳語として導入された新しい言葉であり、したがってまた、新しい意味内容をもった概念であったのだから。

《Society》という言葉は、一三八一年、フランス語の société の翻訳語として、イギリス人の世界に導入された。もちろん、この言葉は、最終的には、ラテン語の societas, socius を通じて、「結合する、結びつく」という意味の“socio”にまで遡る。

また、ロックが前掲の政治権力の概念規定のなかで用いている《Community》という言葉も、実は、同じように、一三八二年前後に、フランス語の communauté の翻訳語として導入された、きわめて新しい言葉なのである。(28) もともと、「共通の」という意味の“communis”から派生して来ており、直接的には、communitas（共同・全市民団）に対応するであろう。ロックは、ミルトンの場合とは対照的に、《教会》からはほとんど全的に切り離された《社会》――したがって、ミルトンの《Church-Government》にロックの《Civil Government》が対質させられるのである――を眼前に措定しているのであり、《コミュニオン》から《コミュニケーション》へとその基軸を脱構築された《社会》を、凝視していたのである。

第三に、《Public Good》とは何であろうか？　ロックは、『市民政府論（後篇）』のなかで、「統治の目的は、the good of Mankind”にある」（一九章）と言い、the care of the public”（一四章）に言及し、これらを“Salus Populi Suprema Lex”(29) というラテン語の文言によって支える（一三章）。「民衆の“Salus”こそが最高の法である」と言う時、“Salus”とは、「健康」であり、「幸福」であり、「安全」であり、「生存」である。したがって、市民社会における「統治」の目的とされる《公共善》・《共通善》とは、直接的には、一六七九年、まさしくこの『市民政府論（後篇）』が書かれた同じ年に、シャフツベリーやロックの努力によって制定された「人身保護法」が保証するようになったひとりひとりの市民たちの私的生活空間と身体の《安全》であり、より深い意味では、前述の《Property》の内容を成す諸個人の人間的自然の諸力の自己実現・自己表現の権利の確保にほかならない。「公共の福祉」とは、単に「生存」権の保証や「健康」を支える諸条件の整備を言うのではなくて、人間が、自然の法則の展開に支えられて運動する事物に働きかける自分自身の行為を通じて、彼の身体に内在する人間的・自然的諸力――人間的自然（Human Nature）のさまざまな可能性――の発現を確証し、そこにおいて《自己》を実現し、表現することを、「市民社会」の制度の全体によって保証し、擁護するというダイナミズムを意味しているのである。

ロックが「市民社会」の骨格構造を解明し、そこにおける「政治権力」の存立根拠を明らかにするために前提する人間は、次のような人間である。

To understand Political Power right, and derive it from its Original, we must consider what state of all Men are naturally in, and that is, a *State of perfect Freedom* to order their *Actions*, and dispose of their Posssessions, and Persons as they think fit, within the bounds of the Law of Nature, without asking leave, or depending upon the Will of any other Man.(30)

こうして、「市民社会」を構築する主体としての人間は、自然の状態において、「自然の全的な豊かさ」(all the same advantages of Nature) を享受している人間である。私たちは、本章の冒頭に掲げたロックの基本的なシェーマ――それはクザーヌスのシェーマとの重合においてとらえられ、そのなかでの論理のベクトルの変化を解明されるべきものであった――に照らして、この「自然の全的な豊かさ」が、《自然法則》の展開する領野のポテンツェンであり、それこそが人間の《行為》の可能性を支えるものであるということを、理解しなければならないであろう。おなじく、この基本的なシェーマに即して言えば、あの『自然法論』執筆時から十五年有余の時を経て、『市民政府論』のロックは、かつてのように、《神》から賦与された「理性」の法としての自然法から「下向的」に自然法則の展開をとらえるのではなくて、逆に、人間の「感覚」的自然に内接する自然法則の展開する地平の方から、「上向的」に、人間たち自身が、自分たちの手で、自然法的秩序を構築し得る可能性を、追究しているのである。ロックは、「人間的自然のさまざまな原理」(the Principles of Human Nature 第二章一〇節)→「公共善・公共の福祉」(the publick good、同一一節)という回路を、論理化しようとしている、と言ってもよい。

注目されるのは、ロックがこの「人間的自然のさまざまな原理」を《支配者》——支配する人格——にも適用している点であろう。彼は、「絶対君主も、やはり、人間にすぎない」(Absolute Monarchs are but Men、第二章一三節)と言い、「君公たちも、他の人びとと同じく、人間にすぎない」(Princes are but Men, made as others、第一四章一六五節)と主張する。ロックは、前述のように、一方で人間的自然のさまざまな可能性の自己表現と自己実現とを、万人の権利として認めているが、他方、《支配者》がその人間的自然の諸力——それらは感性・衝動・欲望として身体化されて来る——の「歪曲された表現・実現」(ロックは、Mistake or Passion、という言い方をしている)を被支配者の側に押しつけることを、まさしく《公共善》に反するものとして、拒斥する。《ピュウリタン革命》の直接的原因を生みだしたチャールズ一世、その息子であり、ひと度は「王政復古」というかたちで民衆の「平和と安全」への期待を一身に担いながら、そのカトリックへの傾斜をはじめとして、次々と内外の争乱の種子をまきちらして、《名誉革命》を間接的に生成させる原因となったチャールズ二世、これら専制君主たちの《支配》は、彼らの人格から切り離され、機構化されなければならなかったのである。

私は、このようなロックの《政治体》(Body Politick)定立の構想が“Community”や“Society”というイギリス社会にとってきわめて新しい概念を前提としながら生み出されているという点を、重要視したい。ロックは、自然状態からの《政治体》の析出の論理を導く際に、直接的にリチャード・フッカーの所説に依拠している。(第二章一五節)。彼は、そこで、フッカーのOf the Laws of Ecclesiastical Polityから、次の部分を引用している。

The Laws which have been hitherto mentioned, i.e. the Laws of Nature, *do bind Men absolutely, even as they are Men, although they have never any settled fellowship, never any Solemn Agreement amongst themselves what to do or not to do, but for as much as we are not by our selves sufficient to furnish our selves with competent store of things, needful for such a Life, as our Nature doth desire, a Life, fit for the Dignity of Man; therefore to supply those Defects and Imperfections which are in us, as living singly and solely by our selves, we are naturally induced to seek Communion and Fellowship which others, this was the Cause of Mens uniting themselves, at first in Politick Societies.*[31]（イタリックはロックによるもの）

フッカーは、周知のように、エリザベス一世の治世のなかで、イギリス国教会の教義を擁護する視点から、当代の《Church Government》の成立根拠を説明しているのであり、その文脈において《Communion》という基礎概念を用いていた。そして、フッカーの段階でも、すでに、人びとのあいだの"Fellowship"→"Society"という移行が語られている点を、看過すべきではない。

ロックは、《教会》と《政治体》を切り離すことによって、《Church Government》→《Civil Government》の移行の論理を構築しようとしているのであり、そこでは、"Fellowship"→"Community"→"Society"という質的転換の論理が辿られ、さらに、最も重要なこととして、《Communion》から《Communication》への社会構成の基軸の変換の論理が構想されているのである。

ロックは、前掲のようなフッカーからの引用の後で、次のように言う。

But I moreover affirm, that all Men are naturally in that State and remain so, till by their own Consents they make themselves Members of some Politick Society (32).

ひとは、まず、このロックの断言の語調の強さに驚かされるであろう。彼は、この強い主張のなかで、自然状態における私たち人間の、人間的自然（Human Nature）の諸力——それは、前出の基本的シェーマに照らして言えば、《自然法則》のさまざまに具体的な展開としての事物の運動との対質を通して、みずからを表現し、実現する——を肯定しているのである。そして、このような人間的・自然的諸力の可能性に根ざした《Consents》——人びとのあいだの《同意》——こそが、人びとを《政治体》・《政治社会》の一員とするのであった。Consentという言葉は、オックスフォード英語辞典によれば、古語フランス語の‘consentir’に遡り、さらに、ラテン語の‘con→com→cum’（「ともに」・「〜と一緒に」）＋‘sentiō’（「感じる」・「知覚する」・「判断する」）という基層へと、私たちを導く。私たちは、ロックが『市民政府論（後篇）』執筆の八年ほど以前から、『人間知性論』の構想をいだきはじめていた事実を、ここに想起すべきであろう。ロックは、フッカーとは異なって、《コミュニオン》ではなくて、《コミュニケーション》の回路によって、人びとの人間的・自然的諸力の可能性を《Consent》——人びとの“Sense”の共同化——へと導き、そこから、《自然法》的秩序を人間自身の手によって支えることのできる論理的階梯を追求しているのである。

ロック『市民政府論』の政治機構論は、このような《同意》から、さらに、《信託》（Trust）を付与されることによって生成する立法権力（the Legislative Power）の説明へと進むわけであるが、私の関心はそこにはない。

私が注目するのは、かえって、次のような主張の方である。

...this *Freedom* from Absolute, Arbitrary Power is so necessary to, and closely joyned with a Man's Preservation, that he cannot part with it, but by what forfeits his Preservation and Life together.(23)（第四章二三節）

Whether we consider natural *Reason* which tells us, that Men, being once born, have a right to their Preservation, and consequently to Meat and Drink, and such other things, as Nature affords for their Subsistence.(34)（第五章二五節）

ロックの自然権概念の実質的内容の第一歩である《Preservation》は、通常そう訳されているような「保全」という日本語の含意より、はるかに豊かな内容を有するダイナミックな概念である。それは、一方において、前述の Salus Populi Suprema Lex の "Salus" ——「生存」・「安全」・「幸福」・「健康」の総和として、《公共善》の内容へと通底する——の具体的な表現と運動であり、他方で、人間的自然（Human Nature）の諸力と《自然法則》の展開との交響する関係を《Property》の内側へと運んで行く。ロックは、"every Man has a *Property* in his own *Person*"（第五章二七節）という言い方をする。ロックのこの主張は、「人は誰でも自分自身の一身については所有権をもっている」[35]（鵜飼信成訳、傍点は鵜飼、ロックの原文はイタリック）、あるいは「すべての人間は、自分自身の身体に対する所有権をもっている」[36]（宮川透訳、ここでは、ロックのイタリックによる強調は見逃されている）という解釈よりも、もっと多くのことを主張しているのではなかろうか？　直訳すれば「ひとりひとりの人間は、その人に固有の個体性の内部に、ひとつの所有を有する」というこの文章は、私見によれば、「ひとは、すべて、彼自身の身体の内側に、所有権を生み出す根拠をもっている」という意味に理解される。ロックは、この文章のすぐ後で、"The *Labour* of his Body, and the *Work* of his Hands, we may say, are properly his."[37]と述べているのである。身体のなかの人間的・自然的諸力の表現・実現である労働、および私たちの「二本の手」――腕であり、四肢へと広がり、やがて、身体へと一体化する――の成果こそが《所有》の内容を生み出すのであり、このような身体の活動こそが「保全」されなければならないのである。ロックの《Preservation》は、ホリゾンタルには人間的自然（Human Nature）の諸可能性を《自然法則》（Natural Law）の展開・運動へと媒介《メディエイト》し、ヴァーティカルには、それら人間的自然の諸可能性の具体化された表現としての人間的・自然的諸力を、《労働》へと「上向」させ、さらに、その成果としての《所有》（その法律的表現――権利関係の地平でのそれ――が所有権であり、その「市民社会《ブルジョアジー》」一般の表現が財産である）へとメタ的に「上向」させて行くのである。ロックは、こうして、あたかも最晩年のクザーヌスの労作『可能現実存在』の視座とみごとに重なり合うかのごとき視点から、《Preservation》→《Labour》→《Property》という論理の展開によって、主体としての人間的自然の《自然》と客体・対象としての外的自然の《自然》との共振し、共鳴し、やがて交響する相互反転の関係――chiasme――のうちに、私たち人間の自然権を措定する。

3　《市民社会》の主体像

《Preservation》は、単に、「保全」という消極的かつ受動的な含意においてとらえられるべきではない。ロックは、《Preservation》→《Labour》という論理の展開によって、《自然法則》と人間的自然の《自然》とを、意味あるかたちで結びつけていたのであった。この点について、ロックは、次のように言う。

That (Labour) added something to them more than Nature, the common Mother of all, had done; and so they became his private right.(38)（第五章二八節）

このような《労働》という行為過程のなかでの《自然法則》の運動と人間的・自然的諸力のそれとが重合するところが、ロックにとって、「市民社会」の出発点なのである。そして、私たちは、さらに、この文脈を発展させるかたちで、ロックが次のように主張しているのを、看過してはならないであろう。

He (God) gave it (the World) to the use of the Industrious and Rational, (and *Labour* was to be *his Title* to it;) not to the Fancy or Covetousness of the Quarrelsome and Contentious.(39)（同上三四節）

《神》は、世界を、勤勉にして理性的な人間の利用のために、もたらした。そして、《労働》こそが、この勤勉かつ理性ある人間に、その正当な資格をもたらすのである。ロックは、こうして、《自然法》を、「勤勉にして理性ある人間」の《行為》の対象・客体としての《自然法則》の展開過程のうちに内在させ、その《行為》の遂行と展開の論理のなかで、人間的自然の側の《自然》の自己実現の論理へと、転変させている。

私たちは、さらに、ロックの次のような、二つの述言に留目しなければならない。

The measure of Property, Nature has well set, by the Extent of Mens *Labour, and the Conveniency of Life.*(40)（第五章三六節）

And the Condition of Humane Life, which requires Labour and Materials to work on, necessarily introduces *private Possessions.*(41)（同上三五節）

《Preservation》→《Labour》→《Property》という論理的・現実的展開の過程において、《Property》は、「所有権」よりも、豊かな意味内容をもっている。だからこそ、ロックは、わざわざ、「私的所有＝私有財産」を、private Possessions、という言葉で表現しているのであろう。私たちは、ここで、《the Conveniency of Life》が、前述の Salus Populi Suprema Lex の《Salus》と、響き合い、通底していることを、見落すべきではない。ロックは、こう主張しているのである。

《自然》は、《Property》の内容を判断する尺度を、実に精妙に設定している。すなわち、《Property》の内容は、人間たちの《労働》と生命の《Salus》の到達水準とに、相応しているのである、と。

《Salus》は、前に見たように、「健康」であり、「幸福」であり、「安全」であり、「生存」であった。それは、まさしく、私たち人間の、人間的自然（Human Nature）の自己実現とその保証そのものであり、「福利」や

「公共善」はこの意味の内包の、かなりに曖昧な代替的表現であり、「安寧《あんねい》」に至っては、この言葉の本来の意味内容をほとんどすべて抜き去られた無内容な変換語である。

私たちは、ロックの《労働》の主体が「勤勉にして、理性ある人間」(the Industrious and Rational) であったことを、重要視すべきであろう。それは、「勤勉」を通じて《経済的》社会関係を構築して行く《行為》主体であるが、同時に、「理性」の具体的な発現を通じて当代の《文化的》社会関係——それは、すでに、《教会》から大きく解放されつつあった——を構築して行く《行為》の主体の姿である。ロックは、このような《行為》主体が自律的に社会諸関係を構築して行く過程を、直接的には、《政治的》社会関係の存立構造論として——すなわち『市民政府論』として——提起しているわけであるが、その論理の射程距離の内側に、《自然法》からの「下向」の過程のなかでの「理性」の位置づけではなくて、人間的自然と《自然法則》の《行為》媒介的な連関のなかからの「上向」的な《自然法》秩序の構築の過程において、「理性」の働きを経験的に確証し、論証する途——すなわち『人間知性論』の視座の確立の途——を、同時進行のかたちで、精錬しつつあったのである。それは、私の視点から言えば、《コミュニオン》から《コミュニケーション》への脱構築の歴史過程を理論的に総括し、さらに、今度は、《コミュニケーション》を基軸に据えた社会諸関係の存立構造論を、新たに積極的に提起して行く作業の始まりを意味していたのであった。

私たちは、ロックが、これまで述べて来た点から明らかであるように、労働価値説の視点に立脚しつつ、同時に、「市民社会」における社会諸関係の結節点に所在する《関係の自立化》現象の生成に留目していたことに、注意すべきであろう。

For 'tis *Labour* indeed that *puts the difference of value* on every thing.[42]（第五章四〇節）

From all which it is evident, that though the things of Nature are given in common, yet Man (by being Master of himself, and *Proprietor of his own Person* and the Actions or *Labour* of it) had still in himself *the general Foundation of Property*.[43]（同上四四節）

このようなロックの立論のなかで、とくに、後者の主張はきわめて重要である。そこでは、まず、第一に、《自然》のさまざまな事物——ロックは、別のところでは、《自然》のもたらす共通の恵み（all the same advantages of Nature）と言っている——に働きかける私たち人間の《行為》が焦点化されている。そして、第二に、人間が自分自身の個体性——それは、前述のように、《Preservation》→《Labour》→《Property》という人間的自然の諸可能性の発現を内包している——の所有者であり、自分自身をみずから支配し、制御し得る存在者（being Master of himself）となることを通じて、これら人間の内部に、《Property》の最も一般的な源泉を見出し得るのだ、としている点が注目されよう。ここでは、人間が自分自身のパーソナリティ、行為、労働をみずから所有するというかたちで、まず《行為》の目的合理的展開が語られ、しかも、次いで、その《行為》によって媒介される《自然》の内部のさまざまな法則性の展開と運動——それらの具体化された表現が「自然の恵み」であり、「自然の事物」である——に対する人間的自然の側からの人間的・自然的諸力の実現・表現の内側から《価値》——Value であり、その外化された形態としての Property である——が生成するという、文字通りの価値合理性の生成が語られているのである。そして、このような文脈のなかで、まさしく人間が《Master of himself》となるためにこそ、ロックは、労働とならんで、《コミュニケーション》行為そのものをも論理化しなければならなかった。それが『人間知性論』の理論的課題にほかならなかったのである。

ロックは、こうして、「市民社会」における個体的人間の《Preservation》→《Action》→《Property》という自己実現の過程の原理的意味を明らかにしつつ、同時に、その過程が現実化される際の問題状況に留目している。彼は、次のように言うのである。

it (Possessions) was commonly *without any fixed property in the ground* they made use of, till they incorporated, settled themselves together, and built Cities, ...[44]（第五章三八節）

This is certain, that in the beginning, before the desire of having more than Men needed, had altered the intrinsick value of things, which depends only on their usefulness to the Life of Man; or [Men] had agreed, that a little piece of yellow Metal, which would keep without wasting or decay, should be worth a great piece of Flesh, or a whole heap of Corn;[45]（同上三七節）

都市、そしてそこに流通する「小さな、黄色の金属片」——《貨幣》——、これら「市民社会」を構成する社会諸関係の結節点は、ロックの視座から見て、あの《Preservation》→《Labour》→《Property》という人間的自然の自己実現の回路と、どのような関係に定位されるのであろうか？　ロックが《Preservation》→《Labour》→《Property》という回路を理論的かつ現実的に保証することができるとして構想した《コモンウェルス》は、端的に、《貨幣》が君臨する都市とは異質なものである。

By *Common-wealth*, I must be understood all along to mean, not a Democracy, or any Form of Government, but *any Independent Community* which the *Latines* signified by the word Civitas, to which the word which best answers in our Language, is *Common-wealth* and most properly expresses such a Society of Men, which Community or City in *English* does not, for there may be Subordinate Communities in a Government; and City amongst us has a quite different notion from Commonwealth: And therefore to avoid ambiguity, I crave leave to use the word *Commonwealth* in that sense, in which I find it used by King *James the First* and I take it to be its genuine signification.[46]（第一〇章一三三節）

ロックは、こうして、《コモンウェルス》をあの Salus Populi Suprema Lex の "Salus"――人びとの「健康」・「幸福」・「安全」および「生存」――を保証する社会構成体としてとらえているのであり、『市民政府論』第十二章から第十九章にかけての主張が明示的に示しているように、人びとの《Consent》と《Agreement》による Legislative Power の創出によって、《貨幣》、および「都市」の実質を成す《経済的》社会関係の諸結節点の専横を制御することができる、と考えていた。

私は、ロックが立法権力を根拠づける際に、「コモンウェルスの力」(the Force of the Commonwealth)、「公共の力」(the Force of the Publick) および「社会の力」(the force of the Society) という言い方をしている点に、注目したい（第十二章）。なぜなら、これらの「力」の《信託》(Trust) によって、いわば、私人たち (Private Men) の《行為》→《関係》過程の所産である社会 (Society) から《国家》(State) が生み出されるのだから。

ロックは、次のように主張する。

Civil Society being a State of Peace, amongst those who are of it, from whom the State of War is excluded by the Umpirage, which they have provided in their *Legislative*, for the ending all Differences, that the Members of a Commonwealth are united, and combined together into one coherent living Body, this *is the Soul that gives Form, Life, and Unity* to the Commonwealth: From hence the several Members have their mutual Influence, Sympathy, and Connexion: And therefore when the *Legislative* is broken, or *dissolued*, Dissolution and Death follows.[47]（第十九章二一二節）

このように、社会の「力」が国家の権力機構、とりわけ立法権力のそれを生み出すという時、それを保証するのは、前述のような《Preservation》→《Action》→《Property》という回路を前提にした《コミュニケーション》である。ロックは、さらに、こう述べている。

For the *Essence and Union of the Society* consisting in having one Will, the Legislative, when once established by the Majority, has the declaring, and as it were keeping of that Will. The *Constitution of the Legislative* is the first and fundamental Act of Society.[48]（同上二一二節）

ロックの思想構造における《Via Moderna》としてのノミナリズムの側面は、クザーヌスの『隠れたる神』の視座と同様にして、《神》を遠く、離接させる。カルヴィニストとして育てられたロックの晩年の宗教的視座は、あるいは「ユニテリアン」のそれと言われ、あるいは「ソッツィーニアン」と評される。私自身は、このような宗派の帰属それ自体に、関心をもたない。これまでにもしばしば言及して来たように、ロックは、ローマ・カトリックのキリスト教のあり方に、ミルトン同様、見方によってはミルトンよりさらに徹底的に、批判的であった。ロックは、そこに見られる、あからさまな《神》の臨在・連接の儀式に、徹頭徹尾、反対するのである。

ロックにあって、《行為》の主体は、はるか無限遠の彼方に退《ひ》いた《神》との離在という存在論的な前提の上で、その《神》によって創造された《自然法則》のさまざまに豊かな運動を、みずからの「理性」の働きによって把握し、それを彼自身の《行為》の導きの糸としなければならない。だからこそ、ロックの『人間知性論』が近代《モデルネ》における認識論の出発点として位置づけられるのであった。

ロックは、《神》と人間との関係についてこのように言う。

God having made Man such a Creative, that in his own Judgement, it was not good for him to be alone, put him under strong Obligations of Necessity, Convenience, and Inclination to drive him into *Society*, as well as fitted him with Understanding and Language to continue and enjoy it.(49)（第七章七七節）

ロックは、いまや、「社会」を、《Understanding》と《Language》の主体としての人間たちの《コミュニケーション》によって根拠づけようとする地点に、到り着いている。彼のノミナリズムの視座は、《自然法則》の展開に、みずからの《労働》という行為をもって対峙する近代的人間「主体」を析出していた。そして、今、それは、同時に、みずからの判断力と理解力とをもって「理性」を《知性》へと具体化する《コミュニケーション》行為の「主体」としても、あらわれているのである。

あらためて言えば、本章の冒頭に示したロックの基本的シェーマにおいて、《自然法》の規定性の発現する地平として挙げられていた《consent》は、かつてのニコラウス・クザーヌスのそれのなかでの《Consensus》とほぼ同一の内容のものであり、《community》と《society》は、まさしくクザーヌスのいわゆる《concordantia》──Agreement──によって生み出されるものにほかならない。

ロックの「主体」は、《自然法則》と交響しあうみずからの人間的自然の諸可能性に依拠しつつ、彼自身の《労働》と《コミュニケーション》とによって、「市民社会」の社会諸関係を「上向的に」構築して行く近代的人間なのである。

ロックは、最晩年、喘息の悪化から死の不安を感じながら、『パウロ書簡』の研究に立ち戻っている。そこでの主題は、《神》と人間との正しい関係──《Justice》を内包する関係──であり、「義化」あるいは「義認」である。ロックは、「ガラテア人への手紙」のなかで、「"Let him that is taught the doctrine of the Gospel freely *communicate* the good things of this world to him that teaches him" という部分に留目し、「ローマ人への手紙」のなかでは、"For I long to see you, that I may *communicate* to you some spiritual gift for your establishment in the faith" の部分を抜き書きし、このような関係のなかでの《Mutual Rejoyceing》を強調している。(50) 私見によれば、ロックは、この最晩年の仕事のなかで、《Devotio Moderna》の視座から、もう一度、眼前に生成し、発展しつつある「市民社会」の社会諸関係をとらえかえし、とくに、それら社会諸関係の結節点に君臨しはじめていた《貨幣》──ロックは、これとともに、コモンウェルスの原型をキヴィタスに求めながら、「都市」をそれから峻別していた。当代の重商主義の下で、ロンドンの《シティ》その他に生成しつつあったのは「株式資本」であり、幼弱な《資本》の胎動であった──の物象性を、「義化」し難いものであると考えていた。《コミュニオン》からの脱構築によって生成させられて来た「市民社会」は、みずから《コミュニケー

オックスフォード大学の中心部
（中央、円型の建物——ラドクリフ・カメラ——の上に
見えるのがオールド・ボードレイアン図書館である）

ション》の基軸によって支えられながら、すでに《資本》のマンモンの物象性の影を宿していたのである。

4　ロックにおける《コミュニケーション》主体の成立

今、私の手許に開かれているピーター・H・ニディッチの編集によるロック『人間知性論』(An Essay concerning Human Understanding, Oxford at the Clarendun Press, 1975) は、八六七頁の大冊である。私は、オックスフォード大学、エクセター・コレッジの一室で毎週開かれていたクリストファー・A・カーワン博士 (Fellow, Senior Tutor, Tutor and Lecturer in Philosophy) の大学院博士課程のゼミナールで、一年間、この本でロックの思想に接した。エクセター・コレッジは、ラヴレイス・コレクションにまとめられたロックの直筆手稿その他の資料を保有するオールド・ボードレイアン図書館のすぐとなりに位置し、規模は比較的小さいけれども、一三一四年、エクセター主教によって創設され、一五六五年、エリザベス一世の勅許を得て確立された古いコレッジである。ここに学ぶ学生たちが、コーンウォール、デヴォンシャー、サマセット、ドーセット、ヴィルトシャー、エイヴォンおよびグロスターシャー出身者たちを中心としているという事実も、ジョン・ロックやシャフツベリー伯との由縁を想起させて、感慨深いものがある。

ニディッチは、厳密な校訂作業の上で、一七〇〇年刊行の第四版を底本として、本書を編集している。よく知られているように、ロック『人間知性論』の構想は、一六七一年、シャフツベリー伯の家の一室でのロックとジェームス・ティレルその他の友人たちとの談話のなかから生まれ、その年の内に「A原稿」・「B原稿」が書かれたが、その後のシャフツベリーと国王チャールズ二世とのあいだの複雑なかけひきと「政争」――それは、同時に、議会政治の母胎となる《政党》、具体的には「ホイッグ党」、の生成の舞台でもあった――、およびロック自身の健康の問題の故に、長い中断を余儀なくされた。ロックは、この間、一六七二年秋の一ケ月間のフランス旅行に続いて、一六七五年一一月〜一六七九年四月、フランスに滞在し、モンペリエで人間知性論の研究を深め、パリに出て、デカルト↓ガッサンディの思想潮流に身を浸した。さらに、一六八三年六月のオランダへの亡命——結局、この亡命生活は、一六八九年二月一二日、オレンジ公ウィリアムと共同王位に着くメアリー（王弟ジェームズ二世の長女）とともにイングランドへ戻る日まで続いた——のなかで、一六八五年、チャールズ二世の没後国王の座に就いたジェームズ二世がオランダ政府に亡命イギリス人の引渡しを要求するという緊張の下で、ロックは『人間知性論』C原稿を、完成した。翌八六年、同書第三巻、第四巻の部分をエドワード・クラークに送り、一六八七年三月、ロッテルダムにおいて、同書の最終原稿を仕上げている。

私たちは、こうして、ロックの思想構造を、『自然法論』↓『市民政府論』↓『人間知性論』の流れのなかでの《コミュニケーション》という基軸の生成という観点からとらえようとする際に、『市民政府論』の場合よりもはるかに広く、深く、フランス、オランダをはじめとする「大陸」の思想、とりわけデカルトをガッサンディの文脈の下で継承したかたちでの感性的人間——《自然的人間》——の論理とオランダにおける《宗教》と《政治》の両面での《市民的コミュニケーション》の実質的展開からの影響を、看過することはできないであろう。

《名誉革命》（Glorious Revolution）は、一六八八年一一月五日、オレンジ公ウィリアムの軍勢が、ドーヴァー海峡に面したデヴォンシャーの小さな港町ブリックスハム（Brixham）に上陸し、ジェームズ二世がイギリスの国璽をテムズ河に投げ捨ててフランスに逃亡した時点から、翌一六八九年一二月一六日、「権利章典」（Bill of Rights——臣民の権利および自由を宣言し、王位継承を定める法律——）がコンベンション議会によって制定される時点までの、歴史過程を指すと考えてよいであろう。それは、イギリスにおけるプランタジネット朝の末期からチューダー・スチュアートと続いた絶対王政の《コミュニオン》に根ざした《神政権力》（the Divine Power）を、最終的に、まさしく「市民たち《ブルジョアジー》」の《コミュニケーション》に立脚した《議会と政党の政治》──立憲君主制の下での代議政治──へと脱構築したのであった。オレンジ公ウィリアムがイギリス国王ウィリアム三世として即位することが宣言された場所は、ほかならぬエクセターであった。エクセターは、彼が上陸したブリックスハムの北、三五キロの地に所在するデヴォン州の州都である。デヴォンは、ロックの生れ故郷リントンの所在するサマセット州の隣りの州である。

そして、この《名誉革命》の成就する歴史過程のただなかで、一六八九年三月、ロックは『寛容論』を公刊し、一〇月『市民政府論』を出版し、さらに一二月『人間知性論』の初版を世に問うている。ロックは、この年、《名誉革命》のバックボーンとも言うべき「権利章典」の作成に協力しているのであり、私たちは、ロック自身の著作の相次ぐ公刊と「シャフツベリーの法」と呼ばれた《人身保護法》（Habeas Corpus、一六七九年──臣民の自由をよりよく保障し、海外における監禁を防止するための法律──）の精神の延長線上において、それを「市民社会」の全域に拡大し、適用した「権利章典」の思想的・現実的意義とを、相即させて理解しなければならないのである。

《人身保護法》は、直接的には国王チャールズ二世の「気まぐれ」な専制政治の道具となっていた「王座裁判所」や「民訴裁判所」の専横──それらは、実質上、かつての悪名高い《星室庁裁判所》（the Court of Star Chamber）の再現と言ってよい弾圧の機関となっていた──を掣肘し、そのことを通じて、間接的に、民衆の《Preservation》の権利を確保しようとする法律であった。第六条、第九条、第一二条および第一八条に規定された人びとの私的生活領域の「安全」と身体の「自由」の保証(51)とは、あの“Salus”をコモン・ローの地平において確保しようとするもので、ほとんどそのまま「権利章典」にひきつがれている。

「権利章典」は、前国王ジェイムズ二世の逃亡により王位は「空位」となったが、コンベンション議会によって代表される国民の総意によって、オレンジ公ウィリアム（ウィリアム三世）とメアリー二世とを新たに王位に擬した上で、一三項目の基本的な権利を確認している。私たちは、それらのなかで、［1］、［3］、［7］、［8］の条項を、《人身保護法》の精神の延長線上に位置づけることができるのであり、さらに、［9］――言論の自由および討議または議事手続きに関わる規定――を、前章に見た「特許・検閲法」の廃止に関連づけて理解することができるであろう(52)。

さて、ロック『人間知性論』は、前述のように、一六七一年の段階で、すでに、「A原稿」・「B原稿」が成り、その後、一六八五年、オランダで「C原稿」が完成し、さらに翌八六年秋から八七年三月にかけて、第三巻・第四巻が書き上げられるという長年月をかけたロックの思索の結晶である。ニディッチは、この紆余曲折の過程を精査し、一六九〇年から一七〇六年のあいだに刊行された英語版の刊本五種――周知のように、その他、一七〇〇年にコストによるフランス語版、一七〇四年、バリジのラテン語翻訳があらわれ、一七一四年には、最初のロック全集が編纂されている――の内容を検討した上で、前述のように、一七〇〇年刊行の第四版を底本とした(53)。

私は、『自然法論』→『市民政府論』→『人間知性論』の展開による《コミュニケーション》の基軸の論証という視座から、とくに、第三巻を中心として、本書の内容を検討して行くことになるであろう。

ロックは、まず、「読者への手紙」というまえがきのなかで、「本書の主題である知性」（*the Subject of this Treatise, the* UNDERSTANDING）の位置づけをし、その直後で、《眼》と《視覚》（*Sight*）に言及する。私たちは、ただちに、ニコラウス・クザーヌスの基本的シェーマのなかの“*Sehnsucht*”を、想起するであろう。二〇〇〇年の時を経て、しかし、ロックが知性と判断力の出発点に措定する《視覚》は、クザーヌスのそれのように、

《神》への憧憬のヴェクトルを含みつつ、《自然法則》の運動を解明しながら、そこに《神》の意志を読みとろうとする――クザーヌスは《visio intellectualis》と言う――眼差しではなくて、はるかに経験主義的であり、《自然的人間》の感覚の発動としての眼差しである。

私は、やはり、有名な、次の個所を引用しておくことにしたい。

The Commonwealth of Learning, is not at this time without Master-Builders, whose mighty Designs, in advancing the Sciences, will leave lasting Monuments to the Admiration of Posterity; But every one must not hope to be a Boyle *,or a* Sydenham; *and in an Age that produces such Masters, as the Great*—Hugenius, *and the incomparable Mr.* Newton, *with some other of that Strain; 'tis Ambition enough to be employed as an Under Labourer in clearing Ground a little, and removing some of the Rubbish, that lies in the way to Knowledge.*(54)（イタリックはロックによる）

私は、この文章を、ボイル、シデナム、ホイヘンスおよびニュートンとの対比におけるロックの「謙遜」の言とは、考えない。ニディッチも述べているように、人間の"Understanding"の起源・様態・範域を説明し、論証するという作業は、《宗教》から解放された《自然的世界》の解明を進める――ロックが"advancing the Sciences"と言い、"the way to Knowledge"と述べているのも、この点を指している――ためには不可欠の作業であり、これを十全に成しとげるということは、「ニュートンの勝利――彼の『自然哲学の数学的原理』(Philosophiae naturalis principia mathematica、一六八七年)と『光学』(Optics or a treatise of the reflections, refractions, inflections and colours of light、一七〇四年)の成果――に比肩する」と言ってよい。

“Understanding”とは、“the power to form reasoned judgments”のことであり、まさに、ロックの基本的シェーマのなかの《sense-perception》→《ratio》→《intellectus》という「上向」の回路を、みずからの《理性》の働きによって歩んで行くことにほかならない。しかも、ロックは、前述の引用文のすぐ後ろのところで、“the Endeavours of ingenious and industrious Men”――勤勉で、あれこれと工夫をこらす人びとのさまざまな努力――を挙げ、このような人たちに、文字通り《近代的《モダン》な》――「新しい」という意味と同時に、《宗教》から解放された自然的世界を対象とする《科学》の知に関わるという意味を有する――認識論をもたらそうとしているのである。この“ingenious and industrious Men”は、『市民政府論』の「主体」であり、あの《Preservation》→《Labour》→《Property》という《行為》の「上向」過程の担い手であった。ロックは、『人間知性論』によって、この人たちに、今度は、《コミュニケーション》の回路を「上向」して行く認識と判断の《行為》過程を、用意しようとしている、と言ってよいであろう。

ボイルとシデナムは、言うまでもなく、ロックの旧知の友人たちであり、彼を《自然》についての科学的探究の世界へと導いてくれた人たちである。そして、クリスチアン・ホイヘンス（一六二九年～九五年）は、周知のようにオランダの物理学者であるが、もともと法律を学び、後に数学を専攻し、その実質化の方途を求めて、物理学に到達したのであった。彼は、ガリレイと同じように望遠鏡で土星の環を発見し、振子時計を発明し、さらに光の波動に関する法則――「ホイヘンスの原理」（一六七八年）――を解明し、光の屈折、反射等、ニュートンの『光学』と同一の対象の分析を進めた。ホイヘンスは、また、一六六三年以降、ロンドンの「王立協会」の会員になっており、おそらくロックのオランダ滞在中に、彼ら二人の邂逅があったであろう。ロックは、一六八九年、《名誉革命》のさなかでの帰国の後、ニュートンと知り合い、みずからは訴願局長となり、造幣局長官となるニュートンと力を合わせて、幼弱な《市民政府》（Civil Government）を支えているのである。

さて、『人間知性論』は、第一巻「生得観念について」（Of Innate Notions）、第二巻「観念について」（Of Ideas）第三巻「言葉について」（Of Words）および第四巻「知識と意見について」（Of Knowledge and Opinion）という四部構成である。前半の部分では、デカルトの「生得観念」説に立脚する合理主義の視座を批判的に検討しているのであり、それを感覚−知覚に根づかせるところでの「観念」（Ideas）の経験主義的根拠づけが重要な主題である。

私はこれらを前提としつつ、《コミュニケーション》の基軸の論理化の解明を焦点として、第三部「言葉について」の部分に集中して行くことにしたい。

ロックは、第三巻第一章で、まず、ここで用いられる“Words”が、その実質において、“language”と等価であることを明らかにしている。第二章「言葉の意味作用について」は、きわめて重要である。ロックによれば、言葉＝言語は“sensible Signs necessary for Communication”[55]である。私たちは、すでにして、《コミュニケーション》のなかで、記号に関わらせたかたちでの「意味作用」（Signification）が語られている点を、注目すべきであろう。

ロックは、次のように言う。

> *Words in their primary or immediate Signification, stand for nothing, but the Ideas in the Mind of him that uses them...*[56]（第二章二節）

言語は、《コミュニケーション》の社会関係のなかで、人びとの精神のなかの「観念」を表現・表示する記号の体系として、あらわれはじめる。

ロックは、「個々の、個別的な、事物すべてについて、それらについての明確な観念を枠づけ（frame）、保持する（retain）人間の主体的力能（the power of human Capacity）」（第三章一節）について語ったあとで、あからさまに《ノミナリズム》（唯名論）の視座を主張する。

That *General and Universal*, belong not to the real existence of things, but *are the Inventions and Creatures of the Understanding*, made by it for its own use, *and concern only Signs*, whether Words, or *Ideas*. Words are general, as has been said, when used, for Signs of general *Ideas*.[57]（同上一一節）

私たちは、このように、ロックが《コミュニケーション》のなかでの「記号」の意味作用を、かつての《Via Moderna》の長い旅路を導いて来た《Nominalism》の視点から、うきぼりにしている点を、まず確認することにしよう。そして、その瞬間、「記号」が意味表示する「客体」――ロックのいわゆる“things”――の側に内包されている《自然法則》との連関が《観念》（Ideas）の内部に、どのようなかたちで包摂されて来るのか、というすぐれて認識論的な問題の構制が、たちあらわれて来るのである。

ロックは、まず、《コミュニケーション》における言語の用いられる地平を、“Civil Use”と“Philosophical Discource”に区分する。前者について、彼は次のように言う。

By their *civil Use*, I mean such a communication of thoughts and *Ideas* by Word, as may serve for the upholding common Conversation and Commerce about the ordinary Affairs and Conveniencies of civil Life , in the Societies of Men, one amongst another.[58]（第九章三節）

私たちは、このようなロックの定位がきわめて落着いた、いわば定常化されたものとなっていることに、気づかされるであろう。私たちが辿って来た『自然法論』→『市民政府論』→『人間知性論』という展開のなかでの《コミュニケーション》の基軸の確証は、この地平では、ほぼ完成されているのである。そして、そのことの現実的・実践的確証が、前章に詳述して来た「特許・検閲法」の廃止にほかならなかった、と言ってよいであろう。

そして、前述の認識論上の根本問題は、まさに“Philosophical Discource”のなかでの記号と観念に関わるそれである。ロックは、この問題を、『人間知性論』第四巻の各章において、前面に据えている。まず、観念は、単純観念（simple *Ideas*）の段階では、“the product of things operating on the Mind in a natural way, and producing therein those Perceptions which by the Wisdom and Will of our Maker they are ordained and adapted to”[59]という意味で、《事物》の所産である。しかし、ここでも私たちは、ロックの述言のなかに、《自然法則》の具体化された個々の運動の所産である《事物》と私たち人間の――人間的自然（Human Nature）の諸力のなかの――《感覚－知覚》の働きとの結合の地平と、これら両者の背後に作用する《創造主》――our Maker――としての《神》の意志のそれとの二重性を、見出さなければならないのである。

その上で、ロックは、まさしく人間知性の働きの過程である《感覚－知覚》から理解と判断への「上向」の回路のなかで、複合観念（*complex* Ideas）が“*Archetypes* of the Mind's own making”[60]なのであり、もはや、何らかの《事物》の反映（the Copies）である必要はない、とする。ここで、ロックは“not intended to be the Copies of anything”[61]と述べているのであって、〈not intended〉に託されている意味は、すでに、《事物》を通して《自然法則》の方から作用する存在論的なヴェクトルではなくて、《感覚－知覚》から《理性的（合理的）推論》へと「上向」して行く人間知性の内部のヴェクトルの方へと、指向させられているのである。こうして、

《真理》は、“Combinations of *Ideas*” の地平において探究されることになり、もはや、そこでは、“without considering any connexion they have in Nature” というかたちで、《自然法則》の運動の側の存在論的規定から切り離されることになる。

私たちは、ニコラウス・クザーヌスにおける《Devotio Moderna》と《Via Moderna》の結合の端緒（Anfang）から稿を起こし、三〇〇年の歴史経過のなかでの、ジョン・ロックの到達点（Ende）におけるこれら両契機の結びつきの内容を、深く検討して来た。それは、《Moderna》の文字通りの意味において、ヨーロッパ「中世」の社会諸関係を「近代」の《新しい》社会諸関係へと脱構築して行く歴史過程の思想的基軸の解明であり、この作業によってうきぼりにされて来たものこそ、「中世」の社会諸関係の関係構築の《基軸》であった《コミュニオン》から《新しい時代−近代》のそれとしての《コミュニケーション》への転換であった。

そして、ロックの思想的営為から、さらに、三〇〇年の歴史を経過した今日、私たちは、みずからの問題として、ロックからどのような課題を継承することになるであろうか？　ギルバート・ライルは、ジョン・ロック生誕三〇〇年を記念するシンポジウムのなかで、ロック『人間知性論』の歴史的意味を、科学の成立を保証する《蓋然性》（Probability）の確証に求めていた。そこでは、観念――ライルの場合には「命題」（propositions）――は、当然のことながら、ロックの場合と同じように、《自然法則》の運動から切り離されたままである。

“*They do not directly describe real existences*”.(62)

しかし、ロックは、これまで見て来たように、イギリス社会における《ピュウリタン革命》→《名誉革命》という絶対王制から「市民社会」への歴史の転換を論証し、みずからもその創成に命をかけた「市民社会」そのものの存立の根拠の弁証のために、『自然法論』→『市民政府論』→『人間知性論』という思想構造を展開し、その実践的可能性を追求したのであった。私見によれば、一七世紀の世紀末、ロックの到達した「市民社会」の基

ロックの基本的シェーマ（Ⅱ）

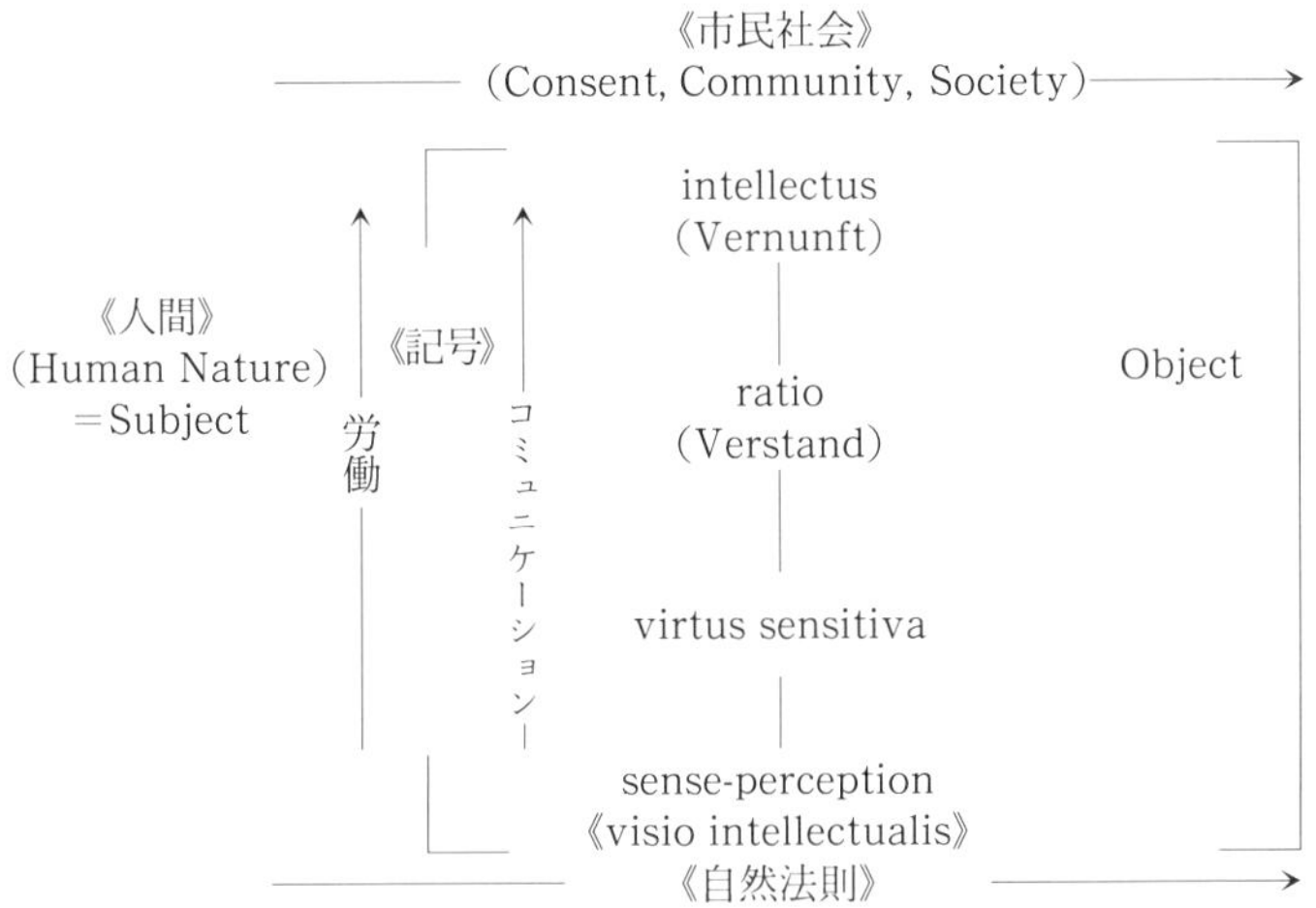

本的な見取り図は、上図のようである。

私は、前述したように、クザーヌスの基本的シェーマとロックの基本的シェーマとを比較した際に、ロックの思想構造のなかでの《神》－《人間》の存在論的連関を、《人間》↓《自然法則》↓《神》というそれによってとらえていた。それは、主として、《Via Moderna》の視座からの自然権の《行為》連関を内容としていた。そして、今、ロックが弁証しつつある「市民社会」の見取り図にあっては、《神》は、《Devotio Moderna》の視座からの大きな影響の下に、かつての「離接」よりも「連接」の位置へと近づき、「離在」と「臨在」とのあいだを微妙に揺れ動いている。

ロックの最晩年の思索である『パウロ書簡研究』において、彼の《Devotio Moderna》の視座は、際立っている。《名誉革命》による《宗教》と《政治》の分離のあとで、ロックは、皮肉なことに、もう一度、純粋化された《神》－《人間》の関係枠組みの方から、《政治》・《経済》・《社会》の諸関係の積層する「市民社会」の現実の姿を、悲し気な眼で見つめなければならなかった。『パウロ書簡研究』の眼差しから見ると、「市民社会」の《欲望の体系》のなかの《自然的人間》の現実態は、ほとんど絶望的なまでに《罪》深く、すでにして《神》に見放されたかの如くであった。

　私たちは、『人間知性論』の最後の部分[62]――第四巻第二一章――を、深い感慨をもって読まなければならない。ロックは、そこで、人間の知識の体系を、次の三つに分類している。第一は、「自然哲学」（φυσική, *natural Philosophy*）であり、直接的には、"The Knowledge of Things, as they are in their own proper Beings, their constitutions, Properties, and Operations." を意味する。しかし、注目されるのは、ロックが、ここで、《物質》（Matter）、《身体》（Body）とともに "Spirits" をも含み入れ、"God himself, Angels, Spirits, Bodies" の運動――their proper Natures, Constitutions, and Operations――を、「自然哲学」の《知》の対象としている点である。このように、《神》が人間的自然の四囲に「臨在」する時、私がすこし前のところで強調したような認識論の存在論的な根拠づけは、ほとんど全く不可能であるだろう。第二に、「倫理学」（Πρακτική, *Ethicks*）である。ロックは、"The Skill of Right applying our own Powers and Actions, for the Attainment of Things good and useful." と述べているのであり、実質的に、あの《Preservation》→《Action》→《Property》と重なる《行為》の理論である。そこでは、"those Rules, and Measures of humane Actions, which lead to Happiness"[63] と語られているのであり、あたかも現代社会学の《行為》論の視座を見るかのようだ。

　そして、第三に挙げられているのが、「記号論」（σημειωτική, *the Doctrine of Signs*）である。ロックは、"to communicate our thoughts to one another, as well as record them for our own use, Signs of our *Ideas* are also necessary" と言い、《記号》――"articulate Sounds"――《観念》という《コミュニケーション》のなかでの《記号論》の構想を提起している[64]。それは、"to consider the Nature of Signs, the Mind makes use of for the understanding of things, or conveying its Knowledge to others" を目的とする。

　私たちは、《事物》の理解という認識過程での《記号》の働き、《コミュニケーション》のなかでの「分節された音」→「聴覚映像」、および「意味ノリモノ」としての《記号》の分析が、やがて、本書（下巻）でとりあげられることになるC・S・パースとソシュールの「記号論」の地平へと、意味深く連なっていることに、想いをいたすべきであろう。

そして、これら三つの《知》の体系を重ね合わせて見る時、そこに、「中世」末期からの通商・交易の拡大を端緒とし、やがて、神聖ローマ帝国の解体と諸国民国家の創出、その「国民国家」のなかでの産業資本の胎動とそれに随伴する《宗教》からの《政治》の分離、の過程を経て析出されて来た「市民社会」の社会構成体の姿を、私たちは、劃然と見出すことになる。その基軸は、まぎれもなく、《コミュニオン》ではなくて、《コミュニケーション》である。とすれば、その最基底部——「自然哲学」が措定されていたところ——にロックが深く定礎していた《神》——《人間》の《Devotio Moderna》の原像こそ、私たちが、今日、この「近代社会」（the Modern Society）それ自体の脱構築という私たち自身の歴史的・実践的課題にあらためて対処し直す時、大きくクローズアップされて来るのである。真に《Devotio》に値いするものは何か？　私たちは、もはや、「敬虔」に、われとわが身を献げる《神》を、もたない。私たちの《Devotio》は、この二十世紀の最後の年の私たちの生活世界のなかで、私たち自身の《人間的自然》(Human Nature) の他には、その対象をもたないのである。私たちは、ロックが見出した《労働》と《コミュニケーション》という「近代」の——「新しい」——回路を梃子として、私たち自身の人間的・自然的諸力の可能性をこそ、《神》として、二十一世紀の社会諸関係の積層構造のプログラムを定式化して行かなければならないのである。

ロックは、晩年、持病の喘息が昂じて度々呼吸困難に陥り、耳が遠くなったことも重なり、ほとんどオーツのマシャム邸の居室に蟄居するようになった。一七〇四年一〇月二七日、彼は、自分の力では起き上ることもできないほど衰弱し、日課としていた書斎への移動もままならなかった。見舞いに訪れたピエール・コストに、彼は次のように述べた。「私の仕事は、もう、ほとんど終った。私は、そのことを、神に感謝している。私は、今夜、死ぬかも知れない。いずれにしても、三―四日の命だろう。君の、夕べの祈りの際に、私のことを思い出しておくれ」。

その晩は、夜半過ぎまで、マシャム夫人（ダマリス・カドワース）だけが、ロックにつき添った。翌一〇月二八日、彼は、寝床を離れて書斎の安楽椅子に移りたいと言い、召使いに運んでもらった。椅子につくと、ロックは、ごく少量ビールを口にし、身仕度を整えたいと頼んだ。マシャム夫人が、椅子の傍らで、『詩篇』を読み聞かせていた。最後に、ロックは、彼女にこう言った。「私は、十分に生きた。幸せな生涯を送ることができて、神に感謝する。だけど、結局のところ、この世の生活は空しい（but after all this life is nothing but vanity）」。午後三時、彼は呼吸不全の状態に陥った。彼は、別の椅子に移され、みずから顔に両手を乗せ、両眼を閉じ、そして死んだ。

彼は、遺言通り、教区教会の南側の壁に接した墓に葬られた。写真で明らかなように、実に質素な墓である。それは、晩年の彼が求めていた『福音書』（the Gospel）のなかの《神》――人間の関係を、具象化したかの如くである。

私は、ロックの墓所のすぐ上に架けられているひとつの碑銘に、留目した。ここでは、ジョン・ロックは、「アメリカ合衆国の建国の父たち」の導き手とされている。そして、私は、ロック最晩年の書『パウロ書簡研究』のうちに、次の文章を見出すのである。

And therefore he alone framing the Constitution of his new Government,（中略）and Frame, the sev-

ハイレイヴァー教会

ロックの墓

墓のプレート

eral Members of his new collected People...

これは、直接的には、パウロの「エフェソス人への手紙」の注解のなかの文言である。そして、私が問わなければならないのは、ロックが定立した「市民社会」の構想が、その後の《近代》から《現代》への具体化の果てに、はたして今日のアメリカ「社会」の現実態のうちに、どれほど実現されているのか、はたまたどれほど実現されていないのか、を明らかにすることである。これこそは、本書（下巻）の基本的課題となるであろう。

注

第一章

（1）ニコラウス・クザーヌスについては、坂本堯、一九八六『クザーヌス』春秋社、薗田担、一九八七『無限の思惟』創文社、Erich Meuthen, *Nikolaus von Kues*, 1401-1464, Münster, 1967, 酒井修訳、一九七四『ニコラウス・クザーヌス一四〇一―一四六四』、法律文化社、Pauline Moffitt Watts, *Nikolaus Cusanus -A Fifteenth-Century Vision of Man*, Leiden, 1982, Edward Cranz, *Nicholas of Cusa and the Renaissance*, Aldershot, 2000, および上智大学中世思想研究所編訳、一九九二『中世思想原典集成』第十七巻「中世末期の神秘思想」、平凡社、を参照されたい。

（2）Charlton T. Lewis and Charles Short eds., *A Latin Dictionary*, Oxford. 1975, pp. 383-384, C.T. Onions ed. *The Oxford Dictionary of English Etymology*, Oxford, 1966, p. 195 and p. 754.

（3）George Waddington, *A History of the Church*, London, 1833, esp., Part V. Chap., ⅩⅩⅡ., Louis J. Rogier, Roger Aubert and M. David Knowles eds., *The Christian Centuries, A New History of the Catholic Church*, vol. 2, *The Middle Ages*, London, 1969, 上智大学中世思想研究所編訳、一九九一『キリスト教史』第四巻「中世キリスト教の発展」、講談社、第四部、参照。

（4）厚東洋輔、一九九一『社会認識と想像力』ハーベスト社、四四頁～四六頁。

（5）George Waddington, op. cit., p. 558.

（6）Nicholaus Cusanus, *De concordantia catholica*, 1433, 坂本堯訳、一九九四『カトリック協和論』宗教改革著作集、第十三巻所収、教文館。

（7）Ernst Cassirer, *Individuum und Kosmos in der Philosophie der Renaissance*, Darmstadt, 1963. 薗田坦訳、一九九一『個と宇宙――ルネサンス精神史――』名古屋大学出版会、一九頁。

（8）George Waddington, op. cit., p. 580.

（9）ibid., p. 581.

（10）ibid., p. 581.

（11）Ernst Cassirer, op. cit., 前掲訳書九頁。

（12）Nicolai de Cusa, *De docta ignorantia*, 1440, OPERA OMNIA, 第一巻　Lipsiae, MCMXXXII 山田桂三訳、一九九四『学識ある無知について』平凡社。

（13）Erich Meuthen, op. cit., 前掲訳書、一五一頁―一

五六頁。
(14) George Waddington, op. cit., p. 644.
(15) Erich Meuthen, op. cit., 前掲訳書、一五九頁―一六〇頁。
(16) Erizabeth L. Eisenstein, *The Printing Revolution in Early Modern Europe*. Cambridge, 1983. 別宮貞徳監訳、一九八七『印刷革命』みすず書房、一六八頁。
(17) ibid., 前掲訳書一五七頁。
(18) Marshall McLuhan, *The Gutenberg Galaxy*, Toronto, 1962. 森常治訳、一九六八『グーテンベルクの銀河系――活字人間の形成――』みすず書房、1頁。
(19) ibid., 前掲訳書、一九八頁。
(20) Mary E. Gekler, *The Master Printer Gutenberg*, Oak Park, 1992, 浅田清節訳、一九九四『印刷の父グーデンベルク』印刷学会出版部。本書によればクザーヌスはグーデンベルクに会っており、直接、作者による活版印刷術の発明を督励してる。
(21) Erizabeth L. Eisenstein, op. cit., 前掲訳書、二二四頁。
(22) ibid., 同上、二二四頁。
(23) Johannes Kepler, *Mysterium cosmographicum*, Graz, 1596, 大槻真一郎・岸本良彦訳、一九八二『宇宙の神秘』工作舎、八〇頁。
(24) ケプラーおよびガリレイに対するクザーヌスの影響について、Alexandre Koyré, *From the Closed World to the Infinite Universe*, Baltimore, 1957. 横山雅彦訳、一九七三『閉じた世界から無限宇宙へ』、みすず書房、を参照されたい。

第二章

(1) Frielrich-Wilhelm Wentzlaff-Eggebert, *Dentsche Mystik zwischen Mittelalter und Neuzeit*, 1944, 横山滋訳、一九七九『ドイツ神秘主義』国文社、一八四頁。
(2) Wilhelm Dilthey, *Auffassang und Analyse des Menschen in 15. und 16. Tahrhundert*, 1891-92, 小林靖昌訳、一九六六『近代的人間像の解釈と分析』理想社、八二頁。
(3) Theodor Litt, *Ethik der Neuzeit*, 1927, 関雅美訳、一九五六『近世倫理学史』未来社、二一頁。
(4) Karl Jasperse, *Nikolaus Cusanus*, München, 1964, 薗田坦訳、一九七〇『ニコラウス・クザーヌス』理想社、三八九頁。
(5) ibid., 前掲訳書、三一二頁。
(6) ibid., 同上書、二五三頁。
(7) ibid., 同上書、二六五頁。
(8) ibid., 同上書、二六七頁―二六八頁。
(9) ibid., 同上書、二六八頁。

（10） Pauline Moffitt Watts, *Nikolaus Cusanus -A Fifteenth Century Vision of Man-*, Leiden, 1982, pp. 25-30, 36-51.

（11） Ludwig von Bertalanffy, *Das biologische Weltbild*, Bern, 1949. 長野敬・飯島衛訳、一九五四『生命』みすず書房、五八頁。

（12） ibid., 前掲訳書、二〇七頁―二〇八頁。

（13） Nikolaus Cusanus, *De docta ignorantia*, 1440. OPERA OMNIA, 第一巻、p. 12. 山田桂三訳 一九九四『学識ある無知について』平凡社、二九頁。

（14） ibid., p. 7. 前掲訳書、一九頁。

（15） ibid., p. 7. 同上書二〇頁。

（16） ibid., p. 23. 同上書四六頁。

（17） ibid., pp. 72-73. 同上書一二八頁。

（18） ibid., p. 68. 同上書一一九頁。

（19） Nicolas Cusanus, *Of Learned Ignorance*, translated by Germain Heron, Westport, 1979, p. 148.

（20） Nicolai de Cusa, *De concordantia catholia*, 1433. OPERA OMNIA, Hamburgi, MCMLＸＸＸⅢ, 第十四巻、第二分冊、p. 162.

（21） ibid., p. 166.

（22） Nicolai de Cusa, *De coniecturis*, 1443. OPERA OMNIA, 第三巻、pp. 143-144.

（23） ibid., pp.11-12.

（24） Nicolai de Cusa, *De docta ignorantia*, 1440. OPERA OMNIA, 第一巻、p. 148. 前掲訳書二五一頁。

（25） ditto., *Idiota de sapientia*, 1450, OPERA OMNIA 第五巻。

（26） ibid., p. 8.

（27） Albert Kapr, *Johann Gutenberg :The Man and his Invention* tr. from the German by Douglas Martin, London, 1996. なお、前出のメアリー・E・ゲクラーの著書を参照。

（28） Hans K. Schulze, *Grundstruturen der Verfassung im Mittelalter*, 1985 千葉徳夫他訳、一九九七『西欧中世史事典』ミネルヴァ書房、二七六頁。

（29） Johan Huizinga, *Herfsttig der Middeleeuwen, Leiden*, 1919 堀越孝一訳、一九七九『中世の秋』中央公論社、三五一頁。

（30） ibid., 前掲訳書、三六〇頁。

（31） 高宮利行、一九九八『グーテンベルクの謎――活字メディアの誕生とその後――』岩波書店、八三頁―八四頁。

（32） Nicolai de Cusa, *Dialogus de deo abscondito*, 1440-1445, OPERA OMNIA, 第四巻、p. 3. 大出哲・坂本堯訳、一九七二『隠れたる神』創文社、四頁。

（33） ibid., pp. 9-10. 前掲訳書、一五頁―一六頁。

（34） ibid., pp. 19-20. 同上書、五二頁―五六頁。

(35) ibid., p. 15. 同上書、四五頁。
(36) ibid., p. 24. 同上書、六〇頁―六一頁。
(37) ibid., p. 41. 同上書、一二四頁。
(38) Erich Meuthen, 前掲訳書、一五二頁。
(39) Nicolai de Cusa, *Trialogus de possest,* 1460. OPERA OMNIA, 第十一巻、大出哲・八巻和彦訳、一九八七『可能現実存在』国文社、一〇二頁。
(40) ibid., p. 18. 前掲訳書、二五頁。
(41) ibid., p. 64. 同上書、七四頁。
(42) ibid., p. 44. 同上書、一六五頁、なお、Nikolaus Cusanus, *De ludo globi,* 1463, (Philosophische-Theologische Schriften, Vol. Ⅲ, Vienna, 1967) を参照。
(43) Pauline Moffitt Watts, op. cit., pp. 158-171.,
(44) Alexandre Koyré, op. cit., 前掲訳書、五頁。
(45) ibid., 同上書、一八頁。
(46) ibid., 同上書、七九頁。
(47) 一六四七年六月六日付けの「シャニュ宛ての書簡」Adam Tannery ed. *Oeuvres* Paris, 1903, vol. V, p. 50.
(48) Alexandre Koyre, op. cit., 同上書、二二頁。
(49) Franz Borkenau, *Der Ubergang vom Feudalen zum Burgerlichen Weltbild,* Paris, 1934, 水田洋他訳、一九六五『封建的世界像から市民的世界像へ』みすず書房、七九頁。

第三章

(1) George D. Painter, *William Caxton,* London, 1976.
(2) ibid., p.5.
(3) ibid., p.24.
(4) ibid., p.35.
(5) ibid., p.54.
(6) ibid., p.52.
(7) ibid., p.45.
(8) ibid., p.82.
(9) ibid., p.84.
(10) ibid., p.142.
(11) Lois Potter, *A Preface to Milton*, London 1971.
(12) John Milton, *Of Reformation in England,* 1641, The Works of John Milton, Columbia University Press, 1931. vol. 3-1, p. 19.
(13) Lois Potter, op. cit., p. 6.
(14) André Maurois, *Histoire d' Angleterre, 1937.* 著者、アンドレ・モーロワはp. 198で、Merciersという言葉を用いている。これは、Mercersという英語の直訳であるが、Caxtonのところで出て来ているように英語のMercersは「織物商」――日本語の「呉服商」に近い――であり仏語のMerciersでは「小間物商」と辞書にある。もちろん、原語の英語の方にしたがって、ここは、

「織物商」が正しい。
(15) ibid., p.198., これを管理しているのは、l'honorable compagnie des Merciers であり、ここでも Caxton、Milton 共通の特徴として、前述の「織物商組合」の力が注目される。
(16) Lois Potter, op. cit., p.7.
(17) ibid., p.14.
(18) ibid., p.7.
(19) ibid., p.21.
(20) 仲手川良雄編、一九九二『ヨーロッパ的自由の歴史』南窓社、とくに桜田美津夫「オランダ共和国における宗教的自由について」を参照。
(21) Gordon Campbell, ed., *John Milton: Complete English Poems, of Education, Areopagitica,* London, 1909.
(22) ibid., p.595.
(23) Ernest Sirluck, ed., *Complete Prose Works of John Milton,* vol. Ⅱ, New Haven, 1959, pp. 158-183.
(24) Guy Testae et Jean Testas, *L' inquisition,* Paris, 1966, 安斉和雄訳、一九七四『異端審問』白水社、八六頁―九〇頁。
(25) 渡辺昌美、一九九六『異端審問』講談社、二〇七頁―二一一頁。
(26) Gordon Campbell, op. cit., p.602.
(27) James Harrison, *Printing Patents,* London, 1969, p. 46.,
(28) Keith Lindley, *The English Civil War and Revolution -A Sourcebook-,* London. 1998, p. 111.
(29) Gordon Campbell, op. cit., p.586.

第四章

(1) Maurice Cranston, *John Locke -A biography-,* Oxford, 1985. p. 3.
(2) B. Thorpe, ed., *Ancient Laws and Institutions of England,* 1840. pp. 45-65.,
(3) André Maurois, op. cit., p. 33.
(4) E. A. Kosminsky, *Studies in the Agrarian History of England in the Thirteenth Century,* ed. and trans. by R. H. Hilton, 1956.
(5) ibid., p.274.
(6) Richard Rolle, *Incendium amoris,* ed. by M. Deanesly, Manchester, 1915, 道躰滋穂子訳、一九九二「愛の火」上智大学中世思想研究所編訳、『中世思想原典集成』第十七巻、平凡社、七五頁、一一六頁。
(7) Walter Hilton, *The Scale of Perfection,* 1494, ed. by Evelyn Underhill, London, 1948, 野中涼訳、一九九二「完徳の階梯」、前掲書、一八六頁―二六二頁、引用部分

は二四一頁。

（8） C. Oman, *The Great Revolt of 1381,* 1906. Appendix., V. pp. 197-8.

（9） R. H. Tauny and Power, *Tudor Economic Documents,* vol. 2, pp. 4-5.

（10） Richard Hooker, *Of the Laws of Ecclestical Polity,* 1632, I, X, 2.

（11） cited in W. J. Ashley, *The Economic Organization of England,* 1914, p. 99.

（12） J. Spedding et al., eds., *The Works of Francis Bacon,* 1870-76, vol. 6, pp. 93-4.

（13） ibid., vol. 4, p.16.

（14） H. Price, *The English Patents of Monopoly,* 1931, Appendix C., pp. 145-7.,

（15） H. Price, op. cit., pp. 135-41.

（16） D. M. Wolfe, *Levellers' Manifestoes of the Puritan Revolution,* 1944, pp. 136-9.

（17） Maurice Cranston, op. cit., p. 16.

（18） Edward Hyde, *The History of the Rebellion and Civil Wars in England,* ed. by W. D. Macray, 1888, vol. 2, p. 296.

（19） Gerrard Winstanley et al., *"The True Levellers Standard advanced,"* 1649, in G. H. Sabine, The Works of Gerrard Winstanley, 1941, p. 260.

（20） Maurice Cranston, op. cit., p. 20.

（21） H. R. Fox Bourne, *English Newspapers,* 1887. vol. 1, pp. 3-4.

（22） James Harrison, op. cit., p. 37.

（23） ibid., p.37.

（24） ibid., pp.46-7.

（25） ibid., p.71.

（26） F. S. Siebert, *Freedom of the Press in England 1476-1776,* 1952. pp. 175-186.

（27） Fox Bourne, op. cit., pp. 14-5.

（28） James Harrison, op. cit., p. 73.

（29） Fox Bourne, op. cit., p. 18.

（30） ibid., pp. 18-20.

（31） 今井宏「クロムウェルの言論統制㈠・㈡」東京女子大学『論集』vol. 14, No. 2, vol, 15, No. 1. 参照。

（32） Maurice Cranston, op. cit., pp. 26-7.

（33） James Harrison, op. cit., pp.80-81.

（34） Fox Bourne, op. cit., pp. 32-34.

（35） Maurice Cranston, op. cit., pp. 73-4.

（36） ibid., p. 60.

（37） ibid., p. 42.

（38） ibid., p. 62.

（39） John Locke, *Essays on the Law of Nature,* 1660-1664, ed., by Wolfgang von Leyden, Oxford 1954, p.

109.

（40） Maurice Cranston, op. cit., p. 67.

（41） ibid., p. 82.

（42） ibid., p. 82.

（43） ibid., p. 83.

（44） John Harrison and Peter Laslett, *The Library of John Locke*, Oxford, 1965. 参照

（45） Raymond Astbury, "The Renewal of the Licensing Act in 1693 and its Lapse in 1695." *The Library*, vol. 33. no. 4. 1978. pp. 296-322. 参照

（46） *The Journals of the House of Commons*, vol. 10, p. 817.

（47） *The Journals of the House of Lords*, vol. 15, p. 280.

（48） B. Rand ed., *Correspondence of Locke and Clark*, 1927. p. 39.

（49） *The Journals of the House of Commons*, vol. 11, p. 288.

（50） ibid., p. 289.

（51） H. R. Fox Bourne, *The Life of John Locke*, vol. 2, 1876. p. 316.

（52） Raymond Astbury, op. cit., p. 308.

（53） Maurice Cranston, op. cit., pp. 386-390.

（54） *The Journals of the House of Commons*, vol. 10, p. 819.

（55） Maurice Cranston, op. cit., p. 387.

（56） F. S. Siebert, op. cit., pp. 261-262.

（57） Maurice Cranston, op. cit., p. 387.

（58） Daniel Defoe, *The Complete English Tradesman in Familiar Letters*, 1725-7., vol. 1. p. 315.

第五章

（1） John Locke, *Essays on the Law of Nature*, 1660-1664., ed., by Wolfgang von Leyden, oxford, 1954, p. 109.

（2） ibid., p. 161.

（3） ibid., p. 129.

（4） ibid., p. 109, n. 1.

（5） J. L. Mackie, *Problems from Locke*, Oxford, 1976. pp. 18-25.

（6） Oxford University Calender, for the academic year 1978-79, printed by Eric Buckley, 1978., pp. 309-319.

（7） 大槻春彦編、一九六八『ロック』中央公論社一四頁。

（8） Richard I, Aaron, *John Locke*, Oxford, 1955. p. 13.

（9） von Leyden, op. cit., p. 119.

（10） ibid., p. 119.

（11） ibid., p. 133.

(12) ibid., p. 135.
(13) Richard I, Aaron, op. cit., p. 8.
(14) von Leyden, op. cit., p. 199.
(15) ibid., p. 111.
(16) ibid., p. 125.
(17) Arthur W. Wainwright ed., John Locke, *A Paraphrase and Notes on the Epistles of St. Paul to the Galatians, 1 and 2 Corinthians, Romans, Ephesians*, Oxford, 1987.
(18) von Leyden, op. cit., p. 185.
(19) ibid., p. 211.
(20) ibid., p. 213.
(21) ibid., p. 215.
(22) ibid., p. 215.
(23) Peter Laslett ed., John Locke, *Two Treatises of Government*, Cambridge, 1967.
(24) ibid., p. 285.
(25) ibid., pp. 285-286.
(26) ibid., p. 286.
(27) John Locke, *Epistola de Tolerantia*, 1689, Popple's English Translation, pp. 35-6.
(28) 厚東洋輔、一九九一『社会認識と想像力』ハーベスト社、第三章を参照。
(29) Peter Laslett, op. cit., p. 391.
(30) ibid., p. 287.
(31) ibid., p. 295. Hooker, *Eccl. Pol. Lib.* I. Sect. 10.
(32) ibid., p. 296.
(33) ibid., p. 302.
(34) ibid., p. 303.
(35) John Locke, *Two Treatises of Government*, 1690. 鵜飼信成訳、一九六八『市民政府論』岩波書店、三二頁。
(36) ibid., 宮川透訳、一九六八「統治論」、大槻春彦編『ロック』中央公論社、二〇八頁。
(37) Peter Laslett, op. cit., pp. 305-306.
(38) ibid., p. 306.
(39) ibid., p. 309.
(40) ibid., p. 310.
(41) ibid., p. 310.
(42) ibid., p. 313.
(43) ibid., p. 313.
(44) ibid., p. 313.
(45) ibid., p. 312.
(46) ibid., p. 372.
(47) ibid., p. 424.
(48) ibid., p. 425.
(49) ibid., pp. 336-337.
(50) Arthur W. Wainwright, op. cit., p. 157, 488.
(51) 高木八尺、末延三次、宮沢俊義編、一九五七『人権宣言集』岩波書店、六三頁―七七頁。

（52）同上書、七八頁―八九頁。

（53）Peter H. Nidditch ed., 1975. John Locke, *An Essay concerning Human Understanding*, 1700, Oxford, p. X,

（54）ibid., pp. 9-10.

（55）ibid., p. 404.

（56）ibid., p. 405.

（57）ibid., p. 414.

（58）ibid., p. 476.

（59）ibid., p. 564.

（60）ibid., p. 564.

（61）ibid., p. 564.

（62）Gilbert Ryle, *John Locke: Tercentenary Addresses*, Oxford, 1933. p. 32.

（63）Peter H. Nidditch, op. cit., pp. 720-721.

（64）ibid., p. 720.

（65）ibid., p. 721.

あとがき

私は、本書『コミュニケーション理論史研究』（上）を書き上げた今、巻頭のニコラウス・クザーヌス研究の論考のなかから析出されて来た〈Virtus sensitiva〉が、巻末のジョン・ロックの基本的シェーマの内にも残りつづけていることに、われながら、目を瞠っている。〈Virtus sensitiva〉とは、直接的には「感覚的力能」を意味し、クザーヌス研究からロック研究へと展開されて行く本書の基本的視座から見れば、《外的自然》との交響と緊張の関係のなかでの《内的自然》の人間的・自然的諸力を意味する。それは、私たち人間を《人間的自然》(Human Nature) としてとらえた時、その《人間的自然》の運動を、「生命活動」として、有意味な「生」の時間的経過へと転成させる中枢規定であり、無気質な自然法則の展開を豊かな彩りを帯びた有機的な「生」の諸関係へと開いて行くダイナモである。クザーヌスは、それを「視覚」によって支え、無限遠の彼方に離在する《神》への憧れによって根拠づけていた。これに対して、ロックは、これを、単に、私たち人間の「感覚−知覚」(Sense-perception) の具体的な発動と展開によって、根拠づけるばかりであった。これら両者において、《神》と人間的自然とのあいだの〈Visio intellectualis〉という存在論的紐帯のヴェクトルは、《神》→人間的自然という位相から人間的自然→《神》のそれへと反転させられているのである。

こうして、「中世」においてあれほどにまで遍在し、臨在していた《神》が、無限に遠く退いて行き——「隠れたる神」――、あるいは「不在の神」としてあらわれる時、私たち人間は、ひとり、われとわが身に内在する〈Virtus sensitiva〉にのみ依拠して、意味ある《生》を構築し、編み上げて行かなければならなくなった。これが《近代》の出発である。

私は、巻末のロックの基本的シェーマのなかで、コミュニケーションの基底に、この〈Virtus sensitiva〉を措定した。それは、もはや、外在的な「権威」に依拠する空虚なコミュニオンの拘束をはねのけて、労働とコミュニケーションという行為を通じて、《外的自然》と他者――すなわち、「もうひとつの内的自然」――へと、われとわが身を開いて行く《近代》的人間の思想像の本質規定なのである。

コミュニケーションという行為の存在論的基礎としての〈Virtus sensitiva〉の意味するところとはたらきとを、私は、さらに、フェルディナン・ド・ソシュールの主張していた「ランガージュ能力」からハーバーマスが展開している「コミュニケーション能力」へと辿り、ふたたび三度び見出して行くことになるであろう。私は、また、ソシュールとともに記号論の視座の創設者とされるチャールズ・サンダース・パースが、その厳密な論理学的探究の基底に、アガペーという《愛》を強調するAgapism, Agapasticismの視点を持っていた点に留目するであろう。これらは、すでにして、本書に続く『コミュニケーション理論史研究』（下）の基本的な分析の流れである。

現代のコミュニケーション理論に欠如しているのは、その方法論の深部における存在論と認識論の成立する地平への自己省察であり、ひとり一人のコミュニケーション主体の《コミュニケーション》を展開し、構築する文字通りに主体的な力能の権利根拠への問いかけである。《コミュニケーション》は、本書で詳説して来たように、《近代》において、最も中枢的な「関係を共有し、分有する」行為である。それは、単に、記号を操作する行為にとどまるものではない。そして、二十一世紀の、《近代》を超えて行く社会諸関係の脱構築の状況においてこそ、《コミュニケーション》は、まさしく私たちひとり一人の〈Virtus sensitiva〉の全面的な自己開示の〈場〉として、「関係の豊かさ」の相互的な確証の行為として、再度の理論化を必要としているのである。

二〇〇〇年一〇月

田中義久

図表・写真・図版一覧

人名・地名索引

あ 行

か 行

さ　行

た　行

な　行

は　行

ま　行

や　行

ら　行

わ　行

事項索引

あ　行

か　行

さ　行

た　行

な 行

は 行

ま 行

や　行

ら　行

著者略歴

1940年　東京に生れる
1967年　東京大学大学院社会学研究科博士課程中退
同年東大新聞研究所助手
現　在　法政大学教授
著　書　『人間的自然と社会構造』(勁草書房)
『社会意識の理論』(勁草書房)
『行為・関係の理論』(勁草書房)
『私生活主義批判』(筑摩書房) 他
編　著　『関係の社会学』(弘文堂)
訳　書　E. A. ティリヤキアン『個人と社会』(みすず書房)
P.バーワイズ & A.エーレンバーグ『テレビ視聴の構造』(共訳、法政大学出版局)
スコット・ラッシュ『ポスト・モダニティの社会学』(共訳、法政大学出版局) 他
共　編　『社会学事典』(弘文堂)

コミュニケーション理論史研究(上)
コミュニオンからコミュニケーションへ

2000年12月25日　第1版第1刷発行
2008年11月25日　第1版第3刷発行

著者　田《た》中《なか》義《よし》久《ひさ》

発行者　井村寿人

発行所　株式会社　勁《けい》草《そう》書房

112-0005 東京都文京区水道2-1-1　振替　00150-2-175253
電話(編集)03-3815-5277／FAX 03-3814-6968
電話(営業)03-3814-6861／FAX 03-3814-6854
日本フィニッシュ・牧製本

ISBN978-4-326-60140-0　Printed in Japan